21世纪学前教师教育系列教材

幼儿教师道德与教育法规

杜德栋　于　珍　张富洪　主编

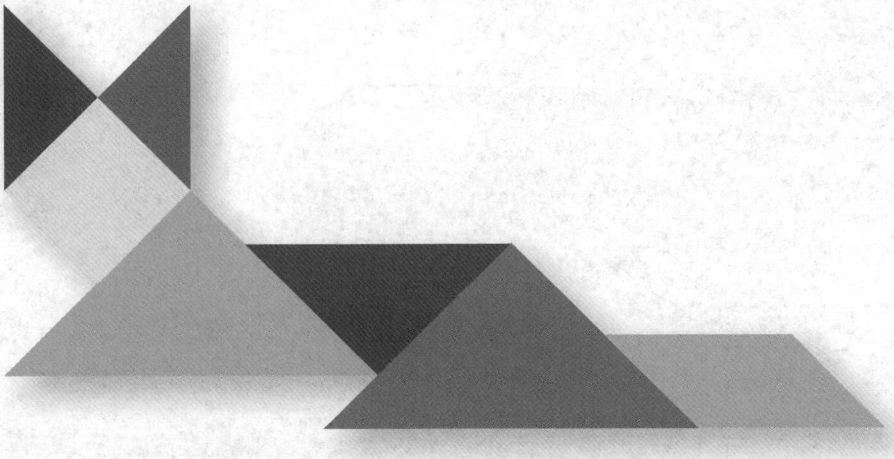

中国人民大学出版社
·北京·

前　言

教育发展以教师为本，教师素质以师德为本。师德是为师之根本要求，是教师在从事教育活动过程中形成的比较稳定的道德观念和行为准则。人们常把教师誉为“人类灵魂的工程师”，把教师的职业赞为“太阳底下最高尚的职业”，这实质上是对教师道德品质的高度赞美。人们之所以对教师有如此高的评价和称赞，是因为教师具有高尚的职业道德。师德集中体现了教师职业的基本特点，更直接反映了当代社会的教育目的。在当代中国，随着教育改革的不断深入及法治进程的推进，人们逐渐认识到，教师是落实立德树人根本任务、培养德智体美劳全面发展的社会主义建设者和接班人的关键。好教师不仅应具有崇高的职业道德，而且应具备一定的教育法规意识。换言之，教师的职业行为不单纯要由道德来调节，同时也处于教育法规的调节下；不仅要合情合理，而且要合法守法。党的十八届四中全会提出全面推进依法治国总目标，具有极其重要的战略意义。习近平总书记指出：“法律是成文的道德，道德是内心的法律。法律和道德都具有规范社会行为、调节社会关系、维护社会秩序的作用，在国家治理中都有其地位和功能。法安天下，德润人心。”① 建设社会的法治文化，要靠法律保障。只有增强教师的法治思维与法治观念，增强依法治校的意识，提高依法执教的水平，才能推进学校、幼儿园治理的法治化。

为积极顺应新时代学前教育对幼儿教师综合素质要求不断提升的新形势，应对幼儿教师资格“国考”带来的多方面的新挑战，承载教师教育与立德树人根本任务的新使命，进一步加快推进学前教师教育工作的新变革与新转型，全面落实学前教师教育培养方案与目标，培养“四有”教师，我们在多年进行学前教师教育实践的基础上，编写了《幼儿教师道德与教育法规》这本书。

“幼儿教师道德与教育法规”是以全面提升学前教育师范生的职业道德与教育法律素质为指导思想，依据《教师教育课程标准（试行）》精神，贴近学前教育改革要求，注重理论知识和教学实践能力的整合，旨在提高学前教师教育人才培养质量而在学前教育专业

---

① 习近平．习近平谈治国理政：第2卷［M］．北京：外文出版社，2017：133.

开设的公共基础课。本书分为上、下编。上编以幼儿教师道德为主题，主要是对《中小学教师职业道德规范》（2008 年修订）所提出的爱国守法、爱岗敬业、关爱学生、教书育人、为人师表、终身学习六大道德规范，及《新时代幼儿园教师职业行为十项准则》进行深入解读，为教师严格自我约束、规范职业行为、加强自我修养提供基本遵循。同时，讨论了新时代幼儿园教师职业行为常见的一些道德问题。在此基础上，探讨了新时代幼儿园师德修炼的目标、途径等。下编以幼儿教育政策法规为主题，系统介绍了幼儿教育政策法规的基础知识。在此基础上，分别从幼儿教育事业发展、幼儿园的设立与管理、幼儿园的环境与条件、幼儿园工作人员的资质与权益、幼儿园的保育与教育、幼儿园安全工作、儿童权利与保护等方面所涉及的教育政策法规进行了重点探讨。

本书在策划与编写过程中，侧重突出体现三个特点。

（1）实用性。本书符合幼儿教师国家教师资格考试、学前教师教育发展与变革的需要，满足学前教育师范生参加国家教师资格考试、教师入职考试需要及在职幼儿教师的专业发展需要，紧贴教师教育工作实际，选择与教师教育密切相关的重要问题加以讨论。

为了便于学生为通过国家教师资格考试做准备，教材增加了“备考性”。力图融合学科内容与考纲规定的知识点，力争使本门课程的教学内容和幼儿教师资格考试“综合素质”内容一致，体现“课证融合”。教材通过真题的诠释，系统地介绍了“综合素质”考试的基本内容、命题特点、考试题型、答题技巧、高分策略等，让学生对国家教师资格考试有一个具体了解。

（2）学术性。本书符合幼儿教师专业成长规律和我国学前教育法规发展规律，具有一定理论高度与深度，反映学科发展前沿动态，彰显幼儿园教师道德与学前教育法规的学术性。

（3）精品性。我们致力于培育精品教材，强化编写质量，力求理论与实践的有机结合，充分体现学科与课程特色。

本书是长期从事幼儿教师道德与学前教育法规研究与教学实践的专家、学者集体劳动的智慧结晶。全书章节体系由主编杜德栎教授、于珍博士策划设计，在征求和论证其他编写人员意见与建议的基础上确定。全书分上、下两编，共十四章：前言、（上编）第一章由嘉应学院杜德栎教授撰写；（上编）第二、六章由嘉应学院李春刚教师撰写；（上编）第三章由嘉应学院庄可教授撰写，（上编）第四章由广州大学丘苑博士撰写，（上编）第五章由陕西学前师范学院贺琳霞博士撰写；（下编）第七、八、十三、十四章由嘉应学院于珍博士撰写；（下编）第九、十二章由山西省运城幼儿高等师范专科学校张洁教师撰写；（下编）第十章由广东江门职业学校王蕾教师撰写；（下编）第十一章由广东江门职业学校张富洪教授撰写。杜德栎、于珍、张富洪负责全书的统稿工作。

《幼儿教师道德与教育法规》既是一本供师范院校及高职院校学前教育专业使用的教

材，也是准教师参加国家教师资格考试的指导用书，还可作为幼儿园教师职后培训、教育行政管理人员及一般读者了解幼儿教师道德与学前教育法规的读物。

本书编写时参考了国内一些学者的研究成果，在此表示衷心感谢！本书的编写和出版，得到了中国人民大学出版社及编辑王雪颖老师的大力支持和热情关心，谨此谢忱！

由于编者水平和能力有限，书中不足之处与缺点在所难免，敬请广大读者、同行和专家批评指正。

编　者

2020 年 4 月 26 日

目 录

上编　幼儿教师道德

下编　幼儿教育政策法规

上编

幼儿教师道德

第一章

教师职业道德概述

知识结构图

- 教师职业道德概述
  - 道德和职业道德
    - 道德概述
      - 道德的含义和本质
      - 道德的起源和类型
    - 职业道德的内涵与特点
      - 职业道德的内涵
      - 职业道德的特点
  - 教师职业道德
    - 教师职业道德的含义
    - 教师职业道德的特点
      - 教育性
      - 自觉性
      - 整体性
    - 教师职业道德的功能
      - 对教师的引导功能
      - 对学生的教育功能
      - 对社会风尚的促进功能
  - 教师职业道德的基本原则和规范
    - 教师职业道德的基本原则
      - 教书育人原则
      - 乐教勤业原则
      - 人格示范原则
    - 教师职业道德规范和幼儿教师行为十项准则
      - 教师职业道德规范
      - 幼儿教师职业行为十项原则

学习目标

- 准确识记与理解道德、职业道德和教师职业道德的含义。
- 知道教师职业道德的功能和原则。
- 了解《中小学教师职业道德规范》基本内容。

学习重点

本章的学习重点主要是准确识记与理解道德和教师职业道德的含义，明确教师职业道德的价值和原则，理解教师职业道德规范的基本内容。

学习建议

本章按道德和教师职业道德、教师职业道德的基本原则和规范两条主线展开。前者的学习，可以根据道德、教师职业道德是什么—教师职业道德的含义和特点—教师职业道德的功能这个线索梳理相关要点；后者的学习则根据教师职业道德的基本原则—教师职业道德规范—教师职业行为十项准则展开，重点梳理教师职业道德含义、功能和教师职业道德规范基本内容的重要知识点。

问题情境

郑聪：爱的放弃和追求

参加工作的第 3 年，郑聪发现自己怀孕了，而且是对双胞胎。这对于喜欢孩子的她来说更是意外之喜。然而高兴之余，郑聪却陷入了痛苦的选择中。

当时她担任着初中二年级 3 个班的英语教学，还是一个班的班主任，同时兼任教研组长。尤其是她担任班主任的那个班的孩子即将进入初三，她实在不忍心因为生孩子而耽误他们。

郑聪想到两年前刚接初一新生的第一次家长会的情形：“我能教你们的孩子说明我们有缘分，这也是我的荣幸，我将与家长一道陪伴孩子们走完这 3 年，见证他们的成长与成功。请你们相信我……”这是她当年对家长掷地有声的承诺。

而今，如果要了这对双胞胎，就意味着要放弃自己的第一届学生，同时意味着学生们在进入初三时要重新适应新老师——而如果不能适应则势必影响学生的前途，家长和学生

3 年的期望便会化为泡影，更意味着当初对家长的承诺将化作儿戏！然而，放弃肚里的孩子，对一个母亲来说是一件多么残忍的事情！这两难选择的矛盾心理折磨了郑聪一个多月。为此，她和爱人经过无数次的沟通。终于，为了当初对家长的承诺，郑聪做了一个残酷的选择——放弃肚子里的孩子！

有同事心疼郑聪，说她“傻”：“没有必要为了学生而放弃自己当母亲的机会和权利！”可郑聪回答道：“我之所以做这个大家都难以理解的选择，是因为我做人的底线便是要对自己说过的话负责。我还年轻，以后还有机会要小孩。而学生只有一次中考的机会。”①

你认为郑聪“放弃肚子里的孩子”的做法道德吗？何为道德？何为教师职业道德？你怎样才能在未来成为一名具有高尚师德的幼儿教师？

学高为师，身正为范。教师作为人类灵魂工程师，其必备的首要条件就是要具有高尚的师德。古今中外，人们都把师德作为衡量教师素质的第一杆标尺。可以说，教师的职业道德素质不仅直接关系到教育能否实现立德树人的根本任务、促进亿万青少年的健康成长，还对整个国家和民族的精神风貌产生深远影响。进入新时代，人类文明的传承表现出比以往更高的价值，教师职业的重要性也因社会和人的发展要求的日益丰富、超前而显现得更为突出。中华民族要实现“中国梦”，教育必须先行，这就对教师及教师职业提出了新的要求。厚德方能载物，师真方育新人，不断提高现代教师的职业道德修养水平，是建设中国特色社会主义教育事业的一个重要方面，又是教师自身发展的客观需要。

第一节　道德和职业道德

教师职业道德简称师德，作为一种教育现象，不仅是一个问题领域或学科，也是该学科最基本的概念。要想认识与解决师德问题，提高自我师德修养，我们必须首先从理论上对这一概念进行梳理。

一、道德概述

（一）道德的含义和本质

道德是人类社会特有的精神现象，是随着人类历史不断发展的一种特殊意识形态。在西方，“道德”一词，源于拉丁语的 moris，意指风尚、习俗，引申开来，也有原则和规范、行为品质和善恶评价等含义。在我国，“道德”这一术语也早已有之。如《论语·述

① 李镇西，郑聪. 爱的放弃和追求［N］. 中国教育报，2012-02-15（10）.

而》中讲到“志于道，据于德”，《孟子·公孙丑下》中有“尊德贵道”。这些讲的都是道德，只是把“道”和“德”分开使用。所谓“道”是指人所由以行走的道路，也指事物存在、运行、生、灭所由以遵循的法则，并引申为人们必须遵循的社会行为的准则、规矩和规范；“德”即得，所谓“德者，得也”，其根本在于使事物生生不息，具有强大的生命力和正能量。人们认识“道”、遵循“道”，内得于己，外施于人，便是“德”。“道”的客观性较强，主要指外在的规范准则；“德”则偏向于主观方面，主要指人们内心的精神体现的东西。“道德”二字的合用，最早见于《荀子·劝学篇》：“故学至乎礼而止矣，夫是之谓道德之极。”荀子不但将“道”和“德”二字连用，而且赋予了它确定的含义，即人们在各种伦常关系中表现的道德境界、道德品质和调整这种关系的原则和规范。可见，无论在东方还是在西方，“道德”这个词的起源和历史发展，都包含有道德意识、道德规范、道德活动和行为标准等广泛的内容。

概括地讲，所谓道德，就是由一定社会关系特别是经济关系所决定，以善恶评价方式调节人际关系的行为规范和人类自我完善的一种社会价值形态。

所谓道德本质，是指道德现象的内在联系和道德的内在矛盾。它规定着道德发展的方向和最能反映道德特征的深层的、稳定的方面。马克思主义认为，人类社会是以经济为基础的，经济基础决定上层建筑，道德属于社会上层建筑和意识形态，其本质是由社会存在和物质利益所决定的社会意识和实践精神。它是在一定社会条件下，调整人与人、人与社会、人与自然之间关系的特殊思维方式、价值观念和原则规范的总和。道德作为一种特殊的社会意识现象，在形式上具有主观性，但其内容却是一定社会关系对人们提出的客观要求的反映。因此，当一切社会关系尤其是经济利益关系发生变化时，人们的道德观念和社会的道德标准都会随之发生或多或少的变化。人类道德正是在这种除旧布新的过程中得以发展的。尽管道德具有一定的时代性、阶级性和民族性，但在人类历史上，包括阶级社会在内，也还存在着各时代、各民族、各阶级共同承认的一些道德准则，遵守这些准则是维护人们之间正常关系的需要，也是社会生产、生活能够正常进行的保证。

（二）道德的起源和类型

对于道德这种人类社会所特有的现象是如何产生的，自古至今，许多伦理学家与哲学家都做了探讨。唯心主义的道德起源论有两种观点，一种观点是到“彼岸世界”去寻找道德的起源，认为道德起源于上帝和某种神灵的旨意；另一种观点认为道德“根于心”，认为人有一种先天的、与生俱来的善良本性，凭着这种善良本性就可以引申出道德来。尽管这两种理论都从不同的角度论述了道德的起源，但其本质是唯心主义的道德起源论。还有一些机械唯物主义者从感性经验出发，抛开人的社会性和社会关系，把人的生理本能作为道德的出发点和归宿，把道德的根源奠定在对欲望的追求和满足上。所以，他们同唯心主义者一样，都未能科学地揭示出道德产生的根源。

唯物史观的创立为人们提供了科学解决人类社会领域的各种问题的新思路。马克思主义把道德的起源同人类物质生活的现实基础联系起来，为解决道德的起源问题奠定了坚实的理论基础。马克思主义认为，道德是社会历史的产物，是从人类社会物质生活条件中产生并在长期的社会实践中逐步形成的。首先，人与人之间社会关系的形成和人类语言意识的产生是道德产生的前提。人和动物的本质区别就在于人有思维，能够制造并使用工具，从事生产劳动并在劳动中形成人类的生产关系和社会关系，这些关系是以利益为内容的。随着人类劳动和交往的扩大，产生了语言和意识，从而使人们能够认识到彼此间的关系，并加以调整，道德的产生成为可能。其次，社会分工的出现和发展是道德产生的关键。随着生产和社会分工的发展，人们在生产、交往和分配中的个人与个人、个人与集体之间的利益矛盾日益明显。这就不但产生了解决这些矛盾的自觉要求，而且也逐渐产生了维护整体利益的义务感和荣辱观念。这样，那些适应当时社会物质生活条件所必需的行为要求，就逐渐成为氏族社会成员所共同遵守的行为准则，并经世代传袭，成为原始氏族社会神圣不可侵犯的道德信条和风俗习惯。原始社会的道德只是表现为“风俗的统治”，还没有分化成为独立的社会意识形态。随着生产的发展，特别是体力劳动和脑力劳动分工以及阶级对立的出现，道德意识逐渐分化成为独立的意识形态。

从纵向上看，在人类社会发展的历史长河中，依据不同经济结构所划分出来的不同历史形态，我们相应地划分出五种不同的道德历史类型，即原始社会道德、奴隶社会道德、封建社会道德、资本主义社会道德、社会主义和共产主义社会道德。在道德历史类型的交替变更过程中，道德作为社会的意识形态和上层建筑，必然受到生产力和生产关系矛盾运动的制约，并随着生产方式的变更而发生变更，随着经济的发展而发展，在曲折中前进，并越来越趋向进步。道德作为文化的核心因素，它的发展在适应社会经济关系的同时，还遵循自身批判继承发展的规律。不同社会、不同阶级在批判、因袭、继承前种道德文化遗产的同时，充实着符合时代发展和阶级利益的新内容、新要求，从而使道德在批判继承中得以发展。

从横向上看，人类生活一般有社会公共生活、职业劳动生活和家庭婚姻生活。相应地在社会生活中，人们的道德活动也是多种多样的，概括起来有三大领域：一个是社会公共活动领域的道德，一个是职业活动领域的道德，一个是家庭活动领域的道德。简言之，即社会公德、职业道德和婚姻家庭道德。所谓社会公德，是指在一个社会中为全体成员所公认的、大家都要共同遵守的最起码的公共生活准则。它是人们在长期的社会生活中逐渐形成的，用以维护公共生活、调节人与人之间关系的一整套准则，是全体公民都必须遵守的道德规范。职业道德是指人们在从事各种正当的社会职业活动过程中，思想和行为适应遵循的道德规范和准则，也就是调整职业内部、职业之间、职业与社会之间的各种关系的行为准则，如商业道德、医务道德、教师道德、科技道德、军人道德、新闻道德、体育道德、公务人员道德等。丰富多彩的职业劳动，是人类社会生活向前发展的动力和生命线。每一社会的职业道德状况，反映了社会道德的要求和状况，并直接关系到各行各业的发展和全体社会成员的切身利益。婚姻家庭道德是指在以婚姻关系为基础的家庭生活中，每个家庭成员应自觉履行的道德义务和责任，如夫妻平等相爱、父母要抚养教育好子女、子女要赡养和尊敬老人等。

【历年真题】

【1.1】荀子说："师数有四，而博习不与焉。尊严而惮，可以为师；耆艾而信，可以为师；诵说而不陵不犯，可以为师；知微而论，可以为师。"他提出为师的四个条件，实际就是（　　）。

A. 社会道德　　B. 师生关系道德　　C. 教学道德　　D. 处世道德

【解析】正确答案C。荀子提出，一个优秀教师除了有渊博学问之外，还应具备四个基本条件：有尊严的威信，有丰富的阅历和崇高的信仰，讲授知识有条理，善于阐发微言大义。这些要求是教师传道授业的行为准则，体现的是调整自己与教学活动的关系，属于教学道德。

总之，道德作为社会有机体的一个重要组成部分，既受社会经济和其他因素的影响和制约，同时又渗透到社会生活的各个领域，对社会生活进行独特的调控，并随着人类历史的前进，有规律地向前发展。我国现正处于社会主义初级阶段，经济上实行公有制为主体、多种所有制经济共同发展，按劳分配为主体、多种分配方式并存，社会主义市场经济体制等社会主义基本经济制度，根本目的在于解放生产力、发展生产力，消灭剥削、消除两极分化，在现代化基础上实现人民的共同富裕。"在新世纪新时代，经济和社会发展的战略目标是，到建党一百年时，全面建成小康社会；到新中国成立一百年时，全面建成社会主义现代化强国。"①

为此，我们必须加强社会主义精神文明建设，实行依法治国和以德治国相结合，提高全民族的思想道德素质和科学文化素质，为改革开放和社会主义现代化建设提供强大的思想保证、精神动力和智力支持，建设社会主义文化强国。加强社会主义核心价值体系建设，坚持马克思主义指导思想，树立中国特色社会主义共同理想，弘扬以爱国主义为核心的民族精神和以改革创新为核心的时代精神，倡导社会主义荣辱观，增强民族自尊、自信和自强精神，抵御资本主义和封建主义腐朽思想的侵蚀，扫除各种社会丑恶现象，努力使我国人民成为有理想、有道德、有文化、有纪律的人民。同时，在《中共中央关于加强社会主义精神文明建设若干重要问题的决议》中还指出："社会主义道德建设要以为人民服

① 中国共产党章程［M］. 北京：人民出版社，2017：4-5.

务为核心，以集体主义为原则，以爱祖国、爱人民、爱劳动、爱科学、爱社会主义为基本要求，开展社会公德、职业道德、家庭美德教育，在全社会形成团结互助、平等友爱、共同前进的人际关系。”其中，对于社会公德、职业道德和家庭美德，又有相应的具体规范要求。社会公德中的五个道德规范是：文明礼貌，助人为乐，爱护公物，保护环境，遵纪守法。职业道德中的五个道德规范是：爱岗敬业，诚实守信，办事公道，服务群众，奉献社会。家庭美德中的五个道德规范是：尊老爱幼，男女平等，夫妻和睦，勤俭持家，邻里团结。这三大领域中的十五个道德规范，是在社会主义道德的“核心”“原则”和五个“基本要求”的作用下形成的一个社会主义的道德规范体系，涵盖了社会主义道德要求的各个方面，是社会主义核心价值体系在道德层面的体现。

二、职业道德的内涵与特点

（一）职业道德的内涵

职业道德是整个社会道德体系的一个重要组成部分，而教师道德又是职业道德的一种。因此，认识职业道德的基本理论知识是理解教师道德的前提与基础。

职业道德是职业实践活动的产物。职业活动作为人类借以实现“直接生活的生产和再生产”的一种普遍的基本形式，它同人类的其他活动一样，与道德问题紧密相联。由于从事某种特定职业的人们，有着共同的劳动方式，经受共同的职业训练，因此，往往具有共同的职业兴趣、爱好、习惯和心理传统，结成某些特殊关系，形成特殊的行为规范和道德要求。恩格斯曾指出：“实际上，每个阶级，甚至每一个行业，都各有各的道德。”① 这里所说的每一行业的道德，就是职业道德。概而言之，所谓职业道德，就是指人们在从事某种正当的社会职业过程中，思想和行为应当遵循的道德规范和准则。它是一定社会或阶级对于从事一定社会职业人们的一种特殊道德要求，是社会道德在职业生活中的具体体现。

职业道德的内涵随着社会发展而不断丰富。在原始社会末期出现了人类历史上的两次社会大分工，各个部落中生活的人们，在相互交往中形成了一定的行为惯例，这其中就包含着职业道德的萌芽。在奴隶社会，随着生产力的发展，出现了体力劳动和脑力劳动的更大分工，逐渐形成了各种职业，如农业、畜牧业、商业、手工业、医疗业和职业教师、职业军人等职业集团。在职业生活实践中，随着社会职业关系的复杂化、多样化和完善化，形成了特殊的职业责任和职业纪律，从而产生了各种具有本职业特点的行为规范和道德要求，职业道德真正形成。从奴隶社会进入封建社会后，职业道德有了新的发展。在中世纪的欧洲出现了许多手工业行会，制定了行会规章制度，以协调各行会手工业者之间的利益关系。在我国，除手工业行会有职业道德的条规外，文献反映较多的是政治、经济、文

① 马克思，恩格斯. 马克思恩格斯选集：第4卷［M］. 3版. 北京：人民出版社，2012：247.

化、教育、军事和医疗等方面的职业道德。这一历史时期的职业道德较之奴隶社会的职业道德要求更先进、更广泛，更体现了各个不同行业自身的特殊道德要求。但是，由于封建社会自给自足的自然经济占主导地位，等级制的压迫和宗教的控制，各种职业分工也受到限制，各种职业道德都带有浓厚的阶级色彩。统治者对于体力劳动者的职业道德则不大看重，因此职业道德在封建社会鲜见于典籍，没有得到很大发展。人类社会进入资本主义时代以后，由于生产力的发展，生产社会化程度的提高，科学技术迅猛发展，社会的分工和生产机构内部的分工越来越具体和明确，形成了新的更大规模的职业活动。与此相适应，资本主义时代的职业道德，不仅保持和进一步提炼了诸如工、农、医、商、军、教等具有悠久传统的职业道德规范，而且形成了诸如律师、工程师、科学家、新闻记者、艺术家等新职业的职业道德规范。随着世界新技术革命在全世界范围内的迅速兴起，伴随着新的职业的出现，一些新的职业道德，如网络道德、核能工作道德、航天事业道德、导游人员道德、公关人员道德等也相继形成。

纵观职业道德的历史演变历程，虽然在私有制条件下的职业道德不可避免地带有历史和阶段的局限，但是总体上依然是人类社会精神文明的积极成果之一，并以其特有的方式，反映和影响着社会生活。社会主义制度的建立及经济全球化发展，为职业道德的全面普及和深入发展开辟了广阔的天地。社会主义职业道德，既是历史上长期形成的职业道德的继续，又是对它的深刻变革。在社会主义条件下，各种职业的职业利益与整个社会的利益，从根本上来说是一致的。人们通过职业活动而发生的关系，是同志式的平等互助关系。人们职业活动的共同目的是为社会主义建设事业做贡献，这就为新型社会主义职业道德的产生奠定了基础。同时，党和国家又非常重视提高人民的思想觉悟和道德水准，要求发展各行各业的职业道德。因此在新时期，社会主义职业道德的发展与建设任重道远。

（二）职业道德的特点

从上述职业道德的发展变化中我们看出：在阶级社会里，职业道德既反映着社会职业行为的道德调节方向，又带有具体职业或行业活动的特征。

1. 内容具有稳定性

职业道德的稳定性表现在两个方面：一是职业道德中的主体要素可以超越不同社会因袭继承，世代相传，成为人们比较稳定的职业心理和习惯。例如，不同国家、不同地区、不同民族、不同社会制度、不同阶级都把“仁爱救人”“祛病治伤”作为医务道德，把“童叟无欺”“买卖公平”作为商业道德，把“言传身教”“以身作则”作为师德。二是在某种特定职业与行业中形成的职业兴趣、职业心理、职业习惯、职业传统等都是大同小异的，而其基本的道德观念又是不易改变的，例如，酒家行业中流行的“逢人开口笑，过后不思量”的职业习惯，师德中的“诲人不倦”与“誓不误人子弟”的职业信念等。随着社会的发展，从业人员在继承、履行本职业的道德规范的同时，也在对职业道德规范不断地完善、充实和发展。

2. 形式和行为尺度具有多样性

职业道德的形式，特别是其行为准则的表达形式，往往比较具体、灵活、多样。具体说，就是每种职业的道德要求，既有一般的原则性规定，又有很具体的要求，通常是用规章制度、工作守则、行业公约、岗位责任、条例、须知、章程、誓词、格言、匾额、条幅、形体标志、文图结合等多种简洁明快的形式表达出来。这样，比较容易使从业人员接受和践行，铭记于心，从而形成本职业所要求的道德习惯，适用性较强。另外，社会分工的发展促使职业活动变得更加复杂、多样，从而要求职业道德给予多方面的调节，因而衡量职业道德行为的尺度也就呈现出多样化。表现在不同行业上就有不同的衡量标准，即使同一行业中同一职业也有高、中、低的层次要求，呈现出不同的职业道德境界。

3. 适用对象具有限定性

每种职业道德都是在各自的职业实践活动中产生的，总是要鲜明地表达职业义务和职业责任，以及职业行为上的道德准则，并以自己特有的方式调整从事同一职业人员的内部关系以及他们同服务对象之间的关系。对从业人员提出的特殊的道德要求，主要用来约束从事本职业的人员。对于不属于本职业的人，或本职业人员在该职业之外的行为活动，它往往起不到调节和约束的作用，例如，“童叟无欺”是对商业服务行业的道德要求，“治病救人”是对医务人员的道德要求。正因为每一职业的道德要求具体、明确，从而使从业人员能够明辨是非善恶，保证职业活动的顺利发展。

第二节　教师职业道德

一、教师职业道德的含义

什么是教师职业道德？不同的人有不同认识。历史上，有的将其说成是神的意志，或者是主观精神，先验的意志、意识，良心、客观精神、理念，逻各斯天理的外化等。我国汉代大儒董仲舒说：“今善善恶恶，好荣憎辱，非人能自生，此天施之在人也。”① 西方有“原罪说”。这些观点把教师职业道德归于上帝或人格神，不但没有真正解决道德本质的问题，反而将其推向神秘世界，把教育看作是上天为造福人类创造的一种活动，教育者是上天的使者，反映着上天的意志，是上天的化身。这些观点必然使教师职业道德陷于绝对化、简单化的泥潭。唯心主义思想家要么把教师职业道德看成是先验的善良意志、

① 董仲舒．春秋繁露·竹林．北京：中华书局，2011：87.

良心等主观精神，要么把教师职业道德看成是理念、天理客观精神的外化。因此《学记》说："凡学之道，严师为难。师严然后道尊，道尊然后民知敬学。"提出"师道尊严"的思想，其作用就在于把教师当作整个封建思想体系的代表。企图通过尊师来尊重封建的"道"。

当代中国学者对什么是教师职业道德，也提出了许多不同的观点。檀传宝认为："教师职业道德是指教师职业活动中所应当遵循的，用以调节教师职业工作中教师与学生、教师与集体、教师与社会等关系的道德规范和行为准则的总称。"① 段文阁、赵昆认为："教师职业道德是指教师和一切教育工作者在从事教育活动中必须遵守的道德规范和行为准则，以及与之相适应的道德观念、情操和品质，是教师的从业之德，是一定社会或阶级对教师这一行业的道德要求。"② 东北师范大学赵宏义认为："就教师职业道德的社会存在而言，它是对教师职业活动的意义、行为规范及其实践活动给予道德价值性关注的领域，是一个关于教师为师之德的领域；从其表现特征来看，师德是教师在职业中理想或追寻职业意义、履行职业道德规范或准则过程中所表现出来的观念意识和行为品质。"③ 他对师德概念的解释中，包含着看待和讨论师德问题的基本方面：一是教师职业的意义和规范问题，被称为师德文化现象；二是履行师德的实践活动，称为师德的活动现象或时间现象；三是师德品性，称为师德品质现象。从上述对教师职业道德概念的解释中，我们可以看出，师德不仅包括教师在教育教学活动中所遵守的基本行为规范和行为准则，而且还包括个人在守护这些规范时所表现出来的观念意识和行为品质，及所形成的师德氛围或生态环境，它是教师这一特殊职业所具有的独特的职业道德规范体系和道德品质。教师职业道德，可以从以下三个方面来理解。

首先，教师职业道德是反映教育活动中教师与学生、教师与他人关系以及交往行为的道德意识。道德意识是人们在长期的道德实践中形成的道德观念、道德情感、道德意志、道德信念和道德理论体系的总称。教师职业道德意识就是教师系统化地处理教育活动中人与人之间关系的教育意识。我们知道，教育有两大基本规律，一是教育与社会发展存在着相互制约、相互促进的关系；二是教育与人的身心发展存在着相互制约、相互促进的关系。教育活动受一定社会政治经济制度和生产力水平的制约，教育活动要适应人身心发展的特点。有什么样的社会政治经济制度和生产力水平，就有什么样的教育实践；同时，对人身心发展规律的认识程度影响着教育实践的水平。在教育活动中，诸如教与学的关系，师与生的关系，知与不知的关系，教师个体与集体的关系，教师的学生观、认识观、教育目的观等都是需要教师解决的道德问题。对这些问题的认识和解决，不同教师存在着不同

---

① 檀传宝．教师职业道德［M］．北京：北京师范大学出版社，2015：21-22.

② 段文阁，赵昆．教师职业道德［M］．济南：山东人民出版社，2012：4.

③ 赵宏义，于秀华．新时期教师职业道德修养［M］．长春：东北师范大学出版社，2005：6.

的思想体系和方法规范体系，即道德意识。例如，教学思想及规范、德育思想及规范、管理思想及规范、伦理思想及规范，它们都是应教育实践活动的要求而产生的，教师职业道德在教育实践中产生形成的过程，是区别于其他思想规范体系的，它是关于处理教育劳动中人与人相处的道德准则的理论。它的内容应是对职业内所有人的要求和具体规范。教师职业道德既要解决“应当”问题，还要解决为什么“应当”的问题。所以教师职业道德意识，就是试图确定在教育活动中发展人与人之间适应教育目的要求的、良好关系的道德规范与观念。这些规范与观念应当能维持教育的秩序，延续教育的良好习惯，有利于履行教育的社会责任，产生良好的教育效果。它们既是对教育领域共同利益要求的反映，又是对反映教育活动中人与人之间关系处理上经验的概括与总结。

其次，教师职业道德旨在协调教师职业工作中的人际关系，包括教师与学生的关系、教师与集体的关系以及教师与社会的关系等。教师职业道德的核心目标是规范和引导教师处理好这些人际关系，以道德的方式来协调人际行为，同时也以道德的方式来展开教育、教学活动，实现立德树人的教育目的。教师与学生的关系是教师职业道德的核心方面，一名合格的教师必须具备正确处理师生关系的能力。教师在教育工作中既要有一定的威信，能够对学生的学习生活加以引导或者矫正，同时又要充分尊重学生的人格尊严、尊重学生的主体身份，关爱学生，给予学生自主选择的空间和机会。教师与学生之间应当是相互尊重、相互信任，同时又是相互促进的关系，做到“教学相长”。此外，教师还必须处理好与集体的关系，这个集体包括同事群体以及学校生活中的共同体。教师生活于学校共同体之中，难免与教师集体以及学校共同体发生各种各样的人际关系以及利益关系，教师必须从职业道德的基本要求出发来处理好与集体、与学校的关系，努力成为学校共同体、教师集体中的合格成员，为集体生活和学校教育做出力所能及的贡献。当然，教师还面临着与社会的关系，教师作为社会成员，必须把自己看作是社会的一分子，在教学活动中履行社会职责，有效地传递社会的核心价值观念和正能量，通过自身的教学活动来培养人才，从而间接地促进社会的发展。

【历年真题】

【1.2】 唐老师准备参加全市幼儿园教师基本技能大赛，因缺乏参赛经验，就去请常担任各类大赛评委谢老师，但被谢老师拒绝。谢老师的做法（　　）。

A. 不利于同事间团结协作　　　　B. 促进唐老师自我发展

C. 不注重同事的探索创新　　　　D. 维护比赛公正公平

【解析】 正确答案A。作为同事，老师之间应该做到团结协作，谢老师拒绝对唐老师的指导，是不团结同事的表现。

【考点拓展】

【1.1】 王明同学成绩不好，跟夏老师关系很紧张。一天，王明悄悄在黑板写了“夏某某是个大笨蛋!”夏老师查出后暴跳如雷，多次勒令王明当着全班同学的面同自己做深刻检讨，夏老师的行为（　　）。

A. 正确，有利于抑制其他同学的类似行为

B. 正确，应该维护教师的尊严和威信

C. 不正确，不应该对此类学生如此宽容

D. 不正确，不利于构建良好的师生关系

【解析】 正确答案D。因夏老师违背了教师的职业道德，教师应该关爱学生，遇到问题首先应该进行反思，同时利用教学机智恰当处理师生关系。

最后，教师职业道德是外在道德规范他律和教师内在道德自律的统一，是一种特殊的规范调解方式。就是说，教师职业道德不仅是一种外在的道德规范体系，更是一种内在的道德自律约束活动。教师在遵守外在职业道德规范体系的同时，必须加强内在的道德自律，处理好“自己与自己”的关系。教师必须在充分理解教师职业意义和认识自我的基础上，通过把外在的道德规范内化为自身的道德素养，如教师的良心、教师的公正和教师的幸福等，从而全面地提升自己的道德品质和道德境界。我们知道，纯粹的道德他律和外在规范是很难限制和约束教师的行为的，因为这些外在规范难以深入人心，难以成为教师的心灵世界和道德世界的有机组成部分。因此，教师职业道德如果仅仅是这样一些外在的道德规范的集合体和文本说教，通过灌输或者强制的方式来向教师施加压力，那么这些职业道德对于教师职业活动的调节作用很可能是低效的甚至是无效的。显然，一种职业道德规范只有当它被道德主体所内化，并付诸行动的时候，它才有可能成为道德主体的内心世界的有机组成部分和发展需要，它才可能经由道德他律而走向道德自律，发挥道德的规范和约束功能，主导道德主体的道德生活。

教师职业道德也同样如此，它需要教师以主体的身份自觉自主地吸收和接纳这些道德规范，关注教师职业意义的深层追寻，甚至允许教师反思和批判教师职业道德规范中不合理的要素，保留合理的方面，从而让这些道德规范成为一种自律和自觉，而不再是一种外在的强加和灌输。通过这样的一种反思、体验、吸收和内化的过程，教师职业道德才能真正成为属于教师职业生活的“本己”世界的道德规范，而不再是从属于教师职业生活的“异己”世界的外在道德规范，教师职业的行为才能达到“随心所欲不逾矩”的意境。

综上所述，教师职业道德又称为“教师道德”或者“师德”，它是指教师在从事教育劳动过程中所应遵循的调节教师与学生、教师与他人关系以及交往行为，保证教育活动有

效合理进行的比较稳定的道德规范以及与之相适应的道德意识和道德品质。它是一定社会或阶级对教师职业行为的基本要求和概括，从道义上规定了教师在教育活动过程中应以什么样的道德情感、态度作风、行为准则去调节与其他参与者之间的关系，处理教育道德问题，以有效合理地做好教育工作，立德树人，为社会尽职尽责。

二、教师职业道德的特点

教师道德不仅具有职业道德的一般特征，而且还具有作为一种特殊的职业道德的独特性，教师道德与教师的教育劳动中的人际关系特点有密切的联系。教师道德的特点主要表现在以下三个方面。

1. 教育性

首先，教师道德直接构成和影响教育内容。教师道德是学校重要的教育资源，因而具有教育性。比如，教师的价值观就既影响显性的也影响隐性的教育内容。除了在显性教育方面教师会自动根据自己的价值观理解、处理每一节课的教学内容，凸显一些教育内容，而相对忽略另一些内容之外，在隐性课程方面，教师的敬业精神，教师对课程以外许多问题的看法的不自觉的流露也都会对学生产生不同程度的影响，受职业道德影响的教学方式如师生间的互动方式也是教师价值观的体现，也会作为课程影响教育对象。其次，师德的教育性与示范性联系在一起，教师的人格特征影响教育内容。教师的人格特征是影响教育内容的重要因素，甚至可以说教师的人格特征本身就是教育内容。教师的人格特征对教育内容的影响可以从两个方面去理解。一方面，教师的道德人格会成为榜样。美国心理学家班杜拉（A. Bandura）等人认为，儿童的行为方式常常是模仿其所相信和崇拜的榜样人物而逐步形成的。不管教师愿不愿意、有无知觉，教师都有成为这种榜样的最大可能性。中国自古就有“以身立教”的理论，也是同样的道理。另一方面，教师的人格特征也影响其对教育内容的加工处理。一个有诗人气质的教师的教学会充满热情，富于想象；一位逻辑性较强的老师会以冷静思辩的睿智见长。情绪好的教师容易宽以待人，诲人不倦；而心情欠佳者则容易苛求学生，草率行事。尽管气质、情绪等人格特征主要是心理范畴，但是职业道德对于这些人格特征的修养和调整仍然是有非常大的导引作用的。

【历年真题】

【1.3】“智如泉源，行可以为仪表者，人之师也。”（《韩诗外传》）这句话告诉我们，教师（　　）。

A. 不仅要提高道德认识，还要加强道德实践

B. 不仅要有从教的学识能力，还要做到以身作则

C. 不仅要有丰富的学识，还要注重能力的提升

D. 不仅要有专业知识，还要有人文情怀

【解析】 正确答案为B。题目中句子的意思是，一个人的智慧像水源一样永不枯竭，他的行为可以做别人的学习榜样，就可以成为别人的老师。

2. 自觉性

学校教育活动是一种具有高度自觉性的活动。教育工作的特点是教育主体和手段的合一性。现代教育中教师职前培养和继续教育制度的存在使得教育工作者一般都经过专门的职业训练。因此他们不仅在教育工作的技能上具有十分明显的专业性和自觉性，而且在道德上也有高度的自觉。教师对于主体和手段的合一性的工作特点有清醒的了解，这一理解实际上是教师形成使命感的源泉。教师应当是积极调整教育劳动中人际关系的主动力量。反之，一些缺乏师德自觉的教师实际上是失去了教师本质的“教师”，在人际关系中永远处于被动、低效或无效的境地。所以教师道德从道德主体的角度看，具有明显的自觉性。

3. 整体性

教育劳动的特殊性之一就是影响的整体性。因此从教师道德的影响性质这一角度来看，教师道德具有一定的整体性。这一整体性主要有三个方面：一是指每位教师对学生的影响是整体的；二是指教师对学生影响具有集体性（面对的是学生集体）；三是指教育工作需要教师集体的通力合作才能完成。教师道德的影响与其业务素质、人格特征等联系在一起。比如主观上希望对学生公正的教师可能因为其教育方式上的失误而适得其反。又比如一个心地仁爱的教师也可能因为其性格上的内向而给学生以冷漠的印象。所以师德的修养如同师德的影响一样都是整体性的。通俗地说，教师实际上必须尽量做一个“完人”。现代教师的劳动具有非常强的集体性。单个教师的影响只有形成合力，才能更有效地作用于学生。换言之，作为教育劳动成果的学生实际上是一种集体性劳作的成果。因此师德中的重要内涵就必然有教师之间的协调与配合。

三、教师职业道德的功能

教师职业道德在促进教师专业发展、推动教育工作的有效开展、协调教师职业活动的人际关系等方面都可以发挥重要的功能。具体体现在以下几个方面：一是它可以对教师发展起到道德引导和规范的作用，促使教师提升职业道德素养和精神；二是它可以通过教师的道德示范作用对学生展开隐性的人格教育，促进学生的发展；三是它可以通过教师卓有成效的工作为社会培养有用之才，从而促进社会的发展。

（一）对教师的引导功能

教师职业道德对于教师以及教师集体的职业工作具有显著的引导功能。

首先，教师职业道德为教师的职业成长提供了职业的信念和道德的理想，它可以促使教师去更深刻地思考自身职业工作的价值与意义。教师的职业道德与教师对教育活动的价值的理解和认可密切相关。教师对教育活动价值的不同理解会产生不同的职业道德。我们发现，在实际教育中，有不少教师缺少教育工作者的职业道德素养，他们仅仅把职业工作当作一个“不会摔破的铁饭碗”，仅仅把教育工作当成谋生的手段，而没有从更高的意义上来理解教师的职业工作。而在生活中也有很多教师，他们真正深刻地理解了教师的职业道德，对自身的职业工作有着一种特殊的道德信念，因而更愿意把教育工作看作是一项具有很深的社会意义和个体意义的工作，愿意在教育工作中付出自己的努力和智慧。教师职业道德在教师的职业生活中，正是起到了这样一种引导的作用，它使教师能够超越日常生活的现实性与功利性，把教师引向更为崇高的道德境界，使教师能够全身心地投入教育工作。全国著名特级教师李镇西老师调整心态、强化师德、享受职业生活幸福的一段话或许会给我们一些启发。“既然只能当老师，那么悲悲戚戚是当，高高兴兴也是当，我当然选择了后者！怎么才能高兴呢？我就多想孩子们可爱的地方，尽量把课上好，尽量和他们一起玩，这样孩子们也就越来越爱我了。每天生活在一个充满爱的环境中，能不高兴吗？也许有人会说：‘难道没有让你头疼的学生吗？’有啊！怎么可能没有呢？但我换一种眼光去看这些让人头疼的孩子，我便不再头疼了。换一种什么样的眼光呢？那就是‘科研’的眼光。我把教育上遇到的每一个难题（班集体建设啊，‘后进生’转化啊，早恋啊，作弊啊，等等），都当作科研课题来对待，把每一个‘难教儿童’（这是苏霍姆林斯基对‘后进生’的称谓）都当作研究对象，心态就平静了，教育也从容了。每天都有新的发现，每天都有新的感悟，每天都有新的收获，因而每天都有新的快乐。”① 正是教师职业道德的引领作用，才使李镇西老师始终坚持高尚的道德情操，不断认识自我，发展自我，完善自我，超越自我。

其次，教师职业道德还能够通过评价、激励和追求理想人格等方式在造成良好的社会舆论和社会风尚的同时，培育教师的道德意识、行为和品质。一种良好的教师职业道德和职业风尚可以在学校空间中制造良好的舆论氛围，而这种舆论氛围对于教师的道德成长而言是非常重要的，缺乏了这种道德氛围，教师的道德意识、道德行为以及道德品质的发展就缺乏了水源和土壤。通过教师职业道德的熏陶，这种舆论氛围可以促进每一位教师不断反思自我的道德品质和道德行为，在日常生活和教育工作中以教师职业道德的标准来要求自己，从而提高自身的精神境界和道德水平。这有助于使教师成为道德纯洁、理想高尚的

① 李镇西．做最好的老师［M］．南京：译林出版社，2013：1.

人，有助于教师在教育工作中不断完善自我、提升自我的道德品质。

最后，教师职业道德对教师集体的发展也具有引导的功能。在学校生活和教育活动中，教师不是孤立的教师，教师并不是一个人在工作，而往往是与其他教师一起展开工作，一起追求共同的教育事业。教师职业道德倡导教师与教师之间的合作、分享、诚信、友爱，这无疑有助于教师集体的凝聚力的增长，促进教师集体的整体发展。教师作为职业集体中的一名成员，必须处理好集体内部的同侪关系，也必须正确处理好职业集体与社会的关系。而这需要教师职业道德来加以规范和引导。有了良好的教师职业道德，可以引导教师更深刻地意识到自我与其他教师之间所形成的应当是合作和友爱的关系，而不是恶性竞争和互相攻击的关系。教师与教师之间虽然也有正常的教学竞争，但是这种竞争必须限定在合理的范围之内，接受教师职业道德的检验。而在个人与教师集体的关系中，个人的利益应该与集体的利益融合在一起，不能为了个人的利益而无视甚至损害集体的利益。显然，当教师能够按照职业道德的操守展开职业工作的时候，教师与教师之间的关系将更为和谐，整个教师集体也将获得更好的发展机会。

教师职业道德对教师集体的引导功能，还表现在教师职业道德对教师集体具有监督和约束的作用，避免教师集体“犯错误”，做出道德上不正当的集体行为，比如违反国家规定收取不合理的学杂费、在法定节假日强制学生补课等。教师职业道德在教师集体的每一位成员的心中都会形成一种监督和自我监督的机制，它要求教师以及教师集体以职业良心和信念投入到教育工作当中。当教师以及教师集体都能够按照职业良心来做事，能够以道德的方式来处理职业工作中的各种问题的时候，那么我们说这个教师集体在道德上是积极向上的集体，而这个集体中的教师也将成为更加优秀的教师。

（二）对学生的教育功能

学校教育的对象主要是青少年学生，他们正处于长身体、学知识、立德志的重要时期，具有很强的模仿性和可塑性。在教师诸多个性因素中，相对于知识、技能因素而言，教师的职业道德对教育效果的影响更大。

首先，教师道德对青少年学生道德品质具有陶冶作用。学生往往具有“向师性”，学生学习的过程也是其世界观、人生观、价值观形成的过程。教师在与学生的交往和相处的过程中，通过自己良好的道德修养、自觉的道德认知、较高的职业素养，赢得学生的信任，成为学生可以亲近和信赖的人，因为“真正的具有教育效果的不是教育的意图，而是师生的相互接触，真正的品格教育就是师生真正共同相处的教育”①。作为一名教师，不仅担负着向学生传授知识的责任，而且还要承担对学生进行思想品德教育，帮助其树立正确的人生目标，形成个人良好的品德。尤其是教师超越狭隘功利的无私之爱，能使学生产

① 赵同森. 解读人本主义教育思想［M］. 广州：广东教育出版社，2006：23.

生积极的情感体验，获得一种澄澈明净的美好心境，从而确立关爱他人、尊重他人的情感态度。在教师教与学的交往过程中，教师的道德品质、道德情操、行为习惯、一举一动，一言一行等，无时无刻不在潜移默化地影响着学生，直接作用于学生心灵。在学校教育中，青少年学生不仅从书本里学习善恶观念，更多的是直接从教师在教育劳动中表现出来的道德意识和道德行为中汲取是非、善恶观念，寻找自己做人的榜样。尤其是年幼的小学生，教师在他们的心目中是比父母还重要的榜样，其一言一行对小学生道德品质的形成起着直接的启蒙作用。中学生正处于道德心理、世界观、人生观的逐步形成期，他们已经能够对教师的教育行为进行是非、善恶的思考和论证了。因此，教师道德对中学生的影响就更加深刻了。这一时期教师的道德观和各种人生观、价值观就会成为他们自我发展的重要“参考数”。“理想、原则、信念、兴致、趣味、好恶、伦理、道德等方面的准则在教师的言行上取得和谐、一致，这就是吸引青少年心灵中的火花。”① 可以说教师的榜样作用对于学生的今后发展乃至一生都起着至关重要的作用。《教育部关于进一步加强和改进师德建设的意见》提出：“教师是人类灵魂的工程师，是青少年学生成长的引路人。教师的思想政治素质和职业道德水平直接关系到大中小学德育工作状况和亿万青少年的健康成长，关系到国家的前途命运和民族的未来。”中共中央、国务院印发的《国家中长期教育改革和发展规划纲要（2010—2020 年）》再一次强调指出：“加强教师职业理想和职业道德教育，增强广大教师教书育人的责任感和使命感。教师要关爱学生，严谨笃学，淡泊名利，自尊自律，以人格魅力和学识魅力教育感染学生，做学生健康成长的指导者和引路人。”

其次，教师道德对青少年学生道德行为的养成具有示范作用。道德行为是道德品质的客观内容和外在表现，一定的道德品质只有通过道德行为才能展现出来。良好的道德行为的养成固然需要教师向学生讲授正确的道德知识，但身教胜于言教。很难想象，一个本身道德不够完美的人能够培养出道德完美的学生。在学校教育中，教师的一言一行都处于学生严格的“监督”之下，教师高尚的道德行为对学生有着直接的示范作用，它能指导学生选择正确的道德行为，培养良好的道德行为习惯。因此，教师道德本身就是一种巨大的教育力量，正如苏联教育家苏霍姆林斯基所说：“能够迫使每个学生去检点自己思考自己的行为和管住自己的那种力量，首先就是教育者的人格，他的思想信念，他的精神生活的丰富性，他的道德面貌的完善性。”因此，教师是学生在校园中所接触到的最直观、最真实的道德榜样，具有高尚师德的教师能够通过自己的身体力行来印证课堂上的言教，给学生一种无法物化在书本中的人生智慧，使其得到心灵的顿悟和人格的升华，进而实现“不教而教”的效果。这种示范作用虽无声无息，但却比高谈阔论更生动具体，更具有撼动人心的说服力。

① 苏霍姆林斯基. 培养集体的方法［M］. 合肥：安徽教育出版社，1983：206.

再次，教师道德对青少年学生未来的人生道路具有引领作用。许多人的兴趣、爱好、人生观乃至于所选择的人生道路，都受到了教师行为的影响。著名数学家陈景润在中学读书时，他的老师曾提到过“哥德巴赫猜想”这个数学难题，并把数学形象地比喻为自然科学的皇后，而“哥德巴赫猜想”则是皇后皇冠上的明珠，鼓励大家攻克这个难题。这给陈景润留下了深刻的印象，并使他从此开始了摘取皇冠上的明珠的艰辛历程。陈景润成功的因素固然很多，但他的老师那种不甘人后、时刻启迪学生为科学献身的精神无疑是重要因素之一。所谓“亲其师，信其道”，一个在学生心目中享有崇高威信的教师，其不经意间的一句话，就可能影响学生未来的职业选择，甚至影响学生整个的人生道路。

最后，职业道德对学生的学业发展具有激励作用。教师丰富的知识、高扬的理想、虔诚的敬业态度以及为达到教育目的而表现出来的强烈的求知欲，本身就是激励学生积极进取、奋发有为的无声召唤。通过学生的内化吸引，它们可以转变为一种洋溢在胸中的内驱激情、求学创业所必备的动力，激发学生高尚的学习动机和价值观。

（三）对社会风尚的促进功能

教师职业道德对社会发展也有非常重要的促进作用。首先，教师的职业劳动也是社会生产劳动的重要组成部分，教师通过对受教育者（学生）的塑造和培育参与了社会物质文明的建设，促进了社会的发展。年青一代是整个社会发展的基础性力量，他们决定了我们这个社会的生产力水平和物质文明建设的高度。当教师能够通过自身良好的职业道德和工作态度来做好教育工作的时候，他们就能够更好地培养出社会发展所需要的人才，促进社会文明的进步。教师在教育过程中所传递的知识、技术，有利于增进整个社会的知识和技术的发展；通过教育的传递，这些知识和技术将以更有效的方式传递给学生。并且，通过学校的教育和教师的工作，知识和技术事实上不断被突破和更新，新的生产力和物质文明正是在技术和知识的不断更新中完成的。所以，教师虽然表面上没有直接参与整个社会的物质文明建设，没有直接参与社会生产力的重构，但是事实上教师在社会生产力的进步和社会物质文明的建设中发挥着不可或缺的作用。教师的作用是不可替代的，因为他们培养出了可以发展生产力和物质文明的人，而这是一切社会进步的基础。

其次，教师职业道德影响整个社会的精神文明建设。教师职业道德是社会道德的重要组成部分，除了它本身的高低是直接构成社会道德水平高低的一部分之外，它还可以以身示范，成为“社会的良心”，带动社会道德水平的提升。整个社会的精神文明建设是由各行各业的人们共同来完成的。社会精神文明建设需要在整个社会范围内形成良好的精神氛围和道德氛围，使得社会的道德文明风尚得到显著的提升。而在社会精神文明的建设中，教师的作用是非常明显的。教师往往被视为整个社会的道德楷模，所谓“学为人师、行为世范”“学高为师、身正为范”，这表明教师不仅仅是知识的传递者，同时更是整个社会的道德榜样，对社会的精神文明具有引领和示范的作用。一个品德不良的教师可能被整个社会唾弃，对整个社会产生极其不良的道德影响；而一个品德高尚的教师或者一个无私奉献的教师，则可能通过自身良好的道德修养和人格品质被社会赞扬和称颂，成为整个社会的道德榜样。这样的教师可以引导整个社会的道德风尚的形成，真正做到了“行为世范”。因而，我们也可以看到，教师的职业道德和品格修养对于整个社会的精神文明建设具有非常重要的作用，它可以直接带动整个社会的道德水平的提升。

最后，教师的职业工作实际上是社会生活重构的基础工程。教师通过身体力行也通过自己的“产品”直接或间接地参与良好的人际关系和社会生活的重建。我们常说“振兴民族的希望在教育，振兴教育的希望在教师”。实际上我们可以进一步认为：“提高教师素养的希望在教师职业道德的养成。”良好的职业道德可以推动教师不断去反思、去开拓、去学习、去创新，以乐业和勤教的精神状态投入教育工作当中，全方位地提升自己的教师素养的职业水准。通过职业素养的提升，教师可以更好地为整个社会生产出更多的“优良产品”，而这些“优良产品”将直接或间接地促进社会生活的发展和重建。因而，教师的工作虽然从表面上看是局限于狭小的学校空间和课堂空间，是围绕着“三尺讲台”的工作，但是教师职业工作的影响却远超“三尺讲台”，进入无限广阔的社会生活领域，对社会生活的发展具有十分重要的影响。所以《学记》讲：“故师也者，所以学为君也，是故择师不可不慎也。”没有教师的兢兢业业、认真负责的教育工作，没有教师所培养出来的优秀人才，整个社会生活都将处于停滞的状态，社会物质文明和精神文明的发展都将受到严重的阻碍。因此，我们必须把教师职业看作是整个社会的一项基础性职业，把教师的职业道德看作是整个社会的基础性的道德构成。我们必须更加重视教师的职业道德素养的提升，这也是为了促进整个社会的道德素质和精神文明的进步。

第三节　教师职业道德的基本原则和规范

一、教师职业道德的基本原则

教师职业道德的基本原则简称师德原则，是一定阶级和社会对教师职业道德行为提出的根本要求，是教师在教育活动中处理各种利益的关系、调节和评价一切道德行为的根本规则。它是根据社会或阶级对教师职业道德的基本要求和教师职业的实际需要提出的，是对教师职业道德要求的高度概括和总结。

教师职业道德原则不同于一般的教师道德规范的基本依据之一，是教师职业中最根本、最具普遍性的道德规则，对建立和评价教师职业道德规范具有重要的指导意义。同时，教师职业道德原则反映了对教师这一职业最根本的道德要求，是教师在教育活动中处理和解决各种问题、进行道德修养必须遵循的主要规则，对教师职业道德行为具有广泛的引导功能和规范功能。

教师职业道德原则不同于一般的社会道德原则，也不同于其他职业道德原则，它是教师这一职业所特有的要求。教师职业道德与社会公共道德有密切的联系，教师职业道德虽然反映出不少社会公共道德原则和价值观，但其原则并不是对社会公共原则原样不动地加以体现，而是把这些与教师职业特有的问题相结合，表现出它特有的面貌。教师职业道德原则，是教师职业道德与社会公共道德和其他职业道德相区别的根本所在，表现了它对教师职业所特有的最一般的道德要求与规定。

基于以上认识和教师工作特点，我们认为教师职业道德原则主要包括教书育人原则、乐教勤业原则、人格示范原则等。

（一）教书育人原则

教书育人就是指传授知识能力，培养做人品质、立德树人。作为教师职业道德的一个基本原则，教书育人要求教师在其职业活动中，既要努力教授学生学习知识，又要培育学生成人成才，要把两者有机地结合在一起，更好地实现教育目的。

教书育人是教师这一职业的本质特征，指出了教师这一职业与其他职业区别的根本所在，它昭告人们，教师这一职业是教书育人的职业。同时，教书育人也是对教师基本职责的概括，指出了教书育人是为师从教，没有这个职责，不认真履行这一职责或不履行这一职责，就不是一个称职的教师或根本就不配做一个教师。可见，教书育人作为教师职业道德的一个基本原则，是由教师职业的本质特征和职责所决定的。

同时，教书育人也是古今中外许多典籍著述和贤哲大师所一贯强调与遵循的基本准则。《礼记》中就有“师也者，教之以事而喻诸德也”之说，强调教师既要教给学生有关具体事物的知识与技能，又要让学生知晓立身处世的品德。韩愈在《师说》中，以“传道、授业、解惑”概括了教师应有的教书育人的职责。当代教育家徐特立把“经师”和“人师”统一看作搞好教书育人的根本，他认为，为师的有两种他都不赞成，一种是“经师”，一种是“人师”。“经师”是教学问的，“学生的品质、学生的作风、学生的生活、学生的习惯，他是不管的”。而“人师就是教行为，就是怎样做人的问题”。他主张，“我们的教学是要采取人师和经师二者合一的”①。从以上这些论述中可以看到，作为一名教师，如果只注意传授知识，不注意培养学生如何做人，就是没有尽到教师的责任，因此自古以来，教书育人一直是衡量和判断教师工作的根本标准，也自然成为指导教师一切教育工作的根本原则。

教师要搞好“教书育人”，需要注意以下要求：

（1）正确认识和处理好教书与育人的关系。作为教师，在教书与育人的关系上要始终

① 徐特立. 徐特立教育文集［M］. 北京：人民教育出版社，1979：347.

明确，教书和育人，立德育人是目的，是根本，教书是工作形式，是达到育人的经常化手段和途径。两者密切联系，相互促进，但又不能等同。

(2) 正确理解育人之含义，树立全面的育人意识，使学生成为德、智、体、美、劳和谐发展的人。因此，教书所育的人，应是一个完整的人，不是仅指有某一方面素质之人。同时，结合每个学生的个性特征，做到因材施教，突出优势发展。

(3) 多方面努力，优化教育途径，更好地实现教书育人目的，如加强自身修养，提高自身素质；研究教育规律，科学施教；精通业务，有效教学；以身作则，为人师表；等等。

(二) 乐教勤业原则

乐教勤业原则是指教师要乐于从事教育事业，勤奋地工作。乐教勤业是从事教育工作的基础和动力，是教师职业道德原则的核心。教师乐教勤业，是由教育实现自身效益和社会价值的内在需要决定的。任何一种职业的存在，不仅是人们生计的需要，也是社会的需要，具有一定的社会价值。一个行业在努力实现社会价值的过程中，必然会产生对职业活动效率和效益的追求，从而唤起从业人员对本职业的敬重感，使之乐于从事此业。勤奋工作是获得行业活动质量效益的保证，教育也是如此，它的育人特点和自身效益、社会价值实现的需要，内在地决定了它的从业者能够乐于从教、勤奋工作。

乐教勤业，也是教师胜任教育工作，做好教育工作的首要条件。乐教才能勤业敬业，勤业又能强化乐教。乐教是勤业的内在需要，是勤业的动力和能源；勤业是乐教的具体体现，是满足乐教职工需要的基本途径。是否乐教，影响着是否能够做到勤业；是否勤业，反映着一个教师是否乐教。可见乐教勤业是制约教师教育工作成效的主要内在因素。只有乐教勤业，才能做好教育工作。

人的多样性和复杂性也决定了教师要有乐教勤业精神。人具有多样性和复杂性的特点，没有乐于从教和勤奋工作的毅力，是很难在育人中取得良好效果的。在当前，坚持乐教勤业，有利于树立良好的行业形象，形成良好的行业风尚。

乐教勤业原则对教师的基本要求是：

(1) 热爱教育，乐于从事教育事业。“把职业当工作，往往一事无成；把职业当事业，往往成就非凡。”工作的心态最终决定着工作的状态和职业幸福感的高低。教师要有对事业的执著追求，钟爱自己所从事的工作，才会在工作中感受到无穷的快乐和幸福。工作不是谋生的手段，更是自身价值的体现。

何以能够乐教？一是增强自身的教育责任感，二是增强教师工作的荣誉感，三是强化乐于从教的情感体验，四是要不断增强热爱学生的社会责任感。

(2) 勤于功业，勤奋工作。勤业体现着好学上进、主动进取、精益求精的精神。一是要勤于学习，不断丰富自己，开阔知识视野，做到终身学习。二是要勤于钻研，掌握从教学规律，在教育教学实践活动中找到职业的幸福和自我价值。三是要勤于岗位，精于业务，精心做事，忠于职守，不敷衍塞责，认真对待日常工作。

(3) 淡泊名利，志存高远。志存高远，要求教师忠诚于党和人民的教育事业，深刻认识自己所从事的工作对国家社会主义现代化事业和民族未来会产生重要的影响，以高度负责的事业心和责任感，认真做好教书育人工作。志存高远，要求教师做到淡泊名利。人应当有比物质满足更高层次的追求，那就是对社会的奉献、事业的成功、精神的丰富和对理想信念的追求。只有淡泊名利、志存高远，才能静心教书、潜心育人，集中精力研究教育教学方法，千方百计提高教学质量。

(三) 人格示范原则

所谓人格示范，是指教师通过自身高尚的人格力量给学生以良好的榜样示范。它是教师职业道德的主要特征，是教师应当遵守的基本的师德原则。

不同的职业有不同的人格特质要求和模式。教师担负着为社会培养人才的职责，教师在教育活动中既要言传又要身教，做到为人师表。教师这一崇高的职业，要求教师必须具有良好的人格特质和特有的行为规范。教师人格就是人格在教师这一职业中的特殊要求的体现，它是教师为胜任其本职工作必须具备的良好的性格特征、积极的心理倾向、创造性的认知方式、丰富的情感、坚强的意志、高尚的道德品质、规范的行为方式等人格特征的综合体。

人格示范是一种重要的教育力量。教师这一特殊职业要求教师不仅有言传的技能，还必须有身教的力量。与其他职业人格相比，教师人格具有更强的示范性。当它固化在一个人身上并体现在其行为之中时，本身就成为一种无形无声的教育力量，对学生发展会产生潜移默化的教育影响力，正如苏联教育家乌申斯基所言："在教育工作中，一切都应当以教师的人格为依据，因为教育力量只能从人格的活的源泉中产生出来，任何规章制度，任何人为的机关，无论设想得如何巧妙，都不能代替教育事业中教师人格的作用。""教师的人格是教育事业的一切，只有人格才能影响人格的发展和形成。"①

教师良好的人格是一种对学生有着直接影响的教育因素。英国教育家斯宾塞认为：野蛮产生野蛮，仁爱产生仁爱，这就是真理。待儿童没有同情，他们就变得没有同情；而以应有的友情对待他们，就是一种培养他们友情的手段。而研究表明，学生具有强烈的向师性和模仿性。所谓"向师性"是指学生尊重、崇敬教师，乐于接受教师教导的自然倾向和希望得到教师的注意、重视、关怀、鼓励和热情而认真负责的教育。对幼儿和初入小学的儿童来说，这种向师性表现为对教师的情感依赖，之后，逐渐发展为对满足求知欲和人格完善的需要。因此，教师的世界观、教师的品行、教师的生活、教师对每一现象的态度都深深影响着全体学生。教师应当给学生树立一个良好的榜样，以自己高尚的人格力量来教

① 杰普利茨卡娃. 教育史讲义 [M]. 上海：华东师范大学出版社，1958：375.

育和塑造学生的人格形象。

人格示范原则要求教师做到以下几点：

(1) 教师要不断进行自我教育，强化内在人格素质。人格教育说到底是一种终身的自我教育。自我教育是教师强化自身内在人格素质的有力手段，教师要通过自我学习、实践、反思等各种方式展开自我教育，促进自我人格发展。教师应随着时代的发展，与时俱进地学习政治理论、专业知识和教学法知识，及时掌握和使用现代教育技术，使自己成为受学生欢迎的性格鲜明的教师。

(2) 在实践中努力锻炼和形成良好的道德人格。卢梭在《爱弥儿》中写道："在敢于担当培养一个人的任务以前，自己就必须要造就成一个人，自己就必须是一个值得推崇的模范。"① 因此，教师进行人格示范，必须首先要形成良好的道德品质。例如，对学生严格而不可求，温和而不随便；思想开朗敏捷，不以个人好恶影响学生的看法；学识渊博，博闻强记，令学生心悦诚服；等等。这些都会对学生人格的发展起到良好的示范作用。

(3) 教师应坚持自身仪表举止修养，达到自身内在素质和外化行为的统一。教师的一举一动是教师人格的外化呈现，教师在塑造自身人格的内在素质的同时，必须注重自身人格的外化行为。仪表能反映一个人的文化修养，也是一个人性格、气质的体现；语言是思想的外壳，是表现一个人心灵人格的一种形式，也是教师对学生进行教育的主要工具；行为举止也反映着一个人的内心世界。教师的仪表对学生行为有一定影响，内心高雅、品质高尚的人，其仪容必然端庄典雅，举止必然文明优雅，态度必然和蔼可亲，必然会深深吸引学生，使其在不知不觉中接受教师的人格示范。

【历年真题】

【1.4】 孔夫子所说的"其身正，不令而行；其身不正，虽令不从"，从教师的角度来说可以理解为（　　）。

A. 走路身体一定要端正

B. 自己做好了，不要教育学生，学生自然会学好

C. 对学生下命令一定要正确

D. 教师自己以身作则，一言一行都会对学生产生巨大的影响

【解析】 正确答案为D。孔夫子所说的"其身正，不令而行；其身不正，虽令不从"，从教师职业道德的角度来说，是指教师对学生具有人格示范作用，教师自己要以身作则，一言一行都会对学生产生巨大的影响。

① 卢梭. 爱弥儿［M］. 李平沤，译. 北京：商务印书馆，1978：99.

二、教师职业道德规范和幼儿教师行为十项准则

（一）教师职业道德规范

教师职业道德规范是教师从事职业活动时依据教师职业道德基本原则在调整教育过程中各种利益关系时应遵循的共同行为准则和基本要求，是评价教师行为是非善恶的具体标准，是构成教师职业道德体系的基本要素。新中国成立以来，国家正式颁布中小学教师职业道德规范主要有四次。1984 年 10 月，《中小学教师职业道德要求》（试行草案）由教育部和全国教育工会颁布。实践证明，它对中小学教师队伍建设起到了积极作用；广大中小学教师遵循职业道德要求，坚持社会主义方向，努力提高业务水平，在教学岗位上辛勤育人，为祖国的社会主义事业做出了新的贡献。进入 90 年代后，新形势的发展和教育改革的深入对中小学教师队伍建设提出了新的要求，为此，国家教委和全国教育工会对《中小学教师职业道德要求》进行了修订，并在 1991 年 8 月 13 日颁布了《中小学教师职业道德规范》。90 年代后期，随着改革开放和社会主义现代化建设事业进入一个新的历史阶段，新的形势对中小学教师队伍建设又提出了更高的要求。为此，1997 年，国家教委和全国教育工会再次对《中小学教师职业道德规范》进行了必要的修订。2008 年，教育部为进一步提高中小学教师的道德素质水平，在以往师德规范的基础上，重新修订了《中小学教师职业道德规范》，并于 9 月 1 日颁布实施。新规范体现了时代精神，可以使教师的思想行为得到规范，促使中小学教师真正成为人民满意的教育工作者。《中小学教师职业道德规范》（2008 年修订）对教师职业道德提出了以下要求：

一、爱国守法。热爱祖国，热爱人民，拥护中国共产党领导，拥护社会主义。全面贯彻国家教育方针，自觉遵守教育法律法规，依法履行教师职责权利。不得有违背党和国家方针政策的言行。

二、爱岗敬业。忠诚于人民教育事业，志存高远，勤恳敬业，甘为人梯，乐于奉献。对工作高度负责，认真备课上课，认真批改作业，认真辅导学生。不得敷衍塞责。

三、关爱学生。关心爱护全体学生，尊重学生人格，平等公正对待学生。对学生严慈相济，做学生良师益友。保护学生安全，关心学生健康，维护学生权益。不讽刺、挖苦、歧视学生，不体罚或变相体罚学生。

四、教书育人。遵循教育规律，实施素质教育。循循善诱，诲人不倦，因材施教。培养学生良好品行，激发学生创新精神，促进学生全面发展。不以分数作为评价学生的唯一标准。

五、为人师表。坚守高尚情操，知荣明耻，严于律己，以身作则。衣着得体，语言规范，举止文明。关心集体，团结协作，尊重同事，尊重家长。作风正派，廉洁奉公。自觉抵制有偿家教，不利用职务之便谋取私利。

六、终身学习。崇尚科学精神，树立终身学习理念，拓宽知识视野，更新知识结构。潜心钻研业务，勇于探索创新，不断提高专业素养和教育教学水平。

观念是行为的先导。教师职业道德规范是教师职业的核心观念，有什么样的教师职业道德规范就会有什么样的职业行为。教师职业行为规范是教师在职业活动过程中，以《中小学教师职业道德规范》为依据，为了实现教育目的、履行教师职责、严守职业道德，从思想认识到日常行为应遵守的基本准则。教师的行为是多方面的，其行为规范涉及教师活动的诸多内容，主要包括教师的思想行为规范、教师的教学行为规范、教师的人际行为规范、教师的仪表行为规范等。遵守教师职业行为规范是教师履行《中小学教师职业道德规范》的实践要求，是教师职业道德发展的客观基础。

【考点拓展】

【1.2】有的班主任教师用考试分数给学生排名次，并把它作为安排、调整座位和评先推优的唯一标准。这违反了《中小学教师职业道德规范》中的（　　）。

A. “爱国守法”　　B. “教书育人”

C. “关爱学生”　　D. “爱岗敬业”

【解析】正确答案为C。根据教师职业道德内容，教师应该“关心爱护全体学生，尊重学生人格，平等公正对待学生”。本题中班主任的做法没有平等公正对待学生，故应该选C。

（二）幼儿教师职业行为十项准则

新时代，为深入贯彻习近平新时代中国特色社会主义思想和党的十九大精神，深入贯彻落实全国教育大会精神，扎实推进《中共中央 国务院关于全面深化新时代教师队伍建设改革的意见》的实施，进一步加强师德师风建设，满足《中小学教师职业道德规范》和中小学教师专业标准中提出的关于中小学教师的“理想需求”，便于教师从微观的、具体可操作层面上加强教师职业道德建设，2018 年 11 月 8 日，教育部印发了《教育部关于印发〈新时代高校教师职业行为十项准则〉〈新时代中小学教师职业行为十项准则〉〈新时代幼儿园教师职业行为十项准则〉的通知》。通知指出，准则是教师职业行为的基本规范。师德师风是评价教师队伍素质的第一标准。要求各地各校、全体教师要立即行动，结合落实师德师风建设长效机制，开展准则的学习贯彻。《新时代幼儿园教师职业行为十项准则》的颁布，既是新时代、新使命、新教育对幼儿教师道德行为的新要求，为幼儿教师的专业化发展提供了切实可行的行动指南和规范，又是对《中小学教师职业道德规范》的继承与发扬。《新时代幼儿园教师职业行为十项准则》作为底线职业道德与《中小学教师职业道德规范》所宣扬、传颂的崇高师德之间不是非此即彼的对立关系，而是一种相互支持、相互补充的共生关系。

至此，我国第一次在教师职业道德建设中将“幼儿园教师职业行为准则”从中小学教师职业道德与行为中独立出来，标志着幼儿教师职业道德学科建设的真正成熟，为幼儿教师职业道德建设提供了明确的政策依据。具体内容详见第四章。

本章小结

教师职业道德是指在教师长期的教育教学实践中形成的比较稳定的道德观念、行为规范准则和道德品质的综合，也可以称为教师的专业伦理规范。教师职业道德在教育活动中发挥着三个方面的主要功能：一是可以对教师发展起到道德引导和规范的作用，促使教师提升职业道德素养；二是可以通过教师的道德示范作用对学生展开隐性的人格教育，促进学生的发展；三是可以通过教师卓有成效的工作对社会培养有用之才，从而促进社会的发展。教师职业道德原则主要包括教书育人原则、乐教勤业原则、人格示范原则等。教师职业道德规范是教师从事职业活动时依据教师职业道德基本原则在调整教育过程中各种利益关系时应遵循的共同行为准则和基本要求，《中小学教师职业道德规范》和《新时代幼儿园教师职业行为十项准则》是幼儿教师职业道德建设的基本规范和行为准则。

学习资源

1. 檀传宝. 教师职业道德 [M]. 北京：北京师范大学出版社，2015.
2. 刘济良. 幼儿教师职业道德 [M]. 上海：复旦大学出版社，2013.
3. 杜德栎，任永泽. 教师道德与教育法规 [M]. 北京：北京大学出版社，2016.
4. 雅斯贝尔斯. 什么是教育 [M]. 邹进，译. 北京：三联书店，1991.
5. 檀传宝. 论教师的幸福 [J]. 教育科学，2002 (1)：39-43.

第二章

幼儿教师职业道德范畴

知识结构图

- 幼儿教师职业道德范畴
  - 幼儿教师职业公正
    - 幼儿教师职业公正的含义
    - 幼儿教师职业公正的作用
    - 幼儿教师职业公正的修养方法
  - 幼儿教师职业责任
    - 幼儿教师职业责任的含义
    - 幼儿教师职业责任的作用
    - 幼儿教师职业责任的修养方法
  - 幼儿教师职业良心
    - 幼儿教师职业良心的含义
    - 幼儿教师职业良心的作用
    - 幼儿教师职业良心的修养方法
  - 幼儿教师职业幸福
    - 幼儿教师职业幸福的含义
    - 幼儿教师职业幸福的作用
    - 幼儿教师职业幸福的修养方法

学习目标

- 准确识记与理解幼儿教师职业道德范畴的含义。
- 熟记幼儿教师职业道德的各个范畴，并能结合案例解释其地位及作用。
- 了解幼儿教师实现职业道德各范畴的方法。

学习重点

理解幼儿教师职业道德范畴的含义，及幼儿教师职业道德的各个范畴，并能结合案例解释其地位及作用。

学习建议

提高幼儿教师职业道德素养是提高幼儿教师专业素养的关键，是推动幼儿教育发展的关键。对幼儿教师职业道德范畴的探析能够帮助我们更好地把握幼儿教师职业道德的基本特征、属性、要求与规律，获得一种能够深入认识和把握幼儿教师职业道德的概念。本章围绕幼儿教师职业道德的四个范畴展开，学习时，可以根据幼儿教师职业道德范畴含义—幼儿教师职业道德范畴作用—幼儿教师职业道德范畴修炼方法这个逻辑梳理本章的知识点，以理解和实例分析学习为主。

问题情境

一次观摩活动时，小班幼儿在建构区游戏，男孩玩碳化积木，女孩玩大型塑料积木。作为“客人老师”，我的计划是重点观察碳化积木区游戏，于是就一直关注这个区域，不停地拍照。游戏进行约半小时，一个女孩跑来把我拉到塑料积木区说：“老师好！你看，我们搭的积木也很好！”原来，她们把长方体积木竖立起来做墙，把三角形积木垒在上面做房顶，搭建了一座高低错落的城堡。我说：“是呀，真漂亮！你们搭的是什么？”女孩说：“搭的是……是……”“是城堡吗？”“对，就是城堡，公主的城堡！”然后就滔滔不绝地介绍城堡的墙、房顶……

我们的谈话吸引了不少幼儿的围观，女孩也一直没放开我的手。我继续追问：“公主住在哪里呢？要想办法让公主有住的地方噢！像真正的房子一样。”“好的！”她终于松开了拉着我的小手，开心地和同伴一起忙开了，我也举起手中的相机，拍下了她们的作品，并告诉她们：“你们搭的就像一个真正的城堡，很美，我要带回去让我们幼儿园的小朋友欣赏……”①

观摩活动是幼儿园园内、园际进行学习研讨的一种重要交流形式，然而观摩教师的存在同时也一定会影响到幼儿的正常学习。作为观摩老师，应如何体现自身的教师职业道德呢？你知道反映幼儿教师职业道德主要特质的概念是什么吗？通过哪些标准来体现？

---

① 陈彩霞. 不让“拼命挥手”的幼儿失落［N］. 中国教育报，2018-11-11（3）.

范畴，是人们把握事物本质、反映客观现象的基本规律和基本性质的概念。各门科学都有自己的一些基本范畴，如化合、分解等，是化学的范畴；商品价值、抽象劳动、具体劳动等，是政治经济学的范畴；本质和现象、内容和形式、必然性和偶然性等，是唯物辩证法的基本范畴。

道德范畴一般是指反映人们之间最本质、最重要、最普遍的道德关系的基本概念。教师职业道德范畴可以做广义和狭义的理解。广义的教师职业道德范畴包括教师道德原则、规范中所有的基本概念，也包括反映教师个体道德品质的基本概念，如“谦虚”“朴实”“仁爱”“乐观”等，还包括教师道德评价、道德修养和道德教育等方面的基本概念，如“善”“恶”“自制”“慎独”等。狭义的教师职业道德范畴则专指可以纳入教师道德规范体系并需要专门研究的基本概念，如教师的责任、教师的良心、教师的公正、教师的幸福等。我们这里所讲的教师职业道德范畴就是狭义的教师职业道德范畴。这些教师职业道德范畴概括了教师职业道德的主要特征，体现着一定社会对教师职业道德的根本要求，并通过教育实践形成教师内心信念与价值认同，从而指导教师职业道德行为。教师职业道德范畴，是反映和概括有关教师道德现象的特性和关系的基本概念。

幼儿教师职业道德的范畴，是指那些概括和反映幼儿教师职业道德的主要特质，体现一定社会对幼儿教师职业道德的根本要求，并作为幼儿教师的普遍内心信念，对幼儿教师的行为发生影响的基本概念。本章目的是希望通过对幼儿教师职业道德范畴的探析，帮助读者把握其基本特征、属性、要求与规律，获得一种能够深入认识和把握幼儿教师职业道德的概念。本章主要介绍幼儿教师职业公正、幼儿教师职业责任、幼儿教师职业良心和幼儿教师职业幸福。

第一节　幼儿教师职业公正

一、幼儿教师职业公正的含义

“公正”与私相对，即不偏不倚、正直，没有私心。公正，体现人的高尚品德境界，指为人处事没有私心，不违反公认的道德准则和公平合理的原则，是处理人际关系的基本伦理原则，是一种道德意识概念。不存在绝对的公正，公正是一种价值判断，内含一定的价值标准，侧重的是社会的“基本价值取向”，并且强调这种价值取向的正当性。

教师职业公正，指教师在教育教学实践活动过程中，公平地对待和评价每一名学生。可以说，教师职业公正是教师最基本的职业道德，是教师教育良心的彰显，是教师职业道德素养水平高的重要标志。教师职业公正不仅是社会对教师的一种重要职业道德要求，也是教师职业人员自身必备的个人品质素养。教育公正是教师职业公正的核心，苏霍姆林斯基说过："所谓公正，就是尊重与严格要求相结合，在学校生活中，没有也不可能有什么抽象的公正。教育上的公正，意味着教师要有足够的精神力量去关心每一个儿童。"

幼儿教师职业公正主要指幼儿教师在保教和生活、游戏等幼儿保教职业既定活动过程中，公平合理地对待和评价每一位幼儿，使得所有幼儿能够获得适宜自身发展的保教资源。幼儿教师职业公正表现在幼儿教师与自身、同事、幼儿等人际关系中。其中，公平合理地对待和评价幼儿是最核心的要求。这包括在人格上对幼儿给予平等的尊重，在学习上对幼儿给予平等的机会和帮助指导，对幼儿的发展给予平等的全面关心，对幼儿的评价要符合公认的道德准则。从师幼关系维度来看，幼儿教师职业公正可分为形式公正和实质公正，所谓形式公正即师幼人格平等，而实质公正即在实践活动中对待幼儿一视同仁、因材施教。幼儿教师职业公正主要包含两个方面：第一是人格平等、一视同仁、有教无类，对不同性别、年龄、出身、智力、个性、相貌及关系密切程度等不同的幼儿能够做到一视同仁，同等对待，不以个人的私利和好恶做标准；第二是因材施教，幼儿教师公正并非对所有幼儿一样，而是建立在对幼儿了解的基础上，给予每一位幼儿最适合其发展特点的机会、资源和引导方法。幼儿教师职业公正要求教师在保教和评价幼儿的态度和行为上，应公正平等，正直无私，对待不同的幼儿要一视同仁，满腔热忱地热爱和关心每个幼儿，从不同幼儿的不同特点出发，全心全意地保教好每一个幼儿。幼儿教师职业公正作为幼儿教师最基本的职业道德，是幼儿教师内在品质的外在表现。

二、幼儿教师职业公正的作用

幼儿教师职业公正作为幼儿教师职业的一项重要道德要求，是幼儿教师职业道德范畴的重要内容，在幼儿保教活动中具有重要作用。

（一）有助于幼儿教师威信的建立

赫尔巴特说过："绝对必要的是教师要有极大的威信，除了这种威信外，学生不再重视任何其他意见。"幼儿教师威信是幼儿受幼儿教师生活态度、保教言行等的影响所产生的信赖与敬重的心理效应，是保教活动开展有效的基础和前提。幼儿教师的威信在幼儿教师保教实践、职业发展活动中起着非常重要的作用。幼儿教师威信的形成有赖于一系列的主客观因素，但最关键的要素还是幼儿教师在一日生活中令人信服的言行。其中，能做到职业公正，是树立幼儿教师威信的一个重要体现。所以，坚持职业公正的幼儿教师有益于在幼儿及同事中形成教师威信。

（二）有利于幼儿形成公正无私的品质

《3～6 岁儿童学习与发展指南》（以下简称《指南》）提出，"幼儿在活动过程中表现出的积极态度和良好行为倾向是终身学习与发展所必需的宝贵品质。要充分尊重和保护幼儿的好奇心和学习兴趣，帮助幼儿逐步养成积极主动、认真专注、不怕困难、敢于探究和尝试、乐于想象和创造等良好学习品质。忽视幼儿学习品质培养，单纯追求知识技能学习的做法是短视而有害的”。学前阶段是幼儿多种优秀品质和良好习惯等形成的有效关键期，这个时期幼儿学习的一个重要途径是模仿身边的崇拜楷模的言行。幼儿教师作为幼儿在园最重要的模仿学习对象之一，坚持职业公正，对幼儿公正、平等、无私，能给幼儿道德心灵极其有益的影响，使他们感受社会环境的公正、平等，激励他们追求真善美，产生积极向上、乐观的情绪，形成优良的品质。

（三）有助于调动幼儿的积极性

《指南》提出，“幼儿的发展是一个持续、渐进的过程，同时也表现出一定的阶段性特征。每个幼儿在沿着相似进程发展的过程中，各自的发展速度和到达某一水平的时间不完全相同。要充分理解和尊重幼儿发展进程中的个别差异，支持和引导他们从原有水平向更高水平发展，按照自身的速度和方式到达《指南》所呈现的发展‘阶梯’，切忌用一把‘尺子’衡量所有幼儿”。幼儿教师作为幼儿一日生活的支持者、引导者和组织者，尊重幼儿发展特点、个别差异，公正平等合理地对待和评价幼儿，可以充分调动幼儿参与活动的积极性，为幼儿创设一个良性的学习环境，引导和支持每一个幼儿按照自身兴趣和特点亲身体验、实际操作、直接感知、积极成长。

（四）有利于形成园所民主化的保教环境

幼儿园是一片独特的小天地，在园长人文管理理念的指引，以及各位幼儿园教师的努力中，每所幼儿园呈现出的氛围也就不一样。每个幼儿教师都坚守职业公正，公正合理地对待与幼儿、同事、领导和幼儿家长等的关系，公正合理地评价幼儿、同事、领导和幼儿家长等，就会形成团结向上、积极进取的集体氛围和园所文化，形成良好的保教环境和民主化的园所学习氛围，使幼儿在平等、鼓舞、正直、公平的气氛中树立自信、学会判断和规则。相反，在相互攀比、心存芥蒂、自私冷漠的群体氛围下，就只能形成唯利是图、拜高踩低的园所氛围，而这对幼儿的成长是非常不利的。

给“好孩子”适度的关注①

我们班有一个叫小童的孩子，她各方面能力都比较突出，所以，我经常表扬她，同时希望她能为大家树立好的榜样。可是最近我发现，老师的表扬竟然对小童产生了负面影响。

在幼儿园，孩子们每天中午都是在散步回来后去小便，然后上床睡觉。一次午饭后，我看到小童小便后又回到班内转了一圈，然后又返回盥洗室和几个同伴聊天，迟迟不肯睡

① 潘宝峦．给“好孩子”适度的关注［N］．中国教育报，2018-09-23（3）．

觉。于是我立刻问她："你不是小便了吗，为什么不去睡觉?"我的语气有些严厉，不同于平时表扬她的语气。没想到，就这么一句话，小童委屈地哭了，嘴里还嘟囔着"我不喜欢你了"。整个下午，小童都一直噘着嘴。身为小组长的她给其他人发材料时随手一扔，将材料扔到了其他小朋友的面前，吓了小朋友一跳，小童也没有道歉，转身又给下一个小朋友发。

这件事发生后，我意识到自己的处理方式不妥。在区域活动中，我找到小童一起坐下，跟她玩了一会儿，顺便聊了聊中午的事。我先是向小童道了歉，同时也很耐心、平和地指出了她身上的问题，希望她以后能够改正。过了许久，小童答应了我的请求，向下午发材料时吓着的孩子道了歉。

这件事给了我很大的启发，那些各方面能力都比较强的孩子，往往会更多地受到老师的关注。但正是因为老师的关注和喜欢，这样的"好孩子"有时会变得骄傲、自大，形成嚣张跋扈的性格。

实际上，越是"好孩子"，老师越不能投入过多的关注在他们身上。当他们在某方面表现得比较突出，老师不应过分表扬，或者可以过一段时间再表扬，以免他们过分骄傲。即使表扬，也要对事不对人。因为对人的表扬往往会增加幼儿的虚荣心，而对所做事情的认可往往能增加幼儿的成就感。比如，在美工活动的时候，小童很快便将小狗的折纸折好了，但我没有过分表扬她，只是向大家表扬了小童认真听讲的行为。

"好孩子"往往自尊心比较强，因而有时就显得更脆弱。当他们受挫时，老师应适当冷处理，而不必迅速反应，因为老师的敏感会强化孩子的骄傲自大感。而老师适当采取"冷处理"，却可以帮孩子慢慢消化情绪，从而使他们的内心变得更强大。

小童虽然各方面能力都比较强，但也有不如别人的地方。比如在户外活动中，大家一起玩"小兔子蹦蹦蹦"游戏，四人一组比赛双腿连续跳，小童跳得比较慢。老师奖励了赢得比赛的幼儿，其中没有小童，她脸上流露出很不高兴的表情。我没有及时安抚小童，只是在集体当中，引导大家正确面对输赢。户外活动结束后，我看到小童的情绪已经改善了很多。

不同类型的孩子，教育方式理应不同。作为老师，不但要善于发现不同孩子身上的问题，同时还应当寻找适合不同孩子的教育方法，帮助他们更好地认识自己、评价自己，从而完善自己。

三、幼儿教师职业公正的修养方法

著名保教学者叶澜认为："教师德性指教师在保教教学过程中不断修养而形成的一种获得性的内在精神品质，它既是教师人格特质化的品德，也是教师保教实践性凝聚而成的品质。教师德性是内在的，需要在教师的保教实践中形成。教师德性不是指教师先天就具有的某种与生俱来的素质，而是一种后天获得的职业角色品质。”可见，修炼幼儿教师职业公正，与教师本人自身的认知水平和保教过程中积累的保教经验息息相关。

（一）要形成公正意识和公正育人观

幼儿教师是幼儿园保教活动实施的最关键主体，其是否具有公正意识和公正育人观直接影响幼儿的发展。具有公正意识和公正育人观的幼儿教师，在与幼儿交往时可以自觉尊重幼儿，根据每名幼儿独特性和普遍性公正引导和鼓励。幼儿教师要形成公正意识和公正育人观，不仅需要幼儿教师自觉地去钻研学习理论知识与人文素养，还需要幼儿教师时常反省检讨自己对待幼儿的行为等实践活动。

（二）要具备践行公正的理性和意志

现实世界中，幼儿教师能持之以恒践行公正也是需要公正理性和公正意志的。幼儿教师首先也是自然的人，也有一般人的情绪情感体验。“聪明的幼儿”“听话的幼儿”“可爱的幼儿”每个幼儿教师都爱，但是“调皮特殊的幼儿”容易引起幼儿教师疲劳，甚至烦躁生气。只有懂得公正的幼儿教师才明白“特殊的幼儿”更需要成人的爱和关心。对待“特殊的幼儿”，幼儿教师可以在日常的互动中领悟他们的可爱与闪光之处。幼儿教师公正的践行需要以公平公正的心对待所有幼儿，不以幼儿的家庭出身、能力、相貌、性格等区别对待。这是教师公正意志与理性的体现。

（三）不断累积保教经验和定期自省

幼儿的全面和谐成长与发展需要幼儿教师智慧的浇灌。幼儿教师智慧是幼儿教师在长期的保教实践中不断总结经验摸索出的成果。拥有保教智慧并能运用保教智慧，是幼儿教师专业素养达到成熟的标志。在园所一日生活和保教活动中，幼儿教师合理使用和分配保教资源需要教师的智慧。幼儿教师在保教与管理过程中根据幼儿的个性和身心特点，选择适合各自的适宜方式，这是幼儿教师保教智慧的体现。幼儿教师要善于在保教实践中积累保教经验，也要定期及时地反思自省，将经验升华为教师保教智慧。

【历年真题】

【2.1】为什么不能把《3～6岁儿童学习与发展指南》作为一把“尺子”衡量所有的幼儿？请说明理由。

【解析】《指南》强调，在实施指南中需要把握以下几个方面：(1) 尊重幼儿发展的个体差异的原则。(2) 幼儿的发展是一个持续、渐进的过程，同时也表现出一定的阶段性特征。(3) 每个幼儿在沿着相似进程发展的过程中，各自的发展速度和到达某一水平的时间不完全相同。(4) 要充分理解和尊重幼儿发展进程中的个别差异，支持和引导他们从原有水平向更高水平发展，按照自身的速度和方式到达《指南》所呈现的发展“阶梯”，切忌用一把“尺子”衡量所有幼儿。

【2.2】秦老师按照行为表现把班里的幼儿分为“精英组”“平民组”“娱乐组”。“娱乐组”里全都是调皮的孩子。秦老师的做法（　　）。

A. 尊重了幼儿发展的个别差异　　B. 体现了因材施教的教育理念

C. 未能平等公正对待幼儿　　D. 未能培养幼儿良好品行

【解析】正确答案C。《中华人民共和国义务教育法》第二十九条规定：“教师在教育教学中应当平等对待学生，关注学生的个体差异，因材施教，促进学生的充分发展。”秦老师将幼儿按照行为表现的好坏进行分组的做法，没有做到平等公正对待学生，不利于幼儿的全面发展。

第二节　幼儿教师职业责任

一、幼儿教师职业责任的含义

《现代汉语词典》对责任的解释有两层含义：一是分内应该做的事；二是没有完成分内应该做的事，要承担相应的过失。根据这一解释，我们认为，一方面，人们依据社会道德规范要求而承担的与自己角色、能力相当的职责；另一方面，强调对自己没有尽到分内职责所产生的后果应承担强制性责任。责任产生于社会关系中的相互承诺，在社会的大舞台上，每种角色往往都意味着一种有差别的责任，如医生的责任是救死扶伤、治病救人。可见，责任是社会分工给予人们的角色担当。立身于社会关系中的每一个体都必须受到道德的约束和法律的强制。责任感是权衡个体德性的重要指标。

教师作为“人类灵魂的工程师”的社会角色，自古以来被赋予了神圣的使命，而当代社会对教师职业期许越来越高。《中华人民共和国教师法》第三条规定：“教师是履行教育教学职责的专业人员，承担教书育人，培养社会主义事业建设者和接班人、提高民族素质使命。教师应忠诚于人民的教育事业。”杜威于1919—1921年间在华讲学时，也曾先后多次提及教师职业天职与教师职业责任问题，“教师作为引导者，既承担对学生的责任，又承担对社会的责任。其中对学生的责任，包括对学生学问的责任和健全人格形成的责任。教师之所以是引导者，是由于他们具有三种资格：学问上有资格，教师和学生接触上有资格，教师在社会上有资格。教师有这样三种资格，也就应承担三种责任，即对知识所应负的责任，对学生应负的责任，对社会应负的责任”。叶澜在《中国教师新百科》中，从伦理学的角度对教师责任做了阐释：“一定社会向教师提出的、在从事教育教学活动时所必须遵守的职业道德要求的总和。”可以看出，教师作为履行教育教学育人职责的专业人员，既承担着教书育人的基本职责，又承载着对社会建设和民族振兴的社会道德与法律责任。

幼儿教师职业责任是幼儿教师职业道德的重要内容，幼儿教师在社会分工中担负着促进幼儿身心全面和谐发展，同时面向幼儿家长提供科学育儿指导的职责，对社会和历史承担着重要的职业责任和使命。幼儿教师职业责任有两个方面的含义：一是指社会针对幼儿教师在职业活动中理应恪守的职业道德情操提出相应的特殊要求；二是幼儿教师自觉认识到自身在幼儿保教实践过程中理应遵守的职业道德，并将这些道德要求内化为强烈的社会责任感。《幼儿园工作规程》规定，幼儿园教师对本班工作全面负责，其主要职责有六方面：（1）观察了解幼儿，依据国家有关规定，结合本班幼儿的发展水平和兴趣需要，制订和执行保教工作计划，合理安排幼儿一日生活；（2）创设良好的保教环境，合理组织保教内容，提供丰富的玩具和游戏材料，开展适宜的保教活动；（3）严格执行幼儿园安全、卫生保健制度，指导并配合保育员管理本班幼儿生活，做好卫生保健工作；（4）与家长保持经常联系，了解幼儿家庭的保教环境，商讨符合幼儿特点的保教措施，相互配合共同完成保教任务；（5）参加业务学习和保育保教研究活动；（6）定期总结评估保教工作实效，接受园长的指导和检查。在幼儿园，幼儿园教师是幼儿一日生活的支持者、引导者和组织者，也是幼儿社会沟通的中介者，还是社区资源的整合者，担负着“贯彻国家的保教方针，按照保育与保教相结合的原则，遵循幼儿身心发展特点和规律，实施德、智、体、美等方面全面发展的保教，促进幼儿身心和谐发展。同时面向幼儿家长提供科学育儿指导”等重要职责和使命。因此其职业责任可概括为保教责任、社会责任、教研责任、自我发展责任等。

二、幼儿教师职业责任的作用

百年大计，教育为本。教育大计，教师为本。幼儿教师作为支撑幼儿保教事业的重要核心力量，其职业责任对幼儿及幼儿保教事业发展有着重要影响。面对着生活自理、语言、动作、认知和情感等发展尚不完全的幼儿，幼儿教师职业责任对幼儿以及幼儿园的发展有着非常重要的作用。

（一）可以促进幼儿教师认识其职业价值，增强职业认同

由于种种原因，幼儿园保教的价值尚未被认识到，现下我国幼儿园教师社会地位和薪资待遇均比较低。很多社会人士，甚至部分幼儿教师都认为幼儿园教师工作只是需要带着幼儿玩耍、看动画片，看着幼儿不要在幼儿园中发生意外，简单的保姆看护型职业。具备强烈职业责任感的幼儿教师会不断地追求进步，借助更多的学习机会提升和超越自己，不断追求自身的专业成长，会更加喜爱幼儿教师工作和幼儿，能够用心关注幼儿全面成长，同时观察和研究幼儿，积极主动与家长联系，了解幼儿更多的情况。认识到幼儿教师职业身份是专业人员，不仅要注重幼儿的身体健康和安全，更要关注幼儿的心理、情感等全面和谐发展，从而增强其对幼儿教师职业的认同。

（二）有利于幼儿形成社会责任感和责任意识

幼儿教师承担着对幼儿保育和保教的责任，是幼儿离开家庭进入社会接触时间最多的成人，其一言一行对幼儿的成长和发展有着重大影响。幼儿天生好模仿、学习能力很强，对幼儿教师具有一种天生的信任感和崇拜感。幼儿教师的职业责任感会对幼儿产生榜样和示范作用，会在一日生活和保教活动中潜移默化地传递给幼儿，帮助幼儿形成强烈的社会责任感。幼儿时期形成的社会责任感会影响他们以后的成长和发展，以及对社会的责任意识。

（三）有益于形成积极向上的园所文化和保教氛围

幼儿教师是幼儿园文化的重要塑造者，具备强烈责任感的幼儿教师会兢兢业业从事工作，愿意为幼儿园的发展贡献自己最大的力量，积极参加幼儿园和社会的各项活动，努力建设幼儿园的物质环境和人文环境，从而形成积极向上的园所文化和保教氛围。同时良好的幼儿园文化和保教氛围也有利于园所师德师风建设，为社会道德做出良好的表率。

兰花草终于开花了①

乐乐，如同他的名字一样，是个乐观的男孩儿，总是一副无忧无虑的样子。但他在集体教学活动中总是坐不住，一会儿躺下，一会儿望着窗外发呆，一会儿玩玩手指，一会儿又拉拉旁边女孩儿的头发……一切小事都能引发他的兴趣。他喜欢游戏，但总听不懂游戏规则；他喜欢和小伙伴一起玩，可除了搂搂抱抱就是打打闹闹。虽然在别人画画、玩游戏时他经常急得满头是汗，但只要活动一结束，他便像什么事也没发生一样又开心地玩了。

正在我一筹莫展时，新生明明的到来让一切出现了转机。我鼓励孩子们帮助明明尽快熟悉幼儿园和班级环境。此后，我常常发现乐乐主动拉着明明的手，耐心地带他认识洗手间里的小毛巾、小水杯；户外活动时，乐乐总是先找到明明，带他一起玩（虽说他自己对游戏的理解也不太准确）……

很快，明明适应了新生活。此时，我们进入了“我的伙伴多”这一主题活动。我把乐乐这段时间的表现编成了小故事讲给全班孩子听，让他们猜猜我说的是谁。孩子们异口同声地说：“是乐乐！”乐乐羞涩地低下了头。

活动后，我和乐乐聊起了天，引导他回顾和明明交往的过程及方法，使他明白，做好朋友不仅仅是搂搂抱抱、打打闹闹，更可以相互合作、帮助。之后，我发现乐乐一下子从一个小顽童，变成有了小小责任感的大哥哥了。我似乎看到兰花草的绿叶中露出了一个小花苞。更重要的是，我找到了帮助乐乐的突破口。

我问乐乐：“你除了教会明明认识新幼儿园、新朋友，你还可以教他什么呢？”我鼓励

① 孙艳. 兰花草终于开花了［N］. 中国教育报，2018-10-21（3）.

他看书、讲故事，和明明一起交流书中的内容。渐渐地，我发现乐乐会倾听了，理解能力也提高了。

更可喜的是，乐乐越来越喜欢读书了。

在一次探讨“动物传递信息的方式”时，乐乐大胆举起手，自信满满地说：“我知道，小蜜蜂用跳‘拉丁舞’的方法告诉小伙伴哪里有蜂蜜。”这还是那个每到上课就“神游”的小家伙吗？

我激动地说：“对，蜜蜂是通过舞蹈传递信息的，不过不是‘拉丁舞’而是‘8’字舞。乐乐，你从哪里知道这个秘密的？”他骄傲地说：“是我家的动物小百科书里写的。”

三、幼儿教师职业责任的修养方法

幼儿教师是幼儿一日生活的支持者、引导者和组织者，也是幼儿社会沟通的中介者，还是社区资源的整合者，更是幼儿良好习惯、优秀品质的引导者，心灵智慧的启发者，无私精神的熏陶者，健康人格的影响者，高尚道德的模范者。幼儿保教需要教师职业责任，幼儿教师职业责任需要保教修炼。

（一）认清职业价值，培养职业自豪感

幼儿保教是基础保教的基础，是人生启蒙的始端。幼儿教师职业对幼儿当下及未来、民族未来意义重大。幼儿教师承担着保教幼儿、关注幼儿身心全面和谐发展的重要职责。幼儿教师只有对幼教职业有一个全面深入的认知，才能够从内心真正接受这份繁琐和忙碌的职业，并从平凡工作中获得成就感和自豪感。幼儿教师要把自己与职业责任联系起来，认识到自身肩负的重任，认识到自身的职业言行对幼儿发展，甚至对整个幼儿保教和社会的发展，产生极大的影响。故而，幼儿教师要具备高度的职业责任感和自豪感，不急功近利，不追求短期效应，时刻不忘责任，一心想着幼儿保教事业的目标和价值。

（二）坚定幼儿保教信念，促进职业责任内化

保教信念对教师的保教态度和保教意志有决定性的影响。幼儿教师职业责任是形成幼儿保教信念的基础，幼儿保教信念一旦形成，幼儿教师就会坚定而执著地为之奋斗。因此，幼儿教师要坚定幼儿保教信念，将幼儿保教视为一生事业，认识到所从事的事业对幼儿、祖国和人民价值巨大。内化教师职业责任，把认真呵护和保教好每一个幼儿作为自己的神圣职责和精神追求，无怨无悔地不懈努力，义无反顾地尽心尽责。

（三）增强责任意识，注重能力发展

作为一名幼儿园教师，首先要把自己造就成一个真正意义上的有高度责任感的人，要全心全意关心和爱护幼儿，尊重幼儿、满足幼儿发展的不同需要，遵循幼儿身心发展特点和幼儿保教规律，保教结合，重视环境和游戏对幼儿发展的独特价值，多种保教形式相结合，以促进幼儿身心全面和谐而富有个性地发展为最高旨趣。在增强幼儿教师职业责任意

识的同时，必须注重能力发展。大量的保教实践证明，教师自身的能力是影响幼儿能力发展的关键性因素，同时也是培养教师责任感的基础。幼儿教师只有具备了从事幼儿保教事业的良好能力时，才谈得上对这一事业的真正热爱。业务能力越强，工作亦能得心应手，更能从幼教事业中获得成功的、充实的、幸福的体验，也必然潜心钻研业务，关心爱护幼儿，对工作精益求精，对幼儿满腔热情，在平凡的岗位上创造出不平凡的业绩，实现自己的人生价值。可见，教师只有具有了卓越的专业技能，其肩负的保教责任才有可能成为现实。教师履行道德责任时，通过自身努力加快建立和营造良好的、高尚的、健康的园所道德氛围，激发道德情感体验。

【历年真题】

【2.3】下列不属于幼儿园教师工作职责的内容是（　　）。

A. 观察了解幼儿，制订保教工作计划

B. 指导调配幼儿膳食，检查食品安全

C. 创设良好的保教环境，合理组织保教内容

D. 与家长保持经常联系，共同完成保教任务

【解析】正确答案B。《幼儿园工作规程》规定，幼儿园教师有六方面主要职责：(1) 观察了解幼儿，制订和执行保教工作计划，合理安排幼儿一日生活；(2) 创设良好的保教环境，合理组织保教内容，提供丰富的玩具和游戏材料，开展适宜的保教活动；(3) 严格执行幼儿园安全、卫生保健制度，指导并配合保育员管理本班幼儿生活，做好卫生保健工作；(4) 与家长保持经常联系，了解幼儿家庭的保教环境，商讨符合幼儿特点的保教措施，相互配合共同完成保教任务；(5) 参加业务学习和保育保教研究活动；(6) 定期总结评估保教工作实效，接受园长的指导和检查。

第三节　幼儿教师职业良心

一、幼儿教师职业良心的含义

“良心”是一个古老的伦理概念。在我国，良心一词最早见于《孟子·告子上》，意为仁义之心，包含恻隐、羞耻、恭敬等情感。《孟子》中将恻隐、羞恶、恭敬、是非之心称为良心，主张人应当注意找回被流放的良心。英文中的“conscience”来源于拉丁文“conscire”，意为“知道”，有按良心办事的意味。伦理学认为，良心是人们一种内在的有关正邪、善恶的理性判断和评价能力，是正当与善的知觉、责任与好恶的情感、控制与抉择的意志、持久的习惯和信念在个人意识中的综合统一。自尊心、同情心、仁爱心是作为

一个人最基本的良心表现，区分正邪、善恶的能力是良心最基本的因素，没有这种正邪之分和善恶之辨，没有这种基本的道德判断和评价，良心的意识成分，如情感、意志、信念，也就成了无源之水、无本之木。良心的存在形式是主观的，是人的一种自我意识，另外，由于良心既受感性诱惑，又受理性制约，良心需要个人运用理性思维被感知能力感知，所以是感性和理性的统一。

职业良心是指一定职业的从业人员理解了社会对本职内人员的一般和特殊要求，因而具有的为社会尽具体责任的明确意识。对职业生活中道德责任等在认知和情感上的自觉，在具有了个人良心和社会道德的基础上又进一步具体到职业领域中，这种良心真正具有履行社会责任的自觉感情的意义。教师职业良心是教师理解了社会对教师职业人员的一般和特殊要求，具备了为社会尽教师职责的明确意识和教师职业道德自觉。如果说教师职业的责任是一种客观的社会职责，那么教师的职业良心可以说是一种被教师自觉意识到并内化的使命感。对一个教师来说，如果道德要求没有被内化、接受，他是无法正确履行道德责任的。也就是说，教师的职业良心取决于教师自己在教育实践中的自我修养和自我教育。

幼儿教师职业良心是幼儿教师在保教实践中，对社会向幼儿教师职业提出的一系列道德要求的领悟和自觉，是幼儿教师对幼儿、幼儿园和社会履行其职责的道德责任感以及对保教行为进行道德控制和道德评价的能力。它既是幼儿教师职业道德的出发点，又是幼儿教师职业道德的归宿，是幼儿教师职业道德高层次的表现，是道德自律性的表现，它渗透于幼儿教师一日生活和保教活动中，是幼儿教师职业道德个人价值和社会价值得以实现的根本。

二、幼儿教师职业良心的作用

不同职业有不同的服务方式、职业特点，以及对职业利益和责任的认识。社会对它们赋予的责任的差异，使得职业良心的要求也各不相同。幼儿教师的职业良心，既是其对社会要求的积极反应，又是其对幼儿教师责任的深刻理解和自觉行动。它是通过幼儿教师的保教实践，把社会主义社会对幼儿教师的客观职责要求转化为幼儿教师内心的道德准则和使命。幼儿教师的劳动是地地道道的“良心活”。职业良心在幼儿教师的工作实践中对教师的保教行为具有重要作用。

（一）在实施保教行为前，职业良心对幼儿教师选择正确的保教行为起着指导作用

幼儿教师在选择自己的保教行为时，总是从某种动机出发，考虑其选择某一保教行为的后果及影响。教师的良心可以指导教师根据道德规范的要求，从幼儿利益出发，对保教行为进行思考和权衡，肯定符合教师道德责任的要求和动机，否定不符合教师道德责任的要求和动机。同时它能提醒教师从“动机-效果”的预测及推己及人等方面人手，认真严肃地思考、权衡和慎重地选择自己的行为。所以，教师良心是教师在精神上抵制利己主义

和不道德的行为动机，是选择道德行为动机的内在力量。

（二）在实施保教行为过程中，职业良心对幼儿教师选择正确的保教行为起着监督规范作用

职业良心可以监督幼儿教师是否按照道德动机去行动，又可以监督幼儿教师的行为是否符合教师职业道德的要求。“保教幼儿是一种责任，利他的、牺牲的”工作，幼儿教师的工作艰辛又复杂，常常产生一些意想不到的困难和阻力。特别是在社会主义市场经济条件下，在物质利益的刺激下，幼儿教师的保教行为会遇到不道德的动机和目的的诱惑和干扰，使幼儿教师对实现原来的动机缺乏信心，发生动摇，甚至企图使用不道德的手段来实现自己的目的等。这时，良心一旦发现自己的行为有偏离幼儿教师道德规范要求轨道的迹象，会及时发出“我不能这样做”“这样做不对”的指令，迫使幼儿教师修正自己的行为方向，使其继续选择有利于幼儿身心发展的保教行为，避免不利于幼儿身心发展的保教行为，从而沿着既定的目标和方向奋勇前进。这就是人们常说的“良心的发现”。

（三）在实施保教行为后，职业良心对幼儿教师选择正确的保教行为起着评判影响作用

一个具有强烈责任感的幼儿教师在完成一项工作之后，往往会在心里做一番自我评价，当教师意识到自己的行为损害了幼儿的利益，带来了幼儿保教的不良后果，即使没有受到别人的指责和社会舆论的批评，也会受到良心的谴责，产生内疚和惭愧，甚至决心不惜一切代价，也要纠正自己的行为，进而吸取教训，减少或避免此类现象的再次发生。当自己的保教行为取得了良好的效果，带来了幼儿的进步和发展，内心就会产生自豪感和成就感，特别当看到幼儿能独立完成一项任务或者团队配合完成一项任务的时候，虽然没有得到幼儿园或园领导的夸奖，但良心上产生的满足感会形成一种力量和信心，在日后的保教中继续这种行为。因此，人们常常把良心形象地比喻为“内心道德法庭”。职业良心是幼儿教师职业道德思想和道德情操的精神支柱，正是通过这种心灵的自省与自律，教师不断完善着幼儿教师的道德人格。

小野马变小骏马①

新学期伊始，班上来了一个叫骏骏的小朋友。我很少看到这样的孩子：一条皱皱巴巴的裤子，裤脚拖在地上，上衣的领口和袖口脏得看不出原本的颜色，短短的头发还打着结。骏骏的入园申请表上，出生年月日一栏只写了个“正月十五”。当我跟家长核实，孩子是哪一年出生时，他爸爸竟摇摇头，表示不知道。这让我很吃惊。

接下来的日子，我算是领教了骏骏的“厉害”。他每天的生活都可以用“打”“喊”“躲”三个字来概括。和小朋友发生矛盾，首先亮起拳头，打不过就“喊”，碰到更强大的

① 丛素宁. 小野马变小骏马［N］. 中国教育报，2018-09-23（3）.

对手就“躲”在角落里。教室里经常有小朋友的告状声：“老师，骏骏打我了！”“老师，骏骏把我的书撕了！”他仿佛一刻也闲不下来。

“这个孩子为什么会这样?”我还没想出应对之策，麻烦事就来了。家长集体找到园领导，要求开除骏骏，否则集体退园！面对家长的愤怒，作为主班老师的我发愁了。

傍晚，小朋友和家长离园时，我把这父子俩单独留了下来。不料，骏骏爸爸却一脸愁容：“丛老师，说老实话，我就是为了孩子能受好的教育，才离开老家，来到这里的。我真的在认真管他，从来没给他过笑脸，每天都打，他都不敢亲近我，可是一点效果也没有。我是真没办法了，只能指望老师您了！”说着，骏骏爸爸就要给我鞠躬。我立即扶起他，再一次打量起这个孩子。奇迹发生了：在班级一角，我第一次看到骏骏静静地坐着，没有乱跑乱闹，而且，他在用怯懦的眼神偷偷瞄我。就在那一刹那，我突然听到内心一个响亮的声音在说：“不要抛弃他！”第二天，我用沙哑的声音对家长们承诺：“请给我一点时间，我会让他改变的！”

从此，我开始了读懂骏骏的“艰难”历程。一连几天，下班后，我都直奔骏骏家，有时也去访问他们一起来打工的老乡，了解骏骏的家庭情况。原来，骏骏的妈妈有精神问题，他奶奶怕妈妈把孩子带丢了，就把骏骏和妈妈长期关在家里，所以骏骏不懂怎样与人交流。骏骏爸爸脾气不好，骏骏不听话时，他喜欢粗暴地用拳头说话。后来，骏骏爸爸带着一家人在幼儿园附近开了一家面馆，把骏骏送到幼儿园时，他就像突然被放出来的一匹“小野马”，兴奋地感受着这个新的世界，却不会与人交流，只能用野性证明自己的存在。

骏骏是回族人，不吃幼儿园的饭。他爸爸给他送的午饭大部分是拉面，时间长了他有些吃腻了。有时，看着小朋友盘里的红烧肉，他就去抢。所以，我总是提前了解幼儿园的食谱，等小朋友们吃肉时，我就把在家里做好的牛羊肉拿出来，放在骏骏的盘里。看着他吃得津津有味，我很开心。他的衣服脏了、破了，我就帮他换上我儿子小时候穿过的衣服，给他洗澡，帮他理发。骏骏变得干净多了。小朋友开始跟他玩游戏了，家长们有时也会友好地摸摸他的头。

随着对骏骏了解的深入，我观察到他并不是每时每刻都“野”。比如玩橡皮泥时，他就能安静很长时间。于是，我送给他一大包五颜六色的太空泥。他很有灵性，动手能力也很强，捏的孙悟空、猪八戒、小兔子稚拙可爱，像模像样。

一次，我带他去幼儿园的储物间拿东西。那个门比较难开，我假装打不开，他却很轻松地帮我打开了，我满含感激地说：“谢谢骏骏！”我突然发现他的眼睛亮了一下，走过去很远，还在回头看那扇门。他找到了自己的价值。

六一儿童节时，我发现骏骏很擅长充气球。于是，我请他当小助手。很多小朋友都向他投去羡慕的目光。他一遍遍保护着那些充好的气球。他找到了自尊。

班上的小朋友都从家里带来图书进行分享，骏骏没有，尴尬地站在小朋友旁边，眼里闪出羡慕的光。我马上去给他买了两本，并在书的封面上端端正正地写上骏骏的名字。他一遍遍地念着，仿佛在向这个世界宣告，他也有自己的书了。中午，他把两本书紧紧地抱在怀里，第一次安静地入睡了。我仔细端详着他，才发现他那么惹人疼爱。

一天中午，我午休醒来时，突然发现身上多了条毛巾被，原来是骏骏悄悄帮我盖上的。虽然那只是一个微不足道的小动作，但是我清楚，在他的成长中，那是一个多重要的里程碑：他知道关爱别人了！苏霍姆林斯基的话再一次回响在我耳边："情感，形象地讲乃是高尚行为的肥沃土壤……心灵的易感性和同情心都在童年形成。"我庆幸没有放弃骏骏。

与此同时，我也不断跟骏骏爸爸分享骏骏进步的点滴，他爸爸不再对他动手了。在拉面馆里，人们经常会看到骏骏快乐地跟在爸爸后面，有时还帮助招待来来往往的客人，难得的笑容终于荡漾在了这对父子的脸上。

骏骏这匹差点脱缰的"小野马"正在爱的洗涤下，悄悄地变成一匹"小骏马"。我祝福这匹"骏马"在未来一路奔腾向前！

三、幼儿教师职业良心的修养方法

幼儿教师的职业良心是教师职业道德体系的高层次表现。幼儿园是儿童踏入人生的第一所学校，幼儿教师就是开启幼儿心灵智慧的第一把钥匙。所以，想要成为一个有职业良心的幼儿教师，日常实践中需要做到以下几个方面。

首先，规范自身的道德行为是做一个有职业良心的幼儿教师的基础。由于社会的发展，幼儿的保教在成长生涯中占据了很大的比重，所以，幼儿教师道德行为慢慢被世人关注。作为一名幼儿教师不仅要用自己的学识去保教幼儿，更重要的是要用自己的品德去塑造祖国花朵的灵魂，用自己的行为去影响幼儿，规范"学高为师，身正为范"的职业道德行为，这也是做一名有职业良心幼儿教师的前提条件。只有严格规范自身道德行为，才能在幼儿面前，时时处处用幼儿教师职业道德规范严格约束自己的行为，成为幼儿学习的榜样，成为真正的"人师"。

其次，培养自身的职业责任心是做一个有职业良心幼儿教师的前提。一个人的责任意识不是与生俱来的，更不是一成不变的，要靠自己的努力与认真处事的态度。培养职业良心，必须从培养职业责任心做起，因为责任重于泰山，有责任心和责任感的人会想方设法地把工作做好；拥有职业责任感和责任心的人必定拥有高尚的职业道德。每一个行业都需要众多有责任感和责任心的人，需要众多把责任看得重于一切的从业者。由于幼儿还处于稚嫩的"萌芽"期，在语言表达、生活自理等方面比较薄弱。像尿湿裤子、被褥的情况在幼儿园中常常发生，这就要求教师要仔细观察幼儿的异常，及时发现并换洗干净。再如吃饭时，一些幼儿在家形成了某些习惯，如挑食、磨蹭、需要喂饭等，面对这些情况，教师必须耐心保教，帮助幼儿改正不良的习惯，并教导他们养成良好的生活习惯，这都需要具备强烈的责任心。一位有责任心的教师，不管在什么时候，都会时刻关注幼儿，及时地发现问题、解决问题。所以，教师需要通过专业化、规范化、精细化组织管理，培养职业责任心，把责任心当成做好一切工作的前提。这样每一个幼儿教师都能以良心作为杠杆，以理性的态度践行自己的职业角色，自觉遵守基本职业道德规则和自己的职业良心准则，承担自己应当承担的职业责任。

【历年真题】

【2.4】手工制作后，孩子们都开心地把作品拿在手里。小明兴高采烈地奔向老师，举起手里的作品向老师炫耀，可是老师瞟了一眼说："看你做的是什么呀，难看死了。"老师的做法（　　）。

A. 正确，从小培养幼儿的认真态度　　B. 正确，从小对幼儿进行挫折教育

C. 不正确，挫伤了幼儿的创造热情　　D. 不正确，扼杀了幼儿的竞争欲望

【解析】正确答案C。幼儿教师要时刻谨记幼儿教育职业是"良心活"，应该用发展的眼光耐心鼓励幼儿的探索，因此题干中教师的反应错误，会因此挫伤孩子的积极性。

【2.5】某幼儿园一直试着让幼儿做一些力所能及的事，如发勺子、分碗、搬凳子等。一天，小樱用乞求的目光注视着老师，轻声说："老师，让我发一次勺子好吗?"老师说："每次吃饭最慢，上课从不举手发言，还发勺子呢?!"下列做法正确的是（　　）。

A. 老师让小樱先举再发言　　B. 老师们让小樱先吃饭再做事

C. 老师应该让小樱搬凳子　　D. 老师应该让小樱发勺子

【解析】正确答案D。幼儿教师要时刻谨记幼儿教育职业是"良心活"，应当倾听孩子的想法，在幼儿力所能及的基础上鼓励幼儿自主探索。

第四节　幼儿教师职业幸福

一、幼儿教师职业幸福的含义

幸福从来都是人们所向往和追求的。幸福是无形的，具有主观性，每个人的理解、和实现路径均不同。《辞海》对"幸福"的界定是：指人们为了理想而奋斗，并最终实现了自己的预定目标或理想，从而感到满足的一种状况及体验。康德对幸福的定义是："幸福乃是世间人一生中所遇到的事情都称心合意的那种状况。"我们认为，幸福是主体内在价

值观念及与之相应的人生追求在现实生活中得以实现所产生的愉悦、满足等的主观体验，是生活境遇的现实内容适合主体的价值取向、生活目标等主观要求所产生的欣慰、满意等的主观体验。幸福的获得既有主观因素的作用，也有客观因素的作用。但在决定幸福的主客观因素当中，主观性的因素是次要的方面，因为这种因素的起作用是被客观因素决定的。客观性因素是决定性的、主要的方面，客观性因素是获得幸福的充分条件，主观性因素是获得幸福的必要条件。幸福与价值实现有着必然的联系：价值实现是幸福的源泉，幸福感又可激励人产生进一步进行自我价值的实现的追求。

幸福也是相对的，不同职业的人，对幸福的理解是不同的，这一点在不同职业的人群中能具体体现出来。教师的幸福就是教师在教育教学工作中自由实现自己的职业理想的一种教育主体生存状态，对自己生存状态的意义的体味构成教师的幸福感。教师幸福生活的意义不仅在其自身，也在教育本身。苏霍姆林斯基说："心情苦闷和精神抑郁，这种情绪会对学生的全部脑力劳动打下烙印，使他的大脑变得麻木起来。只有那种明朗的，乐观的心情才是滋养着思想大河的生机勃勃的河流。郁郁不乐，情绪苦闷所造成的后果，就是使掌管情绪冲动和思维的情绪色彩的皮层下中心停止工作，不再激发智慧去从事劳动，而且还会束缚智慧的劳动。"①

一般认为，教师幸福具有以下特征。一是精神性。教师及其劳动的崇高地位决定了教师幸福的精神性。教师幸福的精神性还表现在教师劳动及其报酬的精神性，教师的报酬也不止于物质性的，学生的道德成长、学业进步等都能成为教师劳动的报酬。二是关系性。教育是培养人的社会实践活动，它是通过师生交往互动而实现的。一方面，教师希望倾其所有、无条件地把自己的所知教给学生；另一方面，当教师从学生身上看到自己的劳动转化为学生成长这一成果时，自身也能从中体会到人生价值与精神愉悦。师生之间的精神交流、情感融通给予师生双方的愉悦和快乐是任何其他职业所难以感受到的。三是集体性。教育劳动的特点之一是它的集体幸福与个人幸福相统一的集体性质。任何一个学生都是教师集体劳动的结果，也是学生集体劳动的结果。因此，教师的幸福及其体验既具有一般幸福所具有的个体性，更具有集体的性质。四是无限性。教师的幸福具有效果上的无限性，表现在时间和空间两个维度。时间上，教师的幸福是无限的。教师对学生在人格与课业上的影响具有终身性质，通过学生教师的劳动与生生不息的人类文明联系在一起。因此教师所收获的幸福也是超越时间限制的。空间上，由于教师的劳动产品与社会网络联系起来，教师的劳动效果就远不会局限于某一个校园之内。一代一代的伟人、一代一代的普通劳动者都是由于教师的劳动而对世界的进步做出伟大贡献的。教师因而可以通过自己的劳动对整个世界的影响而理解工作的意义，体会自己的成功②。

① 苏霍姆林斯基. 给教师的建议［M］. 北京：教育科学出版社，1984：39.
② 檀传宝. 论教师的幸福［J］. 教育科学，2002（1）：39-40.

作为一名教师是幸福的，这种幸福主要体现在：教育本身所具有的乐趣会深深吸引教师在教育过程中辛勤付出，从中得到内心的极大充实和满足；在教育教学过程中的立言、立德，会使教师在感受到自己教育生命的延续过程中体验到教育人生的幸福；在创造中会体验尊严与生命的活力；教师通过自己的无私奉献，借学生之身巧妙地扩展自己，学生的一举一动都反映着教师的影子，学生的生命就是教师的生命，这样，师生通过内在的联系融成了一种生命共同体，学生的成长就会使教师感到教师自身价值实现的肯定，这是教育的最大幸福所在；教育教学会使教师获得真正的情谊。

幼儿教师职业幸福是指幼儿教师在保教工作中运用保教智慧，获取保教对象及社会的积极评价，感受到职业内在的尊严与欢乐，自由实现自己的职业理想，发挥自己潜能，实现自身专业成长和专业发展的持续的快乐体验①。幼儿教师要真正获得幸福，不仅需要有感受幸福的能力，而且还需要有在保教活动中不断创造幸福的能力。

二、幼儿教师职业幸福的作用

幼儿教师是我国幼儿保教行业的主力军，其对职业的投入程度会直接影响我国幼儿保教事业的发展水平。而幼儿教师职业幸福关系到其自身的职业生存意义和人生价值观的实现，会直接影响幼儿园一日生活的质量，从而对幼儿的性格、习惯等全面发展产生直接的影响。故而，幼儿教师职业幸福这个道德范畴，在整个保教过程中起着重要作用。

（一）幼儿教师职业幸福是培养幼儿幸福感的保证

让幼儿拥有幸福感是幼儿保教的重要目的，是幼儿教师义不容辞的责任。职业幸福的幼儿教师对待园所事务、生活都比较积极乐观，相应地也会减少虐童现象发生。同时职业幸福的幼儿教师在师幼互动中，回应更积极，大脑反应更快速准确。总之，只有职业幸福的幼儿教师才能带领幼儿去体验幸福、追求幸福并创造幸福。幼儿教师的内在幸福可以通过外在行为影响幼儿，幼儿在潜移默化中获得和幼儿教师相似的幸福感。如果幼儿教师在与幼儿的接触中，用欣赏、审美的眼光看待每一名幼儿，把幼儿看成可爱的小天使，那么幼儿也会体验到教师的爱而幸福。在日常的保教过程中以平等、真诚的态度与幼儿交往，放下教师的架子，和幼儿打成一片，一起体验成长的足迹，就会发现幸福和快乐就在身边，就会获得满满的幸福感。教师体验到职业、工作、生活等的快乐，也会潜移默化地把快乐带给幼儿。

（二）幼儿教师职业幸福是实现自身价值的必然要求

幸福是与人生目标和事业理想联系紧密的范畴，只有当幼儿教师追求的人生目的和忠于幼教事业的理想实现时，幸福感才会油然而生。只有以教育好学前儿童为人生目标，把

---

① 宁本涛. 教师职业幸福感群体缺失的制度困境与反思［J］. 当代教育与文化，2010，2（4）：84-88.

光大幼儿教育作为终生事业，才愿意把自己一生都奉献给幼教事业和学前儿童，把全部精力都置身于研究幼儿教育活动中；取得优异成绩时，便会体验到作为一名幼儿园教师的幸福，自身价值和意义也在这一刻体现出来。因此，实现幸福是幼儿教师毕生的追求，为了追求幸福，幼儿教师会以昂扬的斗志和饱满的热情投身于工作中，并能把幸福融入教书育人的整个过程中，通过与幼儿心灵交流，并得到幼儿园、家长和幼儿的共同认可，体验从事幼儿教师这个职业的快乐，从而感受到自身价值的实现，更加快乐地工作。

（三）幼儿教师职业幸福是创建和谐幼儿园的需要

幼儿园和谐是园所人员不懈奋斗的目标，幼儿园和谐才能顺利促进幼儿园教育质量发展。师师、幼幼、师幼关系和谐是幼儿园和谐的外部表现和标志，师师关系和谐是其他和谐的基础和前提。职业幸福的幼儿教师更易产生师师关系和谐，职业幸福的幼儿教师也是师师关系和谐的保证。一切成功的教育都源于和谐的教育，幼儿教师与幼儿园的关系是鱼和水的关系，幼儿教师是幼儿园建设的重要参与者，是维持幼儿园稳定的一分子，职业幸福的幼儿教师才能创造和谐幼儿园氛围。和谐幼儿园吸引幼儿教师，职业幸福的幼儿教师更少出现大量流动。幼儿园要牢固树立“以教师为本”的管理理念，只有在管理中以“教师第一”为导向，才有教师心目中的“幼儿中心”。而一名职业幸福的幼儿教师一定是受到幼儿喜欢和爱戴的好老师。

一粒纽扣的牵挂①

户外活动时，栋栋走到我面前，指着我的衣服说：“老师，你扣子丢了。”

我低头一看，果然发现丢了一粒扣子。于是，我对栋栋说：“真的呀，我还没注意呢！”

“老师，我帮你找找吧！”栋栋说。

为了不影响游戏，我对他说：“不用找了，这样也挺好，就不用系扣子了！”

“那怎么行呢？这么冷的天，不系扣子会冻感冒的！”栋栋严肃地说。

我不好意思打击他的积极性，就说：“好吧，那就找找吧！”

他开始低着头、猫着腰在活动区找起来。

过了好一会儿，栋栋走过来，失望地说：“老师，这些地方我都找了，可是就是没有！”他用手指了指周边。

我本以为他找一会儿，找不到就放弃了，也就没当回事，没想到他不但没有放弃，反而把寻找纽扣当作一项“工作”来对待。我有些感动，摸着他的头说：“谢谢你帮我找扣子，找不到也没关系的，因为有你的关心，老师心里暖暖的，一点儿都不冷。”

栋栋看着我，不好意思地笑了。

---

① 崔峰．一粒纽扣的牵挂［N］．中国教育报，2019-01-27（2）．

几天后，我如往常一样在活动室门口值班。

“老师，老师，我帮你找到扣子了!”从走廊远处跑来的栋栋大声喊道。

说实话，我早把这件事忘得一干二净了。

“老师，你看!”跑到我面前的栋栋，举着一粒黑色纽扣，激动地说。

我仔细一看，还真是我的纽扣。我兴奋地说：“真的呀，你在哪里找到的?”

栋栋自豪地说：“我在沙池里找到的。”

这时，栋栋妈妈走了过来，笑着说：“这孩子啊，这几天心事重重的，下午离园也不走，早上早早起来就要来幼儿园，我问他怎么了，他才告诉我说崔老师的扣子丢了。丢了扣子老师就不能系上衣服了，会冷的，他要帮老师找扣子。这几天找了大型滑梯、草地、动物饲养角，今天早上又去了沙池，终于找到了，就一路跑过来了。”

一股暖流涌向我的内心，我蹲下身抱着栋栋，激动地说：“谢谢你孩子，老师太感动了。”栋栋腼腆地笑了。

有人说现在的孩子是“小皇上”“小公主”，没有爱心，不懂得关心他人。可是，真的如此吗？作为成人，我们给过孩子机会吗？我们站在孩子的角度思考过吗？……当我们摘下有色眼镜，就会发现：同伴摔倒时，孩子会主动跑上前扶起来；好朋友生病时，孩子会关心地问他怎么没来幼儿园；老师咳嗽时，孩子会担心地说吃点咳嗽药就好了……其实，每一个孩子都有一颗善良的心，他们时时刻刻散发着光芒，温暖着身边的人。教师和家长，难道不应该用欣赏的眼光看待他们，用肯定的言语支持他们吗?

三、幼儿教师职业幸福的修养方法

大量的实践经验表明，幼儿教师的心境会影响幼儿园保教的环境氛围，因此，幼儿教师的快乐和幸福影响幼儿与幼儿园的快乐和幸福。幼儿园教育需要职业幸福的幼儿教师，幼儿教师职业幸福也需要教育。幼儿教师应该为幸福的生活目标而设计与修炼自己，需要做好追求幸福生活的职业生涯规划。

（一）适时调整心态，寻找工作中的快乐

无论从事何种职业都会遇到瓶颈期，出现消极倦怠的情绪。幼儿教师也不例外，幼儿园工作繁琐复杂。上班要带好所有性格迥异的幼儿，要照顾他们的衣食住行，一起游戏，保证所有幼儿安全、健康、快乐。下班还要制作玩教具，做好个别和例行家访工作，总结和反思一日工作等。可以说工作时间非常长，但薪水待遇却很低，很多时候还不能得到幼儿家长等认同。所以说，幼儿教师职业很容易出现职业疲劳、职业无价值感等职业倦怠状态，要真正成为幼儿身心健康成长的导师，实属不易。但在幼儿园里，温暖的、有趣的、快乐的故事每天都在上演，这些都将成为教师和孩子们受益终生的美好记忆。故而，幼儿教师要适时自我调节心态，困难只是暂时的，通过大家共同努力，幼儿教育的价值越来越

被社会认识，幼儿教师的工作亦被社会认同。同时幼儿教师也要经常寻找工作中的快乐，认识到和天真可爱的小天使一起工作本身就是一种幸福，启蒙未来社会建设者的职责更是一种自豪，形成积极乐观的心态。

（二）建立良好的人际关系，学会释放压力

幼儿教育的根本在于促进幼儿健康快乐地成长，幼儿教师的保教对象是各方面尚不成熟且又特点各异的幼儿，幼儿健康快乐成长需要关注多方面，如营养、安全、运动、睡眠等。这就对幼儿教师提出了很高的要求，既要会设计、实施、评价幼儿园多种教育活动，又要会钢琴弹奏、能歌善舞、讲故事、画画，还要会管理和保护幼儿身心健康等，如对常见幼儿身心疾病及意外情况做出快速判断和应对等。所以，幼儿教育工作对幼儿教师责任、能力等要求很高，每天都会面对很大的业务压力，同时又有来自社会、幼儿家长和身边亲人朋友的不理解，甚至抱怨。故而，幼儿教师要善于建立良好的人际关系，遇到问题多与良师益友商议交流，委屈烦恼及时向知心朋友倾诉，及时缓解和释放各种压力。

（三）努力提高专业技能和综合素质，从容面对一切

作为幼儿教育的专业工作者，专业技能是立业之本。古今中外大量的教育实践证明，教师的业务能力越强，越容易获得职业幸福感。业务能力越强，工作亦越能得心应手，更能从日常保教和幼教事业中获得成功的、充实的、幸福的体验，也必然珍惜生活，友爱他人，潜心钻研业务，关心爱护幼儿，对工作精益求精，对幼儿满腔热情，在平凡的岗位上创造出不平凡的业绩，实现自己的人生价值，形成良性循环。相反，如果业务能力不足，面对问题抓耳挠腮，大量工作任务积压，生活忙得不可开交，成就平平，则很难获得职业幸福感，可能会对生活、工作自暴自弃，甚至仇视他人、敌视社会，日常保教中难免对幼儿等发牢骚，形成恶性循环。故而，幼儿教师要时时处处抓住学习机会，养成学习的好习惯，努力提高专业技能和综合素质，时刻做有准备的人，从容面对工作和生活中遇到的一切困难和复杂问题。

【历年真题】

【2.6】活动课上，赵老师特意邀请几个平时不太合群的孩子表演“找朋友”，被邀请的孩子面带微笑与其他小朋友愉快地完成表演。赵老师的行为（　　）。

A. 恰当，教师应当培养幼儿遵守纪律习惯

B. 不恰当，教师应当遵循幼儿身心发展规律

C. 恰当，教师应当关注每个幼儿发展

D. 不恰当，教师应当保护幼儿的自尊心

【解析】正确答案C。教师应当关爱和关注每个幼儿的发展。

本章小结

幼儿教师职业道德的范畴，是指那些概括和反映幼儿教师职业道德的主要特质，体现一定社会对幼儿教师职业道德的根本要求，并作为幼儿教师的普遍内心信念，对幼儿教师的行为发生影响的基本概念。幼儿教师职业公正是幼儿教师最基本的职业道德范畴，实质上的教师职业公正要求幼儿教师在保教实践活动中对待幼儿一视同仁、因材施教。幼儿教师职业责任是幼儿教师职业道德的重要范畴，幼儿园教师有六方面主要职责：（1）观察了解幼儿，制订和执行保教工作计划，合理安排幼儿一日生活；（2）创设良好的保教环境，合理组织保教内容，提供丰富的玩具和游戏材料，开展适宜的保教活动；（3）严格执行幼儿园安全、卫生保健制度，指导并配合保育员管理本班幼儿生活，做好卫生保健工作；（4）与家长保持经常联系，了解幼儿家庭的保教环境，商讨符合幼儿特点的保教措施，相互配合共同完成保教任务；（5）参加业务学习和保育保教研究活动；（6）定期总结评估保教工作实效，接受园长的指导和检查。幼儿教师职业良心是幼儿教师职业道德范畴的高层次表现，既是幼儿教师职业道德的出发点，又是幼儿教师职业道德的归宿，渗透于幼儿教师一日生活和保教活动中，是幼儿教师职业道德个人价值和社会价值得以实现的根本。只有职业幸福的幼儿教师才能带领幼儿去体验幸福、追求幸福并创造幸福，幼儿教师的内在幸福可以通过外在行为影响幼儿，幼儿在潜移默化中获得和幼儿教师相似的幸福感。

学习资源

1. 倪敏. 幼儿教师最需要什么［M］. 南京：南京大学出版社，2011.

2. 凯兹. 与幼儿教师对话：迈向专业成长之路［M］. 南京：南京师范大学出版社，2016.

3. 陈妍，姜勇，纪萍. 与一线幼儿教师对话：激发反思 共同成长［M］. 北京：北京师范大学出版社，2010.

4. 钱焕琦，朱运致. 幼儿教师职业道德实践［M］. 上海：华东师范大学出版社，2013.

5. 左志宏. 幼儿园教师职业道德［M］. 北京：北京师范大学出版社，2014.

6. 郭正良，颜旭. 幼儿园教师职业道德［M］. 长沙：湖南大学出版社，2018.

幼儿教师职业道德规范

知识结构图

- 幼儿教师职业道德规范
  - 幼儿教师的职业观
    - 爱国守法
      - 幼儿教师要爱祖国，爱人民，拥护中国共产党，拥护社会主义
      - 幼儿教师要全面贯彻国家教育方针，自觉遵守教育法律法规，依法履行幼儿教师职责
      - 幼儿教师不得有违背党和国家方针政策的言行
    - 爱岗敬业
      - 幼儿教师要忠诚于人民教育事业，志存高远，勤恳敬业
      - 幼儿教师要对工作高度负责，认真教导幼儿
      - 幼儿教师在工作中不要敷衍塞责
    - 为人师表
      - 幼儿教师要知荣明耻，严以律己，以身作则
      - 幼儿教师要衣着整洁得体，语言规范，举止文明
      - 幼儿教师要关心集体，团结协作，尊重同事，尊重家长
      - 幼儿教师要作风正派，廉洁奉公
    - 团结合作
      - 以制度建设来促进幼儿教师团队合作的理性化
      - 以关系导向型管理来营造幼儿教师团队合作的气氛
      - 以多样化团队合作形式提高幼儿教师的合作意识
  - 幼儿教师的儿童观
    - 关爱幼儿
      - 对幼儿严慈相济，做幼儿的良师益友
      - 不讽刺、挖苦、歧视幼儿，不体罚幼儿
    - 尊重幼儿
      - 要尊重幼儿的权利
      - 要尊重幼儿生长发展的自然规律
      - 要尊重幼儿独立的人格和自我意识
      - 要尊重幼儿的个体差异
    - 重视幼儿生活教育
      - 生活教育是幼儿园教学的出发点
      - 生活教育对幼儿的成长具有重要作用

- 幼儿教师的保教观
  - 教书育人
    - 要注重保育和教育结合
    - 保育和教育结合的含义
    - 实现保教结合的途径
    - 保教结合的具体要求
  - 游戏为主
    - 加强幼儿教师专业能力的培训
    - 科学选择保教内容、科学设计保教方法
    - 要指导家长掌握科学育儿方法
  - 家园共育
    - 要尊重家长
    - 要主动与家长沟通
    - 要宣传科学的教育思想
    - 要为家长解除后顾之忧
- 幼儿教师的自我发展观
  - 自我修养
    - 自我修养体现在幼儿教师的爱心方面
    - 良好的自我修养体现在行为举止符合教师的身份
  - 健康心理
    - 要树立正确的职业观
    - 要提高情绪管控能力
    - 要营造融洽的人际关系
    - 要有职业生涯规划
  - 终身学习
    - 要树立终身学习理念，采取终身学习行动
    - 要拓宽知识视野，更新知识结构
    - 要潜心钻研业务，不断提高专业素养

学习目标

- 识记幼儿教师爱国守法、爱岗敬业、为人师表的具体要求。
- 明确幼儿教师的权利和义务。
- 掌握幼儿教师应树立终身学习的理念，不断地学习新知识。
- 理解保教结合是幼儿园一贯坚持的教育原则。

学习重点

本章的学习重点主要是明确爱国守法、爱岗敬业、为人师表是幼儿教师职业的基本要求，认识到团队合作在幼儿教育活动中的重要性。幼儿教师要履行教师职业道德规范，依法执教。幼儿教师要做到以幼儿为本，充分调动和发挥幼儿的主动性。幼儿教师要遵循幼儿身心发展特点和保教活动规律，提升保教工作专业化水平。幼儿教师要不断优化自己的知识结构，提高文化素养，做到终身学习。

学习建议

本章按幼儿教师职业观、儿童观、保教观、自我发展观四条主线展开。学习职业观方

面，要抓住幼儿教师首先要树立爱国主义思想，要认识到幼儿教师承担着为社会培养建设者和接班人的伟大重任，自己的工作是与祖国的未来发展、国家的繁荣昌盛联系在一起的。学习儿童观方面，要抓住关爱幼儿，重视幼儿身心健康，维护幼儿合法权益。学习保教观方面，要抓住注重保教结合，将游戏作为幼儿的主要活动，重视幼儿园、家庭和社区的合作。学习自我发展观方面，要抓住幼儿教师要有爱心，要勤于学习，不断进取。

问题情境

扎根中国大地：李吉林创立的中国式情境教育走向世界①

我做过小学教师，李吉林老师是我的同事，也是我教育科研的引路人。我清清楚楚地记得，40 年前，李吉林从被下放的农村回到她工作了 20 年的学校——南通师范学校第二附小时，她遇到我说的第一句话就是："我要把丢失的时间抢回来。"她还说："我要克服一个女人的弱点。"于是，她立即"全副武装"，全身心地投入到教育改革的浪潮中去了。

工作中，李吉林特别关注课堂教学。她以在经验里长出来的理论敏锐性，把自己研究的根扎在中华文化的思想精髓里，汲取丰富的营养。她发现儿童的认知不应只在符号世界里发生，更应该回到生活情境中去；学习只有发生在情境里，才有真正的学习，情境在符号世界与生活世界间搭起了桥梁。于是，一个概念在她脑海里浮现：情境教学。情境教学让儿童学得快乐、学得高效。紧接着，她又思考了情境教育、儿童情境学习范式等问题和理论，使探索走向深处。

在研究中，她一步一步走来，一个一个浪头扑来，没有句号，只有逗号。众人问她孜孜以求的研究动力来自哪里？她说，来自儿童，来自对儿童真心的爱。"我，就是一个长大的儿童。""为儿童研究儿童。"这是她对教育研究的内心表白。40 年过去了，她研究、创立的中国情境教育，以及中国儿童情境学习范式，成为发展素质教育的一面旗帜，荣获了国家首届基础教育教学改革成果特等奖；她的著作被译成英文、德文，为外国教育学界和老师们学习、借鉴；在国际研讨会上，情境教育理论被称为回应世界教育改革的中国智慧，她被誉为儿童教育家。

近段时间，李吉林与我多次联系，探讨的话题只有一个："我们该用什么来纪念、庆祝改革开放 40 年。"我明白，在她心里，是改革开放点燃了她。点燃就是唤醒，就是激活，就是解放。40 年来，她的教育研究、实验，走的是创新之路，探索的是育人之道。李吉林告诉我：我们要永远扎根中国大地，在改革开放推动下前行，与伟大的时代同呼吸，向着新时代中国梦实现的方向永不止步。

① 成尚荣．我亲历的中国教育科研发展故事［N］．人民政协报·教育周刊，2018-10-10（9）．

为什么李吉林老师对教学改革有如此强大的研究动力，最终成为著名的儿童教育家？作为一个幼儿教师应该如何正确对待保教、对待儿童、对待自我发展和改革开放新时代，创造属于自己的职业成就和辉煌？新时代，一个优秀的教师应该具有怎样的教师职业道德规范？这是事关一个幼儿教师专业发展和获得职业幸福的基本问题。下面我们将对诸如此类问题进行回答。

新中国成立以来，国家正式颁布中小学教师职业道德规范主要有四次。1984 年 10 月《中小学教师职业道德要求》（试行草案）由教育部和全国教育工会颁布。实践证明，它的颁布对中小学教师队伍建设起到了积极作用；广大中小学教师遵循职业道德要求，坚持社会主义方向，努力提高业务水平，在教学岗位上辛勤育人，为祖国的社会主义事业做出了新的贡献。进入 90 年代后，随着新形势的发展和教育改革的深入对中小学教师队伍建设提出了新的要求，为此，国家教委和全国教育工会对《中小学教师职业道德要求》进行了修订，并在 1991 年 8 月 13 日颁布了《中小学教师职业道德规范》。90 年代后期，随着改革开放和社会主义现代化建设事业进入一个新的历史阶段，新的形势对中小学教师队伍建设又提出了更高的要求。为此，1997 年，国家教委和全国教育工会再次对《中小学教师职业道德规范》进行了必要的修订。2008 年，教育部为进一步提高中小学教师的道德素质水平，在以往师德规范的基础上，重新修订了《中小学教师职业道德规范》，并于 9 月 1 日颁布实施。新规范体现了时代精神，可以使教师的思想行为得到规范，促使中小学教师真正成为群众满意的教育工作者。本章针对修订后的教师职业六大道德规范——“爱国守法、爱岗敬业、关爱学生、教书育人、为人师表、终身学习”进行解读。

一些幼儿教师会提出疑问，《中小学教师职业道德规范》（简称《职业道德规范》）是否适用幼儿教师，其实《中华人民共和国教师法》（简称《教师法》）第四十条已经明确规定，“中小学教师，是指幼儿园、特殊教育机构、普通中小学、成人初等中等教育机构、职业中学以及其他教育机构的教师”。因此，毫无疑问，《中小学教师职业道德规范》就是幼儿教师在教育职业活动中必须遵循的道德准则。

幼儿教师的思想政治素质和职业道德水平直接关系到幼教工作状况和亿万幼儿的健康成长，关系到国家的前途命运和民族的未来。加强幼儿教师职业道德建设，提高教师的师德素养，对于确保党的事业后继有人和社会主义事业兴旺发达，全面建成小康社会，构建社会主义和谐社会，实现中华民族伟大复兴，具有十分重要的意义。《职业道德规范》继承了我国的优秀师德传统，并充分反映了新形势下经济、社会和教育发展对幼儿教师应有的道德品质和职业行为的基本要求。《职业道德规范》对幼儿教师的职业道德起指导作用，是调节教师与幼儿、教师与幼儿园、教师与国家、教师与社会相互关系的基本行为准则。

第一节 幼儿教师的职业观

幼儿教师要贯彻党和国家教育方针政策，遵守教育法律法规；理解幼儿保教工作的意义，热爱学前教育事业，具有职业理想和敬业精神；认同幼儿园教师的专业性和独特性，注重自身专业发展；具有良好职业道德修养，为人师表；具有团队合作精神，积极开展协作与交流。具体而言，可以表现为爱国守法、爱岗敬业、为人师表、团队合作四个方面。

一、爱国守法

什么是爱国主义？这是爱国主义理论研究首先要碰到的问题。列宁说："爱国主义就是千百年来巩固起来的对自己的祖国的一种最深厚的感情。"① 爱国主义是中华民族的传统美德，也是中国特色社会主义的核心价值体系的一个重要方面。新形势下，"爱国"还直接体现在"守法"上。幼儿教师工作的特殊性也决定了幼儿教师必须是爱国守法的模范。《中华人民共和国教师法》（简称《教师法》）第八条规定了教师应当履行下列义务："对学生进行宪法所确定的基本原则的教育和爱国主义、民族团结教育，法制教育以及思想品德、文化、科学技术教育，组织、带领学生开展有益的社会活动。"教师能承担起这样的教育职责的前提是，自己必须是一位爱国守法的好公民。

（一）幼儿教师要爱祖国，爱人民，拥护中国共产党，拥护社会主义

1. 幼儿教师要爱祖国

热爱祖国是一种高尚的道德情感，是每一个人都应当承担的责任和履行的义务。热爱祖国要从"尽职责、尽义务、遵规守法"等方面做起，离开这些讲爱国主义就是空话。热爱祖国对一位幼儿教师来说尤为重要，幼儿教师首先要树立爱国主义思想，要认识到自己承担着为社会培养建设者和接班人的伟大重任，自己的工作是与祖国的未来发展、国家的繁荣昌盛联系在一起的。幼儿教师要把培育祖国的下一代当成自己义不容辞的天职，忠于职守，埋头苦干，为国尽力，为民造福，为幼儿教育事业做出贡献。

2. 幼儿教师要爱人民

幼儿教师热爱人民的感情主要是通过关爱幼儿、关心同事、尊重幼儿家长等方面体现出来的。幼儿教师对社会的责任和对幼儿健康成长的关注是息息相关的，幼儿教师把自己的才智、精力和热情献给社会，是从奉献给幼儿开始的。幼儿教师应本着平等、尊重的态

① 列宁．列宁全集：第28卷［M］．北京：人民出版社，1956：168-169．

度与同事、家长及时沟通、互相信任、互相协助，不因同事资历、能力高低，不因家长身份、经济状况的不同而区别对待之。团结同事、尊重家长，既是幼儿教师热爱人民的体现，同时也是对幼儿的“身教”，为幼儿树立人际交往的榜样。

3. 幼儿教师要拥护中国共产党

拥护中国共产党的领导是教师应当具有的政治意识。中国共产党的领导地位是历史形成的，是中国人民在长期的艰苦斗争中的选择。教师要坚定对中国共产党的信任，拥护党的领导，学习党的理论，认真贯彻落实党的各项路线、方针、政策，坚持四项基本原则，积极参加党组织的各种活动。因此，拥护中国共产党的领导，坚定对中国共产党的信任，就必然成为幼儿教师政治素质和职业道德的重要内容。2018 年教育部颁发的《新时代幼儿园教师职业行为十项准则》第二条要求教师要“坚持以习近平新时代中国特色社会主义思想为指导，拥护中国共产党的领导，贯彻党的教育方针；不得在保教活动中及其他场合有损害党中央权威和违背党的路线方针政策的言行”。

4. 幼儿教师要拥护社会主义制度

社会主义制度在我国的建立，进行了中国历史上最广泛、最深刻的社会变革。特别是党的十一届三中全会以后，中国共产党带领全国人民经过艰苦探索，开辟出中国特色社会主义道路，形成了中国特色社会主义理论体系。邓小平指出：“如果不搞社会主义，而走资本主义道路，中国的混乱状态就不能结束，贫困落后的状态就不能改变。”① 在当代中国，拥护社会主义就是要拥护这条道路和这个理论体系。幼儿教师承担着培养社会主义事业的建设者和接班人的重任，就必须坚定社会主义理想信念，坚定对中国特色社会主义道路的信念，坚定对中国特色的社会主义理论体系的信念，并将这种信念在工作中表现出来。

（二）幼儿教师要全面贯彻国家教育方针，自觉遵守教育法律法规，依法履行幼儿教师职责

1. 幼儿教师要全面贯彻国家教育方针

教育方针是教育工作的宏观指导思想，是国家或政党根据一定社会的政治、经济和文化而提出的要求，为实现一定时期的教育目的而制定的教育工作的总方向。教育方针是确定教育事业发展方向，指导整个教育事业发展的战略原则和行动纲领，规定着教育的性质、地位、目的和基本途径等。《中华人民共和国教育法》第五条就表明了我国现阶段的教育方针：“教育必须为社会主义现代化建设服务、为人民服务，必须与生产劳动和社会实践相结合，培养德、智、体、美等方面全面发展的社会主义建设者和接班人。”在实际的幼儿教育过程中，德、智、体、美组成一个有机整体，具有互相不可替代的价值，又相

① 邓小平. 邓小平文选：第 3 卷［M］. 北京：人民出版社，1993：62-63.

辅相成、相互促进。幼儿教师要在全面理解和掌握国家教育方针的基础上，做好自己的本职工作。在日常保教工作中，立足社会和国家的需要，以促进幼儿的全面发展为方向，为社会主义事业培养高素质的接班人。

2. 幼儿教师要自觉遵守教育法律法规

幼儿教师在工作中，一定要心中装有法律，用法律规范自己，使自己成为一个知法、守法的幼儿教师。遵纪守法是师德修养的底线要求，幼儿教师的法纪观念如何，不仅体现出其自身的素质，而且直接影响着幼儿。幼儿教师自觉地做到遵纪守法，可以直接影响幼儿的健康成长，同时也为幼儿价值观的形成树立优秀榜样、奠定良好基础，这对于培养合格的社会主义新人，对于国家和民族的未来，是至关重要的。《教师法》第十四条规定，“受到剥夺政治权利或者故意犯罪受到有期徒刑以上刑事处罚的，不能取得教师资格；已经取得教师资格的，丧失教师资格”。因此，幼儿教师应当十分注重培养自己良好的法纪风貌，把遵纪守法当作教育活动和日常生活中一项基本的行为规范，严格要求，贯彻始终。

【历年真题】

【3.1】 教师张某因为醉驾被人民法院判处有期徒刑。张某（　　）。

A. 将永远丧失教师资格　　B. 教师资格不受此影响

C. 张某五年内不得从事教师职业　　D. 只能在民办学校从事教师职业

【解析】 正确答案A。《中华人民共和国教师法》第十四条规定，“受到剥夺政治权利或者故意犯罪受到有期徒刑以上刑事处罚的，不能取得教师资格；已经取得教师资格的，丧失教师资格”。教师张某被判处有期徒刑，将丧失教师资格。

3. 幼儿教师要认真学习教育法律法规

教育法律法规是教师从业的法制保障。教育法律法规对教师的权利与义务、对教师工作职责等做了详尽规定，作为幼儿教师必须要遵循这些要求，自觉履行教师职责、义务，维护教师权利。为此，教师要认真学习教育法律法规，熟悉条款，坚持依法从教，把自己的职业行为与教育法律法规结合起来，以教育法律法规约束自己的职业追求，使自己成为一名知法、懂法、守法的教师。

4. 幼儿教师要依法行使的权利和履行的义务

国家现代化的标志之一就是依法治国，教育现代化的标志之一就是依法治教。随着教育的现代化进程，我国的教育立法受到前所未有的重视，教育方面的法律、法规逐渐完善。在依法治教的观念日渐深入人心的时候，每一位幼儿教师必须懂法守法。否则，一是由于自己不懂法而违法，酿成恶果苦果；二是当自身合法权益遭受侵害，不懂得通过何种法律途径进行维权。

教师权利作为一种职业权利，与教师的义务相适应，主要由相关的法律给予规定和保证。教师的权利是以公民的基本权利为基础，围绕履行教育教学职责依法行使的权利和享有的权利。教师的权利是教师顺利工作，正常生活和维护其合法利益所不可缺少的法律保证。教师除了享有国家宪法所规定的公民一般权利外，《教师法》规定："教师享有下列权利：（1）进行教育教学活动，开展教育教学改革和实验；（2）从事科学研究、学术交流，参加专业的学术团体，在学术活动中充分发表意见；（3）指导学生的学习和发展，评定学生的品行和学业成绩；（4）按时获取工资报酬，享受国家规定的福利待遇以及寒暑假期的带薪休假；（5）对学校教育教学、管理工作和教育行政部门的工作提出意见和建议，通过教职工代表大会或者其他形式，参与学校的民主管理；（6）参加进修或者其他方式的培训。"

教师的义务是指教师依法应尽的责任。权利与义务是对等的、不可分割的。任何教师都不能只行使权利而不履行义务，当然也不能只履行义务而不享受权利。用法律规定教师的义务，是规范教师行为的必要手段。教师除了必须履行国家宪法规定的公民一般义务外，根据《教师法》还应当履行六项义务："（1）遵守宪法、法律和职业道德，为人师表；（2）贯彻国家的教育方针，遵守规章制度，执行学校的教学计划，履行教师聘约，完成教育教学工作任务；（3）对学生进行宪法所确定的基本原则的教育和爱国主义、民族团结的教育，法制教育以及思想品德、文化、科学技术教育，组织、带领学生开展有益的社会活动；（4）关心、爱护全体学生，尊重学生人格，促进学生在品德、智力、体质等方面全面发展；（5）制止有害于学生的行为或者其他侵犯学生合法权益的行为，批评和抵制有害于学生健康成长的现象；（6）不断提高思想政治觉悟和教育教学业务水平。"

为了督促教师履行其义务，《教师法》规定："教师有下列情形之一的，由所在学校、其他教育机构或者教育行政部门给予行政处分或者解聘：（1）故意不完成教育教学任务给教育教学工作造成损失的；（2）体罚学生，经教育不改的；（3）品行不良、侮辱学生，影响恶劣的。教师有前款第（2）项、第（3）项所列情形之一，情节严重，构成犯罪的，依法追究刑事责任。"

（三）幼儿教师不得有违背党和国家方针政策的言行

我国教育的社会主义性质决定了幼儿教师必须具备坚定正确的政治方向，幼儿教师要认真学习并领会党的路线、方针、政策，在工作中同党的路线、方针、政策保持一致。幼儿教师要用正确的理论引导幼儿，自己必须首先成为正确理论的坚定信仰者，不得出现违背党和国家方针、政策的言行。在教育、教学和学术交流过程中，幼儿教师也要正确把握学术研究与课堂教学的区别。幼儿教师要严格遵守法律，紧密结合国情、民情进行教学，不得传播、散布损害国家主权、安全和社会公共利益的言论，不得传播宗教和低级庸俗文化，不得出现有损幼儿教师形象的言行举止。

二、爱岗敬业

对教育事业的无私奉献精神，是幼儿教师为祖国教育事业献身、全心全意为人民服务的实际体现。幼儿教师工作的性质和特点，要求幼儿教师要爱岗敬业。作为一名幼儿教师，如果没有忠于人民教育事业、甘于在教育岗位上无私奉献的精神，必定不能安于幼儿教师岗位，也不可能做出成绩和贡献。幼儿教师要忠诚于教育事业，就要以优秀教师为榜样，学习他们在幼儿教师岗位上无私奉献的精神；就要在教育实践中体验教育成功的喜悦，不断坚定自己献身教育事业的信念。

【历年真题】

【3.2】星星幼儿园本学期开设了托班，这个班的孩子年龄偏小，平均年龄不满两岁。钟老师主动承担了这个托班的保教工作。入园时，托班孩子都会哭闹不止，“我要妈妈!”“回家!”“不上幼儿园!”……钟老师一会儿抱着这个，一会儿哄着那个，一天下来，累得几乎直不起腰，但是不管钟老师用什么方法，总有几个孩子会一直哭个不停。有时钟老师也会心情烦躁，甚至还对个别孩子发脾气。但是她发现发脾气非但解决不了问题，反而会让孩子哭闹得更凶。经过一段时间的摸索，她发现只有自己心平气和才能安抚孩子烦躁的情绪。渐渐地，孩子们的哭闹声少了，欢笑声多了。因为年龄小，大多数孩子走路不稳，语言不清晰，对一切事物都好奇，什么都想看，什么都想摸。钟老师怕他们摔倒或碰伤，就时刻注意着他们的安全。家长们看着自己的孩子每天在幼儿园开开心心的，都很感激钟老师。教师节这天，有家长给钟老师送来了购物卡和礼品以表达谢意，钟老师欣然接受了。

问题：请结合材料，从教师职业道德的角度，评析钟老师的教育行为。

【解析】材料中教师的行为遵循了爱岗敬业、关爱学生的职业道德规范，违背了为人师表的职业道德规范。

1. 教师的做法体现了爱岗敬业的职业道德规范。爱岗敬业要求教师忠诚于教育事业，勤恳敬业，乐于奉献，对工作高度负责。材料中，钟老师面对工作认真负责，最终找到办法解决了幼儿啼哭不止的问题。

2. 教师的做法体现了关爱学生的职业道德规范。关爱学生指的是在教育过程中要关心爱护学生，不变相体罚学生，对学生严慈相济。材料中，钟老师面对个别幼儿哭闹不止的情况，改变了发脾气的坏习惯，采用细心安抚的方法去教育学生。

3. 教师的做法违背了为人师表的职业道德规范。为人师表指的是在教育过程中，教师应该以身作则，廉洁从教，不利用职务之便谋取私利。材料中，钟老师在教师节收取了家长的购物卡和礼品，不符合廉洁从教的相关要求。

综上，作为一名教师，必须从工作的每个细节出发，既履行好自己的工作职责，以关爱之心对待学生，更要做到为人师表。

（一）幼儿教师要忠诚于人民教育事业，志存高远，勤恳敬业

1. 幼儿教师要忠诚于人民教育事业

任何职业道德，都要求其从业人员“敬业乐业、忠于职守”。忠诚于教育事业，意味着幼儿教师要以从事教育为荣，以献身教育事业为乐，具有职业自尊心和自豪感，为教育事业勤勤恳恳，尽心尽力，无私奉献。“忠诚”源于真情，源于真心。忠诚党的教育事业，源于对党的宗旨的深刻了解，源于对教书育人使命的真正认同。拥有对教育事业的忠诚，意味着幼儿教师要“一切为了幼儿，为了幼儿的一切”。只有内心深处真正把教育当作造福社会的事业，才会自觉履行忠诚党和人民教育事业的义务。

2. 幼儿教师要志存高远

志存高远就是追求远大的理想，追求卓越，获得职业上的成功。当然，志向是有崇高、远大和低下、鄙俗之分的。凡不懈追求真理，努力报效国家和人民，积极献身社会进步事业的志向都是崇高的、远大的。幼儿教师还应追求崇高的道德境界和博大的人文情怀，这是幼儿教师专业精神的重要内涵。幼儿教师理当以服务为职业动机，敬业乐业，积极奉献，忠于职守，任劳任怨，以一种大爱的精神和博大的情怀满腔热情地对待所有幼儿，让教育充满着从幼儿教师心底流淌出的爱，让教育洋溢着深切的人文关怀，这不仅是教育的应有之意，也是教育的力量所在。

3. 幼儿教师要勤恳敬业，乐于奉献

幼儿教师要不断加强师德修养，具有高尚的道德情操和精神追求，乐于奉献，甘为人梯，静下心来教书，潜下心来育人，努力做受幼儿尊重、让群众满意的幼儿教师。幼儿教师劳动很平凡，从来没有轰轰烈烈、动人心魄的宏大场面，只有在默默无闻、一点一滴中进行。幼儿教师劳动十分繁重，难以有严格的时空界限，是一种周期长、见效慢的劳动；没有立竿见影的效应，故常被一些目光短浅的人蔑视。所以，幼儿教师在平凡的岗位上一定要淡泊名利，要以育人为乐。如果幼儿教师在工作岗位上整天怨这怨那，牢骚满腹，只关心个人名利得失、不肯奉献只知索取，那敬业就只能是一句空话。

（二）幼儿教师要对工作高度负责，认真教导幼儿

爱岗敬业最终要体现在幼儿教师认真履行职责、对教学工作高度负责的实际行为之中。一位对工作负责的幼儿教师，才会感受到自我存在的价值和意义，才会发现教学工作中有那么多事需要自己担当。一位有责任感的幼儿教师，才会对幼儿负责，才会把自己的

命运和幼儿的未来联系起来。幼儿教师对自己有责任感，就要对自己的教育人生有一个清醒的认识和规划，而不是“做一天和尚撞一天钟”。不管一个人是主动还是不得已被动地选择了幼儿教师职业，只要你在幼教岗位上，就一定要勤于此、专于此、千方百计地做好每一项工作。

【历年真题】

【3.3】东东经常欺负别的孩子，今天他又惹得琪琪大哭。张老师走过去，生气地对东东说：“你要是我的儿子，我恨不得拍死你。”张老师的行为（　　）。

A. 可以理解，因为有些孩子的行为真的让人生气

B. 可以理解，因为批评也是一种有效的教育

C. 不恰当，应该先了解孩子间发生矛盾的原因

D. 不恰当，因为东东毕竟不是她的儿子

【解析】正确答案C。张老师的行为不恰当，幼儿之间发生矛盾，老师应该先了解清楚原因，根据事情原因进行有针对性的教育。

（三）幼儿教师在工作中不要敷衍塞责

幼儿教师的敷衍塞责将对整个教育事业和幼儿的终身发展造成巨大的损失。教育部2018年颁发的《新时代幼儿园教师职业行为十项准则》第四条规定，幼儿教师要“潜心培幼育人。落实立德树人根本任务，爱岗敬业，细致耐心；不得在工作期间玩忽职守、消极怠工，或空岗、未经批准找人替班，不得利用职务之便兼职兼薪”。幼儿教师的敷衍塞责主要有两个方面：一是教学上的敷衍塞责，有的幼儿教师设计游戏活动方案的时候，只重内容，不重过程，没有尊重幼儿的主体性，忽视幼儿的主观体验。二是育人上的敷衍塞责，具体表现就是事不关己高高挂起，多一事不如少一事。

三、为人师表

为人师表是指幼儿教师应该在各个方面以身作则，成为幼儿的表率。为人师表最根本的要求就是“言行一致、表里如一、严于律己、以身作则”。育人崇德，重在身教；只有以身立教，才能赢得家长、幼儿及社会的信任，才无愧于人类灵魂的工程师这一光荣的称号。古今中外许多有成就的教育家既是以身作则、为人师表的倡导者，又是身体力行的实践者。幼儿教师是幼儿心目中最崇高、最有威信的榜样。幼儿教师的思想、信念和道德，以及态度、仪表和行为等，在教育过程中，对幼儿的成长产生着潜移默化的积极影响和教育作用。身教这种教育方式比批评、责骂与训斥效果更好，能达到无声胜有声的教育效果，特别是在培养幼儿非智力因素方面具有更深远的影响。

【历年真题】

【3.4】下面是李老师的教育日志：

下午的点心是每人一块蛋糕、一杯牛奶，孩子们像往常一样静静品尝着自己的那一份。发完后，我发现袋子里还有一块蛋糕，就随手给了旁边的莉莉，可没想到我这个无心之举却引起了一场“风波”。莉莉脸上露出了得意的笑容，举起那块蛋糕，在小朋友面前炫耀起来：“这是李老师多给我吃的！”其他孩子有的向她投去了羡慕的目光，有的向我桌上投来搜寻的眼神。孩子们接着纷纷议论起来，有的一本正经地说：“她小，所以李老师才给她吃的呢！”有的愤愤不平地说：“李老师一定是喜欢莉莉。”……

这时，我才意识到事情的严重性，我的举动欠考虑，冷落了其他小朋友。我马上进行补救。“今天多的一块蛋糕老师分给了莉莉，以后多下来的点心，老师会发给别的小朋友，大家轮流吃，你们说好吗？”孩子们脸上的复杂表情马上都消失了，大声喊道：“好！”

问题：请结合材料，从教师职业道德的角度评析李老师的教育行为。

【解析】李老师及时处理教育失误的行为符合教师职业道德规范的相关要求，值得肯定。

1. 李老师的教育行为体现了为人师表。为人师表要求坚守高尚情操，以身作则，反思自己的行为。材料中李老师能够及时地意识到自己的问题，并且能够反思白己的教育行为，以高标准要求自己，为全体幼儿树立了良好榜样，体现了为人师表的道德规范。

2. 李老师的教育行为体现了关爱学生。关爱学生要求关心爱护全体学生，尊重学生人格，做学生的良师益友。材料中李老师对其他小朋友的反应，并没有不管不问，而是意识到自己的行为冷落了其他的小朋友，及时调整，关心爱护所有的小朋友，体现了关爱学生的道德规范。

综上，李老师的行为符合教师职业道德规范的要求，这种精神值得大力弘扬，需要每个老师学习。

（一）幼儿教师要知荣明耻，严以律己，以身作则

师德是教师职业道德的核心部分，师德是为人师表的灵魂，师德修养是教师职业的永恒主题。高尚的师德、精湛的技艺是培养身心健康的合格社会主义建设者对教师的必然要求。然而由于市场经济大潮的冲击以及思想政治教育的弱化，幼儿教师中的师德建设也一定程度上日益缺失甚至扭曲，如行为不端、弄虚作假，急功近利、心浮气躁，恶意炒作、互相吹捧，随意“吃”“拿”、尊严尽失，等等。

幼儿教师队伍中出现的这些问题归根结底就是荣辱观的扭曲甚至是丧失。幼儿教师作为人类灵魂的工程师，担负着教书育人的光荣职责，自身的道德规范和行为准则就显得尤为重要，较之于一般的人而言，幼儿教师具有“学为人师，德高为范”的准则要求，人们通常对幼儿教师的道德和作风看得要高于社会、先于社会、优于社会，这就要求幼儿教师要德才兼备，以德为先，为人师表，做到“学高为师，身正为范”。因此，用社会主义荣辱观来武装幼儿教师头脑，树立正确的世界观、人生观和价值观，是提升幼儿教师道德素养，弘扬高尚师德，践行师德规范的重要途径，也是提升师德建设水平的重要方式。要努力做到：一是明晰幼儿教师规范；二是重在以身立教；三是弘扬高尚师德。

【历年真题】

【3.5】 休息时，王老师让孩子们排队接水喝，可队伍总也排不好，你推我，我挤你。王老师只好扯着嗓门提醒孩子们，可队伍刚排好，过一会儿又乱了。这时，王老师也口渴了，她端起杯子走到队伍前面接了一杯水喝，很无奈地看着眼前乱哄哄的接水队伍。这表明王老师（　　）。

A. 未能廉洁从教　　B. 未能公平对待幼儿

C. 未能以身作则　　D. 未能公正对待幼儿

【解析】 正确答案C。教师应具有良好职业道德修养，为人师表，以身作则。

（二）幼儿教师要衣着整洁得体，语言规范，举止文明

仪表端庄大方、整齐美观，是积极上进的体现。幼儿教师可针对自身的特点，将自己的发型、脸型、肤色、身高、年龄以及幼儿园环境等因素作为一个整体来构思，恰到好处地进行自我设计，选择适合自己的服饰、发型，塑造良好的幼儿教师形象。幼儿教师的衣着仪容应整洁大方，符合幼儿教师职业特点。幼儿教师的服饰无论质量好坏，新旧如何，都要做到端正妥帖、干净卫生。

客观地说，幼儿教师使用不文明语言的现象仍然存在着。幼儿教师使用嘲笑、侮辱、诽谤、诋毁、歧视、恐吓、贬损等不文明语言，致使幼儿精神上和心理上受到伤害的“语言暴力现象”还常有发生。

幼儿教师应加强自律，自觉规范自己的思想行为，语言应符合幼儿教师礼仪要求。幼儿教师不仅要杜绝不文明语言，而且要带头使用文明礼貌用语。苏霍姆林斯基说：“对语言美的敏感性，是促使孩子精神世界高尚的一股巨大力量。”语言文明，待人礼貌，不仅体现了幼儿教师对幼儿的尊重，而且是幼儿学习文明礼貌的最直接方式。

幼儿教师要有美的举止，站、坐、行端庄稳重。站姿挺拔端庄，坐姿文雅稳重，步态协调稳健，不仅给人以美感，而且展现积极向上的精神风貌，为幼儿提供站坐行的标准榜样。幼儿教师情感表现的最重要方式就是面部表情活动。根据活动内容，幼儿教师应适时变化面部表情。丰富的面部表情，有助于激发幼儿兴趣，达到事半功倍的教学效果。微笑是良好心态的表现，是对他人的宽容和友善，因此，在工作中，幼儿教师都应经常面带微笑。表情会因微笑而变得柔和，声音会因微笑而变得亲切，师幼关系、同事关系会因微笑而变得美好。幼儿教师应避免不恰当的举止，举止不当，是没有风度、缺乏修养的自然表露。幼儿教师应避免当着幼儿的面掏鼻孔、揩眼屎、打哈欠、剔牙等。幼儿教师还要做到不随地吐痰、不乱扔纸屑等。这些看似琐碎的细小事情，实则体现着幼儿教师的素质与修养。

【历年真题】

【3.6】最近徐老师将头发染成了红色。在一处区域活动中，“理发室”里的几个孩子边玩边说：“请给我染发，我要红颜色的，像徐老师一样的红色！”“我也要红颜色的！”徐老师“染头发”的行为（　　）。

A. 恰当，反映幼儿教师合理的审美需求

B. 恰当，促进幼儿审美能力的发展

C. 不恰当，不符合区域活动的组织要求

D. 不恰当，不符合幼儿教师的仪表规范

【解析】正确答案D。幼儿教师的工作具有示范性，会影响孩子的成长。因此，教师要为儿童呈现良好的范例，例如良好的仪容仪表。

（三）幼儿教师要关心集体，团结协作，尊重同事，尊重家长

幼儿教师团结协作是幼儿园和谐稳定的最集中体现，其价值底蕴是集体主义道德原则。它致力于调节幼儿教师集体内部的矛盾关系。单方面强调团结协作是不够的，只有在团结协作的基础上开展公平、有序的竞争，才能够形成你追我赶的良性竞争局面。之所以将“团结协作”作为一条重要的师德规范提出来，一方面因为它是化解教师集体内部矛盾的需要，另一方面是因为团结协作体现了对教师劳动特点的尊重。概括起来讲，团结协作具有不可忽视的教育价值。教师劳动既有个体性、独立性，又有集体性、合作性。教育过程中，在大家一致认同的培养目标制约下，教师集体中的每个成员分工负责完成不同的具体教育任务。教师集体内部教育合力的形成，意味着每个集体成员在个体劳动过程中有意识地排除可能和其他教师形成的对立和冲突，自觉消除工作中的相互抵触和内耗现象，谋求同心协力地完成教育任务。

（四）幼儿教师要作风正派，廉洁奉公

教师职业的神圣性源于教师不仅要用广博的学识，而且还要用高尚的道德品质及人格魅力立身传道，成为学生长成才的楷模。作为人类灵魂的工程师，恪守廉洁从教的理念，用清廉的道德品行立德树人是教师的从业要求。从事教师行业还要善于思考、勤于实践、认真履行自己教书育人的岗位职责，时刻要保持头脑清醒，深刻理解何为廉、何为贪、何为洁、何为污，明确是非观念，明廉知耻，唯有如此，才可能做到洁身自爱、自律、自保。教师也只有树立了正确的义利观，知道哪些行为是清廉纯洁的、是教师应取的，哪些行为是不洁的、应摒弃的，才可能用清廉纯洁的道德品行立德树人。教师在教书育人的活动中，要遵守教师职业道德规范，不做违反道德原则和政策法纪的事情，并自觉抵制污浊之风，做遵规守法、廉洁从教的表率。因此，教师在从业过程中一定要有自己的底线和原则，不断加强自身修养，遵守从业规范，守住廉洁自律的底线，绝不触碰法纪行规这根“高压线”。

【历年真题】

【3.7】 马老师在逛商场时偶遇班上一位小朋友的家长，便一同挑选衣服，付款时，这位家长坚持把马老师的500元钱一起付了。对此，马老师的正确做法是（　　）。

A. 数额不大，不必在意但下不为例　　B. 表示谢意并坚持把钱还给家长

C. 勉强接受并回送价值相当的礼物　　D. 表示感谢，并注意格外关照的孩子

【解析】 正确答案B。《中小学教师职业道德规范》中的“为人师表”，要求教师要“坚守高尚情操，知荣明耻，严于律己，以身作则。衣着得体，语言规范，举止文明。关心集体，团结协作，尊重同事，尊重家长。作风正派，廉洁奉公。自觉抵制有偿家教，不利用职务之便谋取私利”。所以马老师应该在表达谢意的同时，把钱还给学生家长。

四、团队合作

幼儿教师的合作是教师们为改善和提高幼教实践，以自愿、平等的方式就保育教育中共同感兴趣或困惑的问题，一起探讨解决的方法和策略，进而形成的一种批判性的互动关系。幼儿教师之间的合作有助于激发和强化教师专业成长与发展的意愿，提高幼儿教师个体的反思与解决问题能力，推动园所组织学习文化的形成与发展。

（一）以制度建设来促进幼儿教师团队合作的理性化

幼儿教师虽然已经能够意识到团队合作的重要性和必要性，但难以自发、自愿地进行合作。幼儿教师如果没有制度约束或行政压力，很容易返回到单打独斗的习惯中去。他们很难自发地形成以发展为取向的“合作文化”。所以，在幼儿教师合作的初级阶段，构建以行政控制性、强迫性、实施取向性为特征的人为合作文化就显得很有必要。事实上，欧美国家近年来采取的资深教师辅导和同事互助指导等合作策略，尽管并非教师自发的，但在实践中被证明是很好的促进教师合作与发展的方式。为此，幼儿教师合作文化需要在人

为合作文化形成和发展的基础上，破除教师在年龄、职位、资源等方面的局限，寻求在班级、年级组之外更大范围的合作。

（二）以关系导向型管理来营造幼儿教师团队合作的气氛

园长作为幼儿园的主要管理者和决策者对教师团队合作起着至关重要的作用，其不同的领导行为与风格也会影响团队合作的形成与发展。通常来说，幼儿园园长的领导风格可分为任务导向型和关系导向型。前者强调园长的权威与控制，首要关心的是任务的完成、组织目标的实现；后者强调关心与支持，关心“人”。园长如果与教师之间的关系融洽，就会受到教师的尊敬、爱戴、信任和追随，进而能够激发教师的工作热情和工作潜能，幼儿园教师文化也会更具活力和集体的向心力，这种组织氛围也会促进教师之间动态性地分享与交流以及团队合作。如果教师之间的团队合作过多地依靠制度规约或行政干预，尽管团队合作的活动与过程容易把控，但难免形成行政权力的控制而非权力的分享与互惠，忽视幼儿园教师不同个体的专业发展需要。因此，园长应加强组织关系导向型的领导和柔性的人本化管理。

（三）以多样化团队合作形式提高幼儿教师的合作意识

幼儿园教师团队合作文化的构建不仅需要外在环境的支持，也需要教师自身发挥主体性，生发内在的团队合作意识。幼儿园教师的劳动具有个性和共性相结合的特点。每位教师在保育教育实践中都具有独特的个性化色彩，在教师的保教实践中体现为个人文化中所具有的专业个性。在教师专业化过程中，教师之间的多元文化经过短暂冲突之后，会在互动与对话中形成一种多元渗透、团队合作共享的群体文化，并体现出一种趋同性。幼儿园教师在专业发展中要有个体专业成长的意识，能够对外部资源进行批判反思，同时能够认识到同伴间的团队合作与分享的重要意义。只有在教师个体专业成长的基础上增强团队合作意识，教师之间的团队合作才能达到更高的水平，收到更好的效果。幼儿园教师专业合作意识的激发需要依托一定的合作组织和活动形式，如除了传统的幼儿园集体备课与集中评课，幼儿园相关人员还可组织案例分析，针对保教实践中遇到的个案进行深入的专业分析，并共同探讨出对策。

【考点拓展】

【3.1】焦老师积极参加各种教师培训活动，返园后主动与同事们交流学习的心得体会，并将其运用于保教实践。关于焦老师的做法，下列说法不正确的是（　　）。

A. 体现了终身学习的自觉性

B. 有利于师幼的共同发展

C. 推动了幼儿园的园本教研

D. 有利于增进家园合作

【解析】正确答案D。焦老师积极参加各种教师培训活动，体现了其终身学习的自觉性；返园后其主动与同事们交流，推动了幼儿园的园本教研；焦老师将培训的心得体会运用于保教实践，有利于幼儿的发展，从而促进了师幼的共同发展。题干中没有出现幼儿家长这一方面，因此不存在家园合作。

第二节 幼儿教师的儿童观

幼儿教师看待、认识、评价幼儿的观念和对待幼儿的态度关系到幼儿教师的儿童观，直接影响着幼儿教师实施教育的理念、路径、方式和实际行动。幼儿教师要关爱幼儿，重视幼儿身心键康，将保护幼儿生命安全放在首位，是幼儿师德的灵魂。幼儿教师要尊重幼儿人格，维护幼儿合法权益，平等对待每一位幼儿，不讽刺、挖苦、歧视幼儿，不体罚或变相体罚幼儿。要信任幼儿，尊重个体差异，主动了解和满足有益于幼儿身心发展的不同需求。幼儿教师要重视生活对幼儿健康成长的重要价值，积极创造条件，让幼儿拥有快乐的幼儿园生活。根据这四个方面的要求，幼儿教师在对幼儿的态度行为方面可以表现为：关爱幼儿、尊重幼儿、重视幼儿生活教育。

一、关爱幼儿

关爱幼儿是幼儿教师道德的核心，也是教育事业中永恒的主题。幼儿教师对幼儿的爱是幼儿教师顺利开展教育工作的重要条件之一。正所谓“亲其师，信其道”。师爱能营造和谐、温馨、亲切的师幼关系。师爱是激励幼儿教师做好教育工作的精神动力，又是打开幼儿心扉的钥匙。教育实践证明，那些忠诚于党的教育事业并且取得卓著成效，被幼儿尊敬爱戴的幼儿教师，都与幼儿有深厚的感情和良好的关系，他们把真挚的爱倾注在幼儿身上，用自己的心血教育幼儿，表现了高尚的道德品质。

【历年真题】

【3.8】性格文静的馨馨午睡时总是睡不着。为了解决这个问题，黄老师耐心地告诉她天天午睡的好处。黄老师还联系家长，请家长配合，让馨馨在家里早睡早起，以帮助她养成良好的午睡习惯，可总是收效不大。经过观察，黄老师还发现馨馨不好运动，到午睡时自然是精神饱满、不觉疲惫。于是，黄老师调整策略。首先，增加馨馨的活动量，如户外运动后引导她跑几圈，跑完后发给金牌；让她和运动量较大的小朋友一起游戏、玩耍。其次，舒缓馨馨的情绪，午睡时不催她，还在耳边轻轻地说：“没

关系，如果睡不着就闭上眼睛躺一会儿吧！”等她睡着后，在她枕头下藏一个小红花，等她醒来，给她一个惊喜……慢慢地，馨馨每天都能睡得很香了！

问题：请从教师职业道德的角度，评析黄老师的教育行为。

【解析】黄老师的教育行为符合教师职业道德的相关要求，值得肯定。

1. 黄老师的教育行为体现了关爱学生的职业道德要求。关爱学生要求关心爱护全体学生，尊重学生人格，做学生的良师益友。材料中，黄老师面对馨馨不睡午觉的问题，并没有不管不问，而是耐心地告诉她睡午觉的好处，并联系家长寻求解决办法，体现了关爱幼儿的道德要求。

2. 黄老师的行为体现了教书育人的职业道德要求。教书育人要求教师遵循教育规律，实施素质教育，循循善诱，诲人不倦，因材施教。材料中，黄老师在了解馨馨不爱活动的情况后，从运动量、游戏和情绪等多方面入手培养馨馨良好的习惯，符合因材施教的教育要求，也符合该幼儿的身心发展需要。

3. 黄老师的教育行为体现了爱岗敬业的职业道德要求。爱岗敬业要求忠诚于人民教育事业，志存高远，勤恳敬业，甘为人梯，乐于奉献，对工作高度负责，认真备课上课，认真批改作业，认真辅导学生，不得敷衍塞责。材料中，黄老师面对馨馨不午睡的情况，不仅自己想方设法对幼儿进行教育，还积极联系家长，了解幼儿情况，与家长交流教育经验与方法，从而形成教育合力，最终促使馨馨形成良好的午睡习惯。这种不辞辛苦、乐于奉献的行为，符合爱岗敬业的要求。

综上，黄老师的行为体现了崇高的教师职业道德理念，这种精神值得大力弘扬，值得每个老师学习。

（一）对幼儿严慈相济，做幼儿的良师益友

爱和严是相辅相成的，一方面，幼儿教师的严格必须以爱为基础，不能让它变成那种让幼儿感到害怕、敬而远之的严厉；另一方面，严格又必须对爱有所限制，它要求幼儿教师不能完全感情用事，不能对幼儿溺爱和放纵。严格要求本身就是一种对幼儿充满责任感和理智感的无比深沉的爱。严格要求幼儿具体来说就是要做到“严而有格，严而有度，严而有方，严而有恒”。

幼儿教师对幼儿的关爱不是一味纵容，宠爱溺爱，而是“爱中有严，严中有爱，严慈相济”。幼儿教师要善于把关爱和严要求结合起来，这样的关爱才是完整的爱、适度的爱，有利于幼儿健康成长的爱。对幼儿的严格要求，乃是一种特殊的关爱，甚至可以说是一种更高层次的关爱。当然幼儿教师对幼儿的严格要求也要把握分寸，要严得合理。所谓合理，就是指幼儿教师对幼儿提出的要求要符合幼儿的年龄特点、身心特点。如果幼儿教师对幼儿提出的要求不符合幼儿实际，不利于幼儿的健康成长，那这样的严格要求就是不合

理的。

【历年真题】

【3.9】“丢手绢”的游戏结束了，张老师正准备带领小朋友们回教室，晓珺突然走到张老师面前，低声说：“老师，还没有轮到我丢手绢呢。”此时，张老师恰当的回应是（　　）。

A.“难道还让我叫小朋友来陪你玩一次?”

B.“待会儿我们再去玩有趣的游戏吧!”

C.“小朋友们先等着，我带晓珺去玩!”

D.“下次再玩吧，谁让你运气这么差!

【解析】正确答案B。A项和D项，教师生硬地拒绝晓珺的要求，没有顾及幼儿的情感需求，没有做到关爱幼儿。C项，教师让其他小朋友们等着，自己带晓珺去玩游戏的做法并不可取，不能出现小朋友们无人照管的情况。游戏结束了，教师应该引导幼儿进入下一个教学活动中，并帮助幼儿树立良好的规则意识。所以B项教师的回应是合适的。

（二）不讽刺、挖苦、歧视幼儿，不体罚幼儿

每个幼儿都具有很多优点和长处，幼儿教师一定要充分意识到幼儿发展的差异性和不均衡性，努力发现每个幼儿的优点和长处，促进全体幼儿都健康成长。幼儿教师可以采用“角色互换”，把自己摆在幼儿的位置，体验幼儿的心理，理解幼儿的各种思想。

幼儿教师在幼儿心目中的威信是较高的，幼儿把教师的话看得很重要，教师讽刺挖苦幼儿，容易使幼儿错误地认为自己这也不好，那也不是，还不如就这样，从而丧失了纠正缺点、力求上进的信心。而信心，则是产生自我教育的动机之一。可见，讽刺、挖苦不利于培养幼儿的自我教育能力。讽刺、挖苦、出语伤人，是对幼儿的心灵、人格的摧残，势必激起幼儿的反感。此外，讽刺、挖苦，出语尖酸刻薄，既是话语不文明的表现，也有失为人师表的身份，有损幼儿教师的形象。

体罚是指幼儿教师以暴力的方法或以暴力相威胁或用其他强迫性手段侵害幼儿身体健康的行为。体罚现象包括体罚和变相体罚，其中，体罚的常见形式有殴打、罚跪、罚站、关禁闭、揪耳朵、打耳光等等；变相体罚的常见形式有辱骂、刁难、威胁、侮辱、呵斥、逐出教室、罚劳动等等。体罚除了直接造成幼儿的身体伤害外，也会在幼儿的心理上造成一定程度的伤害，变相体罚是直接以幼儿心理上的痛苦体验为基础的。因此，体罚和变相体罚都会对幼儿的心理健康及其发展产生一定的危害。幼儿教师要彻底摒弃传统的专制式教育，建立一种科学、民主、平等的新型师幼关系，营造宽松和谐的、生动活泼的教育环境和氛围。

【历年真题】

【3.10】夏老师教唱儿歌，可可总是唱错歌词，夏老师当着全班幼儿的面，严肃地对可可说：“你怎么那么笨，脑子进水了啊!”小朋友们哄堂大笑。夏老师的做法（　）。

A. 阻碍了幼儿的探究学习　B. 破坏了幼儿的同伴关系

C. 损害了可可的名誉　D. 侮辱了可可的人格

【解析】正确答案D。教师职业行为规范要求教师要尊重幼儿。夏老师在可可总是唱错歌词的情况下，辱骂可可，侵犯了可可的人格尊严。

二、尊重幼儿

2001年教育部颁布的《幼儿园教育指导纲要（试行）》（简称《指导纲要》）基于“以幼儿为本”的思想理念，提出幼儿教师要“以关怀、接纳、尊重的态度与幼儿交往”，成为幼儿心灵的倾听者和保护者。幼儿教师对幼儿的尊重意味着对幼儿权益的重视与维护，承认幼儿的人格独立和个体差异。对幼儿的尊重程度反映了幼儿教师是否拥有正确的师幼观，其核心要求是幼儿教师要公平公正地对待每一个幼儿。

（一）要尊重幼儿的权利

自20世纪90年代初加入联合国《儿童权利公约》以来，我国对儿童权利的保护日益增强，确立了儿童优先原则，基本形成了以《中华人民共和国宪法》（简称《宪法》）为基础，以《中华人民共和国未成年人保护法》（简称《未成年人保护法》）为主体，包括婚姻法、继承法、义务教育法、母婴保健法以及有关的行政法规、地方法规在内的一整套保护未成年人的法规体系。我国宪法相关法律规定儿童享有的权利有：

1. 生存的权利

《宪法》规定：“父母有抚养未成年子女的义务。”《未成年人保护法》规定：“父母或其他监护人应当创造良好、和睦的家庭环境，依法履行对未成年人的监护职责和抚养义务，禁止对未成年人实施家庭暴力，禁止溺婴和其他残害婴儿的行为，不得歧视女性未成年人或者有残疾的未成年人。”

2. 受教育的权利

《宪法》规定：“国家培养青少年在品德、智力、体质等方面全面发展。”《义务教育法》规定：“国家、社会、学校、家庭依法保障适龄儿童、少年接受义务教育的权利。”

【历年真题】

【3.11】在小（2）班的孩子们进行“六一”汇演的节目排练时，洋洋和健健总是不跟着刘老做动作，站在原地发呆。为了不影响班级的表演效果，刘老师不让他俩参加演出。刘老师的做法（　　）。

A. 恰当，教师应尊重幼儿的选择

B. 恰当，教师应维护班级荣誉

C. 不恰当，教师应引导全体幼儿参与集体活动

D. 不恰当，教师应要求幼儿必须参与集体活动

【解析】正确答案C。素质教育是面向全体学生的教育。教师不让个别幼儿参加集体活动的做法是不恰当的，教师应引导全体幼儿参与集体活动。儿童是权利的主体，是拥有权利并能行使自己权利的自由主体，因此教师也不能要求幼儿必须参与集体活动。

3. 受尊重的权利

《未成年人保护法》规定：“学校、幼儿园、托儿所的教职工应当尊重未成年人的人格尊严，不得对未成年人实施体罚、变相体罚或者其他侮辱人格尊严的行为。”

【历年真题】

【3.12】平时嗓门很大的小强，在回答老师提问时声音却很小。老师批评说：“声音这么小，难道你是蚊子吗?”话音刚落，全班哄堂大笑。该老师的做法（　　）。

A. 合理，有助于促进幼儿自主学习　　B. 合理，有助于激发幼儿主动反思

C. 不合理，没有体现对幼儿的尊重　　D. 不合理，歧视幼儿的生理缺陷

【解析】正确答案C。“育人为本”的儿童观要求教师要爱幼儿，尊重幼儿，相信每个幼儿都具有发展的潜能，维护每个幼儿的人格与权利。题干中老师批评幼儿声音小，像蚊子，没有做到尊重幼儿。

4. 安全的权利

《未成年人保护法》规定：“学校、幼儿园、托儿所不得在危及未成年人人身安全、健康的校舍和其他设施、场所中进行教育教学活动。”“禁止任何组织、个人制作或者向未成年人出售、出租或者以其他方式传播淫秽、暴力、凶杀、恐怖、赌博等毒害未成年人的图书、报刊、音像制品、电子出版物以及网络信息等。”“任何人不得在中小学校、幼儿园、托儿所的教室、寝室、活动室和其他未成年人集中活动的场所吸烟、饮酒。”

上述规定为全社会保护儿童权利、促进儿童发展提供了基本的法律依据。

（二）要尊重幼儿生长发展的自然规律

儿童的发展过程是一个自然的进程，无论是孩子的生理还是心理发展，均有其自身发

展的内在规律。幼儿教师在进行保教的过程中，如果违背了孩子发展的自然规律，往往就会事倍功半，欲速不达，影响孩子的正常发展。在学龄前儿童的教育中，表现得较为普遍的就是父母和教师缺乏等待孩子自然成长的耐心，总是自觉不自觉地揠苗助长，给孩子带来本可避免的身心伤害。《指导纲要》明确指出："尊重幼儿身心发展的规律和学习特点，以游戏为基本活动，保教并重，关注个别差异，促进每个幼儿富有个性的发展。"幼儿教师必须理解幼儿的学习与发展规律是不以成人意志为转移的，应当怀着敬畏之心去不断地探索、发现，努力遵循这些规律，通过创设良好的教育环境，让幼儿在游戏中、生活中学习、发展，健康成长。

（三）要尊重幼儿独立的人格和自我意识

"尊重幼儿人格"就是要将幼儿视为平等的人格主体予以尊重。《儿童权利公约》的基本精神就是强调幼儿不仅仅是被保护和教育的对象，而且是具有积极性和主动性的"权利主体"。幼儿教师对幼儿人格的尊重体现在三个方面：首先，认识到幼儿虽然年龄小，思想不成熟，但他们也是一个有着自己的想法、观点的能动的个体，幼儿的人格、观点和想法以及权益应该受到尊重和重视；其次，幼儿教师要将幼儿的想法和观点、权益作为自己设计、组织教育教学活动的起点和依据，教师所采取的教育教学行为不能无视甚至损害幼儿的合法权益：最后，及时制止不尊重幼儿人格、侵害幼儿权益的行为和现象，或依靠自己的能力向相关部门反映，用自己的实际行动保护幼儿的人格和合法权益。

幼儿的自我意识是幼儿社会适应性发展的基础，没有良好的自我意识就没有良好的社会适应性。自我意识包括自我感觉、自我评价、自尊心、自信心、自制力、独立性等，尊重幼儿，就是要注意保护孩子的自尊心。心理学家认为，自尊是一种精神需要，是独立人格的内核。维护自尊是人的本能与天性。幼儿的自尊心是他们成长的动力。保护好幼儿的自尊心，增强他们的自信心，这是做一名合格幼儿教师的责任。

（四）要尊重幼儿的个体差异

幼儿的学习方式和发展速度各有不同，在不同学习与发展领域的表现也存在明显差异。孩子年龄越小，个体差异就越明显。教师要按照幼儿"自身的速度和方式到达《指南》所呈现的发展'阶梯'，切忌用一把'尺子'衡量所有幼儿"。每一个孩子来自不同的家庭环境，他们形成的个性也截然不同。对于幼儿在学习与发展过程中由于个体先天的或后天的、环境的或自身的种种原因所带来的个体差异，教师必须予以尊重，了解每个孩子的个性，采取最适合的方法促使幼儿全面发展。只有从幼儿的角度去关注他们的生活、活动，才能了解他们的需求，及时予以支持和鼓励。即便在同一活动中，对不同的幼儿也要提出不同的要求，以促进幼儿健康和谐的发展。幼儿的优势和弱势并不一定是显性的，需要教师时时关注幼儿在活动中的表现，准确分析幼儿行为，并科学地认定幼儿的优势与弱势，同时要分析造成弱势的原因。只有真正了解分析幼儿，才能寻求到突破口，让幼儿扬长避短，以优势带动弱势，最终促进全面和谐的发展。这就需要教师在观察分析的基础上，创设出多元化的环境氛围和活动内容，以便处于不同发展层次的幼儿得到共同提高。

【历年真题】

【3.13】 一天早上，陈一航蹦蹦跳跳地走进教室，在搬椅子时，他发现旁边小朋友的椅子上有一本书没有收好，便大声喊道："余老师，这儿有一本书没有收。"余老师笑着说："那就请你把它送回去，好吗?"他高兴地把书拿往图书角。由于陈一航平时吃饭、睡觉、上课、活动无一不让老师费心，所以余老师一直盯着他的送书过程，生怕他把书拿到别处去。当他把书拿到书柜前，正想顺手往里一扔时，余老师连忙说："谢谢你哦，你帮了我一个大忙，要不等会儿我还得自己把书整理好。"他听了后连忙把书放整齐，离开书柜了，还不时地回头看看书本是否会掉下来。

余老师被陈一航的这个行为所触动，立刻走过去，轻轻拍了拍他，说："陈一航，原来你那么会整理书啊，那你愿意做'图书管理员'吗? 把小朋友们没有收好的书，都送到这里来放整齐。"他高兴地说："当然可以！我放书可整齐了！"

之后的一个星期，在余老师的引导下，陈一航很用心地寻找没有收回图书角的书，把书摆放整齐，在其他方面也进步了很多。

问题：结合材料，从教师职业道德的角度评析余老师的教育行为。

【解析】 余老师的教育行为践行了教师职业道德规范的相关要求，值得我们学习。

1. 余老师的教育行为践行了关爱学生的教师职业道德规范。关爱学生要求教师关心爱护全体学生，尊重学生人格，不讽刺、体罚、变相体罚学生。材料中，余老师在对待平时较为费心的幼儿陈一航时，能够尊重其人格，认真地看他送回书的这一过程，并在这一过程中恰当地加以引导。这充分体现了余老师尊重幼儿人格，关心爱护幼儿。

2. 余老师的教育行为践行了教书育人的教师职业道德规范。教书育人要求教师要实施素质教育，循循善诱，诲人不倦，因材施教。材料中，幼儿陈一航虽然在其他方面有时稍显调皮，但是能够主动承担任务。余老师能够抓住幼儿的这一闪光点，进行因材施教，使得陈一航在成为图书管理员后有了良好的行为表现。

综上，余老师的行为是我们学习的榜样，在工作中，我们要践行教师职业道德规范的要求。

三、重视幼儿生活教育

《幼儿园工作规程》(简称《工作规程》)第二十七条规定："幼儿园日常生活组织，应当从实际出发，建立必要、合理的常规，坚持一贯性和灵活性相结合，培养幼儿的良好习惯和初步的生活自理能力。”幼儿教师要重视生活教育对幼儿健康成长的重要价值，积极创造条件，让幼儿拥有快乐的幼儿园生活。这体现了对幼儿日常生活的科学认识，也体现了对幼儿人格和身心特点的尊重。

（一）生活教育是幼儿园教学的出发点

教育即生长，教育的过程就是一个持续不断的生长过程，在教育过程的每一个阶段都应以增加生长的能力为目的。教育要达到促进儿童发展之目的，首要的一个前提就是遵循儿童生命发展的内在逻辑和规律。尤其是作为教育基础部分的幼儿教育，是建立在每个儿童个体生命的基础之上的。离开了每个儿童个体的生命，教育就会成为一种抽象的东西，就会失去它的意义和价值。教育只有把自己的根基建立在儿童个体生命的基础上，才能找准自己的位置，开展自己的活动，完成自己的使命。幼儿教育活动的开展必须建立在儿童个体生命的基础上，在充分认识儿童生命特点的基础上进行。

关注幼儿的生命，首先要树立正确的儿童观，解放幼儿，让幼儿自由自在地成长。幼儿的生命是幼儿园教学的思考原点，幼儿园教学是幼儿生命的触发剂。教育如果违背了幼儿发展的顺序、特性，不仅不能促进生命的发展，反而还会贻害生命的发展，出现反生命的现象。

目前，现代教育逐渐远离生活，学校成了儿童与生活之间的藩篱。孩子的游戏、自由活动、体育锻炼乃至休息的时间被无情地挤占。孩子探索时的乐趣、遇到困难时的迷茫、尝试活动中的期待、能力的发展、个性的养成等在教学中被忽视。这些都在提醒幼儿教师：教学已经失去了引导儿童感悟生命、体验生命、实现生命意义的本真追求。关注幼儿的生活教育，就是要求幼儿教师从自身做起，努力扭转这种局面。

（二）生活教育对幼儿的成长具有重要作用

《指导纲要》明确规定，幼儿园教育应尊重幼儿身心发展的规律和学习特点，充分关注幼儿的经验，引导幼儿在活动中生动、活泼、主动地学习，幼儿园教学应关注幼儿的日常生活，关注日常生活给予幼儿的各种发展机会，关注日常生活中的种种价值与意义，关注幼儿在日常生活中的每一个疑惑、困难与问题，关注幼儿在日常生活中的每一个发展历程。在幼儿的生活中，通过让其不断获得丰富的经验来促进其生长和发展。教学要结合幼儿的生活，让幼儿用自己的眼睛去观察，用自己的手去触摸，发展幼儿的认知、观察、分析、探索能力，发展幼儿积极的情感和态度。只有在真实、自然的生活中，幼儿才能获得和谐的发展。

幼儿教师实现一日生活的教育价值需要采取多种措施。首先，教师应关注幼儿生活的各种形态，而不能将有目标、有计划的教育狭隘地理解为“教学活动”，将游戏活动和生活活动当作各种教学活动的“过渡环节”。其次，幼儿教师必须有意识地对幼儿在园一日生活进行充分利用和有效干预，在内容上充分拓展，创设丰富多彩的环境，将教育扩展到幼儿在园一日生活的方方面面，甚至延伸到家庭和社区中去。最后，幼儿教师还要转变和克服一些已有的偏见和陋习，逐步实现幼儿生活与幼儿发展的统一与贯通。目前在很多幼儿园中，教学活动之外的幼儿生活基本处于被忽视的状态，没有引起教师的重视，对相关活动的组织和实施没有明确目标，生活活动与教学活动相脱节，未能在幼儿的生活与幼儿的发展之间建立起必要的实质性联系。只有改变这种状态，幼儿在园的生活才能真正回归幼儿生活的本质。

第三节　幼儿教师的保教观

幼儿教师应该把学前教育理论和保教实践相结合，突出保教实践能力，实现教书育人的使命。教师应该研究幼儿并顺应幼儿的发展规律，提升保教工作专业化的水平。“保”和“教”是幼儿园教育整体的不同方面，对幼儿的发展也起着重要作用。“保”就是保护幼儿的健康，不仅包括幼儿身体健康和心理健康，还应该包含幼儿社会性发展方面的内容。“教”主要是指在幼儿园里对孩子进行的教育教学要教授给孩子们一些“知识”，要按照幼儿园五大领域的要求开展有针对性的教育活动。不仅要“教”孩子养成良好的饮食、睡眠等生活习惯，还要“教”孩子与人交往的能力、欣赏美的能力等。实际上就是教中有保、保中有教。幼儿期是人一生发展的关键期之一，幼儿教师和家长对孩子发展的作用不可忽视，幼儿园教师应具备正确的保教结合观念，能够运用最科学的方式来帮助幼儿健康成长。幼儿教师的保教观可以表现为教书育人、游戏为主、家园共育三个方面。

一、教书育人

“教书育人”是党和人民赋予幼儿教师的神圣使命，幼儿教师应加强修养，树立以德立教、博学于教的思想；自觉和科学地履行教书育人的职责，为国家和人民培养全面健康发展的社会主义事业的建设者和接班人，无愧于“人类灵魂的工程师”的光荣称号。教书育人是指幼儿教师在活动过程中向幼儿传授知识、经验的同时，自觉地对幼儿进行思想品德教育，提高幼儿的思想道德素质，促进幼儿的全面发展。教书和育人是不可分割的统一过程：教书必然育人，育人要通过教书；教书是为了育人，育人离不开教书。幼儿教师要正确处理教书和育人的关系，把教书育人作为自己的职责。

【历年真题】

【3.14】中班的睿睿很任性，处处以自我为中心。音乐课上，李老师教小朋友们唱《两只老虎》，大家都跟老师唱，只有睿睿故意把“两只老虎”的歌词改成“两只

花猫”，其他小朋友听了，也随着睿睿唱“两只花猫”。李老师警告睿睿：“如果再改歌词，你就到小班去!”但睿睿没有听老师的话，继续改歌词，甚至把调子拖得很长。李老师火了，站起来走到睿睿跟前，大声吼道：“你给我出去!”睿睿哭着走出教室，李老师没有理会，继续教小朋友们唱歌。就这样，睿睿站在教室门口哭个不停，直到下课。

回家后，睿睿把这件事告诉了家人。第二天，奶奶来送睿睿时，找李老师理论。李老师说：“就是你们这些家长太溺爱孩子，孩子才那么任性！我们对他进行教育难道不对吗?”

问题：请结合材料，从教师职业道德的角度，评析李老师的教育行为。

【解析】 李老师的教育行为是不合理的，违背了教师职业道德规范的相关要求。

1. 李老师的教育行为违背了“教书育人”的教师职业道德规范。“教书育人”要求教师应遵循教育规律，实施素质教育，循循善诱，诲人不倦，因材施教，培养学生良好品行，激发学生创新精神，促进学生全面发展。材料中，李老师对于睿睿改歌词的行为不但没有进行引导，反而简单粗暴地加以制止，甚至将其撵出教室，并在第二天和睿睿奶奶的理论中，将教育幼儿的责任推给了家庭，忽视了自身作为教师所应该肩负的“教书育人”的职责。因此，李老师的教育言行违背了教师职业道德中“教书育人”的要求。

2. 李老师的教育行为违背了“关爱学生”的教师职业道德规范。“关爱学生”要求教师应关心和爱护全体学生，尊重他们的人格，平等公正地对待学生，对学生要严慈相济，做学生的良师益友。材料中，当睿睿在音乐活动中把歌词“两只老虎”改成“两只花猫”时，李老师没有意识到这是睿睿创编能力的体现，而是即刻去制止，甚至对睿睿大吼，把睿睿撵出教室。李老师没有尊重幼儿的人格尊严和合法权益，没有真正做到关心爱护幼儿。因此，李老师的教育行为违背了教师职业道德中“关爱学生”的要求。

3. 李老师的教育行为违背了“为人师表”的教师职业道德规范。“为人师表”要求教师严于律己，语言规范，举止文明，关心集体，团结协作，尊重同事，尊重家长。材料中，睿睿的家长来幼儿园找李老师理论，李老师却一味地责怪家长，把幼儿任性的原因全部怪到家长身上，没有尊重家长，因此，李老的教育言行违背了教师职业道德中“为人师表”的要求。

综上，教师应该遵循教师职业道德规范，在教学过程中要做到以幼儿为本，关心热爱幼儿、了解幼儿，针对幼儿的表现做出合理的应答和引导。

【考点拓展】

【3.2】徐老师的班上新来了一个男孩儿，不爱说话，更没有笑声。徐老师问他什么名字，他只会摇头。通过和其家长交谈，徐老师知道这个名叫晓天的幼儿从小失去了妈妈，爸爸忙于生计也无暇顾及他。所以晓天性格变得孤僻，语言表达能力很差，动作发育也迟缓。了解到晓天的身世后，徐老师更加关心晓天，在教室里为他专门准备了开发智力的玩具，还亲手为他织了毛衣。徐老师经常亲切地跟晓天说话，教他练习发音，以提高其语言表达能力；利用图片和图书为他讲故事，以提高其理解能力；跟他一起堆积木、折纸，以提高其动手能力。徐老师还指导晓天的爸爸在家里如何对孩子进行早期智力训练。

时间一天天过去了，渐渐地，晓天能与人进行简单的交谈了，脸上也常挂着微笑。

问题：请从教师职业道德的角度，评价徐老师的保教行为。

【解析】徐老师的保教行为符合教师职业道德的相关要求，值得肯定。

1. 徐老师的行为体现了教书育人的职业道德要求。教书育人要求遵循教育规律，实施素质教育，循循善诱，诲人不倦，因材施教。材料中，徐老师在了解幼儿情况的基础上，从开发智力、培养语言表达能力、提升理解能力与动手能力等多方面促进幼儿的发展，符合因材施教的教育要求，也符合该幼儿的身心发展需要。

2. 徐老师的行为体现了爱岗敬业的职业道德要求。材料中，徐老师忠诚于人民教育事业，勤恳敬业，对工作高度负责，认真辅导晓天，通过各种方式提高晓天的语言能力、理解能力和动手能力。牢记作为教师的神圣责任，履行教师的光荣职责。

3. 徐老师的行为体现了关爱学生的职业道德要求，关爱学生要求关心爱护全体学生，尊重学生人格，做学生的良师益友。材料中，徐老师面对晓天这种个体差异化十分明显的幼儿，并没有不管不问，而是深入了解该幼儿的情况，亲自为他织毛衣并亲切与其交谈，对其加倍关心爱护。

4. 徐老师的行为体现了为人师表的职业道德要求。为人师表要求坚守高尚情操，团结协作，尊重同事，尊重家长。徐老师不仅自己想方设法对幼儿进行教育，而且还积极联系家长，了解幼儿情况，与家长交流教育经验与方法，从而形成教育合力，最终促使幼儿得到了健康发展。这种行为不仅为家长树立了良好的榜样，也有助于班级其他幼儿健康思想的形成与发展。

综上，徐老师的行为符合教师职业道德规范，其精神值得大力弘扬，值得每位老师学习。

（一）要注重保育和教育的结合

注重保育和教育的结合即保教结合，是我国幼儿教育的一大特色，也是幼儿园一贯坚持的教育原则。《工作规程》第三条规定：“幼儿园的任务是：贯彻国家的教育方针，按照保育与教育相结合的原则，遵循幼儿身心发展特点和规律，实施体、智、德、美等方面全面发展的教育，促进幼儿身心和谐发展。幼儿园同时面向幼儿家长提供科学育儿指导。”幼儿园的性质决定了幼儿园是保教合一的整体，缺一不可。保教工作及其管理直接影响着幼儿全面发展的效果。幼儿的身心发展特点和家长的心理期望，对幼儿园保教管理的细致性和标准性要求很高，规范化的保教管理显得尤为重要，科学合理的保教管理是幼儿全面发展的保证。幼儿园保教管理要实现既定目标，就要建立有效的管理策略，使管理人员和教师、保育员能够在工作中深入思考和实践先进的保教理念，在宽松的人文管理环境中，创造性地开展保教结合工作，争取保教结合的最佳成效，为幼儿的全面发展服务。《工作规程》第五条规定了保育和教育的主要目标是：(1) 促进幼儿身体正常发育和机能的协调发展，增强体质，促进心理健康，培养良好的生活习惯、卫生习惯和参加体育活动的兴趣。(2) 发展幼儿智力，培养正确运用感官和运用语言交往的基本能力，增进对环境的认识，培养有益的兴趣和求知欲望，培养初步的动手探究能力。(3) 萌发幼儿爱祖国、爱家乡、爱集体、爱劳动、爱科学的情感，培养诚实、自信、友爱、勇敢、勤学、好问、爱护公物、克服困难、讲礼貌、守纪律等良好的品德行为和习惯，以及活泼开朗的性格。(4) 培养幼儿初步感受美和表现美的情趣和能力。

【历年真题】

【3.15】 午餐时，幼儿辰辰翘着椅子坐，在椅子上摇来摇去，东倒西歪。对此，王老师恰当的说法是（　　）。

A. “辰辰，不准玩椅子！”　　B. “辰辰，你有多动症吗？”

C. “辰辰请坐好，椅子会坏的！”　　D. “辰辰请坐好，你会摔跤的。”

【解析】 正确答案 D。活泼好动是幼儿的天性，也是幼儿性格最明显的特之一。“育人为本”的儿童观要求教师应正确看待幼儿的这种天性。此外，教师在与幼儿交流时需要尊重其思想和意愿，以正面教育为主。针对题干中的辰辰翘着椅子坐、在椅子上摇来摇去的行为，教师最恰当的说法是提醒辰辰坐好，不然会摔跤的。A 项，“不准玩椅子”包含了教师命令式的语气，不利于良好师幼关系的建立，排除。B 项，“你有多动症吗”包含了教师对幼儿的不尊重，排除。C 项，“椅子会坏的”包含了教师没有将保护幼儿安全放在工作首位，排除。

（二）保育和教育结合的含义

保育和教育结合是指幼儿园教师、保育员以及其他工作人员在工作中，教学活动中结合保育，一日常规中又结合教育，通过帮助和引导，在幼儿建构和掌握知识与技能的同时，形成准则、态度、道德、意志、意识和行为等个人的基本素养，使幼儿生理、心理、社会性全面健康发展。“保”和“教”是幼儿园教育整体的不同方面，对幼儿的发展也起着重要作用。“保”就是保护幼儿的健康，不仅包括幼儿身体健康和心理健康，还应该包含幼儿社会性发展方面的内容，如与人交流，主动思考，能够适应生活以及所处的外界环境等。“教”主要是指在幼儿园里对孩子进行的教育教学要教授给孩子们一些“知识”，要按照幼儿园五大领域的要求开展有针对性的教育活动。不仅要“教”孩子养成良好的饮食、睡眠等生活习惯，还要“教”孩子与人交往的能力、欣赏美的能力等。实际上就是教中有保、保中有教。在幼儿园中，保育与教育不是两个独立的部分，两者相辅相成，相互渗透，缺一不可。幼儿在园的一日生活中，保育和教育不可能完全割裂，只不过有些时候在不同的活动中保育和教育所占的比例不一样罢了。对于年龄较小的幼儿来说，基本生活尚不能自理，保的成分甚至多于教的成分，保育成为了主导的部分。

（三）实现保教结合的途径

幼儿教师怎样才能贯彻保教结合的原则呢？首先，要真正理解保教结合的含义，深刻理解保教结合就是要保护幼儿安全，安排好幼儿在园一日生活，做好幼儿的疾病预防和膳食营养，培养幼儿良好的生活卫生习惯和优秀的道德品质，帮助幼儿积累各个方面的生活经验，培养幼儿的生活自理能力。其次，幼儿教师要精心设计幼儿在园一日生活的各个环节，将保教结合具体落实到日常生活、教学活动以及游戏活动等各项活动中，真正做到教中有保、保中有教、相互渗透、有机结合。最后，幼儿教师还应注意和保育员以及家长协调配合，更好地将保教结合的原则贯穿于幼儿园教育教学活动的方方面面。

（四）保教结合的具体要求

1. 幼儿教师要牢固树立保教结合的工作理念

一般来说，3～4 岁左右的幼儿要以保育为主、教育为辅，保育约占 80%；5～6 岁左右的幼儿要以教育为主、保育为辅，教育约占 60%。

2. 幼儿教师要做到“教中有保”

例如，先从常规培养开始，在开学初由班级的 3 位保教人员共同制定常规计划，教幼儿最基本的生活常识，如怎么吃饭、怎么穿衣服、怎么大小便，这既是保育，也是教育。通过学习基本的生活常识，幼儿不但学会了生活技能，也掌握了相应的健康知识。教师在教育过程中为幼儿创设宽松、民主的教育氛围，让幼儿在愉快的、健康的环境中学习。良好的环境为幼儿提供活动和表现能力的机会和条件，是实行保育和教育相结合、促进幼儿身心和谐发展的最好场所。

3. 幼儿教师要做到“保中有教”

例如，在幼儿入园时，既有保育工作——向家长了解幼儿情况，对幼儿昨晚今晨的健康情况心中有数；又有教育工作——教育幼儿使用礼貌用语。在组织幼儿喝水时，既有保育工作——照顾幼儿每天喝足量的水，提醒幼儿渴了知道自己接或请老师帮助接水喝；又有教育工作——教育幼儿接水时要互相谦让，不浪费水等，保教结合共同实施。

4. 还应注意教师和保育员要密切配合，做到既有分工，又有合作，不能互不沟通

总之，保育与教育应该是在同一个过程中实现的，而不是孤立进行的。保育工作与教育工作都很重要，它们在幼儿全面发展中互不可替，真正做到“教中有保，保中有教”保教结合，才能使每一个孩子都健康成长。

二、游戏为主

《工作规程》第二十五条规定，幼儿教育应当“以游戏为基本活动，寓教育于各项活动之中”。幼儿教师要重视环境和游戏对幼儿发展的独特作用，创设富有教育意义的环境氛围，将游戏作为幼儿的主要活动；重视丰富幼儿多方面的直接经验，将探索、交往等实践活动作为幼儿最重要的学习方式。游戏是幼儿的天性，也是儿童社会化的重要途径，是符合学前儿童年龄特点的一种独特的活动形式。在幼儿园里，幼儿的大部分时间是在游戏中度过的，他们往往通过游戏反映自己的思想、情感、愿望和观念，从中得到极大的快乐。游戏是幼儿有效的学习手段，是幼儿最喜欢的活动，幼儿教师在保教活动中，尤其应该重视游戏的设计与应用。要想达到这一目的，具体来说，应该从以下几个方面着手。

（一）加强幼儿教师专业能力的培训

1. 幼儿园要合理安排幼儿教师的培训

幼儿园应有计划安排本园教师外出参加幼儿园教师培训，通过培训，听专家讲座、专题研讨、到示范性幼儿园观摩参观、跟岗实践等形式来提升幼儿教师的专业能力。幼儿园要有计划合理安排幼儿教师参加培训，要把好关，并从长远考虑提升幼儿园的师资队伍水平，避免每次都是安排骨干教师参加培训，避免内容重复的培训。

2. 幼儿园要定期组织专业能力比赛或展示活动

幼儿园应定期组织一些与提升教师专业能力相关的比赛或展示活动，比赛活动范围可以是市、县（区）级、乡（镇）级，也可以是幼儿园自己组织。各级相关部门应提出相关要求，形成制度，定期举行，并给予获奖项的幼儿教师一定的奖励，使幼儿教师在荣誉感的号召下，在参加幼儿教师专业能力相关比赛中不断提升自身的专业能力水平。

3. 幼儿园要聘请专家进行全员专题培训

幼儿园要有计划地对全园幼儿教师进行专题培训，根据实际情况，从教师最迫切需要提高的专业能力开始，聘请幼教专家到幼儿园进行专家讲座，实施专题培训。

(二)科学选择保教内容、科学设计保教方法

幼儿园保教内容应与幼儿年龄水平和“最近发展区”相适应，要体现基础性、通识性、文化性、多元性，应是幼儿最需要、最感兴趣，且经过努力或指导一学就会的内容，应有一体多元的幼儿园教材参考体系供教师选用。幼儿园教育活动实施要让幼儿“动起来”，教师要观察发现幼儿的需要、兴趣，必要时给予指导；启发幼儿积极思考，在“动”中学习与思考，做到动静结合；教学活动尽量充分利用实物或玩教具进行，与生活紧密相连，让幼儿体验、探索、发现。

(三)要指导家长掌握科学育儿方法

家长在幼儿的身心发展过程中起着至关重要的作用。幼儿园是对3～6岁学龄前幼儿实施保育和教育的机构。“对家长进行科学育儿指导”是《工作规程》中规定的幼儿园的双重任务之一。要增强幼儿园对家长进行育儿指导工作的主体意识和职责意识，建立幼儿园家长育儿指导管理机制和运行机制，将家长科学育儿指导工作作为幼儿园管理的重要内容，将家园共育作为幼儿园生存和发展的重要方略。要增强幼儿教师对家长科学育儿指导的意识，结合幼儿发展需要和家园共育特点，研究和建立幼儿家长科学育儿指导的培训课程体系，丰富幼儿家长科学育儿指导的课程资源，强化家长科学育儿指导的实施策略研究，努力提升家长科学育儿指导水平。增强幼儿园家长科学育儿的理念，根据家长的育儿需求和实际需要，建立幼儿园家长科学育儿标准和规范，明确课程目标，加大学习力度，运用多种方式和策略，进行育儿指导实践。

三、家园共育

一个人能否均衡而有个性地健康成长，离不开学校、家庭、社会教育三方面的合力。著名教育家陈鹤琴先生说过：“幼儿教育是一种很复杂的事情，不是家庭一方面可以单独胜任的，也不是幼儿园一方面能单独胜任的，必定要两方面共同合作方能得到充分的功效。”《中共中央关于进一步加强和改进学校德育工作的若干意见》中明确指出：“学校教育、家庭教育、社会教育紧密配合。学校要主动同家长及社会各方面密切合作，使三方面的教育互为补充、形成合力。”由此看来，学校、家庭、社会教育有机结合是我国教育常抓不懈的重要工作。具体到幼儿教育，也不能偏离家园共育这一正确轨道。实现家园共育，幼儿教师应做到以下几点：

(一)要尊重家长

家庭是社会的细胞，是孩子健康成长的重要场所，家长则是孩子的第一任教师。孩子入园后，他们的全部生活仍然与家庭保持着密切关系，家长的教育仍具有重要意义，所以，教师的工作除了和幼儿产生关系外，就不可避免地会和幼儿的家长进行接触，和他们一起交流孩子的学习、生活情况，一起商讨提升孩子智力的方法。因此，教师与家长交往的过程中，首先要尊重对方，真诚相待，对所有家长一视同仁，不训斥、指责家长，公平合理地对待每一位学生家长。同时还要采取不卑不亢的态度，既不过分指责家长，也不能一味地巴结、谄媚那些有权有势的家长。

（二）要主动与家长沟通

身为一名幼儿教师，不仅要时刻关心孩子的一举一动，还应加强与家长的情感沟通与信息交流。老师要有强烈的责任感和角色意识，要明确自己在家园合作中承担的任务——教师是家园合作活动的发起者、组织者与参与者。只有教师的积极态度被家长接纳，教师与家长沟通、交流的道路畅通，幼儿园才能得到来自家长方面的更多支持。而家长与幼儿园的合作伙伴关系一旦建立，彼此间再也感觉不到来自对方的威胁，双方才会为了孩子的健康成长而齐心协力。

【历年真题】

【3.16】许多老师发现，不少孩子在家过了一个双休日之后再回到幼儿园，一些良好的行为习惯就退步了，比如不认真吃饭，乱扔东西，活动时喜欢说话。对此老师正确的做法是（　　）。

A. 召开家长会，点名要求做得不好的家长向做得好的家长学习

B. 密切联系家长，并要求家长完全按照老师的要求去做

C. 发挥自己学有专攻的优势，为家长提供指导

D. 不过于干涉家庭教育，做好园内教育工作

【解析】正确答案C。教师应与家长建立有效的合作关系，做好家园共育工作。

（三）要宣传科学的教育思想

现实中，许多家长由于对孩子年龄特点不了解，不知道如何教育孩子。有时教育孩子的方式很不恰当，一味地溺爱，甚至放纵。而教师是有一定育儿知识的专业人员，遇到问题应通过各种方式启发、引导家长，让他们了解孩子的身心特点，更新教育观念，掌握正确的育儿方法。幼儿教师可以通过家园联系册、家长开放日、家长沙龙等方式，向家长宣传幼儿园的保教工作，同时拉近与家长的情感距离。让家长有机会充分了解幼儿园的教育情况。在此基础上，积极配合老师，实现家园共育。

（四）要为家长解除后顾之忧

目前幼儿园里的教师比较年轻，很多老师尚没有为人父母的角色体验，有的即便是已经做了父母，在与家长沟通时，也常常会遇到难以达成共识的局面，这就要求教师了解父母的角色，并从父母的角度去体会家长的心情和需求。孩子在集体活动中有时手或头碰破点皮，家长接孩子时十分惊讶、十分心疼是正常的，而有的教师却表现得若无其事，认为家长大惊小怪，那么，一件小事立即会使家长觉得老师对自己孩子不够关心，对工作不够

负责，进而影响家长与教师的关系，给家园沟通设置了障碍。如果教师能站在孩子父母的角度去心疼孩子，很自然地就会理解家长的心情，处事态度也会大不相同，那么家园沟通就不会受阻。教师与家长的沟通双方都有责任，但教师更应主动些，并且要努力为沟通渠道创造条件。幼儿教师要真正从狭隘的教育观中走出来，必须充分认识到，家长工作的最终目的在于实现家园合作，共同为幼儿奠定良好的素质基础。

实现家园共育，幼儿教师应该积极、主动、理性地从整合教育资源的角度，培养自己的合作精神，尊重家长，主动沟通，换位思考。善于与不同类型的家长相处，遭到家长误解时教师要保持冷静，善于自控；遇到矛盾时，教师要主动反思，积极争取家长的支持与配合。

第四节　幼儿教师的自我发展观

教师职业道德有两种存在形式：一是社会公众对教师的殷切希望和要求，表现为教师职业道德和行为准则；二是教师自身通过学习和实践逐步认同、内化这些道德规范和行为准则，使之成为个体的道德品质。幼儿教师要有爱心；乐观向上、热情开朗，有亲和力；善于自我调节情绪，保持平和心态；勤于学习，不断进取；衣着整洁得体，语言规范健康，举止文明礼貌。根据这些规定，在幼儿教师的自我发展观方面，职业道德规范可以表现为自我修养、健康心理、终身学习的品质三个方面。

一、自我修养

良好的自我修养不仅是幼儿教师顺利开展保教活动的必要条件，而且也会对幼儿的性格特征产生潜移默化的影响。幼儿教师必须具备的良好自我修养主要包括：富有爱心、责任心、耐心和细心以及衣着整洁得体，语言规范健康，举止文明礼貌。

（一）自我修养体现在幼儿教师的爱心方面

1. 爱心是幼儿教师教书育人的基础

幼儿教师对幼儿的爱是幼儿教师顺利开展教育工作的重要条件之一。正所谓“亲其师，信其道”。师爱能营造和谐、温馨、亲切的师幼关系。师爱是激励幼儿教师做好教育工作的精神动力，又是打开幼儿心扉的钥匙。教育实践证明，那些忠诚于党的教育事业并且取得卓著成效，被幼儿尊敬爱戴的幼儿教师，都与幼儿有深厚的感情和良好的关系，他们把真挚的爱倾注在幼儿身上，用自己的心血教育幼儿，表现了高尚的道德品质。幼儿只有在内心深处感受到幼儿教师的关心和爱护，幼儿才愿意向教师敞开心扉，增加“尊其师，奉其教；敬其师，效其行”的意识。幼儿教师只有动之以情，才能更好地对幼儿晓之以理，幼儿才会在心理上乐于接受幼儿教师的教诲，从而把社会的道德规范内化为自己良好的道德品质和行为，使德育落到实处。教育的对象是活生生的人，“动人心者，莫先乎情”，人的感情是以认识为基础的，又渗透到认识的各个方面。因此，教育的各个方面和环节都应该渗透着对人的尊重、理解和爱护。幼儿教师只有关爱幼儿，才能以高度的责任心从事教学工作，及时发现存在的问题，找出解决问题的方法，从而揭示教学规律，提高活动实效。幼儿教师只有关爱幼儿，才会与幼儿的心灵产生共鸣，才能使幼儿以积极、愉快的情绪参加活动。

2. 责任心是幼儿教师良好自我修养的集中体现

幼儿教师要对孩子负责，要平等地欣赏、对待身边的每一个孩子。不能以貌取人，不能厚此薄彼，助长孩子的自负或伤害孩子的自尊。相反，要关爱有加，细心地照顾好每一个孩子，保护好他们，维护好他们容易受伤害的弱小心灵。幼儿教师要对家长负责，当家长把他们的心肝宝贝放心地交到教师手里时，教师不仅要像妈妈一样看护孩子、关爱孩子、帮助孩子，还要担负起做教师的责任，培养孩子形成良好的习惯，教其如何做人、如何学习、如何生活，引导他们明白道理。幼儿教师要对幼儿园负责，教师并不是单独存在的，作为幼儿园群体中的一员，幼儿教师要努力工作，树立幼儿园的良好形象，对自己的定位不应仅仅停留在完成本职工作，而应力求将工作做得更加完美。

3. 耐心和细心是幼儿教师自我修养的中心环节

幼儿教师要有耐心，幼儿的认知能力比较低，适应能力也比较差，一种习惯的养成要反复地教，要耐心地等待。幼儿的是非观念也比较差，有的时候会犯错误，要耐心地教育他们。幼儿教师还要细心，一方面，幼儿的感情是很丰富、很细腻的；另一方面，他们的感情也很脆弱。这就需要幼儿教师细心观察幼儿的情绪，注意保护他们的感情，不要轻易去伤害他们。特别是不能用语言或者暴力伤害幼儿，要培养幼儿的自尊心、自信心。

（二）良好的自我修养体现在行为举止符合教师的身份

教育是一项特殊的事业，不仅要承担知识的传递，更要承担公德的传承。教师不仅要用有声的教学授业解惑，更要用无声的行为当好示范。育人是全方位的，课堂内是教育，课堂外同样也是无声的教育。幼儿教师的着装要端庄、整洁、大方又不失活泼可爱。既能获得幼儿的喜爱，又要符合教师的职业特点和社会身份。另外，幼儿教师还应该保持手指甲的清洁，不留长指甲，不涂指甲油。切忌穿着暴露，如穿吊带衫、低胸装、露背装、露脐装、超短裙及短裤、单薄透明的衣衫、过于紧身的服装、凉拖抑或特别高的高跟鞋等。此外，幼儿教师可以适当地化一些淡妆，但不宜浓妆艳抹。应尽量少佩戴首饰，尤其是过于夸张的耳环、项链、手镯等饰物。除此之外，幼儿教师还应注重语言美、举止美，充分发挥“为人师表”的表率作用。切忌语言粗俗、满嘴脏话，行为不检点。总之，幼儿教师的形象应该是令幼儿敬慕的，是幼儿心中美的化身、善的代言、真的模范。所谓“善教者，使人继其志”，就是强调幼儿教师要让幼儿在吸取教师学识的同时，通过模仿幼儿教师的优良行为获得更好的发展。

二、健康心理

幼儿时期是人一生中发育最迅速、最旺盛的时期。幼儿教师在孩子的成长过程中扮演着十分关键的角色。一方面，幼儿的心理发展极易受到外界的影响，特别是受到与其朝夕相处的教师的影响，而且这种影响还有可能伴随幼儿一生。另一方面，幼儿教师从事的保教工作平凡而琐碎，在年复一年日复一日周而复始的工作中，很难做到随时调动自己的激情，以开朗、包容、乐观的心态面对生活、工作中的困难，时刻以平和、积极的心态面对幼儿，用自己的阳光和热情去感染幼儿、影响幼儿，很容易产生职业倦怠。如果幼儿教师长期以一种消极怠工的态度去面对工作，不仅会影响自身的身体健康、生活幸福和职业生涯的发展状况，还会直接影响到幼儿的心理状态、行为习惯、情商发展。因此，健康的心理作为教师专业人格中的重要组成部分，应该得到高度的重视。具体来说，幼儿教师的健康心理主要表现在以下几个方面。

（一）要树立正确的职业观

幼儿教师只有树立坚定正确的理想和信念，并愿为它奉献自己的一切，才会有正确的方向和人生追求；幼儿教师只有抱着这样一种积极的心态从事幼教工作，才能激发自身的创造潜能，使生命状态更充实。幼教事业是一种与人类的前途和命运息息相关的社会活动，而幼儿教师作为教育的主体，担负着培养全面发展的社会主义事业的建设者和接班人的历史重任。这就要求幼儿教师必须具有强烈的社会责任感和使命感，具有忠于党和人民教育事业的事业心、热爱幼儿的高度责任心、不断进取的上进心。幼儿教师只有具有了强烈的社会责任感和使命感，才能够爱岗敬业，把国家教育事业的发展和自己命运紧密联系在一起。

（二）要提高情绪管控能力

幼儿教师应努力提高自身情绪管理的能力，用积极、向上的态度对待工作与生活的压力。幼儿教师要提高敏锐觉察自己情绪的能力，学习和掌握多种科学的情绪调节方式，使情绪反应适时、恰当，使情绪表达合理、得体。此外，幼儿教师应多发展陶冶性情的艺术类兴趣爱好，提高审美能力，以艺术化的手段向幼儿传递快乐的情绪。幼儿教师应主动学习自我情绪调控的方法，如宣泄、转移、遗忘等。通过积极调节情绪，有效减少消极情绪以及职业压力的负面影响，幼儿教师能够更加专注地投入到工作中。

【历年真题】

【3.17】妈妈到幼儿园接斌斌时，发现斌斌的背被小朋友抓破了，马上就向园长投诉当班的丁老师。为此，丁老师心里很不舒服，第二天到教室就训斥了斌斌。丁老师的行为（ ）。

A. 合理，教师可以表达自己的真实情感

B. 不合理，教师应完全接受家长的意见

C. 合理，教师不可能对每一个孩子监管到位

D. 不合理，教师应具备较强的情绪调适能力

【解析】正确答案D。教师的职业行为规范要求教师要提升自身素养，学会应对压力和管理情绪，有效提高自己的心理调适能力。题干中的丁老师因自己心里不舒服而斥责幼儿的行为是缺乏情绪调适能力的表现，是不合理的。

（三）要营造融洽的人际关系

幼儿园要想有一个和谐轻松的人际环境，领导就要重视与教师的沟通，要经常组织各种活动，使上下级间、教师之间增加沟通的机会。通过沟通，幼儿园才能够形成互谅互敬、互助互惠的良好风气，教师之间才能够形成真正的心理相容。对同一件事情，站在不同的位置上评论，其结果往往大相径庭，所以领导还要“多些设身处地”考虑问题。幼儿园领导无论说话办事，在涉及教师问题的时候，应做到充分考虑教师的处境，尊重教师的意愿，自觉地把自己假设到教师的位置上去思考和处理问题。在幼儿园内部形成一家人的意识，释放所有人的聪明才智发展学校，让每个人都有主人翁意识，培养教师的集体荣誉感和责任感，让所有的教师都努力工作。

（四）要有职业生涯规划

根据调查，很多教师离开自己工作了多年的幼儿园，其中一个原因就是看不到自己在幼儿园的未来发展。在幼儿园管理中，领导要引导教师进行职业生涯规划。通过个人职业生涯规划，使每位教师对自己目前所拥有的技能、兴趣和价值观有明确的认识，同时考虑到组织的要求。这不仅会给教师带来不可想象的前进动力，更是为教师后续的工作指明了努力的方向。大量的事实表明，幼儿园的愿景与教师内心真正的愿望契合，将会使教师产生出一种强大的驱动力。教师有了明确发展目标后，能够具有敬业精神，乐于奉献，此时的工作对于教师就不仅仅只是谋生手段，更多的是一种奋斗。

三、终身学习

幼儿教师只有树立终身学习的理念，不断地学习新知识，才能够促进自身专业的持续发

展。知识经由学习而来，幼儿教师需要持续地学习与进修，方能使自身的知识不断地得到更新与完善。幼儿教师需要改变参加工作后就不再学习的认识，要学会在繁忙的工作中挤出时间来学习，只要还有一天从事教学工作，就不能够停止学习。特别是在信息科技发达、知识暴增的社会，幼儿教师要把握各种学习机会，不断通过更新和完善知识结构，来强化自己的专业能力。

【历年真题】

【3.18】 幼儿园派夏老师外出学习，结束后，园长要求她给全园老师做一次讲座，分享她的学习体会。夏老师应该（　　）。

A. 只与园长分享学习体会　　B. 婉拒分享学习体会的求

C. 积极主动地与全园老师分享　　D. 挑选不重要内容与全园老师分享

【解析】 正确答案C。教师职业行为规范要求教师之间相互协作、相互帮助。园长让夏老师做讲座、分享学习体会是符合教师职业行为规范要求的。夏老师应该服从园长的工作安排，积极主动地与全园老师分享。

（一）要树立终身学习理念，采取终身学习行动

2013年9月9日，习近平总书记在致全国教师慰问信中指出，教师应“牢固树立终身学习理念，加强学习，拓宽视野，更新知识，一步一个脚印，不断提高业务能力和教育教学质量，努力成为业务精湛、学生喜爱的高素质教师”①。总书记明确提出了教师成长成才的途径和方法，对教师素质的持续提升具有重要指导意义。当今世界飞速变化，新情况、新问题层出不穷，知识更新的速度大大加快。对以传道、授业、解惑为己任的教师而言，更要树立终身学习的理念，以使自己拥有源源不断的力量源泉，时刻为幼儿提供鲜活的成长清泉。《幼儿园教师专业标准（试行）》包含了幼儿为本、师德为先、能力为重、终身学习等四个基本理念，要求幼儿教师贯彻终身学习的理念：学习先进的教育理论，了解国内外学前教育改革与发展的经验和做法；优化知识结构，提高文化素养，具有终身学习与持续发展的意识和能力，做终身学习的典范。终身学习是当代幼儿教师成长和发展的必由之路。终身学习的主导思想就是要求每个人必须有能力在自己的一生中利用各种机会，更新、深化和进一步充实最初获得的知识，使自己适应快速发展的社会。

【历年真题】

【3.19】 李老师是一名幼儿园的骨干教师，开学初，她接到教育局的通知，要求她去省城参加幼儿园教师培训班的学习。李老师（　　）。

---

① 正在乌兹别克斯坦访问的习近平向全国教师致慰问信［EB/OL］. http://www.gov.cn/ldhd/2013－09/09/content_2484494.htm，2013-09-09.

A. 可以拒绝，外出培训既辛苦又浪费时间

B. 可以拒绝，骨干教师不需要参加教师培训

C. 应当参加培训，培训有利于身心休闲

D. 应当参加培训，培训有利于提升教学水平

【解析】 正确答案D。终身学习是教师专业发展的不竭动力，进修培训是教师的一项权利，不断提高教育教学业务水平也是教师的义务，所以李老师应当参加培训，提升自己的教学水平。

（二）要拓宽知识视野，更新知识结构

幼儿教师在从事教学工作前都接受过专业学习，这些学习能够让幼儿教师掌握从事教学工作所必需的知识和技能。一些幼儿教师在校期间能够很认真学习，但是，毕业后就停止了学习。随着知识经济时代的来临，幼儿教师如果不能够持续学习知识，就无法在自己教学相关领域中获得新的知识、新的感受，也无法传授给幼儿最新的知识。幼儿教师如果不继续通过学习来增进自己的知识，对自身的知识保持不断的重组、更新，不继续学习掌握新的教学方法，是无法胜任当前的幼教工作的。因此，一位好的幼儿教师要专注于学习，不能够停止学习。幼儿教师只有不断学习，才能够保持自己良好的教学状态。优秀的幼儿教师总是能够在自己的教学领域不甘落后于人，不断通过学习，不断改善自己的教学，让自己有新的发展，以达到教学能力的提升。

【历年真题】

【3.20】 王老师每年都给自己制订读书计划，并严格执行。这体现王老师注重（　　）。

A. 团结协作　　B. 教学创新　　C. 终身学习　　D. 循循善诱

【解析】 正确答案C。教师职业道德规范要求教师要终身学习，崇尚科学精神，树立终身学习理念，拓展知识视野，更新知识结构，潜心钻研业务，勇于探索创新，不断提高自己的专业素养和教学水平。题干中王老师每年都给自己制订读书计划，并严格执行，体现了王老师注重终身学习的职业素养。

（三）要潜心钻研业务，不断提高专业素养

幼儿园教师要通过多种途径来提高自己的科研能力与教育教学能力，使自己成为一个应用型与研究型相结合的幼儿教师，否则将难以适应当代学前教育事业发展，甚至会被时代淘汰。幼儿教师要从完善其自身的能力结构着手，除了本身所掌握的文化基础知识和音乐、舞蹈、绘画、手工等技能外，更重要的是要强化教育理论和专业知识的学习，尤其是

要学习幼儿心理发展的规律以及幼儿教育的一般规律。有些幼儿园教师有时会回答不出小朋友提出的问题，因为他们的知识面比较狭窄，还有些幼儿园教师的专业知识很缺乏，这就需要幼儿园教师不断地学习和更新自己的专业知识，用理论指导实践，用实践补充理论，提高自身的职业专业化水平。

【历年真题】

【3.21】 宋老师发现很多幼儿的生活习惯不好，就创编了一些关于培养幼儿良好生活习惯的儿歌。这些儿歌很受幼儿欢迎，对幼儿的生活习惯的养成产生了积极作用。宋老师的做法体现的师德规范是（　　）。

A. 廉洁从教　　B. 公正待生　　C. 举止文明　　D. 探索创新

【解析】 正确答案D。《中小学教师职业道德规范》的"终身学习"要求教师"崇尚科学，树立终身学习理念，拓宽知识视野，更新知识结构。潜心钻研业务，勇于探索创新，不断提高专业素养和教育教学水平"。题干中宋老师为了帮助幼儿养成良好的生活习惯，创编了一些关于习惯培养的儿歌，符合勇于探索创新的要求。

【考点拓展】

【3.3】 周老师是一名乡村幼儿园教师。她所带的班级孩子的父母大部分在外打工，周老师经常在班上组织"娃娃家"游戏。在游戏中，周老师扮演"妈妈"的角色，搂搂这个，亲亲那个，"宝贝"们在"妈妈"的怀里幸福地撒着娇。

妮妮常常把小手弄得脏脏的，还喜欢吸吮手指，导致常拉肚子。一天，周老师看到妮妮没有洗手就拿点心吃，就把她带到水池旁，一边教她洗手一边说："脏脏的小手有许多细菌，不洗手就拿东西吃，会生病的，以后我们天天把小手洗得干干净净的，做个健康的小宝宝，好吗?"妮妮使劲点点头，不好意思地笑了。

周老师还发现妮妮非常喜欢看图书，由于妮妮的父母在外地打工，她和爷爷奶奶生活在一起，可是爷爷奶奶识字不多，没法陪她一起阅读，周老师就经常给她讲故事，念儿歌。周老师打电话给妮妮的妈妈说："妮妮是个可爱的孩子，就是不太爱说话，建议你们经常打电话给她，让她感受到你们的爱。"周老师还经常利用微信与妮妮的妈妈沟通、交流。

周老师觉得自己对幼儿的心理特点了解不够，有些问题不能妥善处理，于是主动参加培训学习。

问题：请结合材料，从教师职业道德的角度，评析周老师的教育行为。

【解析】 周老师的教育行为践行了教师职业道德规范的相关要求，值得我们学习。

1. 周老师的教育行为践行了终身学习的教师职业道德规范。终身学习要求教师应崇尚科学精神，树立终身学习理念，拓宽知识视野，更新知识结构；潜心钻研业务，勇于探索创新，不断提高专业素养和教学水平。材料中，周老师能够认识自身的专业素养存在不足，主动参加培训学习。这体现了其终身学习的职业道德。

2. 周老师的教育行为践行了爱岗敬业的教师职业道德规范。爱岗敬业要求教师应忠诚于人民教育事业，志存高远，勤恳敬业，甘为人梯，乐于奉献；对工作高度负责，认真备课上课，认真批改作业，认真辅导学生，不得敷衍塞责。材料中，周老师能够关注幼儿妮妮的兴趣以及家庭情况，在了解到其父母在外打工后，通过电话沟通的方式让家长增加对妮妮的关爱。这体现了其勤恳敬业、对工作高度负责的职业道德。

3. 周老师的教育行为践行了关爱学生的教师职业道德规范。关爱学生要求教师应关心爱护全体学生，尊重学生人格，平等公正对待学生；对学生严慈相济，做学生良师益友；保护学生安全，关心学生健康，维护学生权益。材料中，周老师经常在班上组织“娃娃家”游戏，并在游戏中扮演“妈妈”的角色，使幼儿能够感受到母爱。她还特别注意到幼儿妮妮的小手总是很脏，告诉幼儿要洗手。这体现了其关心爱护幼儿，做幼儿的良师益友的职业道德。

4. 周老师的教育行为践行了教书育人的教师职业道德规范。教书育人要求教师应遵循教育规律，实施素质教育；循循善诱，诲人不倦，因材施教；培养学生良好品行，激发学生创新精神，促进学生全面发展。材料中，周老师注重幼儿妮妮的卫生习惯培养，耐心引导和教会妮妮洗手的方法，并且在了解到妮妮喜欢看图书后，经常给妮妮讲故事，念儿歌。这体现了其诲人不倦、因材施教，注重幼儿的全面发展的职业道德。

5. 周老师的教育行为践行了为人师表的教师职业道德规范。为人师表要求教师应坚守高尚情操，知荣明耻，严于律己，以身作则；衣着得体，语言规范，举止文明；关心集体，团结协作，尊重同事，尊重家长；作风正派，廉洁奉公，自觉抵制有偿家教，不利用职务之便谋取私利。材料中，周老师以身作则，主动陪伴留守儿童，并且主动与家长沟通，进行无偿教育。这体现了其为人师表的职业道德规范。

综上，周老师的行为是我们学习的榜样，在工作中我们要践行教师职业道德规范的要求。

本章小结

幼儿教师要爱国守法、爱岗敬业、为人师表、团队合作，要做到师德为先，热爱学前教育事业，具有职业理想，践行社会主义核心价值体系，履行教师职业道德规范，依法执教。幼儿教师要关爱幼儿，尊重幼儿权益，富有爱心、责任心、耐心和细心，做幼儿健康成长的启蒙者和引路人。幼儿教师要教书育人，遵循幼儿身心发展特点和保教活动规律，提供适合的游戏活动，家园共育，保障幼儿快乐健康成长。幼儿教师要衣着整洁得体，语言规范健康，举止文明礼貌，要有阳光的心态。幼儿教师要做到终身学习，只有不断地加强学习，才能够让自身的知识结构得到完善，才能够担负起新时代幼儿教育的使命。

学习资源

1. 唐凯麟，刘铁芳. 教师成长与师德修养［M］. 北京：教育科学出版社，2007.

2. 檀传宝. 走进新师德：师德现状与教师专业道德建设研究［M］. 北京：北京师范大学出版社，2009.

3. 钱焕琦，朱运致. 幼儿教师职业道德实践［M］. 上海：华东师范大学出版社，2013.

4. 左志宏. 幼儿园教师职业道德［M］. 北京：北京师范大学出版社，2014.

5. 教育部教师工作司. 为了未来：教师职业道德读本（中小学教师分册）［M］. 北京：高等教育出版社，2013.

6. 苏霍姆林斯基. 给教师的一百条建议［M］. 北京：教育科学出版社，1984.

第四章

幼儿教师职业行为准则

知识结构图

- 幼儿教师职业行为准则
  - 幼儿教师职业行为准则的时代新课题
    - 《新时代幼儿园教师职业行为十项准则》出台的背景
      - 新时代学前教育发展中的新问题
      - 新时代对幼儿教师发展的新要求
      - 新时代幼儿教师师德的创新建设
    - 《新时代幼儿园教师职业行为十项准则》出台的意义
      - 有利于幼儿教师职业道德水平的整体提升
      - 有利于幼儿道德观念的形成和发展
      - 有利于学前教育事业健康发展
  - 幼儿教师职业行为十项准则的阐述
    - 幼儿教师职业行为十项准则的内容和基本要求
      - 坚定政治方向
      - 自觉爱国守法
      - 传播优秀文化
      - 潜心培幼育人
      - 加强安全防范
      - 关心爱护幼儿
      - 遵循幼教规律
      - 秉持公正诚信
      - 坚守廉洁自律
      - 规范保教行为
    - 幼儿教师职业行为准则的特点
      - 普遍性与特殊性结合
      - 期许性与禁行性结合
      - 继承性与发展性结合

学习目标

- 识记《新时代幼儿园教师职业行为十项准则》的内容。
- 理解《新时代幼儿园教师职业行为十项准则》出台的意义。
- 在实际教学活动中遵循幼儿教师职业行为准则，能运用幼儿教师职业准则分析、指导具体的教学活动。

学习重点

识记十项行为准则，运用十项行为准则分析、指导教学活动。

学习建议

本章主要介绍了《新时代幼儿园教师职业行为十项准则》出台的意义，重点阐述《新时代幼儿园教师职业行为十项准则》的内容及其解读，以期对规范学前专业学生的幼儿保教行为提供参考。

问题情境

请给“小动物”找家①

教师在黑板上画了一条小河，又画了几棵大树和一片草地，然后拿出小兔子、小鸭子、小猴子图片，请孩子们为这些“小动物”找家。

有一个小男孩把小兔子图片放到了“小河”里，把小鸭子图片放到了“草地”上，把小猴子图片放到了“空中”，结果引来孩子们的哄堂大笑。

老师这样问这个小男孩：“你知道大家为什么笑你吗?”不等小男孩回答，她就转向其他孩子：“有没有小朋友愿意帮助他?”许多小朋友纷纷表示愿意帮助他。

一个小女孩走上来，不假思索地把小兔子图片放到了“草地”上，把小鸭子图片放到了“水”里，把小猴子图片放到了“树”上，立即引来全体幼儿的掌声。

为了强化这一“标准答案”，教师接着问大家：“她放得对不对呀?”孩子们异口同声地回答：“对。”

教师继续鼓励道：“来，我们给她竖一竖大拇指，一起说——棒！棒！你真棒！”然

---

① 叶平枝. 教师的评价与幼儿的成长［J］. 幼儿教育·教育教学版，2017（9）.

后，教师转过身和颜悦色地对这个面露尴尬的小男孩说："你现在知道答案了吧？以后要记得动脑筋哦！"

案例中教师的行为看起来似乎合情合理，比如及时与幼儿进行互动、适时给予幼儿鼓励及和颜悦色地对待"出错"的幼儿。然而，细究之下，我们又会发现这位教师的教学存在诸多问题。

首先，教师未做到尊重幼儿，小男孩给出自己的答案时，教师以成人的目光、以大众的视角对其进行审视并做出判断，这首先是对小男孩作品的不尊重，而教师在大家哄笑时并未请当事人自己解释而是请另外的小朋友给出正确答案，这也是对小男孩心理感受、内心需求和思维过程的忽视，同样是不尊重幼儿的表现。

其次，幼儿园的教学活动与中小学的教学活动有明显的区别，由于幼儿身心发展的特殊性，幼儿园教学活动重体验而非内容，重过程而非结果。案例中的教师似乎更注重唯一的、"标准答案"——知识的传授，这不利于幼儿经验的获得，同时也是对幼儿发散思维的约束。

最后，教师对于"表现异常"的小男孩缺乏细心、耐心，未曾倾听幼儿的心声，直接认为小男孩错了并替他做出"寻求帮助"的决定，一定程度上对于幼儿的个体差异不够包容，也是教师不够细心的体现。

幼儿教师应该根据幼儿自身特征，规范自己的保教行为，确保儿童健康成长，这是一名合格幼儿教师必须具备的素质。本章我们就来探讨新时代幼儿教师职业行为准则问题。

第一节 幼儿教师职业行为准则的时代新课题

幼儿教师职业行为准则是党和国家教育行政部门根据新时代、新形势、新发展的要求，在充分征求全国幼儿教师代表、全国教书育人楷模、教师职业道德及教育法律研究的专家学者、地方教育部门及高校相关负责同志意见和建议的基础上，通过召开座谈会、反复讨论修改，最终形成的制度性文件。它是新时代幼儿教师师德师风建设的方向标，是幼儿教师职业道德修养的具体要求，具有重大的理论价值和现实意义。

一、《新时代幼儿园教师职业行为十项准则》出台的背景

（一）新时代学前教育发展中的新问题

新时代的学前教育发展中不可避免地存在各种各样的问题。主要表现：学前教育发展

不平衡和不充分的问题依然突出，优质公办园收费低廉但数量不足，无法满足公众需求，造成优质学前教育资源“稀缺化”，侧面助推了民办园收费“贵族化”，致使大量来自困难群体家庭的幼儿被迫流入无证园；普惠性资源供给不足，导致国内幼儿园“入园难，难过考公务员；入园贵，贵过大学学费”；幼儿园师资在数量、质量上双重不足，供需失衡，工资待遇偏低，导致幼儿园运转困难、保教质量参差不齐、安全管理矛盾较为突出，甚至有侵犯儿童权益事件发生。加之，全面“二孩”政策的放开，学前教育领域面临全新的机遇和挑战。机遇是党和国家越来越重视学前教育事业，2018 年 11 月，《中共中央 国务院关于学前教育深化改革规范发展的若干意见》再次确证了学前教育在国民教育体系中的重要地位和社会属性，中央财政将持续加大学前教育投入力度、优化支出结构，支持推进学前教育一系列重大改革、政策措施和工程项目，有力推动我国学前教育事业改革发展朝着公平而有质量的方向坚定迈进。挑战是学前教育资源尤其是普惠性资源不足、政策保障体系不完善、教师队伍建设滞后、监管体制机制不健全等能否支撑起新一轮的入园高潮的到来。

（二）新时代对幼儿教师发展的新要求

学前教育的健康可持续发展，关键在于幼儿教师，核心在于幼儿教师队伍质量的提升。然而，尽管政府和社会加大了对学前教育重视，幼儿教师队伍建设也日趋专业化，但仍然有个别幼儿教师理想信念模糊，保教意识淡薄，放松自我要求，甚至出现严重违反师德行为，如体罚和变相体罚、精神虐待（嘲笑、讽刺、歧视幼儿）、幼儿园腐败（如收受家长购物卡、礼品以及红包等）等失范行为。诚然，我国幼儿教师队伍总体上具有较高的职业道德品质，但极个别幼儿教师的个人行为，经过社会、网络的发酵，仍然对整个幼儿教师队伍的形象造成了极大的负面影响。党的十八大召开以来，党中央和国务院高度重视教育改革和发展，在多个方面论及教师的重要战略地位。尤其十九大召开后，中国特色社会主义进入新时代，教育领域也吹响了新时代的号角，教师成为教育质量提升的关键一招和动力源泉，嵌入国家教育制度、行动和总体改革规划中。2017 年 1 月，《国家教育事业发展“十三五”规划》提出：“进一步完善教师队伍建设”，“进一步提高教师素质。”2018 年 1 月，《中共中央 国务院关于全面深化新时代教师队伍建设改革的意见》提出：“全面提高幼儿园教师质量，建设一支高素质善保教的教师队伍。”2018 年 11 月，《中共中央 国务院关于学前教育深化改革规范发展的若干意见》（简称《学前教育深化改革意见》）明确提出：“到 2020 年，基本形成以本专科为主体的幼儿园教师培养体系，本专科学前教育专业毕业生规模达到 20 万人以上；建立幼儿园教师专业成长机制，健全培训课程标准，分层分类培训 150 万名左右幼儿园园长、教师；建立普通高等学校学前教育专业质量认证和保障体系，幼儿园教师队伍综合素质和科学保教能力得到整体提升。”在资源配置上，《学前教育深化改革意见》提出“实施学前教育专项”“规范小区配套幼儿园建设使用”“鼓励社会力量办园”等。在经费投入方面，《学前教育深化改革意见》提出：“进一步加大学前教育投入力度，逐步提高学前教育财政投入和支持水平，主要用于扩大普惠性资源、补充配备教师、提高教师待遇、改善办园条件。”从中可以看出，在新的历史方位上，党和政府对学前教育事业寄予厚望，同时也在多个方面给予支持。

（三）新时代幼儿教师师德的创新建设

师德是一个常讲不衰的话题。“师也者，教之以事而喻诸德者也；保也者，慎其身以辅翼之而归诸道者也。”这可以说是中国古代较早提出的教师应遵循的职业道德原则。新中国建立后，党和国家领导人始终重视教师的师德建设，强调教师都要以具有崇高师德作为奋斗目标①。《中华人民共和国教师法》中提出的教师义务的首条就是“遵守宪法、法律和职业道德，为人师表”。2008年修订的《中小学教师职业道德规范》提出的“爱国守法、爱岗敬业、关爱学生、教书育人、为人师表、终身学习”等，为教师职业道德树立了一个崭新、崇高而理想的标准。当前，我国教育事业进入新时代。在新的历史方位上，党的十九大报告明确地提出“加强师德师风建设，培养高素质教师队伍，倡导全社会尊师重教”。习近平总书记高度重视师德建设，针对教师队伍建设提出了“四有好老师”“四个引路人”“四个相统一”“根本标准和第一标准”等系列重要论断，为新时代师德建设指明了方向。因此，2018年11月《新时代幼儿园教师职业行为十项准则》（简称《十项准则》）的出台，体现了党和国家对幼儿教师队伍建设的高度重视和殷切期盼，要求我们把师德建设作为幼儿教师队伍建设的首要任务。新时代教师职业规范，针对主要问题、突出问题划定基本底线，将幼儿教师崇高职业道德标准与底线保教行为紧密结合，创新师德师风建设，弥补底线职业道德的缺位，使幼儿教师职业道德建设不再流于形式，促进新时代幼儿教师个体生命健康、和谐、完整地成长。

二、《新时代幼儿园教师职业行为十项准则》出台的意义

（一）有利于幼儿教师职业道德水平的整体提升

幼儿教师职业行为对提升我国幼儿教师的整体道德水平来说尤为重要。职业行为是幼儿教师规范保教行为的指南，通过良好的职业行为，能够进一步提升幼儿教师的整体职业道德与素养。良好的职业行为并非天生，而是需要后天的塑造与培养才能够形成。幼儿教师也并不是完美无缺的，同样在道德领域存在着各种各样的问题②。改革开放以来，1985

① 林崇德. 坚持以德立身，塑造教师美好形象［EB/OL］. http://www.moe.gov.cn/jyb_xwfb/moe_2082/zl_2018n/2018_zl86/201811/t20181115_354888.html.

② 楚翘. 当前幼儿教师职业道德研究［D］. 齐齐哈尔：齐齐哈尔大学，2015：7.

年、1991年、1997年、2008年先后修订《中小学教师职业道德规范》，但都没有将幼儿教师职业道德建设纳入规定范围内，没有充分认识幼儿教师队伍建设在我国国民教育体系中的战略地位和重要作用。2010年11月，《国务院关于当前发展学前教育的若干意见》明确提出："加快建设一支师德高尚、热爱儿童、业务精良、结构合理的幼儿教师队伍。"2018年11月，《新时代幼儿园教师职业行为十项准则》出台，成为全国幼儿教师队伍中一个独立的职业行为体系，详细论述了幼儿教师职业的边界，为我国幼儿教师养成良好的职业行为提供了参考标准，也有利于我国幼儿教师职业道德整体水平的提高。

（二）有利于幼儿道德观念的形成和发展

幼儿的亲师性、模仿性和幼儿教师的职业性质与特点决定了幼儿教师必须具备良好的职业道德。正如习近平同志在致全国广大教师的慰问信中讲到："教师是立教之本、兴教之源，……希望全国广大教师牢固树立中国特色社会主义理想信念，带头践行社会主义核心价值观，自觉增强立德树人、教书育人的荣誉感和责任感，学为人师，行为世范，做学生健康成长的指导者和引路人。"① 幼儿教师要实现"教书"和"育人"的神圣职责，就必须具备崇高师德。孔子说："其身正，不令而行；其身不正，虽令不从。"引申到幼儿教育领域中，即当幼儿教师具备崇高的职业道德和良好的职业行为，以身作则，不需用命令、威胁、恐吓等，幼儿也会遵循幼儿教师的安排和指引；相反，如果幼儿教师自身职业道德低劣，以暴力方式要求幼儿顺从，那么，纵然命令、威胁、恐吓等，幼儿也不会听从教师的教导。因此，规范幼儿教师职业行为能够提高幼儿教师职业道德水平，能够给予幼儿正确的道德引导，促进幼儿道德观念的形成与发展，甚至能够对幼儿未来的道德水平产生直接影响②。

（三）有利于学前教育事业健康发展

当前，"立德树人"已成为教育事业根本任务和方向标，要实现"立德树人"的千秋基业，关键在教师。学前教育是终身学习的开端，是国民教育体系的重要组成部分，从小培育幼儿的道德品质，对实现"立德树人"具有重要的奠基作用。对于我国学前教育事业而言，幼儿教师职业道德建设是学前教育事业的重要工作之一，是"立德育幼"的关键力量。因此，新时代提出幼儿教师职业行为准则，对提高幼儿教师职业道德的整体水平、培育幼儿良好的道德品质以及实现"立德树人"具有重要的现实意义，并最终促进我国学前教育事业的健康稳定发展。

---

① 正在乌兹别克斯坦访问的习近平向全国教师致慰问信［EB/OL］. http://www.gov.cn/ldhd/2013－09/09/content_2484494.htm，2013－09－09.

② 楚翘. 当前幼儿教师职业道德研究［D］. 齐齐哈尔：齐齐哈尔大学，2015：7.

第二节　幼儿教师职业行为十项准则的阐述

一、幼儿教师职业行为十项准则的内容和基本要求

幼儿园所培养的幼儿身体、智力和心理健康如何，直接取决于幼儿教师队伍的价值取向、精神面貌和职业素养。所以，幼儿教师要具有高尚的道德品质。当前，国家正在进行新一轮的经济布局和产业调整。新的形势对幼儿教师队伍建设提出了更高的要求。因此，幼儿教师在从事教育教学活动中，只有遵守坚定政治方向、自觉爱国守法、传播优秀文化、潜心培幼育人、加强安全防范、关心爱护幼儿、遵循幼教规律、秉持公平诚信、坚守廉洁自律、规范保教行为等几个方面的教师职业行为准则，才能适应新时代的教育事业发展要求，培养出新时代的社会主义新人。

（一）坚定政治方向

1. 坚定政治方向的含义

坚定政治方向是指教师要坚持以习近平新时代中国特色社会主义思想为指导，拥护中国共产党的领导，贯彻党的教育方针；不得在保教活动中及其他场合有损害党中央权威和违背党的路线方针政策的言行。坚定的政治方向是教师职业行为修养的前提。

2. 坚定政治方向的必要性

中国共产党我们各项事业的领导核心，拥护中国共产党的领导、贯彻党的教育方针，是针对教师政治生活提出的基本要求，它反映的是教师应具备的政治思想、情感和立场。拥护中国共产党的领导体现一个人民教师对共产党的认同感和依存关系，也是从事教师职业的基本要求；贯彻党的教育方针是教师必须坚守的原则和自觉履行的义务。

3. 幼儿教师坚定政治方向的基本要求

（1）拥护党的领导。

中国共产党是中国工人阶级的先锋队，同时是中国人民和中华民族的先锋队，始终代表着中国最广大人民的根本利益。中国共产党从诞生之日起，就坚持把马列主义作为自己的指导思想，践行全心全意为人民服务的宗旨，并在革命、建设和改革的实践中不断丰富和发展。正是因为有了中国共产党的领导，新民主主义革命、社会主义革命和中国特色社会主义事业才能取得巨大成就。尤其是改革开放以来，在中国共产党制定的基本路线的指引下，全国各族人民更加坚定了社会主义信念、坚定了中国共产党的领导，坚持走社会主义道路，使我国的社会政治稳定，经济快速、协调发展。因此，作为幼儿园教师要坚持以习近平新时代中国特色社会主义思想为指导，拥护中国共产党领导，要在思想上与党和国家保持高度一致，认真学习党的历史，努力提升自己的专业知识，为党的教育事业做出

贡献。

(2) 贯彻党的教育方针。

教师在教育教学活动过程中，表达爱党、向党的情感，主要体现在全面贯彻党的教育方针，依法履行教师职责，认真落实立德树人的任务，提高教育质量，自觉按照教育规律和儿童身心发展特点，促进儿童全面发展。幼儿园教师要做到坚持全面发展教育，重视培养幼儿广泛兴趣，发展幼儿的特长；坚持面向全体幼儿，强调尊重幼儿，塑造幼儿的健全人格；坚持成功教育，赏识幼儿、鼓励幼儿，陶冶幼儿的道德情操，让幼儿在身心和谐发展的同时提高学习效率；等等。因此，幼儿园教师只有全面贯彻党的教育方针，认识到教育工作对党的极端重要性，才能为党、国家和社会主义事业培养接班人。

(二) 自觉爱国守法

1. 自觉爱国守法的含义

自觉爱国守法是指忠于祖国，忠于人民，恪守宪法原则，遵守法律法规，依法履行教师职责；不得损害国家利益、社会公共利益，或违背社会公序良俗。自觉爱国守法是教师职业行为修养的基本要求。

2. 自觉爱国守法的必要性

(1) 爱国是教师首要遵守的政治规范。

爱国是中华民族的传统美德，也是人们对社会主义的一种深厚感情和为社会主义事业奋斗的精神支撑。教师承担着为国家、为社会培养建设者和接班人的伟大重任。只有教师怀有对党、对祖国、对社会主义持久而深厚的爱，把献身祖国教育事业作为一生的目标和追求，树立为教育而献身的崇高教育理想，那么他的韧性就很大，不管遇到什么困难，都会朝前走。因此，教师首要的是爱自己的国家、认同自己的国家，充分认识和体验自己所从事的工作的崇高，意识到自己担负着为祖国培育明日花朵的重任，才能处处为事业着想、矢志不渝、奋不顾身、尽心尽力地为培养下一代新人而默默奉献自己的一生。

(2) 守法是教师师德修养的基本底线。

爱国必须守法。俗话说："没有规矩，不成方圆。"制定各种法律法规和规章制度不是为了限制公民的发展或剥夺公民的权利，而是为了营造一个良好的社会发展环境。守法是人民教师最基本的行为准则，是教师爱国的具体体现，也是师德修养的底线，守法的同时也体现了教师自身的修养。在社会生活中，每一位中国教师首先是一位中国公民。人民对老师的道德要求普遍高于其他人，对教师的信任度也普遍高于其他人。如果担负着教育下一代任务的教师，自身不能做到遵守法律法规、依法履行教师职责，那么就不能教出爱国守法的公民，也不配做一名教育工作者。因此，教师要做学法、懂法、守法的楷模，规范自身的行为，自觉地遵纪守法，确保自己的言行与党和国家的方针政策保持一致，当好新时代社会主义精神文明建设的建设者和传播者。

3. 幼儿教师自觉爱国守法的基本要求

（1）维护祖国统一和尊严。

教师要树立爱国主义思想，自觉维护祖国的统一和尊严，维护全国各族的团结，反对国家分裂，坚持以热爱祖国为荣、以危害祖国为耻。爱国主义首先表现为一种情感，对自己祖国的一种归属感、认同感、尊严感和荣誉感，这种情感随着理性认识升华为爱国思想，最终转化为爱国行为。不仅表现在热爱自己生活的地域、疆土，还表现在关心国家的前途、命运以及拥有民族自尊、自信、自强的精神，更表现在为祖国的繁荣富强而努力奋斗的行动上。正如苏霍姆林斯基所言："对祖国的忠诚，要靠忠诚地为祖国服务来培养。"

（2）热爱人民。

教师要自觉树立社会主义荣辱观，坚持以服务人民为荣，以背离人民为耻。教师首先是人民，肩负着教授知识和传承文化的重大使命，是促进人类思想进步的指导者，是塑造人类灵魂的工程师。教师只有树立对人民的热爱，才能时时刻刻在心中牢记自己的职责和使命。教师的职责就是传道授业，他们眼中的人民往往是自己的学生。幼儿园教师是其中一个特殊群体，具有一定的学科素养和专业知识，他们培养的对象是幼儿，如果对幼儿没有感情，就是对人民没有感情，那就不可能把全部精力都投入到教学工作中去。因此，幼儿园教师要热爱事业、热爱幼儿，努力做好自己的本职工作，就是在为社会服务，为国家和人民服务，就是热爱人民的具体表现。

（3）依法执教。

国家管理和发展教育事业，必须依据必要的法律法规手段，这就是依法治教，即在社会主义民主的基础上，依照国家教育法律法规来实施、管理和发展教育，使教育事业逐步走向法治化、规范化的道路。对幼儿教育管理者而言，依法治教的具体要求就是依法治园；对于幼儿园教师而言，依法治教的具体要求就是依法执教。依法执教是指教师在教育教学活动中，按照教育法律法规的规定，依法行使权利，自觉履行义务，逐步使教学教学工作法治化和规范化。具体体现：幼儿园教师要严格遵守《中华人民共和国宪法》《中华人民共和国教育法》《中华人民共和国教师法》《国务院关于当前发展学前教育的若干意见》《幼儿园教师专业标准（试行）》《3～6 岁儿童学习与发展指南》和《新时代幼儿园教师职业行为十项准则》等等。

【历年真题】

【4.1】梁某受聘在某政府机关举办的幼儿园中从事专职食品安全管理工作。根据《中华人民共和国教育法》的规定，对于梁某的管理应当实行（　　）。

A. 国家公务员制度　　B. 教育雇员制度

C. 教育职员制度　　D. 教育公务员制度

【解析】 正确答案C。《中华人民共和国教育法》第三十六条规定："学校及其他教育机构中的管理人员，实行教育职员制度。学校及其他教育机构中的教学辅助人员和其他专业技术人员，实行专业技术职务聘任制度。"

（三）传播优秀文化

1. 传播优秀文化的含义

传播优秀文化是指带头践行社会主义核心价值观，弘扬真、善、美，传递正能量；不得通过保教活动、论坛、讲座、信息网络及其他渠道发表、转发错误观点，或编造散布虚假信息、不良信息。传播优秀文化是教师的责任与品行。

2. 传播优秀文化的必要性

（1）教师职责的内在要求。

教师一方面承担对人类文明的传承重任，另一方面承担价值观的引导重任。古语有云："师者，所以传道授业解惑也。"教师"是人类灵魂的工程师"，是儿童青少年健康成长的引路人，肩负着塑造学生灵魂的重任。也就是说，教师是传播知识，尤其是传播人类优秀文化知识的人。但长期以来，由于功利主义的侵蚀，教师所理解的知识，仅仅是对学生成绩有直接影响或对自身绩效考核有直接利益的知识，即停留在物质层面；教师对知识的理解还未上升到精神层面，即对真、善、美的追求与弘扬，对假、恶、丑的纠偏与摒弃。所以，教师应该是人类优秀文化的传播者，是人类永远追求真、善、美家园的精神守护者。

（2）教师职业对象的特殊性。

教师的职业对象是儿童、青少年，他们正处于生理、心理快速发展的过程以及人生观、价值观、世界观形成的关键时期。随着他们认识能力的不断提高，社会生活圈子的逐渐扩大，他们的关注点已然从自己家庭、学校逐渐扩展到社会、国家乃至全世界。教师又是儿童、青少年在学校教育的"重要他人"，这一时期教师正确的引导和影响，可以促使他们形成合理性和合目的性的"三观"。

（3）多元文化价值的冲击。

随着经济全球化、交流国际化、信息爆炸化以及我国扩大开放和深入推进社会主义市场经济改革，世界各种文化思潮交互融合与碰撞，给人们的价值观念以及思想意识带来了巨大的冲击[①]。在这种大的社会背景下，教师以及学生们耳闻目睹了纷繁复杂、光怪陆离、真假难分的社会现象，如果不加强优秀文化的学习、甄别和宣传，那么，教师乃至学生的思想难免受到腐蚀、心灵受到污染，民族认同、社会主义核心价值观认同、民族自信

① 王爱红．当前中学教师践行核心价值观问题的研究［D］．开封：河南大学，2014：4.

将无从谈起。

3. 幼儿教师传播优秀文化的基本要求

（1）坚定理想信念。

理想信念是人们对美好未来的向往和追求，是人们的人生观、世界观和价值观的集中反映。从总体上看，绝大部分幼儿教师的理想信念是积极、健康向上的。他们对党的大政方针、中国特色社会主义事业高度认同，时刻关注国家的前途命运，积极传播科学文化知识，努力为学前教育事业奋斗，为全社会树立了道德标杆。但需要警惕的是，极少数幼儿教师在市场经济的冲击下，过于追求个人私利，淡化了共产主义理想信念的追求，对社会主义前途信心不强，存在一些消极的政治观念和错误的价值观念，背离学前教育事业的初衷。

（2）坚持修身立德。

修身立德是中华优秀传统文化的重要组成部分。中国古代的儒家思想，一直强调修身、齐家、治国、平天下；在这其中，修身是本，是齐家、治国、平天下的基础和前提。教师的修身立德，是指广大教师通过修养自己的身心，努力提高自身的思想道德修养水平、提升自己对职业和工作的基本态度。幼儿教师践行社会主义核心价值观，其前提和基础就是教师首先要不断提升自己的师德修养，不断提高自己的综合素质、提升自己对学前教育事业的认同感和使命感。

（3）增强为人师表。

学为人师，行为世范。幼儿教师带头践行社会主义核心价值观，还必须坚持为人师表，要把做幼儿生命健康成长的指导者和引路人视为自己毕生的职业使命。广大幼儿教师应该深刻认识到，一位富有人格魅力，为幼儿喜爱、认可并模仿的教师，一定是一位注重品性修养、饱含母性大爱、充满为人师表的使命感的教师。可以说，幼儿教师为人师表，既是幼儿教师职业道德行为建设的基础，也是幼儿教师带头践行社会主义核心价值观的基础。

（四）潜心培幼育人

1. 潜心培幼育人的含义

潜心培幼育人是指幼儿教师要落实立德树人根本任务，爱岗敬业，细致耐心；不得在工作期间玩忽职守、消极怠工，或空岗、未经批准找人替班，不得利用职务之便兼职兼薪。潜心培幼育人是幼儿教师职业行为修养的出发点。幼儿教师要坚持以德育幼，热爱教育岗位，把教育事业当作自己的精神寄托，兢兢业业、全身心投入学前教育事业中。

2. 潜心培幼育人的必要性

（1）潜心培幼育人是幼儿教师落实立德树人的根本任务。

幼儿教师潜心培幼育人首先体现在落实立德树人的新理念。党的十八大报告指出：

“把立德树人作为教育的根本任务，培养德智体美全面发展的社会主义建设者和接班人。”立德树人，即教育事业不仅传授知识、培养能力，还要把社会主义核心价值体系融入国民教育体系之中，引导学生树立正确的世界观、人生观、价值观、荣辱观。对于学前教育事业而言，应该注重幼儿的品德培养，让每一个幼儿都成为有品德、有素质、有文化的全面发展的人。幼儿期是人生的启蒙期，是塑造健康人格和良好道德素质的关键时期。俗话说：“三岁看大，七岁看老。”一个人良好品德的形成，关键看幼儿时期接受了什么样的教育，生活在什么样的学习氛围和生活环境中。所以幼儿教师肩负着“培养什么人、为谁培养人、怎样培养人”的使命。

（2）潜心培幼育人是幼儿教师爱国敬业的具体体现。

幼儿教师潜心培幼育人还体现在蕴含爱岗敬业的精神。由于幼儿教育对象的特殊性，幼儿教师必须热爱自己的本职工作。爱岗是指热爱自己的岗位，敬业就是要用一种恭敬严肃的态度对待自己的工作。正如南宋哲学家、教育家朱熹所言：“敬业者，专心致志以事其业也。”意思是对待自己所从事的职业要尽心尽力，专心致志。对于幼儿教师而言，爱岗敬业是处理教师自身职业与教育事业、教师自身利益与教育利益关系的准则，是幼儿教师职业道德行为的前提和基础，缺少这一前提和基础就会导致玩忽职守、消极怠工、谋求私利等。因此，幼儿教师只有具备爱岗敬业的崇高精神风貌，才能兢兢业业、一心一意地投入教学活动，才能细致耐心地培育幼儿，为祖国培育未来的花朵。

3. 幼儿教师潜心培幼育人的基本要求

（1）热爱幼儿教育事业。

教师要具有强烈的事业心和高度的责任感，忠诚党的教育事业，热爱党的教育事业。幼儿教师潜心培幼育儿的首要要求就是热爱幼儿教育事业。毫无疑问，幼儿教师是幼儿园教育教学活动的组织者和执行者，他们的教育素养高低将直接影响幼儿个体价值倾向、身心健康、智力发展等。因此，幼儿教师如果不热爱幼教事业，就不能贯彻党的教育方针，也绝不可能为人民教育事业创造业绩、做出重要贡献，更不能成为一位优秀的人民教师。幼儿教师要热爱幼教事业，自觉自愿地投入到这种平凡而有重大意义的育儿工作中，对幼儿教育工作有敬畏之心，能够克服工作的困难，化困难为动力，矢志不渝地为幼儿教育事业奉献自己的力量。

（2）热爱本职工作，追求职业理想。

职业理想是幼儿教师从事职业的向往、追求和精神动力。幼儿教师只有热爱本职工作，树立献身幼儿教育事业的职业理想，才能消解工作中的职业倦怠，才能在平凡的岗位上干出不平凡的事业，真正做到“干一行，爱一行，专一行”。幼儿教育教学工作是琐碎的、细小的，不像工业化流水线上的工作那样标准化、机械化、数量化。它更像农田的庄稼，在温和的阳光、细雨蒙蒙中静静成长，默默地为大地带来生机。幼儿教师只有忠于职守、尽心尽力、尽职尽责，不在职位之内谋求个人私利，将自己的全部心血和精力投入到幼教工作中，才能慈母般地爱护幼儿，对得起社会给予的“人类灵魂的工程师”美誉，才能有助于社会主义幼教事业的发展。

(3) 提升自身对幼儿品德教育的认识水平。

幼儿园是幼儿身体、智力、道德、性格和情感等方面发展的重要场所。幼儿教师是幼儿园落实立德树人的关键力量。因此，幼儿教师对道德教育认识的高低影响着幼儿园的实际教育质量和幼儿的发展水平。首先，幼儿教师要树立终身学习的意识。《幼儿园工作规程》指出：幼儿教师应“参加业务学习和保育教育研究活动”。《3～6 岁儿童学习与发展指南》指出：“在健康、语言、社会、科学、艺术五个领域培养幼儿。”《中共中央 国务院关于学前教育深化改革规范发展的若干意见》指出：“要认真落实立德树人的根本任务。”因此，幼儿教师要加强终身学习的能力，在五大领域中融入“立德树人”的理念和要求，如艺术活动“爱护小树苗”，通过教学，不仅可以教育幼儿要爱护植物、保护大自然，还可以带幼儿栽花植树，激发幼儿创设美好家园的愿望。语言活动“美丽的建筑”教学过程中，通过观看世界各地的名胜建筑，学说句子“……像……”，如“万里长城像蜿蜒的巨龙”，这样可以在发展幼儿语言表达能力的同时，让幼儿感受世界各地的美丽建筑，萌发幼儿对建筑物的兴趣和对世界的热爱之情。其次，教师要为人师表，加强师德修养。教师是幼儿学习模仿的榜样，是幼儿的一面镜子，教师的一言一行都潜移默化地影响着每一个幼儿。教师要培养幼儿形成良好的品德素养，必须有良好的师德师风，具有高尚的人格，要热爱自己的教育事业，能为孩子们创造良好的学习和生活环境。教师通过幼儿园生活，让幼儿成为讲文明、懂礼貌、有着良好行为习惯和品德的人。最后，教师要制订详细的德育工作计划。教师在每学期都应根据本班幼儿的年龄特点和情况制订德育工作计划，明确幼儿在本学期要得到哪方面的培养和发展。例如，对于小班的孩子，主要培养他们的情绪和行为习惯。早上能高高兴兴上幼儿园，并做个懂礼貌的好孩子，学会使用“你好”“谢谢”“再见”等礼貌用语；对于中班的孩子，重点培养幼儿爱家乡、爱祖国、爱集体、爱劳动的情感，培养诚实、勇敢、好问、友爱、爱惜公物、不怕困难、讲礼貌、守纪律等良好的品德和行为习惯，养成幼儿健康、活泼、开朗的性格；而大班的孩子正处于幼儿期晚期，是由学龄前期教育过渡到小学教育的承上启下的时期，所以我们要抓住这一重要时期，培养幼儿诚实有礼、敢作敢为、谦让合作、关心他人的优良品德，养成良好的文明习惯，陶冶幼儿情操，培养幼儿的集体主义精神，为幼儿进入小学打下良好的基础。

(五) 加强安全防范

1. 加强安全防范的含义

加强安全防范是指幼儿教师要增强安全意识，加强安全教育，保护幼儿安全，防范事故风险；不得在保教活动中遇突发事件、面临危险时，不顾幼儿安危，擅离职守，自行逃离。加强安全防范是幼儿园教育教学工作的基本前提，也是幼儿教师职业操守的重要内容。加强安全防范对幼儿身心健康发展具有重要意义。

2. 加强安全防范的必要性

（1）加强安全防范是幼儿健康成长的基本保护。

幼儿期的孩子天性好动，对任何事都充满了好奇心，什么都想看一看、摸一摸、玩一玩。但3～6岁的幼儿由于年龄小，缺乏一些必要的生活经验，自我保护的意识较差，往往接近危险或处于危险而自己毫无感觉。幼儿园的环境创设（包括合器械、滑滑梯、攀登架、转盘、荡秋千等大型玩具）不仅仅是美化的作用，也是直观的教育方法，通过标志符号、照片、体育器材等，让幼儿在环境的潜移默化中熏陶、感受安全教育，有效保护幼儿的健康发展。

（2）加强安全防范是幼儿园教育活动的基本前提。

安全重于泰山。幼儿园的头等大事就是安全工作。《幼儿园教育指导纲要（试行）》指出："教师应该把保护幼儿的生命和促进幼儿的健康放在头等重要的位置。"因此，只有在安全的基础上，把保护幼儿的生命和促进幼儿的健康放在工作的首位，将安全教育与幼儿园的保教工作有机结合起来，寓安全教育于幼儿日常生活细节中，做到寓教于乐，让儿童在玩中自己去体会什么是安全，逐渐形成一种安全意识，以及应对危险的能力等，才能真正实现幼儿园教育的健康可持续发展。

（3）加强安全防范是实现学前教育目标的生命线。

幼儿园的头等大事就是安全工作。生命不保，谈何教育？谈何育幼？要想创建优良、和谐的幼儿园环境，首先要创建平安的育儿环境。幼儿园的安全防范工作，不仅关系到千家万户的幸福和安宁，还关系到学前教育事业的稳定以及整个社会的安全稳定。在幼儿园安全防范工作中，幼儿园教师的安全责任是最大的，也是幼儿园安全防范工作的第一责任人和最终执行者。因此，学前教育目标的实现离不开对幼儿的安全教育，也离不开广大幼儿园教师对幼儿生命的敬畏和保护。

3. 幼儿教师加强安全防范的基本要求

（1）主动学习，增强安全意识。

近年来，我国对幼儿园的安全工作十分重视，制定了很多法律和法规，比如《中华人民共和国未成年人保护法》（2012年修正版）、《幼儿园工作规程》（2015年）、《托儿所幼儿园卫生保健工作规范》（2012年）等，在《幼儿园管理条例》（1989年）、《幼儿园教育指导纲要（试行）》（2001年）中也对幼儿园安全管理等做了具体规定。与此同时，地方性法律法规以及政策文件也相继出台。因此，幼儿教师应该主动学习学前教育的法律法规、参加相关讲座、学习网络课程等，以增加自身对幼儿园安全教育工作的认识和领悟，增强安全意识，并在实践中逐渐摸索幼儿安全教育的方法。

（2）寓“安”于教，践行安全教育。

幼儿教师不仅要增强自身安全意识，更要培养幼儿的安全意识。具体而言，幼儿教师应该根据幼儿的思维特点，以具体的、形象的、真实的情境，践行安全知识的教育，培养幼儿的安全意识，让幼儿在幼儿园学习和生活中保护自我不受伤害。如幼儿园中、大班孩子，可以在艺术活动中创设具体的情境，让孩子们根据录像或画册等来自制一些消防用品，如灭火器、消防队员制服、灭火用的长长的水管等。制作完后，大家一起讨论这些东西各自的用途。他们自制的消防用品接下来作为角色游戏的道具，老师也会为他们准备大量的道具，如由一个大纸箱和四个小椅子组成的消防车、消防队员的徽章等。角色游戏中一些孩子表演救火队员，练习怎样使用一些灭火器材，而另一些孩子则表演逃离火灾现场的人，练习一些逃生的动作或自救技能。对于小班孩子，侧重教育幼儿遇到危险和紧急情况会呼喊求助，不要离开集体或成人而单独活动，不要接受陌生人的礼物、不跟陌生人走等。

（3）忠于职守，严格履行岗位职责。

一是落实好一日常规管理。幼儿教师要严格执行《幼儿园工作规程》及《幼儿园教育指导纲要（试行）》，负责本班的全面教育、教学工作，认真落实好一日活动中的入园、如厕、上操、上下楼梯、教学活动、区域活动、户外活动、离园等环节安全注意事项以及接送、交通、食品卫生、防溺水、防触电、玩具安全、消防安全、生活安全等方面的要求。同时积极做好晨午检、人数清点、缺课追踪、消毒、安全服药等各方面的工作和记录。二是履行好教师神圣的责任。近年来，我国幼儿园接连发生火灾、歹徒冲击园所、交通安全等事件，面对这种突发事件，幼儿教师应采取一切措施，视幼儿如自己的生命，保护幼儿生命安全，坚决避免“范跑跑”案例。

（六）关心爱护幼儿

1. 关心爱护幼儿的含义

关心爱护幼儿是指幼儿教师要呵护幼儿健康，保障幼儿快乐成长；不得体罚和变相体罚幼儿，不得歧视、侮辱幼儿，严禁猥亵、虐待、伤害幼儿。关心爱护幼儿是幼儿教师师德修养的灵魂，也是幼儿教师师德规范中的重要内容，对幼儿健全人格具有重要意义。

2. 关心爱护幼儿的必要性。

（1）关心爱护幼儿是幼儿教师教书育人的重要前提。

幼儿既是幼儿教师关爱的对象，又是幼儿教师职业劳动的对象。没有对幼儿的爱，就谈不上对幼儿进行真正的教育。党和国家事业的明日花朵，需要教师站在立德树人、素质教育的高度，从德、智、体、美全方面去关心爱护幼儿的成长。俗话说：“教师爱自己的孩子是母爱，爱他人的孩子是神爱。”教师对幼儿的爱，既是幼儿教师崇高师德的体现，又是一种育幼的手段，更是塑造幼儿人格、灵魂的巨大力量。

（2）关心爱护幼儿是建立良好师幼关系的前提条件。

幼儿教师对幼儿的爱，是建立在伟大的人民教育事业上，是高尚的、无私的，是为祖国建设孕育新一代花朵而产生的崇高的思想感情。如果说亲子之间的爱是基于血缘关系的本能的爱，那么老师的爱则更多的是博爱。因为教育是无选择性的，所有的幼儿都有权利接受教育、感受教师的爱。大量的师幼关系研究表明，如果幼儿教师能够以“神爱”的身份与幼儿相处，把幼儿当成自己的孩子一样呵护和哺育，而幼儿也将把教师当作亲人一样依恋、信任，这份特殊的伦理关系将有利于形成良好和谐的师幼关系。

3. 幼儿园教师关心爱护幼儿的具体要求

（1）呵护幼儿健康，保障幼儿快乐成长。

健康的心理教育是现代教育的主题，也是幼儿教育的主题。3～6 岁的学前儿童还处于心理成长发展的关键时期，由于他们在心理上极不成熟，自我调节、控制水平低，自我意识还处于萌芽状态，极易受到外界不良因素的影响。2001 年颁布的《幼儿园教育指导纲要（试行）》提出：“幼儿园教育是基础教育的重要组成部分，是我国学校教育和终身教育的奠基阶段。城乡各类幼儿园都应从实际出发，因地制宜地实施素质教育，为幼儿一生的发展打好基础。”因此，幼儿教师要合理关注幼儿的需求，疏导幼儿内心的焦虑，为幼儿营造一个舒适的活动、学习环境，促进幼儿健康、快乐成长。

（2）尊重幼儿人格，平等对待每一位幼儿。

幼儿是一个有思想、有情感、有生命的活生生的人。幼儿与教师在教育教学活动中所处地位、知识含量不同，但在人格上是完全平等的，有被尊重和被平等对待的权利。教育的成功奥秘在于尊重幼儿，教师尊重幼儿、关心幼儿，幼儿也要尊重教师、理解教师。幼儿教师要以幼儿为本，不以家庭出身、外貌、性别、成绩等歧视、侮辱个别幼儿，对班内的孩子一视同仁，了解、关心每一位孩子，熟悉每一位孩子的发展状况，做幼儿的支持者、引导者。

（3）不滥用惩戒权，严禁猥亵、虐待、伤害幼儿。

《中华人民共和国未成年人保护法》规定：“学校、幼儿园的教职员应当尊重未成年人的人格尊严，不得对未成年学生和儿童实行体罚、变相体罚或者其他侮辱人格尊严的行为。”《幼儿园工作规程》《幼儿园教师专业标准（试行）》等明确指出：幼儿园教职工应当尊重、爱护幼儿，严禁虐待、歧视、体罚和变相体罚、侮辱幼儿人格等损害幼儿身心健康的行为。《教师法》还规定：“体罚学生……情节严重，构成犯罪的，依法追究刑事责任。”可以说，任何体罚、训斥、辱骂、虐待、侮辱都将极大地伤害幼儿的自尊心，都对幼儿健全人格和日后身心发展造成极大伤害。因此，幼儿教师应该自觉守法、依法教幼和秉持崇高的职业道德，维护幼儿合法权益，使幼儿有尊严地学习和生活。

（七）遵循幼教规律

1. 遵循幼教规律的含义

遵循幼教规律是指幼儿教师要循序渐进，寓教于乐；不得采用学校教育方式提前教授小学内容，不得组织有碍幼儿身心健康的活动。遵循幼教规律是对幼儿身心发展特点的正确认识，以及对幼儿生命成长的合理关照，更是幼儿教师专业素养的体现。

2. 遵循幼教规律的必要性

（1）解放“镣铐”中的儿童。

幼儿园教育“小学化”究其根本是超出幼儿身心发展水平的教育，是家长、社会对儿童未来的生活期望代替当前儿童本真生活的教育现象①。“镣铐”并不是一种物化的链条，而是家长、社会大众强加给儿童的一种可能生活状态，并不是本真的生活状态。如果把幼儿园教育“小学化”比喻为“镣铐”下的儿童，那么这里的“镣铐”就是强加给儿童未来生活的期望，儿童也就成为知识化、才艺化、理性化的“成年人”。遵循幼教规律就是要求幼儿园教育要充分考虑幼儿身心发展水平，循序渐进，寓教于乐，将儿童从成人的束缚中解放出来、从“知识”的束缚中解放出来，还儿童本真的生活世界。

（2）回归儿童教育的本质。

教育的本真目的都应该是为人的，人都应该是教育的目的。那么，儿童教育的本真目的都应该是为儿童的，儿童都应该是儿童教育的目的。而在“小学化”教育中，儿童不再是实然的教育目的，儿童成了教育的手段，知识成为教育的目的，使得儿童不但没有从知识中获得自由和幸福，相反地被知识所奴役②。正如刘晓东所言：“幼儿园中存在的‘小学化’教育，它不是培育，而是戕害。”③ 在这一过程中，教师如同钦差大臣，知识就是“圣旨”，儿童就是俯首听命的臣民④。因此，儿童教育需要回归到儿童本身，需要回归到儿童心灵深处，需要回归到儿童的天性，以促进幼儿生命的不断成长。

3. 幼儿教师遵循幼教规律的基本要求

（1）理解幼儿教育的本真，提升教育理念。

幼儿教育的本真是什么？这是破解幼儿教育“小学化”必须澄清的前提问题。对于幼儿教师而言，首先是树立正确的儿童观。幼儿是一个发展的个体，是自然的、独特的。在幼儿的成长过程中，我们不能否认教师的引导作用，但也不能将成人的一切强加给幼儿。因此，正确的儿童观应是尊重幼儿的人格和权利，基于幼儿生命成长的特点和规律，创设适宜幼儿发展的环境，引导幼儿成为活动的主人，激发幼儿学习的主动性和积极性，鼓励儿童做自己力所能及的事情。幼儿教育应该回归儿童本位。在教育理念方面，幼儿教师应从德、智、体、美、劳等方面关心幼儿、促进幼儿全面发展；在教育内容方面，尊重幼儿成长的特点和规律，由教学回归保教，呵护幼儿健康；在教育方式方面，回归以游戏为基

---

① 王廷廷．“镣铐”下的孩子：多重视角下的公办幼儿园教育“小学化”倾向［D］．西北师范大学，2013：39.

② 同①44.

③ 刘晓东．解放儿童［M］．北京：新华出版社，2002：85.

④ 冯建军．生命与教育［M］．北京：教育科学出版社，2003：6.

本的日常活动；在教育评价方面，注重幼儿个性、身心协调发展的素质评价。

（2）提升自身专业素养，转变教育行为。

幼儿教师是幼儿教育的直接实施者，其专业素养的高低直接影响幼儿教育质量，也是幼儿教育能否遵循幼教规律的关键。因此，提升幼儿教师自身专业素养，也是有效去“小学化”的重要途径。首先，加强专业理论的学习。近年来，政府和相关部门多次下发政策、文件，要求坚决遏制幼儿园教育“小学化”现象，幼儿教师应该借此契机，广泛阅读学前教育的理论书籍，找寻幼儿园教育“小学化”现象的非合理性证据，同时在阅读学前教育理论书籍中也能提升自己专业知识，改变自身的幼教理念，自觉将合乎幼儿身心发展规律的理念、方法融入到自己的教学实践中。其次，提高自己的专业技能。学前教育不是传授“知识”为主，而是让孩子在唱歌、跳舞、绘画、游戏中得以健康、愉悦成长。因此，幼儿教师要加强自身的专业基本功和技能的培训，时时刻刻围绕学前教育目标培育幼儿，避免“小学化”倾向。最后，幼儿教师要围绕五大领域教育活动，丰富幼儿园课程内容。在幼儿园一日常规活动中，紧紧围绕学前教育目标，遵循幼儿身心发展规律，开展丰富多彩的游戏活动，摒弃不符合幼儿身心发展特点和规律的内容。

【历年真题】

【4.2】小华这段时间有一个不好的行为，就是总爱把班级里好玩的玩具偷偷地藏起来，有时放在自己的衣帽柜，有时放在自己的衣服兜里，有时还会放在户外的某个角落。老师请来了小华的妈妈，委婉地向她说明了请她来的原因，小华妈妈非常感激老师及时发现了孩子的这个行为并与她沟通，决心和老师一起教育好孩子，又一再请求老师一定要替她的儿子保密，以保护儿子心灵不受伤害。经过一段时间的共同努力，小华的不良行为得到了改正。

问题：请结合上述案例分析：教师应该如何处理好与家长的关系？

【解析】根据教师职业行为规范的内容，教师应当尊重家长，理解家长；经常家访，互通情况；密切配合，教育学生。

正确处理教师与幼儿家长的关系：第一，教师与学生家长应建立平等的关系；第二，教师与学生家长要有良好的沟通习惯；第三，教师与家长要换位思考。

教师与幼儿家长要建立良好的关系，最重要的就是要尊重家长，教师把家长召来，对于幼儿存在的问题，要善于和家长一道实事求是地分析，共同研究方法。

教师要善于与家长沟通。在与家长沟通时，教师要表示出对幼儿的真正关心，要避免情绪化，不要与家长争辩，要努力寻找共识，力争找到双方意见一致的解决方法。沟通不同于发号施令，要给家长足够的说话时间，认真聆听家长的解释，同时鼓励家长提问。

（八）秉持公平诚信

1. 秉持公平诚信的含义

秉持公平诚信是指幼儿教师要坚持原则，处事公道，光明磊落，为人正直；不得在入园招生、绩效考核、岗位聘用、职称评聘、评优评奖等工作中徇私舞弊、弄虚作假。秉持公平诚信是幼儿教师作为公民应当具备的道德品质，同时也是幼儿教师职业道德修养的重要内容。

2. 秉持公平诚信的必要性

良好的社会风貌需要各行各业成员的文明素质、德性品质的聚合作用。与其他职业道德相比，教师职业道德对社会的影响更广泛、更深远。教师职业是一项育人的伟大基业，如果教师在教育教学过程中丧失原则，处事不公道，有选择性地偏袒个别幼儿，大搞徇私舞弊、弄虚作假，那么，将影响本园的工作文化、组织气氛和幼儿人格发展，败坏本园的精神风貌，甚至使其蔓延到家庭、社会。因此，幼儿教师只有坚持原则、处事公道，不徇私舞弊、弄虚作假，才能营造公平、公正的工作环境，乃至为优化社会风貌做出贡献。

3. 幼儿教师秉持公平诚信的基本要求

（1）坚持原则，为人正直。

坚持原则、为人正直是对幼儿教师个人人品的一种总体要求。当今社会存在着各种各样的诱惑，如金钱、权利等。幼儿教师要自觉抵制社会上存在的一些不良风气的影响，坚守初心，坚持自己的教育教学原则，潜心培育幼儿，关心幼儿，服务幼儿。以自己的学识才能和品德作风，率先垂范，影响幼儿身心发展，做一个有原则且正直的幼教工作者。

（2）处事公道，光明磊落。

处事公道、光明磊落更多的是对幼儿教师教育教学工作的一种总体要求。对于幼儿，幼儿教师应不以幼儿的家庭、背景、外貌等偏袒个别幼儿，公正、平等地对待每一位幼儿，建立师幼互信。对于家长，教师应就幼儿的在园情况与家长保持顺畅的沟通，增强彼此的信任与理解，对于家长的特殊要求（如特殊关照幼儿、招生中的“人情网”等），能坚持公平的教育观念，这样才能实现家园共育。对于同事，同样应秉持公平竞争、共同发展的原则，敬畏规则，公平诚信，不徇私舞弊、弄虚作假，这样才能形成合作型、共生型的教师文化，促进幼儿教师共同体的健康发展，提升本园的精神文化吸引力。

【历年真题】

【4.3】 李老师一个学期对父亲是副乡长的小红家访了8次，却从未对需要帮助的留守儿童小龙家访过。李老师的做法（　　）。

A. 符合主动联系家长的要求　　B. 有违平等待生的要求

C. 符合因材施教的教育要求　　D. 有违严慈相济的要求

【解析】 正确答案B。教师应维护幼儿合法权益，平等对待每一位幼儿。

（九）坚守廉洁自律

1. 坚守廉洁自律的含义

坚守廉洁自律是指幼儿教师要严于律己，清廉从教；不得索要、收受幼儿家长财物或参加由家长付费的宴请、旅游、娱乐休闲等活动，不得推销幼儿读物、社会保险或利用家长资源谋取私利。坚守廉洁自律是幼儿教师职业道德修养的关键。坚守廉洁自律明确了幼儿教师不得在教育教学资源分配时“开小灶”“搞特权”，不得贩卖专业知识、谋求个人私利，不得将育幼工作当作商业操作。

2. 坚守廉洁自律的必要性

伴随市场经济发展的利益驱使，社会上出现了趋名逐利、金钱至上、权钱交易等不正之风，部分幼儿教师经不住物质的诱惑，奉行“拜金主义”“拜物主义”，导致人格扭曲、价值观不正，丧失了应有的职业道德，放逐了应有的自律品质，出现了以教谋私（如索要、收受幼儿家长财物，推销幼儿读物等）、见利忘义等不廉洁的现象，严重损害了幼儿教师队伍的形象，削弱了培幼育人的效果，在社会上造成了极大的负面影响。这样幼儿教师怎么能为人师表、担当幼儿的榜样？为此，党和国家用坚守廉洁自律这一新的职业道德要求规范幼儿教师的保教行为。

3. 幼儿教师坚守廉洁自律的基本要求

首先，幼儿教师必须坚守高尚情操，传承和发扬奉献精神。高尚情操是进步的、高洁的，是一种情怀、气节和操守。中华民族是一个十分讲究情操的民族，诸如历史上无数仁人志士为了保持崇高的理想，宁愿站着死，不愿跪着生。在教育领域，唐代文学家、教育家韩愈提出：“师者，所以传道授业解惑也。”他把“传道”作为教师的首要任务。而教师要通过传道来育人，自己必须首先修身养性，思想品德高尚，做到清廉、洁白，才能对学生言传身教。幼儿教师要以幼儿身心健康、健全人格为最高目的，以培幼成才成人为最高责任和荣誉，乐于奉献，淡泊名利，不以物质利益为唯一回报标准，以培幼为志、以培幼为荣，担当学前教育事业积极、健康向上发展的旗手。

其次，要正确认识幼儿教师职业的苦与乐，树立正确的职业观、人生观、价值观。教师是传递人类文明的接力棒，把优秀传统文化教给下一代是教师光荣而艰巨的职责。教师这个职业，不会产生巨大的物质财富，但会带来充实、快乐的精神财富。因此，幼儿教师要树立正确的职业观、人生观、价值观，安贫乐教；要时刻提醒自己实实在在求学问、认认真真当老师、清清白白干事情，全身心地投入到自己所钟爱的事业和工作中；在面临社会各种诱惑时，严格约束自己，廉洁从教，抵制不良风气，坚守人民教师的操守。唯其如此，才能保证培幼育人的实效，才能冠名教师这一荣誉称号。

最后，幼儿教师要杜绝利用职责之便谋取私利。当前确实还存在着幼儿教师待遇低、社会地位不高、资源分配不公等问题，但幼儿教师作为社会上有一定文化素质、有一定思想水平的知识群体，应以正确的心态来认识和对待这些社会问题，摆正付出与回报的关系，协调自我价值和社会价值，加强廉洁自律的品德修养，以坚定的立场来维护教师自身廉洁的形象，不能因为心理上的不平衡就利用职责之便向幼儿家长索要、收受财物或礼品等。

（十）规范保教行为

1. 规范保教行为的含义

规范保教行为是指幼儿教师要尊重幼儿权益，抵制不良风气；不得组织幼儿参加以营利为目的的表演、竞赛等活动，或泄露幼儿与家长的信息。规范保教行为是幼儿教师教育教学活动的核心。规范保教行为要求幼儿教师在保教工作中要尊重幼儿、关心幼儿，履行一定职责，遵循一定的原则、规律、规范和方法等。

2. 规范保教行为的必要性

（1）规范保教行为是保障幼儿权益的前提。

保教行为是幼儿教师保育教育观、儿童观在日常教育教学活动的直接体现。2011 年《幼儿园教师专业标准（试行）》提出："尊重幼儿权益，以幼儿为主体。"当前，个别幼儿教师保教行为不规范，对幼儿进行体罚或变相体罚，组织幼儿参加营利性的表演、竞赛等活动，不但对幼儿身心健康造成伤害，也在社会上造成了严重不良影响。幼儿是一个生理、心理都不成熟的个体，还未形成明辨是非的能力以及行使或获取自身权利的观念和意识。所以，幼儿合法的权益需要借助教育力量予以实现，而在幼儿园中，教师对幼儿权利保障起着关键的作用。在幼儿园的一日活动，如课间、生活、运动、游戏、学习等各类活动都是在教师的监护下，可以说，幼儿权利的拥有和实现与教师紧密相关，教师对他们拥有不可推卸的责任和义务。因此，规范保教行为要求教师在教育教学活动中遵守相关儿童法律法规，遵循幼儿身心成长规律，保障幼儿权益，促进幼儿身心健康成长。

【历年真题】

【4.4】明明午睡时又尿床了，保育员张某不高兴地大声斥责："你都大班了还经常尿床，下次再尿床，就切掉你的小鸡鸡！"小朋友们哄堂大笑。张某的做法（　　）。

A. 合法，教师有批评教育幼儿的法定权利

B. 合法，有利于幼儿养成良好的生活习惯

C. 不合法，侵犯了明明的隐私权

D. 不合法，侵犯了明明的名誉权

【解析】正确答案 D。保育员的行为侵犯了幼儿的名誉权。

（2）规范保教行为是教师职业的必然要求。

幼儿教师规范保教行为是非常必要的，是提升幼儿教师整体素质的关键，也是幼儿教师高尚师德的重要体现。《国务院关于当前发展学前教育的若干意见》提出："坚持科学保

教，促进幼儿身心健康发展。”《教育部关于规范幼儿园保育教育工作 防止和纠正“小学化”现象的通知》提出：“要遵循幼儿的年龄特点和身心发展规律，科学制定保教工作计划。”《中共中央 国务院关于学前教育深化改革规范发展的若干意见》明确提出：“遵循幼儿身心发展规律，实施科学保教。”这就要求幼儿教师要按照幼儿的年龄特点和身心发展规律，科学合理地安排幼儿生活、运动、游戏、学习等各类活动。此外，《幼儿园教师专业标准（试行）》提出：“科学照料幼儿日常生活，指导和协助保育员做好班级常规保育和卫生工作。”由此可见，规范保教行为不仅是党和国家对幼儿教育事业的要求，也是幼儿教师专业发展的必然遵循。

3. 幼儿教师规范保教行为的基本要求

（1）转变观念，形成正确的教育观、儿童观。

理念是行为的先导。幼儿教师要形成先进的教育观、儿童观，才能在实践教育教学行为中规范保教行为，视幼儿为一个活生生的生命个体。《幼儿园教育指导纲要（试行）》指出：幼儿园教育是“终身教育的奠基阶段”，要“因地制宜地实施素质教育，为幼儿一生的发展打好基础”。作为幼儿教师，首先要树立终身教育的理念，从长远的眼光考虑幼儿的发展。依照皮亚杰的认知发展理论，幼儿阶段的思维处于前运算时期，逻辑思维和理解记忆能力有限，认知、想象易受情境、情绪等因素的影响，感性经验仍占主导地位，对主客体关系的认识还处于未完全分化的状态等，但是部分幼儿园乃至教师依然向幼儿教授拼音、算数等小学教育的内容，还未形成正确的教育观、儿童观。因此，幼儿教师要尊重幼儿人格与权利，遵循幼儿身体、生理、心理的发展规律和特点，关注生命需要，科学保教，促进幼儿富有个性的、持续的发展。

（2）躬行实践，将规范保教行为渗透到一日活动中。

一日活动是幼儿园教育教学中最重要、最根本的活动。从幼儿园一日活动中，最能把握幼儿教师的保教行为。幼儿教师规范的保教行为可以从以下几个方面进行：一是晨间活动。晨间活动是幼儿陆续到园时间，幼儿教师要有计划、有组织地利用有效的晨间时间，促进幼儿发展，如冬天的户外晨练，就是幼儿健康活动的很好补充，可以直接促进幼儿身体素质。二是教学活动。教学活动是体现教师规范教学行为的最直接的环节。是否有“小学化”倾向，是否维护幼儿合法权益，是否尊重幼儿人格，是否平等对待每一个幼儿，是否体罚或变相体罚幼儿，是否“以游戏为基本活动”，是否违背相关规定、违规组织幼儿参加营利为目的的表演、竞赛，是否泄露幼儿与家长的信息等是检验教师保教行为是否规范的有效指标。三是区角活动。区角活动是教学活动的重要补充，幼儿教师应注意角的设置、材料的投放、教师的指导等是否规范，是否符合幼儿发展需要等等。四是上放学接待家长。除了常规家长会，幼儿教师要利用每天上放学家长接待时间，适时进行家园沟通，促进家园合作，以规范家园合作行为，同时教师也要严格遵守师德师风，严禁泄露幼儿或家长的信息。总之，只有幼儿教师有了规范的保教行为，才能促进幼儿身心健康发展。

【历年真题】

【4.5】在幼儿园工作实践中，一些老师认为上课是传授知识、发展幼儿智力的唯一途径，组织幼儿园进餐、睡眠、茶点等是保育。这种做法违背了（　　）。

A. 发挥一日生活整体功能的原则　　B. 尊重幼儿的原则

C. 循序渐进的原则　　D. 重视年龄特点和个体差异的原则

【解析】正确答案A。“生活即教育，教育即生活。”幼儿园课程具有浓厚的生活化特征——课程内容来自幼儿的生活，课程实施贯穿于幼儿的一日生活。因此，认为组织幼儿进餐、睡眠等只是保育工作的想法违背了发挥一日生活的整体功能原则。

【考点拓展】

【4.1】吃橘子时，岚岚说：“老师，你给我剥皮。”王老师大声说：“咱们来帮小橘子脱衣服吧。看谁做得又快又好!”……岚岚也在模仿中学会了剥橘子皮。王老师的行为体现了其善于（　　）。

A. 综合组织各领域教育教学内容　　B. 创设与教育相适应的物质环境

C. 维护每一个幼儿的人格与权利　　D. 培养幼儿初步的生活自理能力

【解析】正确答案D。老师善于将教育灵活地渗透到一日生活中，培养学生初步的生活自理能力。

二、幼儿教师职业行为准则的特点

（一）普遍性与特殊性结合

比较三种针对不同学校、幼儿园教师的行为准则，可以发现，行为准则中对于教师有共性的要求，如坚定政治方向、自觉爱国守法、传播优秀文化等思想、政治作风的普遍性要求，教师的服务对象是学生、幼儿，教师的人生观、价值观一定程度上对学生、幼儿会产生深远影响，尤其对于幼儿而言，在幼儿园阶段正是他们道德成长的关键时期，教师的一言一行都会成为其效仿的对象，因此，树立正确的人生观、价值观，坚定政治方向、爱国守法，传播优秀文化，这是作为教师应该共同遵循的“传道、授业、解惑”中的第一步“传道”，幼儿教师要扣好幼儿人生的“第一粒扣子”。同时，也包括针对不同教育对象及教师在教学中存在的特定问题而专门设定的特殊性要求，如针对高校教师的教研、科研工作突出的特点提出“遵守学术规范”的要求——严谨治学，力戒浮躁，潜心问道，勇于探索，坚守学术良知，反对学术不端；不得抄袭剽窃、篡改侵吞他人学术成果，或滥用学术资源和学术影响。针对中小学升学压力重的特点提出“规范从教行为”的要求——勤勉敬业，乐于奉献，自觉抵制不良风气；不得组织、参与有偿补课，或为校外培训机构和他人介绍生源、提供相关信息。而针对幼儿身心发展的特点，提出“遵循幼教规律”的要求——循序渐进，寓教于乐；不得采用学校教育方式提前教授小学内容，不得组织有碍幼儿身心健康的活动。因此，《新时代幼儿园教师职业行为十项准则》既包括对教师的普遍性要求，同时也包括对于幼教活动的特殊性要求。

（二）期许性与禁行性结合

《新时代幼儿园教师职业行为十项准则》每一项都包含着对于幼儿教师的期许性要求和禁行性、约束性要求。期许性要求是期望、鼓励、提倡幼儿教师在教育教学活动中出现准则所期许的目标行为，如对于“规范保教行为”提出了“尊重幼儿权益，抵制不良风气”的期许性要求，而禁行性要求则是对期许性目标的补充，划定了教师行为的底线，它是从事幼儿教师这一职业的最低要求，是不可逾越的红线。例如，同样对于“规范保教行为”，准则中提出了约束性、禁行性要求：不得组织幼儿参加以营利为目的的表演、竞赛等活动，或泄露幼儿与家长的信息，让教师明确职业行为的“负面清单”，加强对自身行为的约束。《教育部关于印发〈新时代高校教师职业行为十项准则〉〈新时代中小学教师职业行为十项准则〉〈新时代幼儿园教师职业行为十项准则〉的通知》里明确提出了针对师德违规行为的处理原则：对于发生准则中禁止行为的，要态度坚决，一查到底，依法依规严肃惩处，绝不姑息。对于有虐待、猥亵、性骚扰等严重侵害学生行为的，一经查实，要撤销其所获荣誉、称号，追回相关奖金，依法依规撤销教师资格、解除教师职务、清除出教师队伍，同时还要录入全国教师管理信息系统，任何学校不得再聘任其从事教学、科研及管理等工作。涉嫌违法犯罪的要及时移送司法机关依法处理。

（三）继承性与发展性结合

《新时代幼儿园教师职业行为十项准则》继承了《幼儿园教师职业道德规范》《幼儿园教师专业标准（试行）》《中小学和幼儿园教师资格考试标准（试行）》中关于幼儿教师职业道德的基本要求——爱国守法、爱岗敬业，关心爱护幼儿、保教结合等。《新时代幼儿园教师职业行为十项准则》同时也是对这些文件的发展和补充：一方面，增加了对各项基本道德要求的具体内容、规范，如在个人素养中要求教师传播优秀文化，不能发表、转发错误、不良信息，又如在保教结合中特别提出要加强安全防范，保护幼儿的安全等；另一方面，增设了各项行业的底线标准，对幼儿教师可能出现的失范行为以法律条文的形式予以限制、约束，列出教师行为的“负面清单”，明确提出了针对不同违规行为的处罚措施。这些补充与发展，使得幼儿教师在提高职业道德修养时有具体可参照的对照标准，将完善师德修养落到了实处。

总而言之，《新时代幼儿园教师职业行为十项准则》作为底线职业道德与已有的《幼儿园教师职业道德规范》等所规定、倡导的崇高师德之间不是非此即彼的对立关系，而是一种相互支持、相互补充的共生关系。

本章小结

本章主要介绍了《新时代幼儿园教师职业行为十项准则》的内容及意义，通过分析“十项准则”的特点、解读“十项准则”的内容，详细阐述“十项准则”对教师行为的要求和对失范行为的预防，同时为幼儿教师素质的提高、职业行为的规范化提出参考性意见。

学习资源

1. 教育部. 弘扬高尚师德 明确底线行为 造就党和人民满意的高素质专业化创新型教师队伍：教育部教师工作司负责人就印发实施新时代高校、中小学、幼儿园教师职业行为十项准则等答记者问［EB/OL］. http://www.moe.gov.cn/jyb_xwfb/s271/201811/t20181115_354885.html.

2. 教育部. 关于印发《幼儿园教师违反职业道德行为处理办法》的通知［EB/OL］. http://www.moe.gov.cn/srcsite/A10/s7002/201811/t20181115_354925.html.

3. 但菲，索长清. “保教一体化”国际趋势与我国学前师资培育改革［J］. 教育研究，2017，38（8）：96-102.

4. 张晓辉. 幼儿园保教工作优化现状及其改进策略［J］. 学前教育研究，2014（11）：61-63.

5. 邓诚恩. 幼儿园保教一体化的理论探析与现实考察［D］. 重庆：西南大学，2016.

第五章

幼儿教师职业道德问题

知识结构图

- 幼儿教师职业道德问题
  - 幼儿教师常见的道德问题
    - 幼儿教师常见的道德问题
      - 幼儿教师与幼儿关系方面
      - 幼儿教师与教师集体关系方面
      - 幼儿教师与家长关系方面
      - 幼儿教师与其从事的职业关系方面
    - 幼儿教师常见的道德问题存在的原因分析
      - 旧有观念制约下人们对幼儿教师的角色认识不足
      - 社会主义市场经济对幼儿教师心态的影响
      - 幼儿师范教育中职业道德教育的悬空化
      - 幼儿教师自身职业道德提升意识不强
      - 幼儿教师职业道德的法律制度不完善
  - 职业倦怠与幼儿教师师德困惑
    - 幼儿教师职业倦怠
      - 职业倦怠的概念与表现
      - 幼儿教师职业倦怠的概念与表现
      - 职业倦怠对幼儿教师职业道德的消极影响
    - 幼儿教师师德困惑
      - 幼儿教师师德标准与价值取向：理想化还是人性化
      - 幼儿教师对儿童的发展：无限责任还是有限责任
      - 幼儿教师师德修炼层次：理想还是现实
      - 幼儿教师惩戒权：行使还是放弃

学习目标

- 理解当前幼儿教师常见的道德问题。
- 理解幼儿教师常见的道德问题存在的原因。

- 了解幼儿教师职业倦怠的表现与危害。
- 理解幼儿教师师德困惑的表现。

学习重点

幼儿教师常见的道德问题的具体表现，教师职业倦怠、师德困惑的具体表现。

学习建议

本章内容按照当前幼儿教师常见的道德问题的具体表现与导致这些问题的原因这两条主线而展开。首先分析当前幼儿教师在教师与学生、教师与教师、教师与其从事的职业等三个关系方面常见的道德问题，其次分析导致这些师德问题出现的各种原因，接着分析师德问题中最常见的职业倦怠及其对师德的影响，最后分析当前幼儿教师对师德的困惑。这部分的重点是结合《幼儿园教师职业道德规范》《幼儿教师日常行为规范》的具体内容和要求来分析幼儿教师常见的道德问题的具体表现，要注意联系当前幼儿教育的实际，运用相关的教育理论分析师德问题。本章内容在教师资格证考试中经常以材料分析题的形式出现。

问题情境

至于说到对学生的体罚，虽然这是公认的习惯而克里希普也并不反对这点，但我是无论如何不赞成的。首先，这是一种不光彩的惩罚，它只适用于对奴隶的惩罚，事实上它无疑是一种凌辱（试设想，如果将这种惩罚用于别的年龄，那就可以明显地看出来）。其次，如果孩子的倾向卑劣到不能以申斥矫正，他就如同最坏的奴隶，对鞭笞习以为常。最后，如果有人经常跟在他身边监督他勤奋学习，这样的惩罚就完全没有必要①。

随着科教兴国、尊师重教新风尚的日趋形成，教师的地位也明显得到提高。广大幼儿教师忠诚党的教育事业，为人师表，无私奉献，为我国幼儿教育的改革和发展做出了巨大贡献，涌现出一大批师德垂范、爱岗敬业的优秀教师。然而，随着我国市场经济的快速发展，社会成员的思想观念也出现了深刻的改变，加之我国正处于社会转型的关键阶段，不可避免地会出现多种矛盾，这些问题的出现也对我国幼儿教师的职业道德产生了一定的影响。从当前情况来看，部分幼儿教师在职业道德方面存在着一些问

① 任钟印. 昆体良教育论著选［M］. 北京：人民教育出版社，1989：27-28.

题，这些问题如果不能得到有效解决，会对我国未来的幼儿教育乃至国民教育事业产生一定的消极影响。本章重点探讨幼儿教师常见的道德问题、存在的原因及师德困惑等。

第一节　幼儿教师常见的道德问题

一、幼儿教师常见的道德问题

幼儿教师职业道德问题，是指幼儿教师在幼儿教育活动过程中违反《幼儿园教师职业道德规范》《幼儿教师日常行为规范》，损害幼儿身心健康、损害教师形象。目前，幼儿教师在教师道德方面常见的问题主要表现在以下几个方面。

（一）幼儿教师与幼儿关系方面

1. 不尊重幼儿人格，没有做到关爱幼儿

现代幼儿教师工作面临着很大的压力，如社会舆论的压力、生存的压力、工作的压力、家庭的压力等等，这些压力不可避免地导致幼儿教师情绪调节力、心理承受力、环境适应力出现问题。在这种情形下，有些幼儿教师把自身的压力转移到幼儿身上。随着时代的发展，对儿童观和幼儿教育教学规律的认识不断深入，多数幼儿教师具备扎实的职业技能与高尚的道德情操，但这并不意味着我们不再需要关注这一问题，而时下不尊重幼儿生命和人格，特别是辱骂、“虐童”现象在各地依然时有发生，有时表现为重大舆论事件。具体表现为：

（1）心罚、体罚和变相体罚。

教育惩罚是教育者对幼儿的不良行为予以否定，使其经受不愉快的情感体验以影响其行为或发展的教育方法。但在教育教学实践中，由于自身学识和道德修养方面的原因，幼儿教师对教育惩罚的内涵和适度性的认识不够合理，从而出现惩罚过度的问题。诚然，合理的教育惩罚是一种正常的教育手段，以不损害幼儿身心健康为原则，是国家赋予教师管理幼儿的应有职权，是教师的专业权利之一。它能够强化幼儿的道德认知，提高幼儿辨别是非的能力，培养幼儿的道德意志，并能够达到说服教育所不能达到的教育效果。一般来说，评价幼儿教师运用惩罚权的合理性往往取决于两个原则：第一，不伤害幼儿的身体、心灵和精神；第二，通过惩罚可以矫正幼儿的某些不好的行为或者促进幼儿学习品质的形成。体罚主要是指教师对学生的一种有意识的、造成学生身体或者心理上的痛苦来预防和制止学生某些问题行为的惩罚方式。体罚分为直接体罚和变相体罚。直接体罚就是教师或教师指使他人伤害学生身体的体罚行为。变相体罚就是教师利用其他手段，名义上是教育学生，实际上对学生身体尤其心理产生严重伤害的行为，它具有较大的蒙蔽性和危害性。

目前一些幼儿园，尤其是民办、营利性或办园理念滞后的幼儿园的幼儿教师“虐童”现象不时出现。如有的幼儿教师用恐吓、辱骂和讽刺等语言践踏幼儿的心灵，侮辱幼儿的自尊，甚至会用体罚的形式迫使幼儿“听话”，甚至有些心理扭曲的幼儿教师做出触目惊心、令人发指的“虐童”行为①。“据不完全统计，目前教师体罚和变相体罚学生的形式和方法已达22种之多。”② 随着现代教育的到来，越来越多的人开始批判体罚和变相体罚这样传统的教育方式。国家也制定相关法律明确禁止教师对学生进行体罚或者变相体罚。《中华人民共和国义务教育法》第二十九条规定：“教师应当尊重学生的人格，不得歧视学生，不得对学生实施体罚、变相体罚或者其他侮辱人格尊严的行为，不得侵犯学生合法权益。”《中华人民共和国未成年人保护法》规定：“学校、幼儿园的教职员工应当尊重未成年人的人格尊严，不得对未成年学生和儿童实施体罚、变相体罚或者其他侮辱人格尊严的行为。”《中华人民共和国教师法》规定：“制止有害于学生的行为或者其他侵犯学生合法权益的行为。”《幼儿园工作规程》《幼儿园教师专业标准（试行）》等明确指出：幼儿园教职工应当尊重、爱护幼儿，严禁虐待、歧视、体罚和变相体罚、侮辱幼儿人格等损害幼儿身心健康的行为。然而，从当前情况来看，见诸报端的幼儿教师“虐童”事件折射出幼儿教师职业道德的薄弱，极少数幼儿教师在教育教学活动中公然违背相关法律以及师德规范的相关规定，漠视学生的基本权利，对儿童进行心罚、体罚或者变相体罚，对幼儿成长产生巨大的心理阴影。

【历年真题】

【5.1】一天，陈老师正在组织孩子踢球，方方总是抢球后抱着球跑，陈老师看到后就让他站到一边，并对带班老师说：“以后不让他踢球了!”陈老师的做法（　　）。

A. 正确，维护了整个活动的良好秩序

B. 正确，保护了其他孩子的人身安全

C. 不正确，破坏了教师之间的团结协作

D. 不正确，打击了方方的参与积极性

【解析】正确答案D。《幼儿园工作规程》明确指出：“幼儿园教职工应当尊重、爱护幼儿，严禁虐待、歧视、体罚和变相体罚、侮辱幼儿人格等损害幼儿身心健康的行为。”

---

① 何智明. 当代教师失范行为的社会原因与对策［J］. 边疆经济与文化，2009（3）：71-73.

② 教育部师范教育司. 中小学教师职业道德规范学习手册［M］. 北京：高等教育出版社，2011.

【考点拓展】

【5.1】 中二班举行画展，孩子纷纷带来自己的作品，赵老师当众挑选好的作品，并把不好的作品丢在废纸篓里。赵老师的做法（　　）。

A. 不正确，伤害部分孩子自尊

B. 不正确，打击全体孩子积极性

C. 正确，鼓励孩子们创造好的作品

D. 正确，提升班级画展的整体水平

【解析】 正确答案A。《幼儿园教育指导纲要（试行）》明确指出："承认和关注幼儿的个体差异，避免用统一的标准评价不同的幼儿，在幼儿面前慎用横向的比较。"

（2）缺乏对幼儿的关爱、尊重和信任。

幼儿是师幼互动关系中的主体，是处于发展中的有着不同个体差异性的个体。幼儿性别、身高、年龄、体重、气质、能力、性格、兴趣、知识、经验、家庭背景的差异会使幼儿带有不同的外显行为。对于一些"调皮"或不听教师指令的幼儿，有的教师逐渐失去耐心，早早给幼儿贴上"顽皮""猪头""笨蛋""坏孩子""胖猪"的标签，仅仅将学生当作受教育的对象，而没有照顾到幼儿脆弱的心灵，经常在不经意间伤害幼儿的自尊，讽刺挖苦学生更是家常便饭，甚至歧视个别学生，对幼儿横眉冷对，以冷漠无情取代了循循善诱，以简单粗暴取代了诲人不倦。人民教育家陶行知认为，学生"只觉得各个不同，并找不出聪明人和愚笨人有什么鸿沟"①。其实，再顽皮的幼儿身上也会有闪光点，他们的内心也充满着美好的追求和向往。心灵如玻璃般透明易碎的幼儿，更需要教师的呵护与欣赏。作为教师，要用一双慧眼去发现幼儿身上闪光的东西，并努力认真地调动幼儿的潜能，要让幼儿感到"我能行""我可以"。《幼儿园教育指导纲要（试行）》就明确把"尊重幼儿身心发展的规律和学习特点，……关注个别差异，促进每个幼儿富有个性的发展"作为幼儿园教育必须遵循的指导原则写进了总则。《3～6岁儿童学习与发展指南》也明确提出，教师既要把握幼儿发展的年龄阶段特征，又要充分尊重幼儿发展连续进程中的个别差异。可见"个别差异"的重要性不容小觑。但是，有的幼儿教师并未以幼儿为中心，没有做到从爱的角度去真正地关心和爱护幼儿，不能细致入微地感受孩子们微妙的情绪变化，忽略了幼儿的正当需求，在幼儿需要关怀和帮助时没有能够及时提供帮助，严重耽误了幼儿心理的健康成长。正如德国学者斯普朗格曾经将"爱"比喻为教育的"根"，孩子就像是一棵棵的树苗，而老师的"爱"就是为其茁壮成长提供必需的各种"营养"。

① 陶行知．陶行知全集：第1卷［M］．成都：四川教育出版社，1991：141．

（3）忽视幼儿生命个体的主体性。

从生态学的角度看，幼儿教师和幼儿是整个师幼关系系统中两个重要的生态因子，是具有平等权利的生态主体，幼儿教师应充分考虑儿童主体性的发挥，做儿童成长道路上的陪伴者、引路人。“常规”是幼儿园教师再熟悉不过的词语，可以说从幼儿刚入园起，教师就要对幼儿进行常规教育。常规教育贯穿于幼儿园一日生活的点点滴滴，种类繁多而复杂。幼儿园常规的建立不仅能让幼儿掌握基本的社会行为规则，而且还可以建立良好的生活秩序，保证教师各项活动的开展。幼儿园常规应该是幼儿愿意并主动遵从的。可是幼儿园活动教学中常出现违背教学规律的现象。幼儿园里有许多姓“不”的规则限制幼儿：“不许说话，抓紧吃饭”“吃饭时要保持安静”“吃饭时不许左顾右盼”等。“呆板”的规则约束幼儿，“先拿馒头，再拿菜”“排队上厕所只能一号小朋友先去，二号再着急也要排队按秩序进行”。这些限制性话语使得规则变成了太多的限制。笔者在幼儿园调研时，L老师说：“常规很重要呀！常规建立好了，小朋友才能听话，才会遵守纪律，这样我们在开展教学活动或者区域活动的时候才会比较轻松，不用花那么多时间去维持纪律。像我一样，好多老师的嗓子都喊哑了，没办法，小孩子太调皮，太不听话，太难管了。”从老师的话里可以听出，教师把常规教育理解为对幼儿纪律的约束。其实，规则的建立是为了幼儿能自觉地遵从行为规范，而不是作为教师控制儿童的手段。可我们却时常能听到老师在不同时间同一场景中重复着同样的话语：“上课不许乱讲话，安静点”“身体坐正了”“上次不告诉你了吗？吃饭的时候不能左顾右盼”“不许乱丢玩具”等等。幼儿是天生的哲学家，他们纯真烂漫，充满着奇思幻想。他们的世界本应充满着诗意与灵性，随其恣意挥洒、描绘。可事情有时事与愿违，教师的计划控制就像一根“隐形”的绳子，总是试图将幼儿牵引到自己的轨道上来。教师为了在一定时间内完成预期目标，能巧妙地避开幼儿的“声音”，依旧按预设步骤实施教学活动；当游戏活动开始时，教师总是替幼儿选择所要扮演的角色，规定幼儿参与游戏的每个步骤。教师总是以幼儿不够成熟为理由，将其禁锢在自己所搭建的透明玻璃罩内，殊不知类似的这些举动正在将幼儿的灵性与创造性慢慢消磨掉。因为“泯灭儿童期的幻想就等于把现存的一切变成束缚，使儿童成为拴在地上的生物，因此就不能创造天堂”①。《3～6岁儿童学习与发展指南》中指出，幼儿科学领域学习的核心是激发幼儿探究欲望，培养探究能力。教师应该激发幼儿的好奇心，注重科学探究的过程，尽可能给予物品让幼儿进行操作、观察，让幼儿像科学家一样去探究。“生态”是以生命为中心，关注生态系统内每一个体的存在价值。师幼间本是平等地位上的平等主体，幼儿不会也不可能因身高、年龄、体重方面的劣势而变得渺小。幼儿不是教师手中的“木偶”，教师不应成为强制性“牵引”幼儿的“赶路人”。教师不仅要保持“视线”上与

① 罗素．论教育尤其是儿童教育［M］．北京：文化艺术出版社，1998：263．

幼儿平等，更应追求“心灵”深处的平等，坚守幼儿生命主体的价值，还幼儿以灵性与自由。

（4）缺乏意义建构的师幼对话。

教师和幼儿之间所形成的关系的性质和类型将会作为一种重要的教育力量对幼儿产生影响。对话是理解，需要在人与人交流的过程中实现。“对话不仅仅指二者之间狭隘的语言的谈话，而是指双方的‘敞开’和‘接纳’，是对‘双方’的倾听，是指双方共同在场、互相吸引、互相包容、共同参与的关系，更多指向接纳和共同分享。”[①] 然而，在幼儿园实践活动中总会有教师以知识权威“代言人”的身份，控制教学活动的开展，阻碍了师幼对知识的共同建构，使得师幼关系存在扭曲、单向度的表现。据笔者观察，在某幼儿园大班“小老鼠打电话”的音乐教学活动中，老师首先让小朋友听了一遍歌曲，听完后老师问小朋友们：“小朋友们听懂歌曲内容了吗?”小朋友们异口同声地说：“听懂了!”老师紧接着说：“那我请小朋友讲一下，好不好?”可全班没有一个小朋友举手。案例中体现出师幼交往中存在口头形式的单向“独白”语言。教师的行为看似在与小朋友进行对话交流，但这仅仅是教师教学方案的“刻板”呈现，是一种“虚假互动”。其实，在幼儿园教学活动中，教师经常会问小朋友“好不好呀”“漂不漂亮”“是不是”等非此即彼的教学话语，这种话语或对话并非是一种真实对话，而是一种“预设”的形式对话，甚至是以对话为名的“反对话”。在这种关系当中，教师与幼儿存有距离，幼儿如同被教师安排，幼儿充当观众，教师则以导演自居。幼儿的自主表达被老师“强占”，而幼儿则演化为了不假思索的“应声虫”[②]。

2. 价值取向滑坡，以教谋私

随着改革开放的不断深入，中国经济从计划经济转变为社会主义市场经济，该转变给我们带来了不可否认的经济飞跃，也使得教育体制得到更大的完善，教育事业得到更好的发展。但在市场经济大潮的冲击下，许多幼儿教师受到了极端个人主义、享乐主义以及拜金主义的影响，在价值观念上出现了扭曲，在物质欲望面前迷失了自我，部分幼儿教师也像某些商人一样“重利轻义”乃至“见利忘义”，没有将精力花费在提高教学能力方面，反而花费心思广泛开辟自身的“财路”，将教育阵地变成了敛财的“土壤”，学生和家长成了个别老师的“摇钱树”。比较严重的是滥用职权、以职谋私。幼儿教师虽不像政府官员那样掌握国家权力，但占有教育和管理幼儿的“便利条件”。于是一些幼儿教师便充分利用这个“便利条件”来为自己谋取私利，这也是当前社会对幼儿教师职业道德诟病最多的一个方面。许多幼儿教师由于不满足现有的“死工资”，而利用家长的依赖心理和管理幼儿的所谓“权限”，将幼儿当作了谋取私利、创造“灰色收入”的筹码。据报道，2012

---

① 金生鋐. 理解与教育：走向哲学解释学的教育哲学导论［M］. 北京：教育科学出版社，1997：130.

② 李创斌. 对话理论视域中的师幼关系研究［D］. 临汾：山西师范大学，2014：90.

年，一条题为《幼儿园老师自曝教师节一天收礼近万元》的新闻被各大网站转载[①]。文章中提到幼儿教师在教师节当天收到了包括购物卡、礼品以及红包等多种来自家长的所谓“心意”，家长送礼的目的是希望幼儿教师对自己的子女“特殊关照”，家长的这种人为创造的“不公平”却没有遭到拒绝，许多幼儿教师认为接受家长的馈赠是理所当然，是社会风气。这也造成了教师节送礼“越来越贵”的现象，甚至有的教师由于拜金思想的驱使，在节日即将到来的时候暗示家长要给自己送礼。还有的幼儿教师利用家长的职务之便，以“特殊关照”为由为自己谋取便利，严重地干预了评优机制的公正性。还有的教师根据自己的喜好来对待学生，对于自己喜欢的幼儿，幼儿教师会在学习、评比和游戏等活动中优先考虑安排，而教师不喜欢的学生，即使取得了进步也无法得到教师同样的关怀，这种厚此薄彼的对待幼儿的做法，在很大程度上会使幼儿幼小的心灵蒙上阴影。此外，有学者调查显示：“7.86%的家长反应教师收受过礼物或吃请，有的教师明示或暗示家长给自己送钱送礼，10.49%教师认为教师工作辛苦，家长送礼请吃可以接受。”[②] 可见，这样的教师虽是少数，但对教师队伍形象的危害甚大。这也说明幼儿教师职业道德需要进一步规范。

【历年真题】

【5.2】绘画活动中，小班幼儿欢欢总是把色彩涂在轮廓线外面。下午，李老师当着欢欢的面对家长说：“欢欢画画根本不认真，总是画错。”李老师的做法（　　）。

A. 错误，忽视了儿童动作发展

B. 错误，不能讽刺挖苦幼儿

C. 正确，提高了幼儿绘画能力

D. 正确，应该严格要求幼儿

【解析】正确答案D。《幼儿园教育指导纲要（试行）》明确指出：“全面了解幼儿的发展状况，防止片面性，尤其要避免只重知识和技能，忽略情感、社会性和实际能力的倾向。”

【考点拓展】

【5.2】午餐时，幼儿辰辰翘着椅子坐，在椅子上摇来摇去，东倒西歪。对此，王老师正确的做法是（　　）。

A.“辰辰，不准玩椅子！”

B.“辰辰，你有多动症吗！”

---

① 幼儿园老师自曝教师节一天收礼近万元［EB/OL］. https://news.qq.com/a/20120911/000813.htm.

② 邬敦锋，戴军，叶林. 幼儿教师职业道德现状、问题及对策研究［J］. 湖北师范大学学报（哲学社会科学版），2017，37（1）：132.

C. “辰辰请坐好，椅子会坏的！”

D. “辰辰请坐好，你会摔跤的！”

【解析】 正确答案D。《幼儿园工作规程》明确指出：“面向全体幼儿，热爱幼儿，坚持积极鼓励、启发引导的正面教育。”

（二）幼儿教师与教师集体关系方面

教师的工作特点决定教师劳动方式的个体性。然而，教师劳动成果的取得既是个体性的，又是集体性的[①]。在植物界有一种“共生效应”，即某种植物单独生长时会枯萎死亡，而与另一种植物一起生长时两者都会生机勃勃。教师之间良好合作也可以产生这种“共生效应”。教师在试图满足自己需要的同时，也应该考虑其他教师的需要，肯定其他教师的能力、贡献，主动关心帮助其他教师，同时也获得其他教师的帮助。只有这样的教师集体，才对学生施以正面的教育影响，使学生在无声的教育中受到感染和熏陶，为学生养成良好的品德提供榜样。对于幼儿教师自身群体而言，恰如苏联教育家马卡连柯说的：“教师集体应该有共同的见解、信念，彼此间相互帮助、无猜忌，不追求学生对个人的爱戴。唯有这样的集体，才能够教育儿童。”幼儿教师作为教学独立个体，其专业性决定了只有合作交往、交流经验才能使知识内循环转化为知识共享外扩化。《幼儿园教育指导纲要（试行）》指出，幼儿园同伴群体及幼儿园教师群体是宝贵的教育资源，应充分发挥这一资源的作用。因此，为了做好幼儿教育工作，不仅要求幼儿教师处理好与幼儿之间的关系，还要正确处理与教师集体之间的关系。只有坚持保教结合，通力合作，形成班级合力，才能保证教育工作有序进行，才能使教师集体给幼儿同伴群体以良好的道德影响，使幼儿身心得以全面可持续发展。但目前幼儿教师集体之间还存在不少问题，表现为：

1. 视其他教师为自身利益的“争夺者”

囿于自古流传下来“同行是冤家”“文人相轻”的职业心理，有些教师不能尊重和信任其他教师，看问题缺乏全面、辩证的观点。尤其对教师合作学习往往呈现“表面和谐”“互相猜疑”“预留一手”等现象，更倾向在自己班级中实现个人教学成就。总觉得自己的班级自己做主，他人的参与将分割自己的利益，降低自己的教学水平。加之，现在教育改革中产生的编制文化，岗位竞聘、职称评定、绩效考核和合同制推行，教师间单纯的关系也逐渐消失。绩效考核与工资挂钩，直接减少了教师合作与经验共享的意愿[②]。尤其是学前教育中，无论是编制名额还是资金投入都较为匮乏。生活在幼儿园场域中的个别教师视自身利益为第一准则，忽视或否定教师集体的作用，视其他教师为自身利益的“争夺者”，

① 钱昭平. 教师集体的人际关系与教师道德［J］. 江苏教育，1990（1）：20.

② 陈志敏. 从美国教师与教师的交往看新型同事关系的建立［J］. 中小学教师培训，2011（11）：63.

甚至同事之间为了个人的名利，斤斤计较，互相拆台，如新进幼儿教师得不到老教师细微的传、帮、带，主班教师与主班教师之间、主班教师与副班教师之间等存在一些问题。

2. 对团结合作缺乏准确定位

在我国，幼儿园较多采用“2＋1”（主班教师、配班教师和保育员）合作教学模式，这种模式下，教师间合作的真正意义是主体间的平等交流，双方均为实践工作的主体。实践幼儿教育教学活动中，部分情况下，由于主、配班教师个性的不同，教师间真正意义上的合作学习难以建立，如外向霸权型主班教师和内向隐忍型配班教师是压制式合作，弱势方缺乏决定权。外向接受型主班教师配合以内向稳重型配班教师，如“疾风”配“细雨”，效率与坚实并重。激烈强势型主、配班教师合作则如“雷雨交加”，又何谈有效合作？教师间的主体间性也随之崩塌。再就是保育员的特殊性。《幼儿园工作规程》规定，保育员的主要职责：“（一）负责本班房舍、设备、环境的清洁卫生和消毒工作；（二）在教师指导下，科学照料和管理幼儿生活，并配合本班教师组织教育活动；（三）在卫生保健人员和本班教师指导下，严格执行幼儿园安全、卫生保健制度；（四）妥善保管幼儿衣物和本班的设备、用具。”由此可见，在提倡保教结合的幼儿园中保育员的作用十分明显。然而实际情况中保育员边缘化处境极为尴尬，直接限制了其主体定位，难以与主、配班教师之间建立良性主体间关系，就幼儿日常情况进行积极探讨。

【历年真题】

【5.3】幼儿园派夏老师学习，回来后，园长要求她给全园教师做一次讲座，分享她的学习体会，夏老师应该（　　）。

A. 只和园长分享体会

B. 拒绝学习体会要求

C. 积极主动与全园教师分享体会

D. 挑选不重要内容与教师分享

【解析】正确答案C。《幼儿园教师专业标准（试行）》明确指出：幼儿园教师应具有沟通与合作的专业能力，与同事合作交流，分享经验和资源，共同发展。

（三）幼儿教师与家长关系方面

幼儿园教育是基础教育的奠基阶段，也是终身教育的起点。随着社会的快速发展，人们对优质教育的需求越来越高，对幼儿教育的期望也越来越大。因此，作为幼儿教育工作者，不仅要提高自身的专业能力，同时，还要注意处理好与幼儿家长的人际关系，建立和谐的家园关系，使幼儿园、家庭、社会形成教育合力，确保幼儿健康快乐地成长。《幼儿园工作规程》规定：幼儿园应主动与家长配合，帮助家长能够创设良好的家庭教育，向家长宣传科学教育幼儿的知识，共同担负幼儿教育的任务。《幼儿园教育指导纲要（试行）》

也明确指出：家庭是幼儿园重要的合作伙伴。这些规定都指出了幼儿园与家长共同担负的任务和职责。因此，幼儿教师应该认识到，幼儿教师与幼儿家长或监护人是合作关系，所以幼儿教师应该积极加强与幼儿家长的日常联系，与家长们坦诚相待，互相尊重，善于倾听家长反馈的意见，真实反映幼儿实际情况。然而，现实幼儿教育活动中，幼儿教师与家长在沟通中依然存在不少问题。首先，沟通观念的简单化。囿于传统教育思想观念的影响，有些教师依然存在“师道尊严”“一日为师终身为父”的权威意识，往往以教育行家、专家自居。长此以往，形成职业习惯，固守已有教育观、教学观和学生观，排斥幼儿的正当需要，不了解幼儿的个性特征，不充分掌握每一位家长的教育方式和幼儿的生活背景，简单粗暴地以命令和权威管理幼儿。教师与幼儿家长沟通时，尤其应掌握幼儿在家庭中的行为、心理和情绪等。正如苏霍姆林斯基说的那样：“要在很长时间用心灵认识你的学生的心思集中在什么上面，他在想什么，高兴什么和担忧什么。”① 而家长则更多地关注孩子在幼儿园学习的收获和愉悦感，往往不关注孩子的行为。其次，沟通时机的结果化。幼儿教师和家长的单独沟通更多的是幼儿各个学期的学习成绩和出现重大教学事件以后，尤其是近年来“虐童”事件层出不穷，双方容易产生误会。教师认为幼儿的“顽皮”“坏习惯”阻碍了正常的活动秩序，是家长教育不佳，理应受到惩罚；而家长出于“爱子心切”则认为教师教育方式不到位，彼此互相埋怨，互不理解，互不信任。有研究者曾提到过这样一个案例：“午睡时，一个女孩翻来覆去玩弄自己的被子，上下翻腾左右拉扯。C老师几次请她不要打扰到周围的小朋友，都被置之不理。C老师有些性急，过去一把抢过被子。不料被子外的拉链划伤了女孩的手背，老师只得带她到保健室处理伤口。钝器划伤得比较严重，慌忙间没能第一时间与家长联系，直到父母发现，加之近日发生的幼儿园事件，家长才和老师通过电话沟通，听到老师承认是自己划伤孩子，断定老师有虐童的行为。第二天中午直接到派出所报了案。警察调走了一个月内的监控录像，带走了涉事班级的老师和保育员进行调查，其间涉事老师停职。幼儿园领导同家长多次调解，赔礼道歉，又积极配合警方调查，一星期之后才得以证明C老师无暴力倾向，不存在虐童行为，可以继续回来工作。”② 从中可知，沟通时机的不恰当和存有侥幸心理，将使良好的家园关系走向恶化。

（四）幼儿教师与其从事的职业关系方面

1. 缺乏崇高的职业理想与信念

崇高的职业理想与信念是一个人踏实工作、热爱岗位、求实创新的基本前提，同时也是我国基础教育对幼儿教师的基本要求之一。随着全球经济一体化进程的不断推进，我国

---

① 于漪．现代教师学概论［M］．上海：上海教育出版社，1999：99.

② 谭奕林，金金．“虐童现象”扩大化背景下幼儿教师保教行为的个案研究［J］．现代中小学教育，2019，35（1）：59.

的市场经济得到了蓬勃发展，不可避免地助长了功利主义。这种倾向不可避免地影响到幼儿教师群体，少数教师对工作的利益回报产生不满，更对幼儿教师这一职业产生失望情绪，直接造成职业理想的动摇，还有的幼儿教师对于自己做出的职业选择产生后悔和质疑。“2009 年，苏南地区教师职业幸福实证研究调查结果显示：如果有其他工作可以选择，有 69.9％的教师会选择离开教师岗位，只有 9.1％的教师会选择留下来。至于至今仍然在教师岗位上工作的主要原因，有 52％的教师选择了‘教师职业稳定，没有其他更好的职业选择’；由于‘热爱教师职业’而仍然在教师岗位上工作的教师占 24.7％；由于‘感到幸福’而仍然在教师岗位上工作的教师占 9.3％。”① “在问及‘如果让您重新选择职业，您会选择当幼儿教师这一职业吗?’选择‘会’的有 44 人，占 19.47％；选择‘不一定’的有 110 人，占 48.67％；选择‘不会’的有 72 人，占 31.86％。”② 可见，当前，多数教师对本职工作感到不满，其中也包括大量的幼儿教师。特别是青年幼儿教师，由于接触新鲜事物能力较强，通常来说思想较为开放，在功利思想的影响下，许多青年幼儿教师在尚未树立起坚定的理想信念时，已经陷入了职业的迷茫之中，甚至一度放弃了职业追求，“混日子”“顺其自然”成为了一些幼儿教师的口头禅。还有部分幼儿教师的理想和追求过于世俗化，过分看重物质回报和经济收入，而忽视了作为幼儿教师的神圣职责与使命，这也是缺乏高尚职业理想和信念的典型表现。

2. 缺乏职业认同感和自豪感

教师是“人类灵魂的工程师”，是“太阳底下最光辉的职业”，教师在我国人民群众心中拥有崇高的地位。然而，当前我国许多幼儿教师严重缺少职业认同感与自豪感，在工作过程中没有感觉到光荣，反而产生了得过且过的心理。幼儿教师职业自豪感的匮乏，直接造成了幼儿教师职业道德的滑坡。很多幼儿教师只是将教师这一工作视为赚钱的工具，有的教师认为幼儿教育就是“哄哄孩子”，没有将幼儿教育上升到教育事业的层次上来。还有部分幼儿教师羡慕其他行业的“灰色收入”，对于自身职业缺少认同，职业自豪感低。多数幼儿教师表示工作压力较大。根据调查结果分析，幼儿教师“一是社会地位低。有 70％～80％的幼儿教师认为幼儿教师在社会中的地位普遍很低，由于缺乏正确的认识和正确的引导机制，社会上对幼教存在偏见，这些不正确的看法和歪曲的认识，导致社会大众对幼教这个职业不算很认可，幼儿教师的社会地位低，没有基本的职业尊重。二是工资水平低。在幼儿教师中，有无编制是特别重要的。有编制的幼儿教师的工资待遇就比没有编制的幼儿教师的工资待遇高。三是承受的压力很大。近年来，全国各地幼儿教师虐待儿童的事件频频在网络上曝光，社会舆论对幼儿教师造成了很大的压力，本来幼儿教师的社会

① 中小学教师通识培训教材编写组．中小学教师职业道德研究读本［M］．北京：高等教育出版社，2012：107.

② 吴振东．幼儿教师学习与专业发展：基于泉州市公办园教师学习现状调查的分析与思考［J］．成都大学学报（教育科学版），2007（10）：4.

地位就不高，恶性事件的发生，让幼儿教师处在了风口浪尖，幼教的社会地位一降再降，导致大部分幼儿教师普遍没有成就感和职业自豪感，教师职业认同感和归属感相当差”①。从中可以看出，许多教师存在着一定的工作压力，这种工作压力直接影响到教师对本职工作的认同感和自豪感。“虽然随着科教兴国战略的实施，教育优先发展地位的确立和教师法的进一步贯彻落实，幼儿教师的社会地位缓步提高，但幼儿教师对自己所从事的教师职业的认同程度还有待提高。”② 特别是当前多数家长和社会群众、媒体对幼儿教师的高度关注，也使得幼儿教师在工作中压力巨大，在工作中出现失误便会遭到来自四面八方的批评、指责与抨击，这也是幼儿教师缺少职业认同感和自豪感的一个重要原因，同时也严重地影响到了幼儿教师职业道德的提升。

3. 为人师表不足，未能以身立教

幼儿教师是教师行业中一种比较特殊的行业，由于其育人群体的特殊性，幼儿教师自身的仪表问题以及日常行为问题对今后的教学工作都有着至关重要的作用。班杜拉的观察学习理论中的充气娃娃实验证明了儿童通过观察别人的行为来学习，通过模仿别人的行为获得知识。而3～6岁孩子这种好奇心强、喜欢模仿的心理特点，加上平时在幼儿园中跟教师相处的时间比较长，就更容易受到老师的感染。《幼儿园教育指导纲要（试行）》中也明确指出：“教师的态度和管理方法应有助于形成安全、温馨的心理环境；言行举止应成为幼儿学习的良好榜样。”从古至今，我国一直都很注重教师个人的职业素养问题，孔子曾经说过：“其身正，不令而行；其身不正，虽令不从。”从中我们可以看出，孔子强调：老师要想要求学生达到某种高度，首先自己要能够达到某种高度，正所谓“言传身教”。幼儿比较乐于模仿教师的行为举止，所以说，幼儿教师的一言一行对幼儿今后价值观的形成起着至关重要的作用。然而，有一些幼儿教师不能严格要求自己，教育教学活动中出现种种不能为人师表的行为，主要表现在：

（1）教师行为上：有的教师直接隔离“顽皮”的幼儿。有这样一个案例：“在一次语言活动中，小朋友们正坐在小椅子上听教师讲故事，偶尔回应着教师的问题。A教师的故事正讲到热闹处，小朋友中间却出现了奇怪的声音。A教师没有理会更没有生气，只是示意配班的教师，直接把这几个孩子送进了午睡室，教室里继续开展活动。”③ 可以说，这样的做法是一种不恰当的教育方式或行为，违反了《幼儿园教育指导纲要（试行）》中“关注个别差异，促进每个幼儿富有个性的发展”的规定。

（2）教师言语上：幼儿教师言语上的道德问题主要表现在有的幼儿教师不能运用科

① 杨婧婧. 西宁市幼儿教师职业道德研究［D］. 西宁：青海大学，2015：26-27.

② 李莉娜. 幼儿教师职业认同研究［D］. 广州：广州大学，2011：21.

③ 谭奕林，金金. “虐童现象”扩大化背景下幼儿教师保教行为的个案研究［J］. 现代中小学教育，2019，35（1）：58.

学、合理的方式对待犯错的儿童，取而代之的是鄙视、侮辱性的语言，如“坏孩子”“笨蛋”“猪头”，甚至恐吓等，这样的话语不仅会伤害幼儿幼小的心灵，更不利于幼儿身心健康成长。有这样一个案例：“下午的点心时间，孩子们有序地排队如厕、洗手、回到座位上等待，没有混乱的追逐打闹和大喊大叫，却总听到不知哪里传来偷偷摸摸的低声耳语。B教师大声地说道：‘吃点心的时候可以发出声音吗？’”[①] 教师不注意自己言论的影响，不注意自己的教师形象、时不时用“吼”的方式以达到管理效果，殊不知，这样的言语行为已在幼儿心中生根。据调查显示：“一位家长的孩子从小比较文静，不爱说话，可是自从上了幼儿园之后，就像变了一个人一样，说话声音也大了，有时候甚至用‘吼’的方式。后来这个家长终于找到了原因，原来是幼儿园的老师平时对小朋友说话就是这样，所以孩子就在潜移默化中学会了。”[②]

（3）教师仪表上：有些教师穿戴随意，仪表不端庄，服饰不得体；有些教师过于注重打扮，浓妆艳抹，涂五颜六色的指甲，爱穿奇装异服，追求新潮与时尚等。这些都会对幼儿的审美观、价值观造成误导。

4. 创新意识不足，职业倦怠凸显

在科技化、信息化和智能化迅猛发展的今天，创新已是一个国家永葆生机活力的重要源泉，是提升国家竞争力和综合实力的保证。创新主要靠人才，核心在于教育要培养创新型人才，而人才培养的关键在于教师。这就要求教师群体紧跟时代步伐，积极进取，努力学习，转变教育观念，不断汲取新的知识，进行知识的更新换代。为此，创新精神就成为对当代师德的最为鲜明的要求之一。正如著名教育家叶澜教授指出的，“没有教师的生命质量的提升，就很难有高的教育质量；没有教师的主动发展，就很难有学生的主动发展；没有教师的教育创造，就很难有学生的创造精神”[③]。学前教育是基础教育的奠基阶段，也是终身学习的开端。这一阶段，对一个人早期的认知、行为、好奇心、创新意识等方面具有重要影响，而幼儿教师作为启蒙老师，则是这个阶段对其产生影响的核心人物之一。当前，幼儿教师职业存在工资水平低、社会地位低、福利待遇低、社会舆论压力大等特点。在幼儿园中，有不少幼儿教师对工作抱着混日子的想法，做一天和尚撞一天钟，认为幼儿园的工作要求不高，谁都可以做，教育教学的过程中不思进取，没有创造性。在长期的重复、烦恼、疲劳和应付的状态中，失去了职业的成就感，动摇了当初的职业选择，甚至怀疑和后悔，由此导致幼儿教师的职业倦怠，失去工作的热情和积极性。有研究显示：“10%的幼儿教师表示对工作待遇满意，50%的教师认为一般，还有30%的教师表示不满

---

① 谭奕林，金金. “虐童现象”扩大化背景下幼儿教师保教行为的个案研究［J］. 现代中小学教育，2019，35（1）：59.

② 黄荣. 幼儿教师的职业道德研究［D］. 长沙：湖南师范大学，2014：25.

③ 叶澜. 教师角色与教师发展新探［M］. 北京：教育科学出版社，2001：1.

意。这些也导致了幼儿教师的社会地位和公信力不被社会认可，压力越来越大了，因为付出和收入不成比例，他们更希望得到社会以及家长和学生对他们所付出的努力的承认。”①

二、幼儿教师常见的道德问题存在的原因分析

毋庸置疑，最近几年来，我国幼儿教师队伍建设正在逐步加强，幼儿教师的整体素质在不断提高，但仍然存在一些问题，如个别幼儿教师看重个人利益，职业道德意识弱化、道德素质较低、缺乏耐心和爱心，致使幼儿园心罚、体罚、“虐童”事故频发。幼儿教师道德问题存在的原因是多方面的，除了市场经济追求利益的社会大环境外，还有旧有观念、国家政策、幼儿园环境及幼儿教师个人等因素，尤其是部分无办园资质的民办幼儿园，许多幼儿教师是无证上岗，这些没有办园资质的幼儿园更是“虐童”事件的重灾区。具体而言，幼儿教师道德问题存在的原因有如下几点。

（一）旧有观念制约下人们对幼儿教师的角色认识不足

这主要体现在两个方面：一方面是社会大众对幼儿教师的误解和不重视；另一方面是幼儿教师本身对自己的职业认识存在误区，认同度不高，对自己的职业没有耐心、热心和爱心等。

社会大众对幼儿教师认同度不高。人们对幼儿教师的普遍印象是文化水平不高、个人能力不足、收入水平也不高，导致社会大众对幼儿教师的轻视甚至不尊重。关于幼儿教师的负面新闻报道层出不穷，现代社会信息流传快，视频、报纸等媒介会很快将发生的事情报道出去，传递到大众的生活中，一次次冲击着人们的思想。社会上开始怀疑幼儿教师的职业道德能否胜任这个职业，能否做好启蒙教育阶段的榜样。久而久之，幼儿教师的社会地位大不如从前，越来越多的人不再将幼儿教师作为自己的职业选择。虽然负面信息很多，但是也不乏优秀的幼儿教师，他们爱岗敬业，关心幼儿，专业知识过硬，自身素质和修养较高。但人们由于观念问题，总是会由此及彼，以点概面，认为所有的幼儿教师都是有问题的，其实这些都是人们对幼儿教师有偏见。

幼儿教师对自身的认同度不高，对幼儿教师这个职业的认识有误区。幼儿教师认为只要做好本职工作就可以了，但幼儿教师跟普通的教师是有区别的，这些区别是由幼儿教育的特殊性所决定的。幼儿教师不但要把知识传授给幼儿，还需要更多的细心、耐心、爱心和责任，需要不图回报，不怕苦，不怕累，不断提高自身素质，加强业务知识，不断创新，赢得家长和幼儿的喜爱和信任。但是社会大众对幼儿教师的偏见以及幼儿教师待遇低、入职门槛低，导致幼儿教师的社会地位低下，从而使幼儿教师本身对这个职业的成就感、认同感和忠诚度大幅降低，自然不会对本职工作尽心尽力，相反，还可能会给整个行

① 李艳．新时期幼儿园教师队伍建设刍议［J］．聊城大学学报（社会科学版），2010（2）：230．

业抹黑。

（二）社会主义市场经济对幼儿教师心态的影响

改革开放以来，我国各个领域都发生了翻天覆地的变化，社会变革深刻，人们的价值观念日趋多元化，而自古以来在教育方面倡导的传统美德被弱化，导致了幼儿教师的工作热情以及责任感的减弱，对部分幼儿教师的职业道德产生了消极影响，加之社会上其他方面的消极影响，少数幼儿教师在物质诱惑面前迷失了自我。

伴随全球经济一体化进程以及我国的市场经济的飞速发展，由于利益的驱使，许多社会成员开始追名逐利，个人主义、功利主义以及享乐主义逐渐产生并迅速扩散，这也对幼儿教师队伍带来了负面影响，使得幼儿教师在工作中开始以自我为中心，不注重与他人进行教学合作与研讨，德育观念十分片面和僵化，个人专业能力无法跟随时代的发展。这主要体现在以下两个方面：第一，过分的“崇洋媚外”，觉得西方资本主义的相关教育以及思想“完全正确”，盲目追求资本主义国家落后的价值观，注重个人利益，注重享乐，缺乏无私奉献精神。在教育中，也将自己作为教育的中心，忽视幼儿的相关需求以及科学合理的教学的开展。第二，市场经济所带来的影响，导致了部分幼儿教师过度的“拜金主义”“拜物主义”，过分地追求教学的经济效益，导致了这部分幼儿教师人格扭曲、价值观不正，从而影响了教学的顺利开展。一些幼儿教师由于受到功利主义的影响，对工作的利益回报产生了不满，“混日子”“顺其自然”成为了他们的口头禅。教师队伍中的这部分教师，将理想和追求世俗化，将利益与回报看作是从事教育事业的主要目的，这不仅仅是对幼儿教师这一神圣职业的亵渎，也是对自身以及对职业选择的极大不尊重。

（三）幼儿师范教育中职业道德教育的悬空化

幼儿教师在校期间的职业道德教育是幼儿教师职业道德素养养成的关键环节。然而，由于种种原因，幼儿师范教育中职业道德教育依然不容乐观。主要表现：一是幼儿教师德育引导滞后。对于刚入职的幼儿教师来说，在校期间的前期职业道德教育与后期入职后的培养，都是其自身形成职业道德的关键环节。因此，学校方面和教育机构对于幼儿教师职业道德的养成必须肩负起相应的责任。但是，从当前情况来看，多数学校在对幼儿教师进行职业道德引导时并没有做到紧随时代的步伐，在教育内容和形式方面都没有及时更新，已经无法与当前社会的整体发展情况相适应。在幼儿教师职业道德新问题不断出现的情况下，许多培育幼儿教师的高校和学前教育工作单位对幼儿教师的职业道德引导十分滞后，学校方面一味地扩大办学规模，更看重经济效益，因此幼儿教师的职业道德引导一度被忽视，严重缺乏实效性。二是学校职业道德教育制度存在缺陷。学校职业道德教育制度存在缺陷主要体现为评价机制不科学。教师在校期间，学校更看重学生理论知识的考核成绩，而职业道德则由于在理论上处于“无形”状态，缺少完善科学的考核机制，常常是采用模糊评价的方式，甚至有的学校将对学生职业道德能力的考核最终简化为教师的一句评语。

对学生的职业道德考查困难也造成了职业道德评价流于形式，也就无法形成职业道德的科学评价机制，直接造成了学校教育“重智轻德”问题的出现。加之，实用主义思想的影响下，为了在未来的就业竞争中能够脱颖而出，许多学生忽视了职业道德的提升，将大量的时间投入到了专业理论知识的学习当中，职业道德教育无法引起高度重视。三是学校缺乏正确的教育理念与管理方法。进入21世纪以来，学前教育事业越来越受到社会各级的重视与支持，学前教师教育质量也显著增强。但必须清醒意识到，当前仍然有大量的学校在培养幼儿教师的过程中观念陈旧，教育方法十分落后，严重缺乏正确、科学的教育理念与管理方法，更不能正确地理解和贯彻国家相应的教育方针与政策。尽管素质教育已经逐步推广并得到了全社会的广泛认同，许多高校也在积极促进自身的教育改革，然而由于考试仍然是当前选拔幼儿教师的重要方式，幼儿教师资格的审批还是需要通过考试来确认，这也使得许多幼儿师范学校在培育人才的过程中，选择了应试教育的“老路”，一边倡导素质教育，一边又为了学生能够获得教师资格而墨守成规，可以说是在应试教育的错误道路上越走越远，这在很大程度上影响了幼儿教师在校期间职业道德的早期教育。许多幼儿教师在学校没有接受过系统的职业道德教育，因此对职业道德的理解十分片面，以至于在后来的工作岗位中也无法对职业道德拥有深刻的认识。

（四）幼儿教师自身职业道德提升意识不强

作为在我国历史上存在已久的职业，“教师”一直以来是神圣的代名词，无论是“夫子”的谆谆教诲，还是“博士”的引经据典，或是“先生”的诲人不倦，都是极值得我们敬重的。“师者，所以传道授业解惑也。”但现在幼儿教师队伍中的部分教师，没能领会到博大精深的中华文化给予教师这个职业的准确内涵，缺少对教师这一职业的认同感、自豪感。

部分幼儿教师职业道德方面出现问题的一个重要原因是自身对职业道德的提升缺少自觉意识。许多幼儿教师只是将工作视为谋生的手段，在日常工作中对幼儿的思想动态关心极少，育人意识十分淡薄。有的幼儿教师在一年工作结束之后还无法说清楚每一个孩子的兴趣爱好和基本性格特点。由于对自身职业道德要求的松懈，很多幼儿教师产生了严重的职业倦怠问题。“职业倦怠一般用来描述那些服务于助人行业的人们，因工作时间过长、工作量过大、工作强度过高，而个体又不能有效地缓解工作压力或妥善地应付工作中的挫折所经历的身心疲惫状态，也可以称为‘工作倦怠’‘工作耗竭’和‘职业枯竭’等。”①由于对幼儿的教育效果无法在短时间内体现出来，因此幼儿教师的工作带有长期性与反复性的特点。加之幼儿天性活泼好动，在沟通方面也存在一定的困难，因此幼儿教师的工作长时处于高强度状态之下，使得幼儿教师的职业成就感受到严重损伤，也直接造成了幼儿

① 曾玲娟. 国外职业倦怠研究概说［J］. 沈阳师范大学学报，2003（2）：23.

教师职业热情的丧失，这在很大程度上使幼儿教师放弃了职业道德的建立，反复而琐碎的工作甚至使幼儿教师出现了情绪激化、心理偏激的问题。尤其是在面对现实工作与舆论压力的状态下，不少幼儿教师更是从逃避的心理出发，尽量避免提及职业道德问题。可见，幼儿教师职业道德提升意识的弱化也是造成幼儿教师职业道德问题的重要原因之一。

（五）幼儿教师职业道德的法律制度不完善

幼儿教师的师德建设要依靠国家相关的法律法规的不断发展和完善，形成统一的评价标准。国家法律法规的健全和相关政策制度的完善，是建立法治社会的基础。目前，幼儿教育教学的法治建设中主要存在这样两个问题：一是针对幼儿园教育和幼儿园教师的法律法规是不健全的，二是有些政府部门和学校不能依法办事。在我国，出台了很多有关幼儿教育的法律法规，但是贯彻落实得并不理想。幼儿教师也是教师，但是幼儿教师的工资和普通教师的工资相比，要低很多。由于教学任务繁重，幼儿教师也没有带薪假期，幼儿园对幼儿教师正当的个人权益往往关注不够。国家相关部门出台的法律条文很多，但仍有待补充完善。随着教育改革的不断发展，国家逐渐放开了幼儿园管理权限，现代化市场机制逐步引入目前的教育系统，民间个人力量被允许投资和举办幼儿园，同时很多地方的教育行政部门为了减小地方政府教育经费压力，部分幼儿园被推到社会上，没有经验，管理也不合理，幼儿教师的社会保障问题也得不到很好解决。

第二节　职业倦怠与幼儿教师师德困惑

幼儿教师是学前教育的重要构成要素之一，在学前阶段有着举足轻重的地位。一方面，幼儿教师是基础教育师资力量的重要组成部分；另一方面，幼儿教师对幼儿的认知、情感、意志以及身心健康等方面的发展会产生深远影响。然而，调查结果显示，在我国有职业倦怠倾向的幼儿教师极具普遍性，职业倦怠对幼儿教师个人、幼儿园工作的开展、幼儿的成长都会产生很大的负面影响。因此，应重点关注幼儿教师职业倦怠，这也是我们提高教师职业道德水平不可回避的现实问题。

一、幼儿教师职业倦怠

（一）职业倦怠的概念与表现

职业倦怠概念最早是由美国临床心理学家弗罗伊登伯格提出的。他在 1974 年发表的《职业倦怠》一文中认为，“职业倦怠”是一种耗竭与疲劳状态，是由于个体不能确立自己的需要而紧张工作造成的。目前，使用最广泛的是马斯拉奇于 1981 年对职业倦怠的定义，即“职业倦怠是在以人为服务对象的职业领域中，个体所表现出来的一种情绪衰竭、去人性化和个人成就感降低的症状”。他认为职业倦怠由三个维度构成，即情绪衰竭、去人性化（也称为人格解体）和低个人成就感。其中情绪衰竭是核心成分，是职业倦怠的压力维度，指个体的情绪和情感处于极度疲劳、极度消耗的状态；去人性化是职业倦怠的人际关系维度，指个体以一种否定的、消极的、冷漠的、麻木的、疏远的态度对待同事及工作对象；低个人成就感是职业倦怠的自我评价维度，指个体对自己所从事的工作给予负面评价及工作效能感降低。

（二）幼儿教师职业倦怠的概念与表现

1. 幼儿教师职业倦怠的概念

近年来，随着国家对学前教育的重视、全面“二孩”政策的实施、幼儿园不良事件不断曝光，对幼儿教师职业倦怠的关注日益增强，相关研究逐渐增多。那么，何谓幼儿教师职业倦怠呢？郭文斌认为，幼儿教师职业倦怠是指幼儿教师在与工作环境的互动过程中，由于不能有效缓解各种因素所造成的工作压力而对所从事职业的消极态度和行为[①]。谢蓉等认为，幼儿教师职业倦怠是指幼儿教师在长期的幼教工作中，自身或教育对象、教育环境等因素引起的一种对幼儿教师这一职业厌烦、麻木、工作积极性不高的心理状态[②]。王欢认为，幼儿教师职业倦怠可以解释为幼儿教师在与工作环境的交互作用中，因没有及时有效缓解各种因素所造成的工作压力，或深感付出与回报不成正比而表现出的对所从事幼儿教育职业的消极态度和行为[③]。根据上述阐述，笔者将幼儿教师职业倦怠的含义界定为：幼儿教师在工作环境的互动过程中，因不能有效缓解各种因素所造成的工作压力，或深感付出与回报不对等而表现出的对所从事幼儿教育职业的消极态度和行为。

2. 幼儿教师职业倦怠的表现

随着对幼儿教师职业倦怠的深入研究，一些学者逐渐揭示幼儿教师职业倦怠的表现形式。梁慧娟的研究表明，幼儿教师的职业倦怠具体表现主要有生理心理、个人生活和工作三个方面[④]。康丹等认为，教师职业倦怠一般是指教师在长期高工作压力的作用下工作态度、工作热情、自我发展、与人相处等要素融合方面的结构性偏差[⑤]。杨淑芸指出，农村幼儿教师职业倦怠通常表现在：幼儿教师个人的职业认同感降低，个人成就感也随之降低，进而产生对工作的厌倦感；教师普遍认为压力大、工作过于繁琐、疲劳感增强，情绪

---

① 郭文斌．幼儿教师职业倦怠量表的初步编制［J］．西北师大学报（社会科学版），2008（5）：115-118.
② 谢蓉，曾向阳．幼儿教师职业倦怠的缓解与职业幸福感的提升［J］．学前教育研究，2011（6）：67-69.
③ 王欢．昆明市幼儿教师职业倦怠研究［D］．重庆：西南师范大学，2005：10.
④ 梁慧娟．北京市幼儿教师职业倦怠的状况及成因研究［J］．调查与研究，2004（5）：6.
⑤ 康丹，吴菊蓉．福建省幼儿教师职业倦怠现状的调查研究［J］．教育与教学研究，2011，25（1）：5.

不稳定；对工作失去兴趣，角色定位不准确，甚至不愿意与幼儿接触①。

爬梳已有研究文献，本书认为幼儿教师职业倦怠的具体表现形式主要有以下几个方面：一是情绪衰竭。由于幼儿教师本身的职业因素，他们往往承担着大量的保育、教育和安全工作，超负荷的工作量和压力带来对幼儿和工作的冷漠、不关心等负面情绪。二是非人性化。主要表现为幼儿教师开始质疑自己的工作，失去信心和工作热情，开始出现角色定位的问题，逐渐封闭自我，不愿与人交流、互动，拒绝、排斥与人交往，极个别甚至出现攻击性行为，对他人造成伤害。三是个人成就感降低。主要表现为很难从工作中收获成功体验，对工作失去信心，自我效能感明显降低，逐渐对幼儿失去责任心、耐心，也失去了对工作的上进心和动力。

（三）职业倦怠对幼儿教师职业道德的消极影响

1. 职业倦怠使幼儿教师缺乏仁爱之心

师爱是教师职业道德的核心，苏霍姆林斯基更是将教师热爱学生视为“教育的奥秘”。习近平总书记提出，新时代好教师要有“仁爱之心”。幼儿由于年龄小、情绪性强，对来自老师的关注极为敏感。老师的一个微笑、一句表扬可以让幼儿一整天兴奋不已；反之，一声呵斥可能伤害幼儿稚嫩的心灵。据笔者所收集的情况，在询问一些幼儿为什么喜欢某某老师时，大部分幼儿的答案并非我们想象的业务精专、博学多才等堂而皇之的理由，而是简简单单的“对我们好”“奖励我小五星”“帮我梳辫子”等。我们可以看出，幼儿喜欢有爱心的老师，幼儿希望得到老师的爱。然而，由于职业倦怠的影响，不少幼儿教师把工作中的压力转移到幼儿身上，面对幼儿的一丁点儿过错，态度粗暴、生硬，不能以平常心、宽容心对待，给幼儿身心发展造成伤害。

2. 职业倦怠使幼儿教师缺乏职业认同

出现职业倦怠的幼儿教师往往不能正确看待幼儿教师角色、缺乏职业认同，加之旧有观念和社会舆论影响，对幼儿教育教学工作的价值认同感和自我效能感都较低，长期体验不到价值感、希望感和成就感，对各项教学工作疲于应付。这与“发自内心地热爱自己所从事的职业，并且愿意为自己从事的职业勤勤恳恳，任劳任怨，做出奉献”的职业要求相去甚远。

3. 职业倦怠使幼儿教师偏离法律规范

幼儿教师长期存在职业倦怠，就会产生不良情绪，继而采用不恰当的教育方式释放自身情绪或职业压力，直接或间接地侵害幼儿的人格权、生命权和人身权等，偏离《幼儿园管理条例》《幼儿园教师职业道德规范》《幼儿园教师专业标准（试行）》和《中华人民共和国教师法》等相关法律法规。

---

① 杨淑芸. 农村幼儿园女教师职业倦怠表现及其干预策略［J］. 学前教育研究，2014（8）：55-59.

4. 职业倦怠使幼儿教师缺乏成长动力

幼儿教师如果出现“生理耗竭”“才智枯竭”及“情绪衰竭”等职业倦怠症候，那么在教育教学活动中便会“厌学”“不注重学习”，即更新知识、创新意识和提高能力的动力不足，也缺乏探索精神；不了解幼儿卫生知识、幼儿身心发展规律，无法将幼儿教育实践经验提升为幼儿教育教学理论，同时也影响幼儿教师专业发展和对幼儿教师职业道德规范的学习和体会。

二、幼儿教师师德困惑

师德问题从不同维度折射出了幼儿教师师德发展的“困境”。

（一）幼儿教师师德标准与价值取向：理想化还是人性化

在人类道德史上，教师职业道德往往是所处时代社会道德的最高标准，代表着社会成员道德涵养的最高层次。在世人看来，教师应该是德行完美的“道德家”，强调教师的绝对崇高、无私奉献，赞扬其默默无闻、牺牲自己。因此，教师往往被预设：教师是“人类灵魂的工程师”“教师是太阳底下最光辉的职业”等等。事实上，对教师职业的极端化认识，一方面囿于社会的道德需要与人们对教育特有的传统观念，无形中赋予教师理想化和“神圣化”的形象；另一方面肯定了教师在社会中角色的重要性和师德的高尚性。但这种传统师德观遇到现代经济社会发展、现代教育变革以及以人为本的多重价值理念，这种过度强调教师职业的特殊性而忽视其一般性，过度追求教师师德的社会属性而忽视教师的个人属性，实际上是对教师“禁欲”的非人性化要求，泯灭了教师个性和人之为人的需要，使教师的职业缺乏生活性和主体性，乃至被异化为毫无生命气息的“齿轮”。幼儿教师作为广大教育职业中一个既普通又特殊的岗位，有着重要的社会地位。普通是在于幼儿教师与其他教师同样都是从事教育行业，而幼儿教师所教育的对象决定了它的特殊属性，即幼儿教育时期是儿童对社会的认知、语言能力的提高、生活和学习习惯的养成、良好性格的塑造、创造力的培养等重要时期，也是人的社会行为、情绪情感和认知方式等形成的重要阶段。在这个年龄段，幼儿对于幼儿教师所提供的知识、言语、行为是无条件接纳的。因此，作为儿童求学道路上的第一位“导师”，社会对幼儿教师的师德也不可避免地提出“高标”。然而，在“伟大”预设下，社会并没有看到幼儿教师作为个体生命追求自我生活的幸福感的需要，也没有在生存生活条件、工资待遇、职称评定和在职培训等方面给予极大的支持与关切。殊不知，幼儿教师首先是一个平凡的有血有肉的人，其次才是教师。当面临生存危机和市场经济的种种诱惑时，幼儿教师心理出现失衡以及追求正当的物质回报的行为也是可以理解的。有许多无私奉献的幼儿教师，不计回报地无偿付出，在他们崇高精神和高尚人格被人们赞美的同时，他们的生活却捉襟见肘，健康状况每况愈下，这应当是值得研究的教育问题。“一个文明而法制的社会，如果总是让教师处于政治上、经济上的弱势地位，不解决教师切身的问题，却大张旗鼓地提倡教师奉献，这本身就是不道德的，也是不公平的。”① 笔者在幼儿园调研时，部分幼儿教师直接吐露：“我只想做一个实实在在的幼儿教师，而不是‘道德家’。”大概意思是说社会不要给幼儿教师太过分的要求和约束，即使在生活中犯点错误，完全是可以理解的。所有的人都会犯错误，不能因为他们是幼儿教师，就给他们以过于苛刻的谴责。因此，全社会都要关心幼儿教师的切身利益，不能空喊幼儿教师要有高尚的师德，而应更多地了解幼儿教师的生存境遇，解决幼儿教师生活与工作中的各种困难，努力使幼儿教师的付出与回报达成平衡，让幼儿教师走向幸福生活。

（二）幼儿教师对儿童的发展：无限责任还是有限责任

幼儿教师承担的责任有法律责任、岗位责任和伦理责任等。法律责任只是一种最低限度的责任，它只能抑制幼儿教师作为人的恶的一面，而伦理责任则可以张扬幼儿教师善的一面，它通过对幼儿教师“内心道德的信仰、意志与信念的转化，将刚性的他律责任（法律责任）转化为柔性的自律责任（伦理责任），从而赋予法律责任履行的内在动力”②。从这个意义上说，幼儿教师的伦理责任是对法律责任和岗位责任的补位、提升和超越，具有前瞻性和导向性。幼儿期是思想意识、行为习惯的养成期，幼儿教师践行自身责任，具备良好的道德品质直接影响到幼儿。作为一名幼儿教师，不但要对幼儿进行知识教育、思想教育和道德教育，启迪思维，培养能力，还要关心、照顾幼儿在幼儿园的日常生活情况。社会普遍认为幼儿教师的职责无所不包，主要包括：一是幼儿崇高的道德楷模。幼儿时期正是世界观、品质、性格形成阶段，在他们的心目中，教师是智慧的代表，是高尚人格的化身。同时，这个时期的孩子又具有“向师性”强、可塑性大的特点，教师的一言一行、一举一动将在孩子幼小纯洁的心灵上打下深刻的烙印，乃至贯穿于他的一生。正如苏霍姆林斯基所说：“请你记住，你不仅是自己学科的教员，而且是学生的教育者，生活的导师和道德引路人。”③ 幼儿教师要承担起育人的职责，必须以身作则，为人师表，就是要求幼儿教师在各方面都要成为学生的表率，严于律己，言行一致，以身立教。幼儿教师要以高尚的道德情操和崇高的精神境界去感化儿童的品质，以文明礼貌的风度仪表去感染儿童的行为举止。德高为范是教师应有的品格。幼儿教师要用自己的模范行动，为学生树起前进的旗帜，指明前进的方向，点燃他们心中的火种。二是幼儿的良师益友。幼儿教师要成为孩子的朋友与知己，师生之间就要人格平等，关系民主，心理相容。教师要让孩子感到教师是他们可亲可敬可信的大朋友：尊重幼儿的人格、个性和自尊心；不讽刺、挖苦、歧视幼儿，不体罚或变相体罚幼儿；保护幼儿合法权益，促进幼儿全面健康发展。三是照顾

① 杜时忠. 教师道德越高越好吗 [J]. 中国德育，2010 (2)：74.

② 祝建兵，陈丽琴. 行政道德责任：理论定位与实现机制 [J]. 行政论坛，2003 (3)：69.

③ 苏霍姆林斯基. 给教师的建议（一）[M]. 杜殿坤，译. 北京：教育科学出版社，1980：96-97.

幼儿的“保姆”角色。由于幼儿各方面都很不成熟，缺乏基本的自我服务能力，他们对教师有较强的依恋性。对孩子来说，幼儿教师首先是妈妈的角色，其次才是教师的角色。然而，一旦幼儿身心健康发展出现丝毫差错，幼儿教师则首当其冲成为社会各界“讨伐”的目标，有时甚至连自身权益都得不到有效保障。特别是长期城乡“二元结构”的影响，农村人口大量涌入城市，许多留守儿童离开家庭，寄宿在民办或缺乏办学资质的幼儿园中，加之学前教育长期经费投入不足，师资不足，幼儿园布局结构不合理，幼儿教师除了承担必要的教育责任外，还不可避免地承担起部分保育、监护、管教的责任，无形中扩大、加重了幼儿教师的责任，也就难以做到用爱心浇灌每一个“花朵”，难以对每一位幼儿实现有教无类的引导。实际上，幼儿身心全面健康发展需要社会、家庭和幼儿园形成教育合力，当面对大班额的教学活动时，幼儿教师的时间、精力和责任毕竟是有限的。家庭和社会的教育责任不恰当、不合理的转移是导致幼儿教师责任过重的主要原因，也是引发幼儿教师职业道德失范的重要原因。基于此，应健全和完善学前教育立法，澄清幼儿园、家庭的教育责任，明确幼儿园、家庭和社会的责任分担，加大学前教育的各项投入，优化幼儿园布局结构，配足配齐幼儿教师编制，促进学前教师教育公平均衡发展，提高幼儿教师政治地位、经济地位和社会地位等，从根本上解决幼儿教师教育责任无限扩大且过重的问题，促使幼儿教师职业道德的良性归位。

（三）幼儿教师师德修炼层次：理想还是现实

在高度文明的现代经济社会，教师职业不仅仅只有“神性”，还应有“人性”。教师从事的是一个平凡而伟大的岗位，教师本人也是社会中的普通成员，他们的道德形成既不能脱离经济基础，也不能脱离社会的道德基础。并不是每个教师的道德水平都能达到理想境界。因此，对当前我国幼儿教师师德师风内涵的界定不能搞简单的“一刀切”，而应该体现出师德水平的层次体系，既有仰望星空的理想，更要有“接地气”的现实性。根据对幼儿教师职业认识、工作状态和道德发展的不同要求，可以把幼儿教师师德师风的内涵分为三个层次：教育责任、教育感情、教育信仰。

第一，以教育责任为基础的层次。这个层次是为师者的职业道德底线，即按照《幼儿园教师专业标准（试行）》《中华人民共和国教师法》《幼儿园管理条例》等，符合一名合格幼儿教师应达到的要求，完成幼儿教育活动中的各项教学任务，遵守各项规章制度，维护教师群体的形象。具体而言，这个层次强调幼儿教师的责任，必须把个人的好恶排除在工作之外，对不同性别、不同家庭背景的幼儿要不偏不倚、平等相待，不以幼儿家长与自己的关系是否密切分亲疏，不以幼儿听话与否、成绩优劣、相貌好坏定好恶。尊重幼儿的人身权、生命权和尊严权，对幼儿身心健康成长和进步负责。

第二，以教育感情为关键的层次。这个层次不仅要求幼儿教师能够完整地履行自己的职责，还强调幼儿教师要热爱学前教育事业，认同幼儿教师职业，即幼儿教师不是把幼儿教育教学工作视为一种谋生手段，而是视为一种需要投入个人感情的育人事业。幼儿教师的热情具体到其工作对象上，表现为对幼儿的爱。爱是幼儿身心发展的精神需要、精神营养。所以幼儿教师最基本的素质就是爱孩子，教育家苏霍姆林斯基说过："教育的技巧和全部奥秘就在于如何爱护儿童。"① 高尚纯洁的爱是教师和儿童之间的一条通道。对孩子来说，老师只有真正喜欢他、关心他、爱他，他才会喜欢老师，正如著名的儿童教育家陈鹤琴所说："我爱儿童，儿童爱我。"而喜欢老师的孩子，才会喜欢上幼儿园，才能开心快乐地成长。因此，幼儿教师要以对学前教育的无限热爱，永远保持一颗关爱儿童的心。只有幼儿教师"身临其境"地体察孩子的内心奥秘，关心幼儿的正当需要，才能更好地促进幼儿身心健康发展，为学前教育事业蓬勃发展做出切实贡献。

第三，以教育信仰为宗旨的层次。这是师德师风的最高境界。它要求幼儿教师不能简单地把幼儿教育教学看成是自己的职业或工作，而应该当成终身追求的神圣而光荣的事业；对学前教育事业不仅仅是有一定感情，而且有着宗教般的虔诚。要达到这个层次，幼儿教师不但要有孔子"吾日三省吾身"、叶圣陶先生"教育工作者的全部工作，就是为人师表"的精神，还要有鲁迅先生"俯首甘为孺子牛"的献身精神。在幼儿教育教学活动中，幼儿教师能自觉地把个体的人生价值与学前教育事业健康发展的战略目标牢牢联系在一起，不惧贫穷，乐于奉献，不计较个人得失，真正做到爱他人的孩子与爱自己的孩子一样，以高尚的道德情操和崇高的精神境界去服务学前教育事业，虽默默无闻仍能孜孜以求。

（四）幼儿教师惩戒权：行使还是放弃

在我国，幼儿教师的理念正在悄悄地发生变化，从惩罚式教育向激励式教育转变。越来越多的教育专家建议在教育中尽可能地去赏识孩子、鼓励孩子，充分激发孩子的自尊心与自信心，从而使孩子以更加积极的心态去面对人生。可以说这种转变是教育理念的一次革命，必然使我们的教育更加科学化、人性化。但是激励并不能代替惩罚，教育要以赏识、鼓励为主也并不是完全摒弃惩罚。在幼儿的成长过程中，惩罚是必不可少的一种辅助性教育手段。没有惩罚的教育不是完整的教育，教育出来的孩子也不会是完整的孩子，也难以达到教育目标。

第一，心理学的角度。美国哥伦比亚大学师范学院的教授桑代克（E. L. Thorndike），他提出的效果律（law of effect）表明，如果一个动作跟随以情景中一个满意的变化，那么在以后相似的情境中，这个动作发生的可能性将增加；但是，如果跟随的是一个不满意的变化，这个动作再次发生的可能性则减少。所以一个行为发生后产生的后果对他今后的行为变化起着很重要的决定作用②。操作性条件作用学说的代表斯金纳认为操作性行为是由有机体自身发出的，这些行为由于受到强化而成为在特定情境中任意的或有目的的操

① 苏霍姆林斯基. 给教师的建议（一）[M]. 杜殿坤，译. 北京：教育科学出版社，1980：52.

② 陈琦，刘儒德. 当代教育心理学 [M]. 北京：北京师范大学出版社，2007：135.

作。反之，行为受到惩罚就会在特定情境中降低再现的频率[①]。例如幼儿在下楼梯时，其中两名幼儿在楼梯上嬉闹，教师及时大声制止与训斥，并将这两名幼儿拉出队伍，等待所有幼儿下去后才让他们下楼梯进行户外活动。受到惩罚的幼儿看到同伴们都在玩耍，而自己还在等待，内心便有了不愉快体验，教师的批评也让他们有了认识：如果在下楼梯时嬉闹，老师会不高兴，而且会延迟玩耍的时间，下次下楼梯时不能再与小朋友嬉闹了。这样，在以后同样的情境下，幼儿的嬉闹行为发生的频率便会降低。

第二，法律法规的角度。《中华人民共和国未成年人保护法》第五十四条规定："对违法犯罪的未成年人，实行教育、感化、挽救的方针，坚持教育为主、惩罚为辅的原则。"第六十三条规定："学校、幼儿园、托儿所教职员工对未成年人实施体罚、变相体罚或者其他侮辱人格行为的，由其所在单位或者上级机关责令改正；情节严重的，依法给予处分。"可见合理的惩罚可以帮助学生改正错误，是可行的教育方法。只是教育中的惩罚不包括体罚和变相体罚，以教育为目标的合理惩罚是不违背法规的。《中华人民共和国教育法》第二十九条明确规定，学校及其他教育机构有"对受教育者进行学籍管理，实施奖励或者处分"。依据法律赋予的权利，教师可以对学生的违规行为施以适当的惩罚。幼儿园是各级各类学校的组成部分，因此教师也能针对幼儿的不良行为实施惩罚，行使其教育管理权利。同时幼儿园也是以保育和教育为目标，促进幼儿德、智、体、美、劳全面发展，帮助幼儿形成良好的行为习惯的场所，教师虽然拥有惩罚的权利，但是不能滥用，要考虑到幼儿的年龄特点，在法律法规的范围内行使。

第三，现实的角度。惩罚存在于生活的各个领域，从儿童的成长过程来看，惩罚一直存在。由于儿童的认知能力的发展尚不完全，自制力达不到成人的水平，家长为了幼儿的安全或者培养幼儿良好的习惯，经常会使用一些力度较小的惩罚方式来教育幼儿。如果没有惩罚，幼儿依据自己的意愿行事，其后果必定严重。因此从幼儿的成长过程来看，适度惩罚是合理的。现在的幼儿园教育理念中一直提倡鼓励和赏识，教师可以通过鼓励、赞扬等正面积极的方式教育幼儿，让幼儿在和谐快乐的环境中成长，形成自信、乐观的个性品质，最大限度地去激发幼儿的创造力，这一点毋庸置疑。然而鼓励教育不是万能的，换言之，一个优秀的人不仅要能得到社会的鲜花掌声和赞美，而且要能经受住挫折，能从别人的批评和惩罚中反思自己的行为，从而培养出自己的责任感。鼓励和赞美并不能在所有情况下都发挥作用，个人也不可能永远只得到别人的赞美。特别是当今的市场经济下，各行各业都有其独特的规则，违背其规则，必会受到相应的惩罚。幼儿也是社会的组成成员，终将进入社会这个大熔炉，那么具备经受挫败的心理承受能力是很有必要的。让幼儿习得一种社会规则，即自己犯了错就要受到相应的惩罚，我们做任何事之前都要考虑到这种行

① 陈琦，刘儒德．当代教育心理学 [M]．北京：北京师范大学出版社，2007：137.

为会有哪些后果，这样才能三思而后行。因此，从现实的角度来说，幼儿需要经历一些惩罚，以适应社会对个体的需求。

本章小结

当前，我国幼儿教师队伍整体师德水平良好，但违反师德的现象时有发生。幼儿教师常见的道德问题的具体表现：幼儿教师与幼儿关系方面，不尊重幼儿人格、没有做到关爱幼儿，价值取向滑坡、以教谋私；与教师集体关系方面，视其他教师为自身利益的“争夺者”，对团结合作缺乏准确定位；与其从事的职业关系方面，缺乏崇高的职业理想与信念，缺乏职业认同感和自豪感，为人师表不足、未能以身立教，创新意识不足、职业倦怠凸显。幼儿教师常见的道德问题的主要原因是旧有观念制约下人们对幼儿教师的角色认识不足，社会主义市场经济对幼儿教师心态的影响，幼儿师范教育中职业道德教育的悬空化，幼儿教师自身职业道德提升意识不强，幼儿教师职业道德的法律制度不完善。在复杂多变的社会环境以及不断深化的教育改革背景下，幼儿教师出现职业倦怠的现象，对幼儿教师职业道德的各个方面产生了消极影响。幼儿教师的师德困惑体现在：幼儿教师师德标准与价值取向是理想化还是人性化，幼儿教师对儿童的发展是无限责任还是有限责任，幼儿教师师德修炼层次是理想还是现实，幼儿教师惩戒权是行使还是放弃。

学习资源

1. 左志宏. 幼儿园教师职业道德［M］. 北京：北京师范大学出版社，2014.

2. 谢蓉，曾向阳. 幼儿教师职业倦怠的缓解与职业幸福感的提升［J］. 学前教育研究，2011（6）：67-69.

3. 谭奕林，金金. “虐童现象”扩大化背景下幼儿教师保教行为的个案研究［J］. 现代中小学教育，2019，35（1）：59.

4. 金忠明，林炊利. 教师，走出职业倦怠的误区［M］. 上海：华东师范大学出版社，2015.

5. 倪敏. 幼儿园教师最需要什么［M］. 南京：南京大学出版社，2011.

第六章

幼儿教师职业道德修炼

知识结构图

- 幼儿教师职业道德修炼
  - 幼儿教师职业道德修炼的意义与内容
    - 幼儿教师职业道德修炼的意义
      - 师德是幼儿教师的根本素质
      - 师德建设是幼儿教师队伍建设的首要任务和灵魂工程
      - 青年幼师加强师德修炼具有特殊意义
    - 幼儿教师职业道德修炼的目标与内容
      - 幼儿教师职业道德修炼的目标
      - 幼儿教师职业道德修炼的内容
  - 幼儿教师职业道德修炼的途径与方法
    - 加强学习，提高职业道德认知
      - 学习职业道德理论
      - 学习教育法规政策，明确提高职业道德修养的前提
      - 学习各项政治理论知识，保证提高职业道德修养的政治方向
      - 不断加强对业务知识的学习，保证提高职业道德修养的专业基础
      - 虚心向模范教师学习，学习先进教师的优秀品质
    - 反思与慎独
    - 注重实践磨炼
    - 自我激励
    - 构建职业道德的监督机制
  - 幼儿教师职业道德修炼的原则与境界
    - 幼儿教师职业道德修炼的原则
      - 以幼儿为本和以师为本相结合的原则
      - 知行统一的原则
      - 内省与约束相结合的原则
      - 先进性和广泛性相结合的原则
      - 继承与创新相结合的原则
    - 幼儿教师职业道德修炼的境界：乐业与职业幸福
      - 乐业是一种积极的职业态度
      - 乐业与职业幸福：幼儿教师职业道德修炼的理想境界
      - 幼儿教师如何乐业

学习目标

- 了解幼儿教师职业道德修炼的意义及目标。
- 熟记幼儿教师职业道德修炼的内容及其地位。
- 理解幼儿教师职业道德修炼的途径与方法、原则与境界。

学习重点

幼儿教师职业道德修炼的内容、途径与方法、境界。

学习建议

幼儿教师职业道德的提升需要有效的学习和持续不断的自我修炼。本章围绕幼儿教师职业道德修炼的内容的五个方面展开，学习时主要以理解和比较分析为主。本章内容主要是按照幼儿教师职业道德修炼的含义—幼儿教师职业道德修炼的意义—幼儿教师职业道德修炼的目标—幼儿教师职业道德修炼的具体内容—幼儿教师职业道德修炼的途径与方法—幼儿教师职业道德修炼的原则与境界这样的逻辑关系展开。

问题情境

上午10点左右，恰是幼儿园户外活动时间，中1班主、副班老师带班里的小朋友玩了会“老狼老狼几点了”，然后让他们自由活动，主、副班教师站在不远处一边注意小朋友的动态一边笑着聊天。不一会儿，一名小朋友哭着跑过来委屈地说：“刘某某把我推倒了。”主班老师安抚了他的情绪，让刘某某向这位小朋友说对不起，做了简单调解。之后不久，又有几名小朋友过来告状，主班老师开始有些不耐烦，对某小朋友大喊“有完没完了？烦不烦？”

修，指在学问和品行方面的学习和钻研；炼，指用心琢磨以求精进。所谓道德修炼，指人们为使自己道德达到一定水平和境界而自觉地自我修炼和自我锻炼的过程。幼儿教师职业道德修炼是指幼儿教师在生活和保教活动中，根据我国社会主义道德原则，结合幼儿教师职业道德规范，通过自我修炼和自我锻炼，不断达到新的职业道德水平和境界的活动过程。道德修炼是一个研修和改造自我道德面貌的过程。职业道德水平和境界不是生来就有的，而是在一定的职业道德规范要求下进行学习、体验、对照和反省的实践活动，通过体验、内化、对照和反省来提高自身的职业道德修养。

加强幼儿教师职业道德修养，是一个系统的生态过程。不仅需要提高对幼儿教师职业道德建设重要性的认识，制定科学合理的幼儿教师职业道德规范，还需要对幼儿教师职业道德建设中存在的问题进行有效分析。但归根到底，幼儿教师职业道德的提升需要有效的培养和持续不断的修炼。在当代社会，幼儿教师职业道德修炼具有重要意义，其目标就是培养忠实践行《幼儿园教师专业标准（试行）》的教师，培养受幼儿爱戴、让人民满意的教师。

第一节　幼儿教师职业道德修炼的意义与内容

《幼儿园教师专业标准（试行）》建议“注重教师职业理想与职业道德教育，增强教师育人的责任感与使命感”，对幼儿园教师提出职业道德要求，即“热爱学前教育事业，具有职业理想，践行社会主义核心价值体系，履行教师职业道德规范，依法执教。关爱幼儿，尊重幼儿人格，富有爱心、责任心、耐心和细心；为人师表，教书育人，自尊自律，做幼儿健康成长的启蒙者和引路人”。这说明国家和教育部门日益重视幼儿教师职业道德建设。实际上，加强幼儿园教师职业道德建设既是社会道德建设的要求，也是幼儿园精神文明建设的需要；既是幼儿品德培养的必然要求，也是师资建设和教师自我修炼的必然要求。

一、幼儿教师职业道德修炼的意义

教师作为“人类灵魂的工程师”，其对社会发展所起的巨大推动作用早已经被历史证明。提高保教质量必须首先提高幼儿教师的专业素质，而幼儿教师的专业素质包括师德、专业理念、专业知识和专业能力。在幼儿教师专业素质中，不同素质各有各的地位和价值。师德素质主要涉及幼儿教师的工作动力、精神境界和职业操守问题，涉及幼儿教师愿不愿意从事幼儿教师工作等深层次的精神动力问题。一方面，幼儿教师职业道德作为幼儿教师专业素质的重要组成部分，其水平高低，直接决定着幼儿教师整体素质的高低；另一方面，幼儿教师职业道德素质，也是其他素质发挥作用和不断提高的重要条件。幼儿教师要完成自身的工作任务，需要具备幼儿教师专业素质中各个要素。然而各要素的地位不是平均的，其中幼儿教师职业道德是幼儿教师最重要的专业素质，是幼儿教师专业素质的核心和灵魂。加强幼儿教师职业道德修炼，增强践行幼儿教师职业道德的自觉性，对幼儿、幼儿教师和整个幼儿教育事业的发展都有着极为重要的意义。

（一）师德是幼儿教师的根本素质

幼儿教师是履行幼儿园教育工作职责的专业人员，是幼儿一日生活的支持者、引导者和组织者，也是幼儿社会沟通的中介者，还是社区资源的整合者，更是幼儿良好习惯、优秀品质的导蒙者、心灵智慧的启发者、无私精神的熏陶者、健康人格的影响者、高尚道德的模范者。一个社会是否尊重教师，是国家兴亡的标志之一。幼儿教师必须先接受教育。幼儿教师的劳动不同于一般的职业劳动，其劳动过程是通过保教活动培养人、塑造人的灵魂。幼儿教师的工作对象不是僵硬的被动的物质，而是活生生的、个性能力性情迥异的幼儿，是有不同智力、不同需求、不同期待的幼儿。幼儿教师的基本职责不是创造某种产品，不是种树种草、放牧养殖、采矿冶炼，而是传播人类文明、启迪人类智慧、塑造人类灵魂、培育人类精神、开发人力资源。简言之，幼儿教师的天职是教书育人。教书意味着传播知识和创造知识，育人则意味着塑造幼儿精神世界，培养幼儿的良好品行，激发幼儿的创新精神，促进幼儿的全面发展。而履行教书育人的职责，没有过硬的思想素质和职业道德水平，没有较高的幼儿教师职业道德素养，是绝对不行的。在当代中国，广大幼儿教师肩负着培养社会主义事业建设者和接班人的神圣职责。这是一项十分崇高、神圣和艰巨的任务。要完成这样的任务，高尚的幼儿教师职业道德就是最重要的保障。

幼儿园保教的对象主要是3～6岁幼儿，他们正处于多种能力、习惯、品质发展的关键期，具有很强的模仿性和可塑性。《3～6岁儿童学习与发展指南》（简称《指南》）强调要“重视幼儿的学习品质。幼儿在活动过程中表现出的积极态度和良好行为倾向是终身学习与发展所必需的宝贵品质”。在幼儿教师诸多个性因素中，相对于知识、技能因素而言，幼儿教师个人的道德品性对保教效果的影响更大。幼儿教师道德对幼儿道德品质具有陶冶作用。幼儿往往具有“向师性”，幼儿学习的过程也是其三观、品德等的形成过程。幼儿教师在与幼儿的交往和相处的过程中，通过自己良好的道德修养、自觉的道德认知、较高的职业素养，赢得幼儿的信任，成为幼儿可以亲近和信赖的人。在师幼互动中，幼儿教师的道德品质、道德情操、行为习惯、一言一行等，无时无刻不在潜移默化地影响着幼儿，直接作用于幼儿心灵。在幼儿园保教中，幼儿更多地是直接从幼儿教师在保教过程中表现出来的道德意识和道德行为中汲取是非、善恶观念，寻找自己做人的榜样。尤其是年幼幼儿，幼儿教师在他们的心目中是比父母还重要的榜样，其一言一行对幼儿道德品质的形成起着直接的启蒙作用。幼儿教师职业道德对幼儿道德行为的养成具有示范作用，能指导幼儿选择正确的道德行为，培养良好的道德行为习惯。“教师个人的范例，对于幼儿心灵的健康和成长是任何东西都不可代替的最灿烂的阳光。”① 因此，幼儿教师道德本身就是一种巨大的保教力量。许多幼儿的兴趣、爱好、人生观乃至所选择的人生道路，都受到了幼儿教师行为的影响。

（二）师德建设是幼儿教师队伍建设的首要任务和灵魂工程

2014年9月9日，习近平总书记在同北京师范大学师生代表座谈时指出：“努力培养

① 温家宝. 努力提高教学水平，做一名合格的人民教师［N］. 中国教育报，2009-09-06（1）.

造就一大批一流教师，不断提高教师队伍整体素质，是当前和今后一段时间我国教育事业发展的紧迫任务。各级党委和政府要从战略高度来认识教师工作的极端重要性，把加强教师队伍建设作为基础工作来抓，满腔热情关心教师，改善教师待遇，关心教师健康，维护教师权益，充分信任、紧紧依靠广大教师，支持优秀人才长期从教、终身从教，使教师成为最受社会尊重的职业。”① 百年大计，教育为本；教育大计，教师为本。幼儿园教育要发展，关键在于幼儿教师的素质，这已经成为全社会的共识。建设一支高水平的幼儿教师队伍，是发展幼教事业、提高保教质量的关键所在。

幼儿教师队伍建设包含多方面的内容，其中首要的任务和灵魂工程就是幼儿教师职业道德建设，这是幼儿教师一切保教行为的思想基础和行动准则。幼儿教师职业道德决定了幼儿教师的素质，幼儿教师没有厚德，就不可载道。只有德才兼备的幼儿教师才能培养出身心全面和谐发展而富有个性的幼儿。近年来，国家出台很多大力加强幼儿园教师队伍建设的文件，提出幼儿教师职业道德建设的要求。2010 年，国务院颁布的《国务院关于当前发展学前教育的若干意见》提出：“加快建设一支师德高尚、热爱儿童、业务精良、结构合理的幼儿教师队伍。”2018 年，中共中央、国务院还专门出台《中共中央 国务院关于学前教育深化改革规范发展的若干意见》，提出：“强化师德师风建设，通过加强师德教育、完善考评制度、加大监察监督、建立信用记录、完善诚信承诺和失信惩戒机制等措施，提高教师职业素养，培养热爱幼教、热爱幼儿的职业情怀。对违反职业行为规范、影响恶劣的实行‘一票否决’，终身不得从教。”这些文件对幼儿教师职业道德建设的要求与建议，不只限于幼儿教师职业道德建设对幼儿健康成长和保教工作的影响作用，更是站在国家、民族发展和社会主义事业兴旺发达的高度强调幼儿教师职业道德建设的意义。事实上，幼儿教师职业道德建设也是改革发展的内在需要，幼儿教师职业道德建设水平的高低也是人民群众对幼教工作满意与否的重要衡量尺度。幼儿教师职业道德修炼是一种持续深度学习的过程，有助于幼儿教师个人各方面不断发展和完善。

（三）青年幼师加强师德修炼具有特殊意义

作为幼师队伍的一支重要的力量和相对特殊的群体，青年幼师的师德表现如何，直接关系到幼师队伍的整体师德水平。青年幼师的师德问题一直是幼教界比较关注的问题，也越来越引起社会的广泛关注。

近年来，越来越多的年轻人加入到幼师队伍的行列，青年幼师已经成为幼师队伍的主力军和重要骨干力量。因此，幼师道德修炼，实际上主要是加强青年幼师的师德修炼。青年幼师的师德水平提升了，幼师队伍整体师德水平提升就有了坚实的基础和可靠的保障。从这个意义上讲，加强青年幼师的师德修炼具有特殊的意义和价值。

① 习近平. 做党和人民满意的好老师：同北京师范大学师生代表座谈时的讲话［N］. 中国教育报，2014-09-10(1).

良好的师德素质，稳定、高尚的道德行为的形成，必须要经过长期的经验积累和实践磨炼。师德培育和师德修养贯穿于幼师职业生涯的全过程。与中老年幼师相比，青年幼师进入保教岗位的时间比较短，他们的保教经验还比较少，对关爱幼儿、为人师表等幼师道德规范的深刻内涵的把握和理解还比较浅。这一时期是师德修炼的起步和奠基时期，是一个幼师逐渐学习、体会、认同和接受职业规范、培育师德素质的关键时期。这一时期幼师对师德规范认识和接受的状况，将直接关系其整个职业生涯过程中的师德修炼状况。这一时期，如果一个幼师能够认真学习师德规范的基本要求，准确把握师德规范的深刻内涵和精神实质，并不断在教育教学实践中磨炼积累，将会为其整个幼师职业生涯奠定坚实基础。

目前，绝大多数的青年幼师能够做到爱岗敬业、关爱幼儿，表现出良好的职业道德。但我们也应清醒地看到，西方一些腐朽落后的思想文化观念和意识形态也在一步一步影响着部分青年幼师的思想，典型的有享乐主义、拜金主义、功利主义、机会主义、个人极端主义等。与此同时，社会上形成的诸多不良现象也在或多或少地影响青年幼师，如权钱交易、以权谋私、贪污腐败等，加上心理年龄尚不成熟导致的考虑问题欠全面，思想易波动，有时对职业前景也会忧虑彷徨等，在这些主客观条件的影响下，青年幼师群体中少部分人开始偏离正确的人生观和价值观，在他们身上也出现了许多令人担忧的师德问题，如思想上轻视理想信念和职业道德的培养，缺乏爱岗敬业精神；物质上谋求实惠和追求个人价值最大化，缺乏社会责任感和道德使命感；保教实践中态度浮躁，敷衍塞责，缺乏正确的教书育人观；等等。这些问题对理想、信念、人生观正在形成和确立中的幼儿造成了思想困惑和混乱，甚至形成误导。因此，加强青年幼师的师德修炼，提高他们的道德素质和道德水平，是当前幼师队伍建设和师德建设的一个紧迫任务。

二、幼儿教师职业道德修炼的目标与内容

（一）幼儿教师职业道德修炼的目标

确定幼儿教师职业道德修炼的目标，有很多视角，也有很多标准。在不同历史时代和不同国家，幼儿教师职业道德修炼的目标是不尽相同的。当代中国社会，在幼教发展新的历史阶段，确立幼儿教师职业道德修炼的目标，可以选择两个层面来进行，即标准层面和社会反馈层面。标准层面主要考察幼儿教师能否忠实落实幼儿教师专业标准的相应要求，社会反馈层面主要考查幼儿、家长和社会大众对幼儿教师的道德水平是否满意。

1. 培育忠实履行《幼儿园教师专业标准（试行）》的教师

2012 年，教育部颁布了新的《幼儿园教师专业标准（试行）》（简称《专业标准》），就是幼儿教师职业道德修炼的具体标准和目标。《专业标准》从 4 个领域提出了 20 项基本要求：（一）职业理解与认识：（1）贯彻党和国家教育方针政策，遵守教育法律法规；

（2）理解幼儿保教工作的意义，热爱学前教育事业，具有职业理想和敬业精神；（3）认同幼儿园教师的专业性和独特性，注重自身专业发展；（4）具有良好职业道德修养，为人师表；（5）具有团队合作精神，积极开展协作与交流。（二）对幼儿的态度与行为：（6）关爱幼儿，重视幼儿身心健康，将保护幼儿生命安全放在首位；（7）尊重幼儿人格，维护幼儿合法权益，平等对待每一个幼儿，不讽刺、挖苦、歧视幼儿，不体罚或变相体罚幼儿；（8）信任幼儿，尊重个体差异，主动了解和满足有益于幼儿身心发展的不同需求；（9）重视生活对幼儿健康成长的重要价值，积极创造条件，让幼儿拥有快乐的幼儿园生活。（三）幼儿保育与教育的态度与行为：（10）注重保教结合，培育幼儿良好的意志品质，帮助幼儿形成良好的行为习惯；（11）注重保护幼儿的好奇心，培养幼儿的想象力，发掘幼儿的兴趣爱好；（12）重视环境和游戏对幼儿发展的独特作用，创设富有教育意义的环境氛围，将游戏作为幼儿的主要活动；（13）重视丰富幼儿多方面的直接经验，将探索、交往等实践活动作为幼儿最重要的学习方式；（14）重视自身日常态度言行对幼儿发展的重要影响与作用；（15）重视幼儿园、家庭和社区的合作，综合利用各种资源。（四）个人修养与行为：（16）富有爱心、责任心、耐心和细心；（17）乐观向上、热情开朗，有亲和力；（18）善于自我调节情绪，保持平和心态；（19）勤于学习，不断进取；（20）衣着整洁得体，语言规范健康，举止文明礼貌。

认真学习和领会《专业标准》的精神实质和道德内涵，在实践中忠实落实《专业标准》的具体要求，是广大幼儿园教师进行职业道德修炼、提升道德境界的基本途经。换句话说，我们进行幼儿教师职业道德教育和幼儿教师职业道德修炼的目标，就是要培育忠实遵守“爱国守法，爱岗敬业，关爱幼儿，为人师表，终身学习，科学保教”等《专业标准》规范的优秀教师。

为什么说忠实履行《专业标准》就达到了幼儿教师职业道德修炼的目标？可以从以下三个方面来理解：

一是《专业标准》的20项要求，体现了幼儿教师职业特点对幼儿教师职业道德的本质要求。“爱国守法”是幼儿教师职业的基本要求，“爱岗敬业”是幼儿教师职业的本质要求，“关爱幼儿”是幼儿教师职业道德的灵魂，“为人师表”是幼儿教师职业的内在要求，“终身学习”是幼儿教师专业发展不竭的动力，“科学保教”是幼儿教师的天职。可见，《专业标准》的20项要求，每一项都紧扣幼儿教师职业的基本特点，反映出幼儿教师职业特点对幼儿教师职业道德的本质要求，因而能够成为幼儿园教师职业道德修炼的目标。

二是《专业标准》的20项要求，包含了幼儿教师职业活动的主要关系和方面。幼儿教师专业标准也是用来调节幼儿园教师职业活动的各种关系的。从《专业标准》的20项要求来看，“爱国守法”调节幼儿教师与国家、人民等的关系，是幼儿教师作为公民的一个基本道德责任；“爱岗敬业”调节幼儿教师与幼教事业、幼教岗位、幼教工作等的关系，这一标准是任何职业的一个核心要求，因而也成为幼儿教师职业道德的灵魂；“为人师表”是一个内涵极为丰富的标准，调节幼儿教师与集体、同事、家长、社会等的关系，同时也体现幼儿教师自处时的道德要求；“终身学习”调节幼儿教师与专业、知识进步的关系，是幼儿教师保教从业的基本保障；“科学保教”调节幼儿教师与保教活动、幼儿等的关系，这一条最能体现幼儿教师职业和幼儿教育的特点，也是幼儿教师职业与其他职业最鲜明的一个区别。从这里可以看出，《专业标准》的20项要求涵盖了幼儿教师职业活动的主要关系和主要方面，调节这些关系的道德规范完全可以作为幼儿教师职业道德修炼的目标。

三是《专业标准》的20项要求，反映了经济、社会和幼教发展对幼儿教师职业道德提出的新要求，具有与时俱进的精神品质。《专业标准》不因循守旧、落后时代，而是紧跟时代步伐、与时俱进，完全可以指导现代幼儿园教师的职业道德修炼。可见，《专业标准》根据经济、社会、科技和幼教发展的客观要求，增添和补充了大量体现时代特征的新内容，为幼儿教师职业道德注入了全新的活力。按照《专业标准》的要求进行幼儿教师职业道德修炼，不仅体现传统幼儿教师职业道德的魅力，而且体现时代趋势，反映时代潮流，对于推进幼儿教师职业道德建设和幼儿教师职业道德素养的提高具有重要指导价值。

2. 培育受幼儿爱戴、让人民满意的教师

一名幼儿教师是否具有高尚的道德情操，是否履行了《专业标准》的道德要求，评判者不应当是幼儿教师本人，而应当是作为服务对象的幼儿、幼儿家长以及社会大众。幼儿是否认同和爱戴教师，家长是否对教师的德行表示满意，幼儿教师在同事中间或周围群众中是否具有某种声望和影响，这些因素构成衡量幼儿教师职业道德修炼是否有效的最重要、最有效的尺度。也就是说，受幼儿爱戴、让人民满意，是评判一名幼儿教师职业道德素养的根本标准，也是判定一名幼儿教师具有高尚职业道德的价值依据。这里实际上已经阐明了评判幼儿教师职业道德修养水平的价值依据和标准，幼儿的崇敬和爱戴是对幼儿教师的最高褒奖。幼儿教师能否成为让人民满意的教师，能否成为让幼儿敬仰和信赖的人，都与其自身的职业道德水准和自身人格魅力有着密切的关系。具有人格魅力和学识魅力的老师会永远被幼儿记住，这种记忆往往能够经得起时间的长久考验。幼儿教师的高尚人格是深受幼儿爱戴的一个根本原因。受幼儿爱戴、让人民满意的教师的“好老师”标准，就是“要有理想信念、要有道德情操、要有扎实学识、要有仁爱之心”①。

（二）幼儿教师职业道德修炼的内容

幼儿教师职业道德修炼的内容主要包括提高幼儿教师职业道德认知、陶冶幼儿教师职业道德情感、磨炼幼儿教师职业道德意志、坚定幼儿教师职业道德信念、养成幼儿教师职业道德行为和习惯等五个方面。

① 习近平. 做党和人民满意的好老师：同北京师范大学师生代表座谈时的讲话 [N]. 中国教育报，2014-09-10 (1).

1．提高幼儿教师职业道德认知：幼儿教师职业道德修炼的基础和前提

幼儿教师职业道德认知也称幼儿教师职业道德观念，是指幼儿教师在育人过程中对职业道德理论、规范和要求的理解和掌握，是幼儿教师对保教过程中幼儿教师职业道德行为是非善恶及其意义的认识。幼儿教师职业道德认知是幼儿教师职业道德修炼的基础，是幼儿教师职业道德能力形成和发展的指导机制，可使幼儿教师更加理智地面对和解决职业道德问题，并在正确的自我意识和评价的基础上形成自尊、自律和自制。从知行关系来看，认识是行动的先导。对于一名幼儿教师来说，提高职业道德认知是进行职业道德修养的起点和前提，是职业道德要求内化的首要环节。提高幼儿教师职业道德认知，主要包括以下几个方面：一是对幼儿教师职业道德价值的认识。幼儿教师职业道德修养的关键在于自觉性，对幼儿教师职业道德价值的认识是幼儿教师自觉加强职业道德修养的前提。幼儿教师只有深刻认识到自己所从事职业的重要性和特殊性，认识到提高职业道德修养对今后有序开展保教工作的意义和价值，才有可能将外在的职业道德要求变成内在的需要和自觉的道德行为。二是对幼儿教师职业道德标准的认识。作为一名幼儿教师，加强职业道德修养，首先要学习和理解幼儿教师职业道德的内涵和基本原则，熟悉和掌握幼儿教师职业道德标准和范畴，全面了解幼儿园和社会对幼儿教师的基本职业道德要求，这是幼儿教师职业道德认识的主要内容。三是对幼儿教师职业道德的评价判断能力。提高教师职业道德认识，不仅要掌握职业道德的理论、标准和要求，理论上懂得是非、美丑、善恶、荣辱，而且还要在实际保教活动中分清上述各种界限，提高判断力。

2．陶冶幼儿教师职业道德情感：幼儿教师职业道德修炼的重要要素

幼儿教师职业道德情感是幼儿教师在一定的职业道德认知的基础上，依据一定的职业道德标准，对现实社会和幼教活动中的职业道德关系和职业道德行为的内心体验，是幼儿教师与外部进行具有道德性质的活动所产生的心理上的情绪反应和内心感受。幼儿教师职业道德情感是一个潜移默化的过程，幼儿教师要产生明显的情感体验，必须经过较长时间的努力。因此，幼儿教师职业道德情感的陶冶比幼儿教师职业道德认识的提高更为复杂，但却更加稳定。幼儿教师职业道德情感一旦形成，便成为推动幼儿教师献身幼教事业的一股强大的动力，促使幼儿教师能够几十年如一日，兢兢业业，关爱幼儿。幼儿教师职业道德情感是幼儿教师积极工作、勇于开拓进取的内在动力，是幼儿教师培养优秀道德品质、保持高尚道德行为的重要精神动力。培育幼儿教师的道德情感主要有四个方面：一是对幼教事业的追求。幼儿教师应充分认识到自己所从事的职业是崇高而伟大的事业，它关系到幼儿一生的发展，更关系到一个民族的振兴和国家的富强。幼儿教师只有培养这种职业情感，才能把自己的命运与前途和幼教事业紧密联系在一起，才能做到默默无闻、献身幼教。二是对幼儿的热爱。对幼儿的热爱和关心是幼儿教师对幼教事业热爱和追求的具体体现，也是职业道德情感中最重要的内容。热爱一个幼儿就等于塑造一个幼儿，而放弃一个

幼儿无异于毁坏一个幼儿。爱是保教行为的内在动因，爱是保教的基础。对保教对象的理解、认识与爱是幼儿教师职业道德的核心之一。三是对同事的尊重和友谊。幼教工作是一项庞大的系统工程，幼儿教师个体很难独立完成确保幼儿全面和谐发展的任务。这就需要加强同事之间的友谊，团结协作，相互尊重，形成保教合力。四是培养幼儿教师的自尊感、责任感、荣誉感。幼儿教师的自尊感是一种由自我评价所引起的情感体验，是幼儿教师渴望自己的劳动得到社会的承认和尊重，表现为自重、自爱、自立、自信、自强、自主等多方面。幼儿教师的责任感是对幼儿、对社会、对他人应承担的义务和应履行的职责的内心体验。幼儿教师的责任感主要表现在自觉对幼儿负责、对家长负责、对幼儿园负责、对社会负责。责任感是一种高尚的职业情感，是做好保教工作的巨大动力。荣誉是幼儿教师在履行自己职责，对社会做出贡献后得到的评价，意识到自己的社会价值并感到由衷的愉快，这就是荣誉感。幼儿教师的荣誉感就像推动器，促使幼儿教师认真履行职业道德的义务，发扬拼搏精神，为培养健康快乐幼儿贡献出自己的一切。

3. 磨炼幼儿教师职业道德意志：幼儿教师职业道德修炼的关键环节

幼儿教师职业道德意志是在幼儿教师职业道德认知和幼儿教师职业道德情感相结合的基础上形成的一种自我控制能力，是幼儿教师在践行道德原则和履行道德义务过程中，自觉克服困难并做出行为抉择的毅力和坚持精神。在职业道德实践中，幼儿教师职业道德意志表现为自律、自控等形式，表现为对幼教事业和幼儿的热爱①。幼儿教育是一项光荣而极为艰巨的事业，幼儿教师不仅要付出辛勤的劳动，甚至还要做出某些牺牲，而且会遇到来自外界的各种阻力和障碍，包括现实条件的制约、错误舆论的非难、亲朋好友的埋怨等。这就需要幼儿教师有顽强的毅力和坚持不懈的精神，以及不断践行幼儿教师职业道德的顽强意志。

幼儿教师职业道德意志主要表现在道德行为的自觉性、坚毅性、果断性和自制性上。

(1) 自觉性。自觉性是指对行为目的有明确而深刻的认识，并使个人的行为完全符合正确目的的意志品质。要求幼儿教师对自己所从事的事业有明确而深刻的认识和坚定的信念，积极自觉地献身幼教事业。幼儿教师在行为上如果偏离了保教目的，就要及时自觉地调整；如果出现外界干扰，无论干扰来自何方或力量有多大，幼儿教师都必须有能力抵制和排除。

(2) 坚毅性。坚毅性就是行动中坚持目标、百折不挠克服困难的品质。幼儿教师面对复杂的保教环境，经常会遇到意想不到的困难和干扰，必须以超常的勇气和毅力去克服一切阻力，实现保教目的。

(3) 果断性。果断性是指在紧急情况下，幼儿教师内心经过复杂的、激烈的思想斗

① 李春秋. 中小学教师职业道德修养［M］. 北京：北京师范大学出版社，2012：169.

争，立即做出适当的道德决定，取得理想的效果。保教活动的特点要求幼儿教师必须具备随机决断的能力，面对突发事件能果断决策，这是幼儿教师发挥创造性的表现。但果断不是武断和轻率，果断是建立在正确认识基础上的决断，要求幼儿教师能预知行动的后果，并有承担风险和责任的心理准备。

（4）自制性。自制性就是善于掌控和支配自己言行的意志和品质。坚定的自制力是幼儿教师对自己的职业道德需要、动机、情感、行动的控制和调节能力。当客观现实诱发不利于实现保教目的情绪冲动时，幼儿教师能控制自己的情绪，冷静地把握言行和分寸。幼儿教师自制力越强，其行为就越富有理性，不因失败而精神萎靡，不因意外情况变化、保教行为受阻而悲观失望。幼儿教师在任何情况下都应理智地控制自己的情绪、把握自己的言行。

4．坚定幼儿教师职业道德信念：幼儿教师职业道德修炼的核心

幼儿教师职业道德信念是幼儿教师通过对社会道德规范和职业道德规范的认识和了解，在自身强烈的道德情感驱动下，对职业理想、职业人格、职业境界、职业规划坚定不移的信仰和执着追求，是幼儿教师对履行职业道德义务而产生的强烈的责任感。幼儿教师职业道德信念是深刻的职业道德认识、炽热的职业道德情感和顽强的职业道德意志的统一，是把幼儿教师职业道德认识转变为幼儿教师职业道德行为的中介和内驱力。幼儿教师职业道德信念决定着幼儿教师行为的方向性、目的性，也影响着职业道德水平和职业道德内化的程度，具有稳定性、持久性。

构建良好的幼儿教师职业道德信念对幼儿具有重要的影响，并对社会发展有一定的引领作用。同时，幼儿教师职业道德信念具有浓厚的保教理想、敬业精神的色彩，是幼儿教师个体追求人生价值的一种积极的精神力量。幼儿教师职业道德信念是道德行为内部强大的力量，也是幼儿教师自我监督、自我反省和自我强化的重要力量。作为一名幼儿教师，只有认识到、体验到自己所从事的工作的重要性和高尚性，意识到自己肩上担负着祖国和民族的未来，从而树立献身幼教事业的坚定信念，才能做到言行一致，不论遇到多么大的困难，都能处处为幼教事业着想，呕心沥血，矢志不渝，为培养全面和谐发展而富有个性的幼儿而默默地奉献自己的一生。

5．养成幼儿教师职业道德行为和习惯：幼儿教师职业道德修炼的最终归宿

幼儿教师职业道德行为是指幼儿教师在职业道德认知、情感、信念的支配下，在保教活动中做出的有利于幼教事业及他人、集体和社会的行为。良好的幼儿教师职业道德行为的持续坚持，就形成幼儿教师职业道德习惯。

职业道德行为和习惯属于道德品质的外部表现，是幼儿教师个体道德的具体表现。在幼儿教师职业道德品质的构成要素中，职业道德认知、职业道德情感、职业道德意志、职业道德信念均属于道德意识范畴，它们的作用在于指导和影响职业道德行为的抉择。但是

幼儿教师职业道德修养如果仅仅停留在职业道德意识的层次上，不用实际行动去履行道德义务，那么这种职业道德修养就不是知行统一的道德修养。幼儿教师职业道德行为和习惯的养成是职业道德品质形成的关键，幼儿教师只有在实践中遵循道德原则和规范，并且始终坚持下去，经过长期的锤炼，使其成为个人良好的行为习惯，道德品质才算达到了比较完善的程度。

【历年真题】

【6.1】 对幼儿学习品质的正确理解是（　　）。

A. 活动过程中的态度和行为倾向　　B. 活动过程中的学习速度

C. 活动过程中的知识积累　　D. 活动过程中的道德品质

【解析】 正确答案 A。《指南》中提到了我们要注重幼儿的学习品质，幼儿在活动过程中表现出的积极态度和良好行为倾向是终身学习与发展所必需的宝贵品质。

第二节　幼儿教师职业道德修炼的途径与方法

个体的道德水平与自我修炼关系密切，没有个人的主观努力就不可能形成高尚的道德品质。道德修炼是一种个体自我的道德修炼、磨炼和改造的过程，是培养道德的自觉性、使个体不断促进自我向善发展的过程。作为幼儿教师，要加强自身的道德修养，在自我修炼、锻炼和改造过程中进行道德品质培养，用高尚的道德理念指导自己的言行，这样才能成为一个表里如一、德才兼备的合格教师。

一、加强学习，提高职业道德认知

学习是职业道德修炼的基本方法，也是职业道德修炼的基本途径。幼教理论和有关幼儿教师专业标准能否有效地被幼儿教师内化为职业道德，学习活动是一个重要环节。幼儿教师善于学习、学有成效，可以较快提高道德认知水平和道德判断能力，将外在道德要求内化为自身的道德信念和追求。

（一）学习职业道德理论

幼儿教师良好的职业道德行为和习惯，来源于对职业道德的正确认知。幼儿教师对职业道德的认知，包括对职业道德的重要作用、原则、规范和范畴的认识，以及对职业道德行为善恶、美丑、荣辱、是非的鉴别、分辨和评价。人的每一项客观实践活动，都是在一定的主观意识的指导下进行的，幼儿教师的道德行为也不例外。从根本上说，幼儿教师高度的职业道德觉悟是以科学的世界观、正确的人生观为指导的，幼儿教师只有通过认真学习有关理论，密切联系实际，科学地、全面地、深刻地认识社会，认识人与人之间的正确关系，深刻理解整个社会的公共利益，并通过教师个人的自我锻炼，才能超脱个人或职业集体的狭隘界线，树立科学的世界观和正确的人生观，自觉实践职业道德。因此，幼儿教师必须认真学习各种伦理道德规范，明确各种伦理道德规范的要求，在不同的道德情景中做出符合道德的行为选择，把提高职业道德修养与树立科学的世界观和正确的人生观结合起来。幼儿教师在学习、研究职业道德理论时，不能仅仅限于课本，不能仅仅满足于掌握某种艰涩难懂的理论，而应该密切联系实际，重现现实生活当中的道德情景，深入体会和提高。在平时的学习、工作、生活中，用伦理道德思想和理论指导自己的行为，关心帮助他人，自我锤炼提高。

（二）学习教育法规政策，明确提高职业道德修养的前提

幼儿教师职业道德修炼的前提是要不断学习各项教育法规政策。教育法规中涉及的各项行为准则、规范，都是对幼儿教师职业道德的底线要求。幼儿教师只有认真学习，在明确知道自己应该做什么、怎么做的基础上，才能去认真践行。因此必须加强对各项教育法规的学习，尤其是与幼儿教师职业行为密切相关的各项法规，比如《中华人民共和国教育法》《中华人民共和国教师法》《中华人民共和国未成年人保护法》《中小学教师职业道德规范》《幼儿园教师专业标准（试行）》《幼儿园工作规程》等。随着社会实践的不断发展，新的问题会不断出现，国家会适时对原有的法律法规进行调整、完善，也可能出台新的法律法规。幼儿教师一定要密切关注各项法律法规的新动态，在不断学习、深刻理解各项法律法规的基础上，严格遵守，依法执教。

（三）学习各项政治理论知识，保证提高职业道德修养的政治方向

幼儿教师必须不断学习政治理论知识，加强理论素养。对各项政治理论知识的掌握和理解，有利于幼儿教师在提升自身职业道德修养的过程中把握正确的政治方向，否则，就有可能丧失正确的政治方向，误导幼儿。当下幼儿园中，个别教师不分场合，或牢骚怪话，或标榜西方；也有个别教师社会责任感不强，奉献意识较差，价值取向功利化；等等。以这样的政治水平来教导幼儿，既不利于培育幼儿的思想道德品质，也有可能造成不良的社会影响，让人对幼儿教师的职业道德水准产生质疑。马克思列宁主义理论是我们立党立国的根本指导思想，是正确的世界观、方法论，毛泽东思想和中国特色社会主义理论体系都是马克思主义中国化的理论成果，对于这些理论知识，幼儿教师一定要在认真学习、深刻理解的基础上，树立起中国特色社会主义共同理想，树立起正确的世界观、人生观、价值观，以正确的政治方向来抵制多元文化背景下各种思潮冲击，增强自身的社会责任感和历史使命感，提高尊重幼儿、爱护幼儿、保护幼儿、正确引导幼儿的自觉性。在不断学习政治理论、把握正确政治方向的基础上提高自身职业道德修养。

（四）不断加强对业务知识的学习，保证提高职业道德修养的专业基础

苏格拉底说过，知识即美德。教师拥有了知识，就具备了拥有美德的可能性。要把这种可能性变为现实性，并且不断提升这种美德，还需要不断学习各项业务知识，不断增加知识储备。幼儿教师职业道德既在刻苦钻研、不断学习业务知识中体现，也在不断学习、精益求精中提升。虽然不能简单地把业务知识同幼儿教师职业道德画上等号，但丰富渊博的业务知识对幼儿教师来讲确实具有一种特殊的道德意义。教师对幼儿的教导是通过言传身教完成的。同样是言传，效果不一样。孔子说："温故而知新，可以为师矣。"王充说："温故知新，可以为师。古今不知，称师如何！"只有那些经常温习已有知识、不断扩充新知识、在业务上勇攀高峰、在学术上精益求精的人才担当得起教师的责任。人们经常将教师比作人梯，而阶梯越高，眼界越远。为了幼儿的长远发展，教师必须不断学习业务知识，开阔视野，这也是一种职业道德的体现。除了言传，身教对幼儿的影响也不可忽视。孔子说："其身正，不令而行；其身不正，虽令不从。"这指明了身教对幼儿影响的深刻性。幼儿教师身上那种不断学习、刻苦钻研业务知识的精神对幼儿来讲无疑能发挥出一种感召的力量、示范的力量。可见，无论从言传还是从身教的角度讲，幼儿教师都应当不断学习业务知识，充实自己，为职业道德修养的提高打一个坚实的基础。

（五）虚心向模范教师学习，学习先进教师的优秀品质

"榜样的力量是无穷的。"幼儿教师应该努力学习历史上和身边优秀教师的崇高职业道德，从他们身上汲取前进的力量。陶行知就是"学为人师、行为世范"的优秀教师典型，他那"捧着一颗心来，不带半根草去"的无私奉献精神，他那"敢探未发明的新理，取入的未开化的边疆"的创造精神和开拓精神，他那在国民党反动派两次通缉、一次暗杀威吓的迫害面前，大义凛然，"富贵不能淫，贫贱不能移，威武不能屈"的大无畏精神，他那执着追求真理，为民族解放事业战斗不止，奋不顾身，成为"无保留追随党的党外布尔什维克"的政治坚定性，都在他的道德实践中得到了充分体现，至今仍是我们学习的榜样。确切地说，陶行知的职业道德既是时代的产物，又不受时代的局限，将与世长存、光照千秋。近年来，我们国家涌现了许多"最美幼儿教师"，如丁霞等，是新时代优秀幼儿教师良好职业精神和道德修养的典范，他们感人的事迹蕴含着崇高的理想信念、真挚的爱、无私的奉献等，具有强大的感染力、说服力、震撼力，对当代幼儿教师的道德观念、道德情操、道德意志和道德品质等方面具有重要的引导作用。

二、反思与慎独

幼儿教师职业道德作为幼儿教师的行为规范，主要通过幼儿教师内心的信念起作用，依靠幼儿教师在职业道德修炼过程中的自我意识和自尊自律来实现。幼儿教师在自身独处且存在多种道德选择的情况下，能够自觉地、自愿地、主动地限制自己、约束自己、纠正自己，能够始终如一地严格按照道德要求行事，不是出于勉强，而是出于内心的自觉。这种自我意识主要有反思和慎独两种方法和途径。

反思是一种优秀的品质，也是一种重要的修养途径和方法。反思对幼儿教师尤为重要。常言道：金无足赤，人无完人。再伟大杰出的人物也不可能处处伟大、样样杰出。教师也一样，不可能完美无缺，还存在自我完善的问题。改正错误和克服缺点要有反思精神。反思就是在实践中经常地、冷静地寻找自身和工作中的缺点和错误。反思不仅表现了谦虚和冷静，而且表现了聪明才智。愚者愿意夸耀其成绩，而智者愿意发现其不足。从古至今，反思精神一直为有识之士所称道。孔子主张“吾日三省吾身”，毛泽东主张经常想一想自己的弱点、缺点和不足。毫无疑问，作为一名幼儿教师，也应具有反思精神，对同志，应严于律己，宽厚待人；对幼儿，应以身立教，教学相长。只有时时处处剖析自己、常常修正自己，才能为人师表。反思在一定程度上可以使教师的行为发生改变，可以使教师改变自身实践中的无效能行为。反思还可以提高教师的自我监控能力。幼儿教师的自我监控的核心是“反思性思维”。在不断尝试反思的过程中，幼儿教师对自己的行为有了自觉的意识，自我评价能力不断提高，自己的保教技能也相应提高，从而自如地应对保教过程中的各种问题。

反思要开展批评与自我批评，严于解剖自己。职业道德修炼的本质是幼儿教师在心灵深处进行自我认识、自我教育、自我改造和自我提高。道德修炼中的批评与自我批评，相对而言，自我批评更重要，这是道德修炼的根本方法之一。那么怎样才能开展好自我批评呢？首先，对自己的思想道德提出高标准、严要求。也就是“立志”，下决心做一名具有高尚职业道德、献身幼教的优秀人民教师，这是攀登职业道德高峰的起点，也是克服职业道德修炼过程中各种艰难险阻的精神动力。其次，要正确认识自己。也就是正确认识自己的优点和不足。有了自我认识，道德修炼就有了目标和前提。除了自我认识之外，还需要很好地听取别人的意见。要谦虚地听取领导、同事、幼儿家长、幼儿等的意见和建议。幼儿教师应该善于从幼儿的反馈信息中审视自己、反思自己，寻找不足，加以改进。最后，要善于控制自己或“战胜自己”。道德修炼是一个漫长的过程，要坚持不懈，持之以恒，具备坚强的意志和毅力，要从大处着眼，小处着手，长期努力。教育实践中要将感性的、具体的保教经验上升为理性、抽象的专业理念，要从具体的工作内容、工作过程中总结并展现出职业道德标准，这是一个含认知变化、情感投入、行为反馈的逐级递进、逐步内化的过程①。所以，教师的道德修养也应该从点滴做起，从小事做起，循序渐进。

慎独是我国的传统美德，历来为杰出的思想家所称颂。《礼记·中庸》曰：“道也者，不可须臾离也，可离非道也。是故君子戒慎乎其所不睹，恐惧乎其所不闻。莫见乎隐，莫显乎微。故君子慎其独也。”② 意思是说，最隐蔽的行为，最能看出人的品质；最微小的

① 陈建．“教师专业理念与教师职业道德”的定义、内涵与生成：基于《中学教师专业标准（试行）》[J]．教学管理，2014，(6)：31.

② 朱熹．四书章句集注 [M]．北京：中华书局，1983：7.

行为，最能显出人的灵魂。慎独是一个人在独身自处、无人监督的情况下，仍能坚持道德信念，按道德原则办事。慎独不仅是一种道德修炼方法，而且是道德修炼应该达到的一种境界、一种崇高的道德境界，其根本特点是高度自觉性和内在约束力。幼儿教师要达到慎独应该做到：首先，坚定道德信念。道德信念在道德修炼的实践中起着重要的作用。在坚定的道德信念支配下，道德主体把道德标准作为主体自身的当然之则，自觉、自愿、自由地使自己的一言一行都合乎道德规范，自觉摒弃各种杂念，自觉抵制来自外界的名、利、情等诱惑，做到“富贵不能淫，贫贱不能移，威武不能屈”，达到“从心所欲不逾矩”的理想境界，从而实现心灵的纯净。其次，要严格要求自己，坚持在“隐”“微”“恒”处下功夫。道德主体要达到慎独的境界，除具有坚定的道德信念外，还必须在隐蔽和微小之处下功夫。对于幼儿教师来说，慎独对个人发展至关重要。人的高风亮节往往是从慎独培养起来的，而腐化堕落也往往是从不能慎独开场的。所以，道德主体在修养的实践中，要注重自觉地按照道德规范约束自己的思、言、行，特别是在别人看不见、听不着、监督不到的情况下，仍能小心谨慎、一丝不苟、自觉自愿地进行道德修炼，始终做到独善其身。做到“勿以恶小而为之，勿以善小而不为”。在“恒”字上着力，做到生命不息、修养不止。再次，“静”中体悟。作为幼儿教师，应能时常处于“静”的状态，即人的身体、心灵处于祥和、安宁的状态。“非宁静无以致远”，幼儿教师只有学会“静”，善于“静”，才能体悟人生的真谛、文化的真谛，如钱学森所说的“守一份读书人的宁静”。最后，自觉履行幼儿教师专业标准，养成良好的道德行为习惯。慎独标志着道德修炼已经达到自觉的程度。当一个人处于即使做了某些坏事而永远不会被人发现、不会受到社会舆论谴责的情况下，仍能够完全靠内心信念的力量约束自己，不做坏事，这样的人才是真正高尚纯洁的人、有道德的人。慎独作为一种道德修炼的方法，它靠自我监督和自我调节去磨砺人的品行，调动个人修养的自觉性，锻炼道德意志，因而能够在人的内心筑上一道不可逾越的长城。

三、注重实践磨炼

实践是人类有目的地、能动地改造和探索现实世界的社会性的客观物质活动。幼儿教师职业道德修炼不能仅停留在理论上与书本上，必须在实践中予以体现。实践与理论相结合的方法是幼儿教师职业道德修炼的根本方法和途径。实践是检验真理的试金石，当然，实践也是检验职业道德修炼的试金石，是幼儿教师职业道德成长的本源和目的，脱离了保教实践的职业道德修炼是纸上谈兵。只有在保教实践过程中，幼儿教师职业道德修炼才能不断提升。职业道德修炼着重强调幼儿教师的心灵参与，但绝非纯粹性的心理过程，它需要付诸实践，在生动的实践活动中锤炼品行。如果只是“闭门思过”“坐而论道”，脱离实践去修炼，那么职业道德修炼就会成为一句空话。“修于心”“践于行”是幼儿教师进行职业道德修炼的基本原则。幼儿教师职业道德修炼与保教实践的关系主要体现在以下几个方面：

首先，保教实践是优秀幼儿教师职业道德品质产生的土壤。职业道德原则、标准都源于保教实践。只有紧紧抓住保教、服务家长等每一个实践环节，职业道德修炼才能找到基点和支点。离开具体的保教实践，幼儿教师职业道德修炼就失去了根基。其次，保教实践是幼儿教师职业道德修炼的归宿。幼儿教师学习道德理论，并努力提高自己的道德水平，其目的不是为了别的，根本上是为了指导自己更好地投入保教实践。学、问、思、辨最终都要回归到笃行上，并在实践中不断完善自身。再次，保教实践是检验幼儿教师职业道德修炼客观效果的标准。幼儿教师职业道德修炼的内容和要求是否符合时代精神、修炼水平是否适应保教活动需要，只能通过保教实践来检验。幼儿教师在保教实践中取得的成果越大，说明其修炼水平越高，反之则越低。幼儿教师职业道德修炼的程度如何，到了什么境界，不能靠良好的自我感觉和别人的迎合吹捧来判断。职业道德修炼只有在幼儿教师从事的保教活动中才能得到真正体现，只能靠保教实践去检验。最后，保教实践是幼儿教师职业道德修炼的动力。幼儿教师在保教实践中，一方面保教幼儿，培养幼儿良好习惯品质，另一方面又在改造自己。在实践过程中，幼儿教师原有的修炼水平与保教工作需要不相适应时，就需要进一步提高修炼水平，以达到新的适应。但适应总是相对的、暂时的，不适应则是绝对的，幼儿教师只有通过不断加强修炼，才能使自己的修炼水平不断适应保教工作新需要，这种适应—不适应—适应，以至往复无穷，构成了事物内部的矛盾运动，是推动幼儿教师提高修炼水平的根本动力。而适应—不适应—适应的反复过程始终是实践的过程。幼儿教师只有通过保教实践，才能真正感受到保教中的各种新情况、新问题；只有通过保教实践，才能找到适应新变化、解决新问题的途径和方法。幼儿教师职业道德修养正是在这样不断发现问题、解决问题中，得到更新、提高，实现幼儿教师职业道德境界的升华。

怎样实践呢？首先，要理论联系实际，做到学习和实践的辩证统一。即根据保教实践需要学习职业道德理论，坚持在实践中学习，同时在职业道德理论的指导下有目的地进行保教实践。其次，要有勇气敢于实践。俗话说："万事开头难。"这里既有开头缺乏经验的意思，也有缺乏勇气的意思，但归根结底是缺乏勇气。因为经验来自实践，而只要勇于实践，经验终究是可以获得的。"千里之行，始于足下。"幼儿教师只有勇敢地迈开第一步，并且一步一个脚印地去大胆实践，才能获得真知。再次，提高道德修养要从一点一滴、一言一行抓起，对任何微小的有损幼儿教师形象的缺点、错误都要认真改正，用职业道德行为标准严格对照和要求自己，真正做到为人师表。最后，要持之以恒。修炼是一个长期的、刻苦磨炼的过程，需要有坚强的意志、坚韧不拔的毅力、持之以恒的精神。幼儿教师只有在长期的实践过程中，经受无数次成功的激励和失败的考验，才能逐步形成百折不挠的坚强意志，这种意志既是幼儿教师进行修炼的条件，也是修炼的重要内容。幼儿教师应做到生命不息、修炼不止。

四、自我激励

“社会心理学研究成果表明，人的正确道德行为需要不断加以强化才能巩固、维持，进而形成良好的道德习惯。强化的主要手段之一就是激励。在教师职业道德教育过程中，同样离不开激励。”① 自我激励就是客观评价自己的优点和缺点、成绩和错误，进行自我激发、自我鼓励，以增强战胜困难的勇气和信心，提高自我修养能力和水平。幼儿教师在面对自己的优劣、得失时，应保持清醒冷静的态度，客观理智地进行分析、反思，从困难和挫折中汲取力量，用明确的目标和任务提醒自己，用正确的自我观念暗示自己，从而增强自己的信念、信心和勇气，以战胜困难，实现预定的工作和学习目标，提高自我修养水平。自我激励是提高自我修养的一条重要途径，也是幼儿教师进行自我修炼的内在动力。对于幼儿教师，自我激励的方法有以下几种：

1. 目标激励法

人们在认识和改造主、客观世界的征途中不能没有奋斗目标。奋斗目标作为一种职业道德理想出现时，就成为幼儿教师如何做人的一面旗帜，就会给幼儿教师指明前进的方向，并成为幼儿教师生活中的精神支柱，随时给幼儿教师力量，不断推动和鼓舞幼儿教师朝着既定的奋斗目标前进。

2. 成果激励法

任何一名幼儿教师只要在本职工作中认真地进行职业道德修炼，坚持下去，必有收获。这种收获，一方面可以通过幼儿的快乐健康成长和社会各方面的肯定评价反映出来；另一方面，也可以通过幼儿教师自身心理上的满足、欣慰和幸福感反映出来。这一切又会转化为宝贵的精神动力，进一步激发和鼓舞幼儿教师去争取更大的收获。因此，不断总结经验，肯定成绩，增强信心，也是进行幼儿教师职业道德修炼的好方法。

3. 反思激励法

幼儿教师在职业道德自我修炼过程中，往往会遇到一些困难和障碍，也常常会因主、客观的不一致遭到挫折或失败，还会因一些人的不理解或嫉妒而受到讥讽、误解或非难。这一切并不奇怪，重要的是不能因此就消沉、抱怨、妥协和退缩，而应当从对挫折和失败的反思中，从克服困难和阻力的磨炼中，提高抗挫折能力，使自己更加成熟起来，从而走上成功之路。

---

① 任顺元. 教师职业道德概论［M］. 杭州：浙江大学出版社，2005：299.

4. 对比激励法

对比是认识客观事物时普遍采用的方法，这种方法也适用于职业道德修炼。幼儿教师的自我修炼是在社会关系中进行的，现实生活中的幼儿教师，在职业道德修炼的程度上必然会存在差异。一般来说，每个幼儿教师都既有优点又有缺点、既有长处又有短处。因此，虚心进行职业道德修炼的幼儿教师，应当既善于向优秀教师学习，又善于向身边的普通教师学习。要在与他们的对比中，寻找自己的不足，认真弥补。当然，正确地进行对比并不容易，它不仅需要正确对待别人，严格解剖自己，还要认识深刻，方法对头。

五、构建职业道德的监督机制

完善幼儿教师监督机制，构建多方位的、系统的幼儿教师职业道德监督体系，构建“教师自身、家长、幼儿园”多位一体的监督网络，以促进幼儿教师职业道德自律。

第一，同事监督。同事监督是指在保教实践中幼儿教师间相互监督。保教劳动不是个体的独立劳动，而是幼儿教师间相互协作劳动，这就要求幼儿教师在保教工作中不但要搞好与幼儿、家长之间的关系，还要搞好同事间的关系。幼儿教师在对彼此的敬业精神、工作态度、师幼关系、同事关系、劳动成果都十分了解的基础上，对幼儿教师的保教质量、同事间是否团结协作、是否认真对待幼儿、是否尊重家长等采取公开和不公开的形式进行相互监督，合理而有效地促进职业道德行为规范。幼儿教师监督方式包括相互间的职业道德评议、召开幼儿座谈会、家长座谈会、互相观摩评教等方式。

第二，家长监督。家长对幼儿教师的监督主要是从家长的角度对幼儿教师行为进行监督，特别是在家长和幼儿教师接触时，通过观察幼儿变化、活动观摩、交谈和亲自调查相结合的方式对幼儿教师是否违背职业道德和社会公德进行监督。幼儿园成立家长监督委员会，负责对幼儿教师的职业道德监督与反馈。

第三节　幼儿教师职业道德修炼的原则与境界

一、幼儿教师职业道德修炼的原则

幼儿教师职业道德修炼的原则是指幼儿教师职业道德修炼的基本指导思想。这些原则确定幼儿教师职业道德修炼过程中应该要正确处理的一些基本关系，划定相应的道德界限，揭示幼儿教师职业道德修炼的不同境界，提供幼儿教师职业道德素养评价的标准和尺度。认识和把握这些原则，对于有效进行幼儿教师职业道德修炼具有重要指导意义。

（一）以幼儿为本和以师为本相结合的原则

“以人为本”是科学发展观的核心，具有三层基本含义：其一，它是一种对人在社会发展中的主体地位与作用的肯定。它既强调人在社会发展中的主体地位和目的地位，又强调人在社会发展中的主体作用。其二，它是一种价值取向，强调尊重人、解放人和塑造人。其三，它是一种思维方式。以人为本，就是要着眼于人的发展，强调尊重与服务，体现人文关怀与情感陶冶，实施个性化教育。以人为本，反映了社会主义现代化建设的客观要求，体现了新形势下幼儿教师职业道德修炼的内在规律，是社会主义幼儿教师职业道德修炼必须长期遵循的重要原则。

提倡以人为本的幼儿教师职业道德，是提倡回归教育的本源，其价值取向主要表现在两个方面：一方面体现着新的全面的幼儿发展观，尊重幼儿个体的多样化发展；另一方面体现着关怀教师的幸福生存和终身发展①。贯彻以人为本的原则应该做到以下几点：

第一，以幼儿为本，解决好师幼关系问题。幼儿教师应从幼儿的差异入手，尊重个性，培养幼儿的主体意识、创造精神和实践能力，构建起以幼儿为本、新型的、民主平等的师幼关系。充分调动幼儿的主动性和创造性，加强师幼互动质量，在融洽的师幼关系中取得较好的保教效果。幼儿教师只有坚持“一切为了幼儿，为了幼儿的一切”保教理念，把“爱满天下”“乐育幼儿”作为自己的崇高理想，对所有的幼儿都充满爱心，才能激发做好保教工作的高度责任感，才能坚定不移地辛勤耕耘，获得丰硕的育人成果。

第二，以教师为本，处理好幼儿教师的利益关系问题。以教师为本，要求尊重幼儿教师自身的价值，使其合法权益得到保障，合理需要得到满足。对于幼儿教师，管理者要充分尊重其自身的价值，调动其能动性，最大限度地发挥其潜能，把教师的工具价值减少到最低的限度。换句话说，幼儿教师应成为主动参与建设的主体，而不是工具性的建设对象，幼儿教师的自身需要应得到充分重视。事实上，幼教事业也应该是幼儿教师成就自我的事业。教师在燃烧自己照亮别人的同时，其实也照亮了自己。教师在奉献中也成就了自我。从另外一个角度讲，职业道德建设并非是把全体幼儿教师都塑造成千篇一律的楷模，而是使幼儿教师在达到社会公认的道德标准的同时，都能自由充分地发展，使每个教师都形成自己的特色。国家、幼儿园应关心、理解幼儿教师，帮助他们解决一些实际困难，尊重其自身价值的实现，使他们的积极性、主动性得到有效保护和发挥，这样，幼儿教师职业道德建设的号召力和影响力才会得到增强。

（二）知行统一的原则

幼儿教师职业道德修炼重在目标明确、每日精进，重在岗位磨砺、日积月累，更重在身体力行、知行合一。所谓“知”是指幼儿教师对职业道德的认识及其在这一基础上所形成的观念等，这是幼儿教师职业道德修炼的前提。所谓“行”是指行为，即幼儿教师把职业道德的理论认识付诸行动，这是幼儿教师职业道德修炼的目的。

---

① 程素卿. 和谐社会中教师职业道德建设的原则和途径［J］. 教师教育，2009（7）：53.

在道德修炼中，要求知行统一。道德认知如果不能见之于具体行动，就无法评价道德水平的高下。在幼儿教师职业道德修炼中，幼儿教师如果缺乏必要的道德知识，连起码的道德善恶、是非也分不清，不知道哪些言行与自身职业道德相符合、哪些言行与自身职业道德相违背，就不可能形成正确的职业道德观念。明代思想家王阳明认为，人们的道德理论、道德意识必须与自己的道德行为相一致，做到“言行一致”“笃实躬行”。因此，幼儿教师仅仅学习了职业道德理论也并不能说明他具备了某种职业道德，如果只学不用、只说不做或者言行不一，培养高尚的幼儿教师职业道德就只是一句空话。坚持知行统一的原则，就是要把学习道德理论、提高道德修养认识同自己的行动统一起来，使理论与实践相结合。幼儿教师在职业道德修炼过程中更要注重品德实践，自觉培养道德行为习惯，真正成为道德高尚者。总之，只有坚持知行的统一，才能真正提高幼儿教师职业道德修养。

（三）内省与约束相结合的原则

内省也称自律，指幼儿教师依靠发自内心的信念对自己保教行为的选择和调节，自觉主动地内化道德的有关原则、规范和要求，并自觉地付诸行动。约束即他律，指幼儿教师在接受职业道德的有关原则、规范和要求的过程中，其意志受到外在因素的干扰和驱使，凭借外在动力对行为进行调节和控制。任何事物的发展都是内因和外因共同作用的结果。良好的幼儿教师职业道德的形成也是内外因相统一的结果。外在规范和保教要求是幼儿教师职业道德修炼的外因，幼师个体的内在信念是幼儿教师职业道德修炼的内因。从幼儿教师职业道德建设所要达到的根本目标看，自律和他律二者在本质上是一致的，只是表现形式与采取的方法不同而已。

幼儿教师良好的职业道德品质的培养，一般经历三个阶段：第一阶段，个体道德的他律时期，即个人道德的认识、道德义务和道德价值仅仅受外界支配，与主体的意向无关。第二阶段，个体道德的自律时期，即道德行为从他律变为自律，核心是道德义务向道德良心转化。第三阶段，个体道德人格形成时期，即以良心为核心的职业道德自律时期。实现道德行为从他律变为自律，塑造优秀品质，追求崇高精神境界，培养高尚的道德人格。幼儿教师职业道德既是一个个人问题，又是一个社会问题，它是当今各种社会价值观、价值取向的折射和反映。就职业道德本身来说，由于一方面它是社会客观要求的体现，因此具有他律的内容，另一方面它又必须借助于幼儿教师的自觉意识，由幼儿教师主动付出，因此具有自律的内容。幼儿教师职业道德建设是自律与他律的统一。在加强幼儿教师职业道德修炼他律的同时，又要努力引导广大幼儿教师加强自律，使职业道德规范由他律要求变为自律需求。

（四）先进性和广泛性相结合的原则

幼儿教师专业化的发展是需要一个过程的，这个过程又表现出一定的阶段性。不同的发展阶段，职业道德修炼处于不同的水平。叶澜教授划分了三种不同状态：生存型、享受型和发展型。“就个体而言，一名教师由于生计的需要从事教师职业；在工作中逐渐培养对这一职业的感情，便开始享受这一职业带给自己的快乐；进而意识到教书这一职业也为自己提供了成长与发展的舞台，便自觉地提升了自己。”① 幼儿教师职业道德发展的不同特点规律要求我们在幼儿教师职业道德教育过程中应当关注教育对象的层次性，充分考虑不同阶段的幼儿教师由于年龄、所处的社会环境和从事的保教工作经历不同，在接受外部教育、自我修炼、社会影响、个性特征等方面也表现出较大的差异，这种差异反过来会影响不同层次幼儿教师所具备的职业道德基础、构成、发展水平、职业道德境界、职业状态，因此，在培养目标的定位、培养内容的设计、培养要求的提出方面应体现一定的层次性。在幼儿教师职业道德修炼中，不能把职业道德的崇高性作为对每一位幼儿教师的普遍要求，而应该在要求幼儿教师遵守最基本的职业道德规范的基础上，引导幼儿教师向更高层次的道德境界迈进。职业道德体系理应是一个多层次的系统结构，鼓励先进、带动后进，是同一体系中并存的职业道德现状，也只有这样才能真正体现出职业道德先进性与广泛性的结合。

首先，幼儿教师职业道德建设应有共同的道德标准，这是幼儿教师职业道德建设的必要前提，也是先进性与广泛性相统一的前提。其次，在当前阶段为广大幼儿教师所接受和实行的广泛性道德要求，体现了特定历史时期里社会对幼儿教师职业道德的基本要求。幼儿教师职业道德是一个历史性、发展性的概念，在社会转型时期幼儿教师职业道德也正处于演变之中，广泛性要求的提出为幼儿教师职业道德建设实践操作的有效性奠定了基础。最后，当前对幼儿教师职业道德的先进性要求，是对幼儿教师队伍中先进分子的高层次要求，虽然现阶段这一要求不能广泛实行，但应大力提倡，它集中体现了幼儿教师职业道德建设的性质和未来发展的方向，体现着幼教专业至善至美的道德境界，虽大多数幼儿教师难以企及，却能给幼儿教师整体树立一个不断追求的终极目标。一句话，我们应要求幼儿教师在遵守最基本的职业道德规范的基础上，引领幼儿教师个人的保教行为与幼儿教师群体的道德修炼逐渐向更高层次的道德境界迈进。

（五）继承与创新相结合的原则

几千年积淀的中华传统教师职业道德文化，经过历代思想家、教育家如孔子、孟子、韩愈、朱熹、王阳明等的丰富、完善、创新，其丰富的内容已形成一种比较系统的、完整的教师职业道德理论体系。和谐社会建设中的幼儿教师职业道德修炼，既是民族的又是现代的。只有继承和发扬优秀的教师职业道德传统，才能保持浓郁的民族特色；只有努力探索与和谐社会相适应的幼儿教师职业道德规范，才能体现鲜明的时代气息。中华传统教师职业道德中“善利万物而不争”的无私精神，“身正为仪”的以身作则精神，“学无常师”

① 叶澜. 教师角色与教师发展新探［M］. 北京：教育科学出版社，2001：94.

的谦虚好学精神……这些对师者精神的生动写照与当今一些教师的消极思想状况形成鲜明对比。幼儿教师职业道德与其他道德一样，具有极强的继承性，这是因为保教活动遵循的规律具有共性。幼儿教师职业和保教规律的客观性，决定着不同社会形态中的职业道德要求有某些共性。今天的幼儿教师职业道德建设也应当继承和发扬这些经历千百年历史检验积淀下来的教师职业道德传统。对传统教师职业道德精髓理念的传承，可以有效地规范和引导幼儿教师“学为人师、行为世范”，有助于他们优良职业道德的形成。

教师职业道德有历史的继承性，也有鲜明的时代特征。世界上的任何事物，都是不断变化发展着的，幼儿教师职业道德修炼必须跟上时代的步伐；时代变化了，职业道德修炼也要跟着变化。一成不变的方式最终必然走向失败。幼儿教师职业道德修炼在对传统的继承和对新时代的适应中不断与时俱进。如果只有继承，没有创新，幼儿教师职业道德修炼就会墨守成规、故步自封，最终被时代抛弃。而创新如果脱离历史、背弃传统，也会使幼儿教师职业道德修炼流于形式，成为无根之木，最终被现实抛弃。在新时代，我们更要跟得上时代，适应新时代的需要，适应保教新形势、新任务的要求，借鉴世界先进文明成果，在内容、形式、方法、机制等方面努力改进创新，努力探索新形势下幼儿教师职业道德建设的特点和规律，使幼儿教师职业道德建设不断达到新的境界。幼儿教师职业道德修炼的创新既要有观念创新，坚持以人为本，因材施教，以公平、发展的观点对待幼儿，又要使保教方法与时俱进，主动了解先进幼教模式，并在熟悉先进幼教模式的基础上进行借鉴和实际操作。

二、幼儿教师职业道德修炼的境界：乐业与职业幸福

作为幼儿教师，不仅需要以自身积极的保教实践为幼儿创造美好的精神家园，同时也要积极为自己拓展人生的空间，享受美好的保教生活和职业人生的快乐与幸福，达到自我完善的境界。“幸福和教育有着内在的联系；幸福应该是教育的一个目的，好的教育应该对个人和集体的幸福有所贡献。”① 道德修炼使幼儿教师把保教视为出自自然、出自精神的充实与满足，出自自身生命成长的需要。

（一）乐业是一种积极的职业态度

《论语·雍也》提出：“知之者不如好之者，好之者不如乐之者。”人能从自己的职业中领略出趣味，生活才有价值。幼儿教师的职业是崇高而神圣的，但又是平凡而艰苦的。一个有职业道德的幼儿教师，不仅仅是忠诚于幼教事业，而且以业为乐。像福禄贝尔、陈鹤琴、卢珊珊、应彩云等古今中外的幼教名家，无不把幼教当作享受幸福、品味快乐的过程。乐业指向的并不只是职业本身，而是幼师自身的生命状态，即一种从幼儿教师职业中

---

① 侯晶晶. 关怀德育论［M］. 北京：人民教育出版社，2005：129.

获得生命的充实、和谐、完满的状态。乐业的根本是一种生命境界的提升。乐业的核心是幼儿教师职业对教师个人生命的安顿，即教师个人能从幼师职业中找到人生的精神依据，妥善地安顿自己的心灵生活。

乐业，即以业为“乐”，享受职业生活，从中获得人生的快乐与幸福。幼儿教师乐业具体指幼儿教师把幼教作为一种职业体验，乐于与幼儿分享知识、经验、智慧、情感，与幼儿共成长，从幼教职业中获得人生的乐趣。梁启超在《敬业与乐业》一文中认为“敬业即是责任心，乐业即是趣味”①。幼儿教师的职业趣味使幼儿教师将幼教职业当作生活的一部分，发自内心地享受保教过程和保教结果，其乐趣主要源于：幼儿的快乐成长，保教活动本身的乐趣，自身成长的喜悦。

这种积极的职业态度取向和情感体验作为一种道德情感，产生于对幼儿教师职业活动的内在兴趣、职业理想、对职业的理解。幼儿教师的职业兴趣是教师在从事幼儿教师职业的活动中所表现出来的特殊个性倾向，它使幼儿教师对幼教职业具有向往的倾向，乐于去从事这种职业，在此基础上产生愉悦的情感体验。只有当我们把这份工作当成一种乐趣，由此人生变得丰富的时候，我们才可能成为真正的好教师。这种“好”不仅仅是道德意义上的“好”，更是幼儿教师生命状态的充实与完善。

（二）乐业与职业幸福：幼儿教师职业道德修炼的理想境界

从利人的角度讲，幼儿教师职业道德修炼的理想境界指幼儿教师在职业道德修炼的积极实践中，最大限度地促进幼儿的发展。乐业的教师由于能以一种积极的态度从事幼教事业，能更深刻地认识和理解保教活动，把握保教活动过程和结果的意义，因而在同等的专业水平下，他们会用自己的生命去从事幼教，用生命点燃生命，用生命启发生命，用人格感染人格。因而幼儿所获得的，将不仅仅是良好习惯与优秀品质；幼儿学习的过程将不仅仅是发展的过程，同时也是享受、感悟生命，欣赏生活的过程。从利己的角度讲，乐业使幼儿教师的职业道德成为一种自觉自愿的愉悦行为，而不再是仅仅出于一种社会责任、良知和理性自觉。乐教境界的幼儿教师会把职业作为一个追求幸福的最美好的人生舞台，并能从中感知人生的自由和灵魂的愉悦。在这种愉快的保教活动中，幼儿教师将充分享受到自身生活的幸福与职业人生的完满。处于乐教境界的幼儿教师，其职业情感达到了很高的境界，在保教劳动中始终会具备崇高的职业尊严感、成就感、荣誉感和人生价值的实现感，并不断感受着作为幼儿教师所带来的幸福感。

对于幼儿教师职业的领悟，最高境界即是职业价值与生活价值、生命价值的融合，职业活动与人生活动的相通，职业活动与人生幸福的合一。在这种合一中，“不仅遵守一种职业伦理规范，而且对职业伦理具有深切的认同感，能将职业操守与自己在职业生涯中的

① 梁启超. 饮冰室合集：第5册［M］. 北京：中华书局，1989：349.

生命体验有机结合起来，将职业伦理作为自己的生命追求去恪守，并以此作为自己的安身立命之本，在职业生涯中感悟道德和智慧，充分享受人生的幸福和快乐，追求道德智慧的完满与自足”①。

（三）幼儿教师如何乐业

乐业不是一种规定，而是一种修炼，一种扎根幼师职业、用心从事幼师职业并且懂得创造、欣赏幼师职业、感受幼师职业欢乐的积极的生命状态。幼儿教师的乐业，既有赖于合理的物质回报、和谐的社会环境，更取决于幼儿教师自身的努力。我们能否真正找到幼儿教师职业的内在乐趣，关键在于幼儿教师的内在素养。

1. 用心理解幼儿教育

幼儿教师应用心去理解幼教、感受幼教，从中发现幼教的趣味。用心理解幼教，除能使幼儿教师发现幼教的趣味外，还能使幼儿教师在“觉解”状态下理解幼教的意义和宗旨，使自身生命的意义与幼教活动的意义相互关涉，从而提升幼儿教师职业活动的质量和境界。

2. 用心从事幼儿教育

既然选择了幼教事业，就应全力以赴，以饱满的热情、强烈的责任感，用心从事幼儿教育，主动去创造、提升幼教实践的丰富性，在用心从事幼教的过程中感受到幼教实践的乐趣。

（1）乐于保教活动。乐于保教活动是指幼儿教师认真设计、准备、实施、反思等常规保教活动工作，这种认真不是出自一种外在规范的驱动，即纯粹是为了完成任务和履行某种职责，也不是为了某种功利，更不是机械地投入，而是发自内心，在活动过程中饱含热情和志趣。只有这样，幼儿教师才可能在保教活动的每个环节之中，都充满着对幼儿、对人的真实而鲜活的关怀和期待。幼儿教师在教育活动设计与准备过程中要用心投入，做到三精：精心了解幼儿，精读《指南》，精选学法。只有用心投入，幼儿教育活动才会充满生命和意义，才能点燃幼儿内心的热情和渴望，并满足他们游戏与成长的需要。幼儿教师在教育活动实施时需要做到三境界：第一境界是“形动”，即活动的主题、材料、方法等吸引幼儿，让幼儿喜欢积极参与和表达；第二境界是“心动”，即用自己的真情打动幼儿，刻意创设特定活动的情感氛围；第三境界是“神动”，即通过自己的入神投入引导幼儿全神感受、体验和共鸣。

（2）乐于育人。乐于育人是指幼儿教师除了培养幼儿习惯，更要用心、热心引导幼儿做人和明事理，促进幼儿精神成人。乐于育人的幼儿教师会抓住一日生活中的一切教育契机来丰富幼儿的精神世界，启迪幼儿为人处世的道理，增进他们人生的智慧。当然，这种

---

① 刘次林．幸福教育论［M］．北京：人民教育出版社，2003：207．

幼儿的精神和人格的引导不是一种外在的刻意灌输，而是师幼在一日生活过程中平等互动的结果，是幼儿教师保教智慧与保教真情的自然表达。

（3）乐于和幼儿互动。幼儿园不仅是游戏的乐园，更是生命的乐园，是师幼互动、共同生活的乐园。师幼互动意味着主体参与，意味着相互信任，不但是一种教育方式，而且是充盈在师幼之间的一种学习情境和精神氛围，是幼儿深度学习、情感表达与体验的需要。师幼互动不应该仅发生在教育活动中，在教育活动以外的一日生活中也需要高质量的师幼互动。扩大师幼互动，可以增进师幼情感，有利于师幼间的有效沟通，更好地了解幼儿，走进幼儿的内心世界，成为幼儿们真正信赖和爱戴的“孩子王”，从而实现现代型的教学相长、教师和幼儿人格共同发展。师幼互动可在活动室内、活动室外、活动区域、游戏、绘本阅读、亲子活动等中积极有效开展。

（4）乐于和同事、幼儿家长、社区进行交流合作。从幼儿发展的角度出发，一个人的成长及发展是多种因素影响相互协调的结果。乐于和同事、幼儿家长、社区相关的人员交往，不仅可以扩大幼儿教师的保教视野，增进保教合力，增加保教资源，而且可以在互相沟通中增进对幼儿的了解，改善保教的效果。

3. 用心享受幼儿教育

一个用心去从事幼儿教育的教师是甘于奉献的，但甘于无私奉献的教师，却并不一定幸福，算不得真正乐业的幼儿教师。真正乐业的幼儿教师还应当心中装着自我，自觉享受幼教过程和幼教结果。

幼儿教师的首要职责是育人，保教的成功和职业理想的实现是幼儿教师幸福的重要源泉。幼儿教师不仅可以拥有生活中最大的乐趣，而且还拥有其他职业不曾有的乐趣，那就是幼儿的快乐成长带来的乐趣。幼儿教师把自我生命情感、态度以及人格、智慧都投入到保教实践中，将自己的人格精神融入到幼儿的心灵，潜移默化地引导幼儿个体未来的生活。

教育活动不仅仅是幼儿获得美好生活的途经或手段，也不仅仅是幼儿教师谋生的手段，而且，它本身就是幼儿与教师的一种生活。当幼儿教师努力开启幼儿的心灵和智慧时，也就是在追求自己有意义的人生，同时体味到教育活动本身的乐趣。享受教育活动，幼儿教师就能在活动中尽可能地放松自己，和幼儿心心相印，自然地敞开自己的生命，让生命中的每一个细胞、每一寸肌肤去感受、去触摸、去体认活动，就可能会产生使命的高峰体验，甚至在活动中率性而为，和幼儿一起欢笑、一起流泪、一起沉思、一起震撼。

幼儿教师在很大程度上张扬自己的个性，在与幼儿的互动中肯定自我，充分展现自我的多才多艺，让自己的生活和精神世界更加丰富多彩。当幼儿教师超越纯粹的物质追求，而把自己所做的平凡工作与自我价值的实现联系在一起时，他就会获得精神上的自由，从职业中获得生命的幸福。孔子毕生诲人不倦，成就了“万世师表”；孟子以“得天下英才而教育之”为人生幸事，被尊为“亚圣”；李跃儿、应彩云等当代名师，无不表现出对幼教的热爱，无不以幼教为乐、以幼教为福。以幼教为乐的教师，才会不断挖掘幼教生活的内在魅力，不断引发幼教生活的诗意，把幼教中的所有人引向对诗意人生的超越之途，引向幸福的人生。

幼儿教师的学习不仅是为了提高专业化水平，更重要的在于通过学习思考来拓展自己的精神境界，在应对现实的事务之中获得心灵的安顿，在与外界不断的精神联系中得以安身立命，使生命充盈，享受职业幸福、人生乐趣。幼儿教师从事反思与教研也不仅仅是为了提高保教水平，教研本身即是一种乐趣。教研可以使幼儿教师从生活的喧嚣和浮躁中解脱出来，获得心灵的宁静和充实。当我们把幼教作为一项事业去追求，而不仅仅作为一种谋生的手段去看待时，我们才能真正领悟"学而不厌，诲人不倦"的境界和乐趣。幼教的乐趣和幸福一旦与保教者的神圣职责、要求结合起来，工作就不是负担，而是一种享受，是一种崇高的实践。

【历年真题】

【6.2】小彤画了一个长了翅膀的妈妈，教师合理的应对方式是（　　）。

A. 让小彤重新画，以使其作品更符合实际

B. 画一个妈妈的形象，让小彤照着画

C. 询问小彤画长翅膀的妈妈的原因，接纳他的想法

D. 对小彤的作品不予评价

【解析】正确答案C。以幼儿为本，尊重幼儿的创作，同时积极有效互动，引导幼儿深度学习。

本章小结

幼儿教师职业道德的提升关键是幼儿教师自身加强职业道德修炼。幼儿教师职业道德修炼的内容主要包括提高幼儿教师职业道德认知、陶冶幼儿教师职业道德情感、锻炼幼儿教师职业道德意志、坚定幼儿教师职业道德信念、规范幼儿教师职业道德行为。教师职业道德修炼的方法和途径主要有加强学习、提高职业道德认知，反思与慎独，注重实践磨炼，自我激励，构建幼儿教师职业道德的监督机制。教师职业道德修炼的原则要坚持以幼儿为本和以师为本相结合，知行统一，内省与约束相结合，先进性和广泛性相结合，继承与创新相结合。幼儿教师职业修炼的境界是达到乐业直至职业幸福。

学习资源

1. 朱家雄，张亚军. 给幼儿教师的建议［M］. 上海：华东师范大学出版社，2010.

2. 刘晓明. 幼儿教师职业道德：行为规范与自我养成［M］. 长春：东北师范大学出版社，2013.

3. 余胜兰. 幼儿教师追求幸福的方法［M］. 北京：中国轻工业出版社，2017.

4. 朱小蔓. 教育职场：教师的道德成长［M］. 北京：教育科学出版社，2004.

5. 郭正良，颜旭，杨莉君. 幼儿教师职业道德［M］. 长沙：湖南大学出版社，2013.

下编

幼儿教育政策法规

第七章

幼儿教育政策法规概述

知识结构图

- 幼儿教育政策法规概述
  - 教育政策与法律法规
    - 教育政策与法律法规概述
    - 我国教育法律法规结构体系
      - 横向结构
      - 纵向结构
  - 幼儿教育政策与法规
    - 幼儿教育政策与法规概述
      - 幼儿教育政策与法规的概念
      - 幼儿教育政策与法规的作用
    - 我国的幼儿教育政策与法规

学习目标

- 了解教育政策、教育法律法规的概念及二者之间的关系以及我国教育法律法规的结构体系。
- 理解我国幼儿教育政策法规的作用及当前我国幼儿教育政策法规发展建设情况。

学习重点

理解我国幼儿教育政策法规的作用并能结合实际案例进行分析。

学习建议

幼儿教育政策法规是幼儿园保育、教育工作的基本规范，同时也是处理幼儿园内外部关系的法律依据，学习时可根据教育政策与法规—幼儿教育政策法规—幼儿教育政策法规的作用—我国幼儿教育政策法规的建设情况来梳理本章思路。

问题情境

干扰幼儿园教学秩序于法不容①

某幼儿园教师小李正在幼儿寝室值班，突然一位幼儿家长闯入幼儿园，对小李破口大骂，用手指着小李的鼻子，恶狠狠地说小李昨天打了她的孩子，并威胁说要打小李。接着，那位家长将小李胸前的哨子抢走，并强行将她带到园长办公室，一再扬言要打她。与此同时，该家长及其家人在其他家长中间对小李以及幼儿园恶意造谣中伤，造成大量群众围观。经过公安部门调查认定，小李根本没有打孩子。该家长的行为在法律上存在什么问题？幼儿园可以通过什么方式追究该家长的责任呢？

作为教育机构，幼儿园经常会面临各种危机与意外事件，如何运用幼儿教育法律法规保护幼儿园的权利不受侵犯？带着这个问题，我们进入本章的学习。

第一节　教育政策与法律法规

一、教育政策与法律法规概述

教育政策是国家或政党为实现一定历史时期的教育目标和教育任务制定的用来调整人们社会关系和教育关系的，并以此来约束指导人们实施有效教育行为的行动纲领和行为准则②。教育政策是一定历史时期的产物，是一种行动准则，它决定着国家或政党在教育方面的工作方向和措施。

广义的教育法律是指由国家制定的、调整教育法律关系、规范社会主体的教育活动、规定社会主体在教育活动中的权利和义务的法律规范的总称。广义的教育法律的制定主体是多元的，不仅有最高立法机关、地方立法机关，还有政府及政府有关部门。在形式上包括宪法性文件、法律、法规、规章等有关教育活动的规范性文件，等同于教育法规。狭义

① 唐惠珍，曹小瑾. 幼儿园法规与教师道德案例评析［M］. 南宁：广西人民出版社，2006：43.
② 杜德栎，曹汉斌. 简明教育学教程［M］. 北京：中国人民大学出版社，2014：77.

的教育法律一般是指国家最高立法机关制定的教育基本法，如《中华人民共和国教育法》。

教育政策与教育法律法规既有有联系的一面，也有不同的一面。其联系主要有两点：一是教育政策是制定教育法律法规的基本依据，教育法律法规是教育政策的具体化、条文化和定型化。二是教育法律一旦确定之后，又对教育政策产生影响和制约，教育政策应有利于教育法律的执行，不能与教育法律相抵触。当两者发生矛盾冲突时，应以教育法律为准绳，依法行政。

教育政策与教育法律法规的不同之处有：

1. 制定主体不同

教育法律是由全国人民代表大会及其常务委员会制定的，如《中华人民共和国教育法》《中华人民共和国义务教育法》《中华人民共和国教师法》都是由全国人大及其常委会制定的；教育法规可由国务院各部门、直属机构制定，也可由省、自治区、直辖市或较大的市的人民代表大会及其常务委员会和人民政府制定；教育政策的制定者既可以是政党，也可以是国家机关和政府部门，此外各级政府可以根据上级政策和有关法律法规制定一系列的具体政策。

2. 表现形式不同

教育政策通常是以决议、决定、纲要、通知、意见、指示等文件形式出现的，如《国家中长期教育改革和发展规划纲要（2010—2020年）》《国务院关于当前发展学前教育的若干意见》《中共中央 国务院关于学前教育深化改革规范发展的若干意见》等。而法律则是以法律条款、规范性文件的形式表现的。在表述形式上，政策文件注重原则性和导向性的要求，写明某项政策的背景、理由及原则性的要求；而法律则注重条款的规范性、确定性，而且通常包含处罚的规定，政策性文件一般不具体规定处罚性条款。

3. 执行方式不同

教育政策通常依靠行政权威，运用号召、宣传、教育、解释、鼓动等方式贯彻；而教育法律在执行过程中主要是靠国家的强制力来规范人们的行为，对于违法者要予以法律制裁。另外，教育政策在执行中强调及时性、提倡创造性，允许人们在解决实际问题时因地、因事、因人而异；而教育法律则强调统一性、规范性，反对灵活变通，任何人和部门都不得离开法律的轨道而各行其政。

二、我国教育法律法规结构体系

由于教育立法机关的主体不同，从而形成了不同层次结构的教育法律、法规。根据我国现行的教育立法主体地位的不同以及法律形式的不同，可以划分为横向结构和纵向结构。

（一）横向结构

教育法规体系的横向结构是指依据教育法规所调整的教育社会关系的特点或教育关系构成要素的不同，划分出若干处于同一层级的部门教育法，形成法规调整的横向覆盖面。我国教育法规体系的横向结构主要包含以下几个部类：教育基本法、义务教育法、教师法、职业教育法、高等教育法、民办教育促进法、学位法等各种基本法和部门法。

1．教育基本法

教育基本法是依据宪法制定的调整教育内部、外部相互关系的基本法律准则，是教育的“宪法”或教育法规体系中的“母法”，在教育法规体系中具有最高法律效力。中国的教育基本法是《中华人民共和国教育法》，于 1995 年 3 月由第八届全国人民代表大会第三次会议审议通过，同年 9 月 1 日起施行。《中华人民共和国教育法》是我国教育工作的根本大法，规定了我国教育的基本方针、基本任务、基本制度以及教育活动中各主体的权利义务。该法于 1995 年颁布，2009 年第一次修正，2015 年第二次修正。

2．义务教育法

义务教育法是调整实施义务教育而产生的各种社会关系的部门法，是为了保障适龄儿童、少年接受义务教育的权利，保证义务教育的实施，提高全民族素质，根据宪法和教育法而制定的法律。我国已于 1986 年 4 月 12 日通过了《中华人民共和国义务教育法》，1986 年 7 月 1 日起实行，并于 2006 年 6 月 29 日对《中华人民共和国义务教育法》进行了修订，后又于 2015 年和 2018 年进行修正。

3．教师法

教师法是调整教育教学活动中以教师为一方而产生的社会关系的部门法。我国的教师法主要对教师地位、待遇、权利、义务、任职资格、职务评定、评价考核、进修提高等方面的内容进行了规定。我国已于 1993 年 10 月 31 日通过了《中华人民共和国教师法》，1994 年 1 月 1 日起实行。

4．职业教育法

职业教育法是以实施职业教育涉及的社会关系为调整对象、范围的部门法。《中华人民共和国职业教育法》主要对职业教育和职业培训机构的分类、设立、经费、管理等问题进行了规定。我国已于 1996 年 5 月 15 日通过了职业教育法，1996 年 9 月 1 日起施行。

5．高等教育法

高等教育法是以高等教育部门的内外部关系为调整范围的部门法。《中华人民共和国高等教育法》主要对我国高等教育基本制度、高等学校的设立、高等学校的组织和活动、高等学校教师和其他教育工作者、高等学校的学生、高等教育投入和条件保障进行了规定。我国于 1998 年 8 月 29 日通过《中华人民共和国高等教育法》，并于 2015 年 12 月 27 日、2018 年 12 月 29 日进行了修正。

6. 民办教育促进法

民办教育促进法是调整社会力量办学领域内外部关系的部门法。我国的民办教育促进法主要对民办学校的设置、学校的组织与活动、教师与受教育者、学校资产与管理等方面进行了规定。我国于2002年12月28日通过了《中华人民共和国民办教育促进法》，并于2013年6月29日和2016年11月7日进行了两次修正。

7. 学位法

学位法是规范各类学位授予，促进我国科学专门人才培养的部门法。《中华人民共和国学位条例》规定我国的学位分为学士、硕士、博士三级，明确了各级学位获得的基本要求、学位授予工作、学位论文答辩的负责单位和机构等内容。《中华人民共和国学位条例》于1980年2月12日通过，于2004年8月28日修正并公布实施。

（二）纵向结构

依据效力、级别和适用范围，所有教育法律形成高低不同的层次，即构成法律法规体系的纵向结构。我国教育法律的纵向排列为：宪法、教育基本法、教育单行法、教育行政法规、地方性教育法规、教育规章。

1. 宪法中有关教育法规的条款

宪法是国家的根本大法，在我国法律体系中占据首要地位，具有最高的法律效力。宪法作为教育法规的渊源，规定了我国教育的社会性质、目的任务、结构系统、办学体制、管理体制，规定了公民有受教育的权利和义务，规定了对少数民族、妇女和有残疾的公民在教育方面予以帮助，规定了对未成年人的保护，规定了学校的教学用语，规定了宗教与教育的关系，这些都是各种形式和层级的教育立法的主要依据和最高依据。任何形式的教育法规都不得与宪法相抵触，否则便是违宪。

2. 教育基本法

教育基本法是由全国人民代表大会制定，调整教育内部、外部相互关系的基本法律准则。教育基本法对整个教育全局起宏观调控作用，或称为“教育宪法”“教育母法”。我国的教育基本法为《中华人民共和国教育法》。

3. 教育单行法

一般由全国人民代表大会及其常务委员会制定，它是调整某类教育或教育的某一具体部分关系的法律。我国这类法律有：《中华人民共和国义务教育法》《中华人民共和国教师法》《中华人民共和国职业教育法》《中华人民共和国高等教育法》《中华人民共和国民办教育促进法》等。

4. 教育行政法规

教育行政法规是指由国家最高行政机关国务院制定或批准的有关教育方面的行政法规，是国家行政法规的重要内容。教育行政法规的名称一般有三种，即条例、规定、办法或细则，如国务院发布或批准的《幼儿园管理条例》《普通高等学校设置暂行条例》《中华人民共和国义务教育法实施细则》《征收教育费附加的暂行规定》等。

5. 地方性教育法规

地方性法规是地方国家权力机关制定的规范性文件的专称。制定地方性教育法规，须报全国人民代表大会常务委员会备案。地方性教育法规只在该行政区域内有效，不得同宪法、法律行政法规相抵触，其名称通常有条例、办法、规定、规则、实施细则等。

6. 教育规章

教育规章主要是指国务院各部委根据法律和行政法规在本部门权限内所制定的关于教育的规范性文件。这类文件主要是就国家有关教育的法律、行政法规的实施问题制定出相应的实施办法、条例、大纲、标准等，以保证相关法律、法规的实施，如《幼儿园工作规程》《托儿所幼儿园卫生保健管理办法》《学生伤害事故处理办法》等。

第二节　幼儿教育政策与法规

一、幼儿教育政策与法规概述

（一）幼儿教育政策与法规的概念

因应上节对“教育政策”和“教育法规”概念的阐释，“幼儿教育政策”即指政党和政府为完成一定历史时期的幼儿教育任务，实现幼儿教育培养目标而做出的兼具战略性、现实针对性和可操作性的规定，是党和政府为实施和发展幼儿教育事业而制定的行动准则①。从内容上看，幼儿教育政策既包含了国家一定历史时期幼儿教育发展的目标，又规定了促进幼儿教育发展的手段，因此比较充分地体现了国家发展幼儿教育的意志和行动。从功能上看，幼儿教育政策既影响宏观幼儿教育事业发展的方向、规模、速度、质量和效益，也影响微观幼儿教育活动的质量和效益，因此，幼儿教育政策的制定和实施不仅关系到国家一定历史时期幼儿教育事业的发展态势，还关系到每个学前儿童受教育的机会和质量。

“幼儿教育法规”是有关国家机关制定的，旨在调整国家行政部门在行使幼儿教育行政权力和公民在行使受教育权利的教育活动中所发生的各种社会关系的法律规范②。幼儿教育法规不仅确立了幼儿教育系统内部的幼儿园、教师、幼儿等各主体的行为规范，而且也确立了教育系统外部的各级人民政府及其有关部门、企业、事业单位和其他社会组织、幼儿家长等各主体与幼儿教育相关活动的行为规范，以保障我国幼儿教育事业发展的科学化、规范化和法治化。

---

① 周小虎. 幼儿教育政策法规［M］. 上海：华东师范大学出版社，2014：2.
② 同①3.

（二）幼儿教育政策与法规的作用

幼儿教育作为学校教育及终身教育可持续发展的奠基阶段，在整个教育体系中具有特殊的地位和作用。因此，幼儿教育政策法规作为教育政策法规的组成部分，它的制定和实施对于幼儿教育事业科学化、规范化、法治化发展乃至提高全民族素质、培养社会主义现代化建设的合格人才都具有重大的意义和价值。

1. 引导作用

幼儿教育政策和法规是党和国家意志的体现，集中反映一定历史时期党和国家幼儿教育的方向和主张，规定幼儿教育各项工作的行为总则，对各级各类幼儿教育事业的发展具有指引、导向的功能。它指引人们按照国家对幼儿教育发展的目的和要求开展教育活动，明确规定哪些行为是国家赞成和鼓励的，哪些行为是国家反对和禁止的。如《幼儿园管理条例》第十三条规定："幼儿园应当贯彻保育与教育相结合的原则，创设与幼儿的教育和发展相适应的和谐环境，引导幼儿个性的健康发展。幼儿园应当保障幼儿的身体健康，培养幼儿的良好生活、卫生习惯；促进幼儿的智力发展；培养幼儿热爱祖国的情感以及良好的品德行为。"《幼儿园管理条例》第二十八条规定："违反本条例，具有下列情形之一的单位或者个人，由教育行政部门对直接责任人员给予警告、罚款的行政处罚，或者由教育行政部门建议有关部门对责任人员给予行政处分：（一）体罚或变相体罚幼儿的；（二）使用有毒、有害物质制作教具、玩具的；（三）克扣、挪用幼儿园经费的；（四）侵占、破坏幼儿园园舍、设备的；（五）干扰幼儿园正常工作秩序的；（六）在幼儿园周围设置有危险、有污染或者影响幼儿园采光的建设和设施的。前款所列情形，情节严重，构成犯罪的，由司法机关依法追究刑事责任。"

【历年真题】

【7.1】依据《国家中长期教育改革和发展规划纲要（2010—2020年）》，下列关于学前教育发展任务说法不正确的是（　　）。

A. 建立政府主导、社会参与、公办为主、民办为辅的办园体制

B. 着力保证留守儿童入园，努力提高农村学前教育普及程度

C. 制定学制教育办园标准，建立幼儿园准入制度

D. 到2010年，有条件地区普及学前三年教育

【解析】正确答案A。《国家中长期教育改革和发展规划纲要（2010—2020年）》提出：建立政府主导、社会参与、公办民办并举的办园体制。积极发展公办幼儿园，大力扶持民办幼儿园。而不是"公办为主、民办为辅的办园体制"，故选A。

2. 保障作用

幼儿教育政策法规是对幼儿教育活动与外部社会关系及幼儿教育内部社会关系的调整

与规范，以此来保障国家幼儿教育事业的顺利、有序、健康发展。在外部关系的调整中，幼儿教育政策法规对幼儿教育的地位、基本制度、管理体制、师资保障、教育投入、条件保障等都做了明确的规定，违反这些规定的政府部门、社会团体和个人要受到法律的惩处。在幼儿教育内部关系调整中，幼儿教育政策法规对儿童受教育的权利、被尊重的权利、科学的幼儿保教活动的组织与实施、教师与幼儿之间的关系等都做了具体的规定，保障了幼儿教育与管理的科学化、民主化、高效化。

【历年真题】

【7.2】根据《国家中长期教育改革和发展规划纲要（2010—2020 年）》的规定，下列对于我国重点发展农村学前教育的表述，不正确的是（　　）。

A. 将村小学改扩建为幼儿园　　B. 着力保证留守儿童入园

C. 提高农村学前教育普及程度　　D. 支持贫困地区发展学前教育

【解析】正确答案 A。《国家中长期教育改革和发展规划纲要（2010—2020 年）》提出：努力提高农村学前教育普及程度。着力保证留守儿童入园。多种形式扩大农村学前教育资源，新建扩建托幼机构，在小学附设学前班，充分利用中小学布局调整的富余校舍和教师资源。支持贫困地区发展学前教育。对农村幼儿园园长和骨干教师进行培训。A 不属于于其中的措施，故选 A。

3. 评价作用

幼儿教育政策法规作为一种国家认可的普遍的教育行为准则，具有判断和评价政府、社会和办园主体及幼儿教育工作人员教育行为的作用。它可以评价各级政府、社会和办园主体的教育行为，如各级政府是否按照国家幼儿教育政策的要求对幼儿教育进行资金投入，办园主体是否按国家学前教育政策和法规的要求配齐幼儿园保教人员、是否按要求为幼儿园保教人员足额发放工资待遇。另外，它可以评价幼儿园工作人员的保教行为是否科学、合法，如幼儿园保教工作者的保育教育行为是否符合《幼儿园教育指导纲要（试行）》《幼儿园工作规程》《幼儿园管理条例》等的规定。运用幼儿教育政策和法规里的有关规定可以全面、直观地进行衡量与评估。

【历年真题】

【7.3】某幼儿园为打造以艺术为特色的园本课程，决定将 70%的课程安排为音乐、美术、舞蹈等内容。该幼儿园的做法（　　）。

A. 正确，有利于凸显幼儿园特色

B. 不正确，不利于幼儿知识学习

C. 正确，有利于培养幼儿艺术特长

D. 不正确，不利于促进幼儿全面发展

【解析】正确答案D。《幼儿园教育指导纲要（试行）》总则第五条规定：幼儿园教育应尊重幼儿的人格和权利，尊重幼儿身心发展的规律和学习特点，以游戏为基本活动。

4. 教育作用

教育与规范人们学习与遵守幼儿教育政策法规，并运用它来保护自己的权益和儿童的权利也是幼儿教育政策法规的一个重要作用。政策和法规出台后，要花很多时间组织各级各类幼儿教育工作者进行学习、运用，进而内化为广大教育工作者的教育思想意识并转化为教育工作者的教育行为，从而达到教育效果。幼儿教育政策法规中所支持、提倡、保护的合法教育行为及对不合法教育行为的制裁与惩罚对学前教育工作者也有示范、激励、警告、提醒的教育作用。

二、我国的幼儿教育政策与法规

新中国成立以来，在幼儿教育领域，我国陆续制定颁布了一系列政策、法规，为保障和促进幼儿教育事业发展起到了重要作用。同时在《中华人民共和国宪法》《中华人民共和国教育法》《中华人民共和国教师法》《中华人民共和国未成年人保护法》《中华人民共和国残疾人保障法》《中华人民共和国残疾人教育条例》《社会力量办学条例》等法律法规中，都设置了幼儿教育的条款。

《幼儿园管理条例》是一部行政法规，对幼儿园的管理做出了全面的规范，包括幼儿园保育教育工作的基本原则、幼儿园的管理体制、幼儿园的设置和审批规范、幼儿园的保育教育工作规范、幼儿园的行政事务规范等。

《幼儿园工作规程》共十一章六十六条，它根据《中华人民共和国教育法》的精神，结合新时代学前教育发展的新形势、新问题，对幼儿园各方面的工作做出了系统而又具体的规范，为幼儿园各项工作提供了可操作的依据。

《托儿所幼儿园卫生保健工作规范》对婴幼儿的饮食、体格锻炼、健康检查、卫生消毒及隔离、预防疾病、安全和卫生保健登记统计等都做了详细的规定。

此外，为了推进幼儿园实施素质教育，全面提高幼儿园教育质量，教育部于2001年7月2日颁发了《幼儿园教育指导纲要（试行）》（简称《纲要》）。《纲要》是幼儿园教育工作的指导性文件，它揭示了幼儿教育应有的核心价值追求，倡导尊重幼儿时期的独特性、保障幼儿权利、促进幼儿全面和谐发展的儿童观。《纲要》的出台标志着幼儿教育的课程改革已经与整个基础教育课程改革同步启动，对于全面提高幼儿园保教质量具有十分重要的意义。

根据党的十七大“优先发展教育，建设人力资源强国”的战略部署，为促进教育事业科学发展，全面提高国民素质，加快社会主义现代化进程，2010年7月29日，中国中央、国务院印发《国家中长期教育改革和发展规划纲要（2010—2020年）》（简称《规划纲要》）。为贯彻落实《规划纲要》要求，国务院办公厅于2010年11月21日正式发布了《国务院关于当前发展学前教育的若干意见》，其中针对学前教育领域“入园难、入园贵”“政府责任弱化”“农村幼儿教育发展困难”等问题提出了加快学前教育发展的政策措施，为学前教育事业的健康有序发展提供了保障。

2012年10月9日，教育部发布《3～6岁儿童学习与发展指南》（简称《指南》）。《指南》基于3～6岁儿童的身心发展规律与学习特点，在对我国幼儿学习与发展状况进行调查研究的基础上研制了一整套比较科学、明确、具体的目标与教育建议，体现了国家对3～6岁儿童学习与发展的方向引导与质量要求，旨在引导幼儿园教师和家长树立正确的教育观念，了解3～6岁儿童学习与发展的基本规律和特点，建立对儿童发展的合理期望，对防止和克服学前教育“小学化”现象提供了具体方法和建议。

2018年11月7日，《中共中央 国务院关于学前教育深化改革规范发展的若干意见》印发。它是新中国成立以来，第一个以中共中央、国务院名义印发的关于学前教育工作的文件，这个重要的文件针对近年来深深困扰大家的“入园难”“入园贵”“监管弱”等一系列问题，对新时代的学前教育改革发展进行了顶层设计和全面部署。

此外，在加强幼儿教育师资队伍建设、大力发展农村幼儿教育、保障幼儿园安全问题等方面，我国也积极出台了多项政策和措施。但是与发达国家相比，我国对幼儿的保护还存在一定的差距，如我国尚没有《学前教育法》。制定《学前教育法》是我国学前教育政策法规领域一直追求的目标之一。令人鼓舞的是，《中共中央 国务院关于学前教育深化改革规范发展的若干意见》中提出要制定《学前教育法》，而且已经列入了全国人民代表大会的立法进程。我们热切期待《学前教育法》的出台，期待我国的学前教育事业发展越来越规范、越来越科学。

本章小结

本章主要介绍了教育政策与教育法律法规的概念以及两者之间的区别与联系，我国教育法律法规体系的结构，幼儿教育政策与法规的概念及作用，我国幼儿教育政策法规的建设发展情况。

学习资源

1. 杨莉君，李杨. 学前教育政策法规［M］. 长沙：湖南大学出版社，2015.

2. 周小虎. 幼儿教育政策法规［M］. 上海：华东师范大学出版社，2014.

3. 童宪明. 幼儿教育法规与政策［M］. 上海：复旦大学出版社，2017.

4. 唐惠珍，曹小瑾. 幼儿园法规与教师道德案例评析［M］. 南宁：广西人民出版社，2006.

5. 杜德栋，曹汉斌. 简明教育学教程［M］. 北京：中国人民大学出版社，2014.

第八章

幼儿教育事业发展

知识结构图

- 幼儿教育事业发展
  - 《国家中长期教育改革和发展规划纲要（2010－2020年）》
    - 《教育规划纲要》概览、总体战略
    - 聚焦学前教育
      - 基本普及学前教育
      - 明确政府职责
      - 重点发展农村学前教育
  - 《国务院关于当前发展学前教育的若干意见》
    - 把发展学前教育摆在更加重要的位置
    - 多种形式扩大学前教育资源
    - 多种途径加强幼儿教师队伍建设
    - 多种渠道加大学前教育投入
    - 加强幼儿园准入管理
    - 强化幼儿园安全监管
    - 规范幼儿园收费管理
    - 坚持科学保教，促进幼儿身心健康发展
    - 完善工作机制，加强组织领导
    - 统筹规划，实施学前教育三年行动计划
  - 《中共中央 国务院关于学前教育深化改革规范发展的若干意见》
    - 总体要求
      - 指导思想
      - 基本原则
      - 主要目标
    - 优化布局与办园结构
    - 拓宽途径扩大资源供给
    - 健全经费投入长效机制
    - 大力加强幼儿园教师队伍建设
    - 构建职业道德的监管机制
    - 规范发展民办园
    - 提高幼儿园保教质量
    - 加强组织领导

学习目标

- 了解当前我国教育领域及学前教育领域的最新政策。
- 熟记当前我国大力发展学前教育事业的各项举措，并能结合案例进行解释和运用。

学习重点

理解《国家中长期教育改革和发展规划纲要（2010—2020年）》《国务院关于当前发展学前教育的若干意见》《中共中央 国务院关于学前教育深化改革规范发展的若干意见》中关于学前教育领域的重要规定与举措。

学习建议

学前教育作为教育体系的基本组成部分，近年来其发展越来越受到国家重视，国家出台了一系列重要的学前教育政策法规，明确了政府、幼儿园、幼儿教师、相关各部门等在发展学前教育中的责任和义务。学习时可根据学前教育性质—发展措施—政府职责—教师队伍建设—幼儿园规范管理来梳理本章思路。

问题情境

学前资源不足，配置滞后于发展①

“现在上幼儿园越来越不容易，我家里有两个孩子，大孩子上幼儿园的时候过来报完名就可以了，如今这小孩子上幼儿园，户口本、房产证一样不落，还要摇号抽签决定能不能顺利进入幼儿园。”幼儿园入学报名当日，一位家长发出了这样的感慨。在向家长分发问卷调查的过程中，笔者了解到，如今青岛市新区发展建设住宅小区渐多，而小区配套园的数量少，教育资源已经难以满足当今人口的增加，幼儿园入园难的问题由此而来。调研过程中，不少家长表示：“孩子的教育不能落下，希望这个问题能够在政府的支持下早日得到解决。”

学前教育是我国各类各级教育中较为薄弱的环节，解决学前教育“入园难、入园贵”问题，是我国教育改革和发展的重要任务之一。近年来政府关于学前教育事业发展有何重大政策与措施？带着这样的问题，我们开启本章的学习之旅。

① 刘宇．上不起的幼儿园：以青岛市“全面二孩”政策背景下幼儿园入园难的现状调查为例［J］．教育理论与实践，2018（17）.

第一节 《国家中长期教育改革和发展规划纲要（2010—2020年）》

教育是民族振兴、社会进步的基石，是提高国民素质、促进人的全面发展的根本途径，寄托着亿万家庭对美好生活的期盼。强国必先强教，中国未来发展、中华民族伟大复兴，关键靠人才，基础在教育。2010年7月，中共中央、国务院印发《国家中长期教育改革和发展规划纲要（2010—2020年）》（简称《教育规划纲要》），它是21世纪我国第一个中长期教育改革和发展规划，是今后一个时期指导全国教育改革和发展的纲领性文件。制定并实施《教育规划纲要》，优先发展教育，提高教育现代化水平，对于满足人民群众接受良好教育需求，实现全面建设小康社会奋斗目标，建设富强、民主、文明、和谐、美丽的社会主义现代化国家具有决定性意义。

一、《教育规划纲要》概览、总体战略

纲要共分总体战略、发展任务、体制改革、保障措施四个部分，共二十二章。第一部分总体战略，包括指导思想和工作方针、战略目标和战略主题。第二部分发展任务，主要阐明各级各类教育发展的具体任务。第三部分体制改革，分别阐述对各种教育制度的改革举措。第四部分保障措施，从教师队伍、经费投入、信息化建设等方面阐述如何为教育改革提供强有力的保障措施。

1. 指导思想和工作方针

《教育规划纲要》提出今后教育改革发展的二十字方针：优先发展、育人为本、改革创新、促进公平、提高质量。

2. 战略目标和战略主题

《规划纲要》提出的战略目标为“到2020年，基本实现教育现代化，基本形成学习型社会，进入人力资源强国”。具体表现为：

（1）实现更高水平的普及教育。基本普及学前教育；巩固提高九年义务教育水平；普及高中阶段教育，毛入学率达到90%；高等教育大众化水平进一步提高，毛入学率达到40%；扫除青壮年文盲。新增劳动力平均受教育年限从12.4年提高到13.5年；主要劳动年龄人口平均受教育年限从9.5年提高到11.2年，其中受过高等教育的比例达到20%，具有高等教育文化程度的人数比2009年翻一番。

（2）形成惠及全民的公平教育。坚持教育的公益性和普惠性，保障公民依法享有接受良好教育的机会。建成覆盖城乡的基本公共教育服务体系，逐步实现基本公共教育服务均等化，缩小区域差距。努力办好每一所学校，教好每一个学生，不让一个学生因家庭经济

困难而失学。切实解决进城务工人员子女平等接受义务教育问题。保障残疾人受教育权利。

(3) 提供更加丰富的优质教育。教育质量整体提升，教育现代化水平明显提高。优质教育资源总量不断扩大，更好满足人民群众接受高质量教育的需求。学生思想道德素质、科学文化素质和健康素质明显提高。各类人才服务国家、服务人民和参与国际竞争能力显著增强。

(4) 构建体系完备的终身教育。学历教育和非学历教育协调发展，职业教育和普通教育相互沟通，职前教育和职后教育有效衔接。继续教育参与率大幅提升，从业人员继续教育年参与率达到50%。现代国民教育体系更加完善，终身教育体系基本形成，促进全体人民学有所教、学有所成、学有所用。

(5) 健全充满活力的教育体制。进一步解放思想，更新观念，深化改革，提高教育开放水平，全面形成与社会主义市场经济体制和全面建设小康社会目标相适应的充满活力、富有效率、更加开放、有利于科学发展的教育体制机制，办出具有中国特色、世界水平的现代教育。

《教育规划纲要》提出坚持以人为本、全面实施素质教育是教育改革发展的战略主题，是贯彻党的教育方针的时代要求，其核心是解决好培养什么人、怎样培养人的重大问题，重点是面向全体学生、促进学生全面发展，着力提高学生服务国家服务人民的社会责任感、勇于探索的创新精神和善于解决问题的实践能力。

【历年真题】

【8.1】 下列选项中，属于《国家中长期教育改革和发展规划纲要（2010—2020年）》提出的战略目标的是（　　）。

A. 全面普及学前教育　　B. 基本实现区域之间的教育公平

C. 全面实施素质教育　　D. 优质教育资源总量不断扩大

【解析】 本题答案D.《教育规划纲要》战略目标第四条指出：提供更加丰富的优质教育。教育质量整体提升，教育现代化水平明显提高。优质教育资源总量不断扩大，更好满足人民群众接受高质量教育的需求。故选D。

【考点拓展】

【8.1】《国家中长期教育改革和发展规划纲要（2010—2020年）》提出，教育改革发展的战略主题是（　　）。

A. 坚持立德树人，创新培养人才的体制

B. 坚持以人为本，全面实施素质教育

C. 坚持教育公平，合理配置教育资源

D. 坚持内涵发展，全面提高教育质量

【解析】本题答案B。《教育规划纲要》指出坚持以人为本、全面实施素质教育是教育改革发展的战略主题，是贯彻党的教育方针的时代要求，其核心是解决好培养什么人、怎样培养人的重大问题，重点是面向全体学生、促进学生全面发展，着力提高学生服务国家服务人民的社会责任感、勇于探索的创新精神和善于解决问题的实践能力。故选B。

二、聚焦学前教育

在学前教育部分，《教育规划纲要》主要围绕以下三个关键词来开展工作，它们是“基本普及”“政府职责”“农村学前教育”。

（一）基本普及学前教育

《教育规划纲要》提出：“到2020年，普及学前一年教育，基本普及学前两年教育，有条件的地区普及学前三年教育。重视0至3岁婴幼儿教育。”

教育部网上公布的资料显示，2006年我国学前一年教育的普及率为69.10%。其中，农村为60.02%。也就是说在我国的农村还有近40%的孩子未能接受学前教育①。学前教育已成为我国整个国民教育体系的“短板”。而国际上有研究表明：儿童早期教育与保育是从投资中获益最多的教育阶段，这个获益者不仅是儿童个人及其家庭，也是整个社会②。所以事实上，对学前教育的投入是一种收益远大于成本的公共投资。因此，在21世纪的第一个10年，我国做出大力发展学前教育、到2020年基本普及学前教育的决策是十分有远见的。

（二）明确政府职责

主要明确政府在经费投入、办学管理、教师队伍建设这三方面的职责。

1. 把发展学前教育纳入城镇、社会主义新农村建设规划

建立政府主导、社会参与、公办民办并举的办园体制。大力发展公办幼儿园，积极扶持民办幼儿园。完善成本合理分担机制，对家庭经济困难幼儿入园给予补助。

政府主导责任长期不明确、不落实，是我国学前教育事业发展的制约瓶颈。2009年

① 谁来负担农村孩子的童年：代表委员谈我国农村学前教育滞后问题. http://news.sohu.com/20100306/n270623551.shtml.

② 冯晓霞，等. 世界幼教事业发展趋势：国家财政支持幼儿教育［J］. 学前教育研究，2007（5）.

我国学前教育财政性投入仅占教育财政性投入的1.2%左右，远低于世界平均水平（3%），远远不能支撑学前事业发展的需要①。因为没有政府投入，有的地区简单套用企业改制的做法，将幼儿园推向市场，减少或停止投入，大量企事业单位和集体办园被推向社会，导致普惠性的，尤其是具有较高质量的普惠性学前教育资源越来越少，“入园难”和“入园贵”矛盾日益凸显。

2. 完善幼儿园工作制度和管理办法

制定学前教育办园标准和收费标准。建立幼儿园准入和督导制度，加强学前教育管理，规范办园行为。完善幼儿园收费管理办法。

3. 依法落实幼儿教师地位和待遇，加强幼儿教师队伍建设

严格执行幼儿教师资格标准，切实加强幼儿教师培养培训，提高幼儿教师队伍整体素质，依法落实幼儿教师地位和待遇。

【历年真题】

【8.2】《国家中长期教育改革和发展规划纲要（2010—2020年）》提出了学前教育发展的政府职责。关于政府职责的说法，下列选项中不正确的是（　　）。

A. 制定审核幼儿园章程

B. 建立幼儿园准入制度

C. 制定学前教育的办园标准

D. 完善幼儿园收费管理办法

【解析】本题答案A。《教育规划纲要》提出：制定学前教育办园标准和收费标准。建立幼儿园准入和督导制度，加强学前教育管理，规范办园行为。完善幼儿园收费管理办法。故选A。

（三）重点发展农村学前教育

《教育规划纲要》提出要努力提高农村学前教育普及程度。着力保证留守儿童入园。采取多种形式扩大农村学前教育资源，改扩建、新建幼儿园，充分利用中小学布局调整的富余校舍和教师资源。支持贫困地区发展学前教育。

【历年真题】

【8.3】《国家中长期教育改革和发展规划纲要（2010—2020年）》要求，学前教育发展的一大任务是重点发展（　　）。

A. 西部地区学前教育　　B. 边远地区学前教育

① 加快普及学前教育需要落实政府责任［N］. 光明日报，2010-04-01（12）.

C. 城镇学前教育　　　　　　　　D. 农村学前教育

【解析】本题答案D。《教育规划纲要》提出要重点发展农村学前教育。故选D。

【考点拓展】

【8.2】《国家中长期教育改革和发展规划纲要（2010—2020年）》提出，要重点发展农村学前教育，下列说法不正确的是（　　）。

A. 扩大农村幼儿园建园

B. 着力保证留守儿童入园

C. 着力促进发展农村幼儿园现有规模

D. 保证乡镇中心幼儿园的示范作用

【解析】本题答案C。《教育规划纲要》提出：努力提高农村学前教育普及程度。着力保证留守儿童入园。采取多种形式扩大农村学前教育资源，改扩建、新建幼儿园，充分利用中小学布局调整的富余校舍和教师资源。支持贫困地区发展学前教育。对农村幼儿园园长和骨干教师进行培训。C不属于于其中的措施，故选C。

第二节 《国务院关于当前发展学前教育的若干意见》

为贯彻落实党的十七届五中全会、全国教育工作会议精神和《国家中长期教育改革和发展规划纲要（2010—2020年）》，积极发展学前教育，着力解决“入园难”问题，满足适龄儿童入园需求，促进学前教育事业科学发展，国务院办公厅在2010年11月又颁布了《国务院关于当前发展学前教育的若干意见》（简称“国十条”），提出了加快推进学前教育发展的十条政策措施。

一、把发展学前教育摆在更加重要的位置

“国十条”提出“把发展学前教育摆在更加重要的位置”，具体包括以下五个方面：

（1）学前教育是终身学习的开端，是国民教育体系的重要组成部分，是重要的社会公益事业。这是对学前教育性质的认定，把学前教育认定为社会公益事业，而不是营利事业。

（2）发展学前教育，必须坚持公益性和普惠性，努力构建覆盖城乡、布局合理的学前教育公共服务体系，保障适龄儿童接受基本的、有质量的学前教育。

（3）必须坚持政府主导，社会参与，公办民办并举，落实各级政府责任，充分调动各

方面积极性。

（4）必须坚持因地制宜，从实际出发，为幼儿和家长提供方便就近、灵活多样、多种层次的学前教育服务。

（5）必须坚持科学育儿，遵循幼儿身心发展规律，促进幼儿健康快乐成长。

二、多种形式扩大学前教育资源

1. 大力发展公办幼儿园，提供“广覆盖、保基本”的学前教育公共服务

（1）中小学布局调整后的富余教育资源和其他富余公共资源，优先改建成幼儿园。

（2）鼓励优质公办幼儿园举办分园或合作办园。

（3）制定优惠政策，支持街道、农村集体举办幼儿园。

2. 鼓励社会力量以多种形式举办幼儿园

（1）通过保证合理用地、减免税费等方式，支持社会力量办园。

（2）积极扶持民办幼儿园特别是面向大众、收费较低的普惠性民办幼儿园发展。

（3）采取政府购买服务、减免租金、以奖代补、派驻公办教师等方式，引导和支持民办幼儿园提供普惠性服务。

（4）民办幼儿园在审批登记、分类定级、评估指导、教师培训、职称评定、资格认定、表彰奖励等方面与公办幼儿园具有同等地位。

3. 城镇小区没有配套幼儿园的，应根据居住区规划和居住人口规模，按照国家有关规定配套建设幼儿园

4. 努力扩大农村学前教育资源

（1）乡镇和大村独立建园，小村设分园或联合办园，人口分散地区举办流动幼儿园、季节班等，配备专职巡回指导教师，逐步完善县、乡、村学前教育网络。

（2）改善农村幼儿园保教条件，配备基本的保教设施、玩教具、幼儿读物等。

（3）创造更多条件，着力保障留守儿童入园。

三、多种途径加强幼儿教师队伍建设

1. 加快建设一支师德高尚、热爱儿童、业务精良、结构合理的幼儿教师队伍

（1）各地根据国家要求，结合本地实际，合理确定生师比，核定公办幼儿园教职工编制，逐步配齐幼儿园教职工。

（2）健全幼儿教师资格准入制度，严把入口关。

（3）中小学富余教师经培训合格后可转入学前教育。

2. 依法落实幼儿教师地位和待遇

(1) 核定公办幼儿园教职工编制，要按照规定的配备标准对公办幼儿园进行核编、逐步配齐。

(2) 落实工资、职称等方面的待遇。要完善落实幼儿园教职工工资保障办法和幼儿教师专业技术职称（职务）评聘机制，切实维护教师权益。

(3) 完善落实社会保障政策。按照社会保障改革的政策和方向，完善幼儿园教职工社会保障办法。

3. 完善学前教育师资培养培训体系

“国十条”规定：办好中等幼儿师范学校。办好高等师范院校学前教育专业。建设一批幼儿师范专科学校。加大面向农村的幼儿教师培养力度，扩大免费师范生学前教育专业招生规模。积极探索初中毕业起点五年制学前教育专科学历教师培养模式。重视对幼儿特教师资的培养。建立幼儿园园长和教师培训体系，满足幼儿教师多样化的学习和发展需求。创新培训模式，为有志于从事学前教育的非师范专业毕业生提供培训。三年内对 1 万名幼儿园园长和骨干教师进行国家级培训。各地五年内对幼儿园园长和教师进行一轮全员专业培训。

四、多种渠道加大学前教育投入

(1) 各级政府要将学前教育经费列入财政预算。新增教育经费要向学前教育倾斜。财政性学前教育经费在同级财政性教育经费中要占合理比例，未来三年要有明显提高。

(2) 建立学前教育资助制度，资助家庭经济困难儿童、孤儿和残疾儿童接受普惠性学前教育。

(3) 中央财政设立专项经费，支持中西部农村地区、少数民族地区和边疆地区发展学前教育和学前双语教育。

五、加强幼儿园准入管理

1. 严格执行幼儿园准入制度

(1) 各地根据实际情况制定幼儿园办园标准。

(2) 县级教育行政部门负责审批各类幼儿园，建立幼儿园信息管理系统，对幼儿园实行动态监管。

(3) 完善和落实幼儿园年检制度。

2. 分类治理、妥善解决无证办园问题

各地要对目前存在的无证办园进行全面排查，加强指导，督促整改。整改期间，要保证幼儿正常接受学前教育。经整改达到相应标准的，颁发办园许可证。整改后仍未达到保障幼儿安全、健康等基本要求的，当地政府要依法予以取缔，妥善分流和安置幼儿。

六、强化幼儿园安全监管

各地要高度重视幼儿园安全保障工作，加强安全设施建设，配备保安人员，健全各项安全管理制度和安全责任制，落实各项措施，严防事故发生。相关部门按职能分工，建立全覆盖的幼儿园安全防护体系，切实加大工作力度，加强监督指导。幼儿园要提高安全防范意识，加强内部安全管理。幼儿园所在街道、社区和村民委员会要共同做好幼儿园安全管理工作。

七、规范幼儿园收费管理

国家有关部门2011年出台《幼儿园收费管理暂行办法》。省级有关部门根据城乡经济社会发展水平、办园成本和群众承受能力，按照非义务教育阶段家庭合理分担教育成本的原则，制定公办幼儿园收费标准。加强民办幼儿园收费管理，完善备案程序，加强分类指导。幼儿园实行收费公示制度，接受社会监督。加强收费监管，坚决查处乱收费。

八、坚持科学保教，促进幼儿身心健康发展

遵循幼儿身心发展规律，面向全体幼儿，关注个体差异，坚持以游戏为基本活动，保教结合，寓教于乐，促进幼儿健康成长。加强对幼儿园玩教具、幼儿图书的配备与指导，为儿童创设丰富多彩的教育环境，防止和纠正幼儿园教育“小学化”倾向。研究制定幼儿园教师指导用书审定办法。建立幼儿园保教质量评估监管体系。健全学前教育教研指导网络。要把幼儿园教育和家庭教育紧密结合，共同为幼儿的健康成长创造良好环境。

九、完善工作机制，加强组织领导

各级政府要加强对学前教育的统筹协调，健全教育部门主管、有关部门分工负责的工作机制，形成推动学前教育发展的合力。教育部门要完善政策，制定标准，充实管理、教研力量，加强学前教育的监督管理和科学指导。机构编制部门要结合实际合理确定公办幼儿园教职工编制。发展改革部门要把学前教育纳入当地经济社会发展规划，支持幼儿园建设发展。财政部门要加大投入，制定支持学前教育的优惠政策。城乡建设和国土资源部门要落实城镇小区和新农村配套幼儿园的规划、用地。人力资源和社会保障部门要制定幼儿

园教职工的人事（劳动）、工资待遇、社会保障和技术职称（职务）评聘政策。价格、财政、教育部门要根据职责分工，加强幼儿园收费管理。综治、公安部门要加强对幼儿园安全保卫工作的监督指导，整治、净化周边环境。卫生部门要监督指导幼儿园卫生保健工作。民政、工商、质检、安全生产监管、食品药品监管等部门要根据职能分工，加强对幼儿园的指导和管理。妇联、残联等单位要积极开展对家庭教育、残疾儿童早期教育的宣传指导。充分发挥城市社区居委会和农村村民自治组织的作用，建立社区和家长参与幼儿园管理和监督的机制。

十、统筹规划，实施学前教育三年行动计划

各省（区、市）政府要深入调查，准确掌握当地学前教育基本状况和存在的突出问题，结合本区域经济社会发展状况和适龄人口分布、变化趋势，科学测算入园需求和供需缺口，确定发展目标，分解年度任务，落实经费，以县为单位编制学前教育三年行动计划，有效缓解“入园难”。

第三节 《中共中央 国务院关于学前教育深化改革规范发展的若干意见》

2018 年 11 月，《中共中央 国务院关于学前教育深化改革规范发展的若干意见》（简称《若干意见》）印发，这是新中国成立以来，第一个以中共中央、国务院名义印发的关于学前教育工作的文件，同时也是 2018 年 9 月全国教育大会召开之后教育工作的一个重要政策性文件。这个重要的文件针对近年来深深困扰广大人民群众的“入园难”“入园贵”“监管弱”等一系列问题，对新时代学前教育的深化改革和规范发展进行了顶层设计和全面部署，进一步明确了学前教育改革发展的前进方向和重大举措。该文件共分九部分三十五条，分别从总体要求、优化布局与办园结构、拓宽途径扩大资源供给、健全经费投入长效机制、大力加强幼儿园教师队伍建设、构建职业道德的监督机制、规范发展民办园、提高幼儿园保教质量、加强组织领导等方面对新时代的学前教育做出了规定。

一、总体要求

第一部分是总体要求，明确了新时代学前教育的指导思想、基本原则、主要目标。

（一）指导思想

强调办好新时代学前教育，必须坚持以习近平新时代中国特色社会主义思想为指导，全面贯彻党的十九大精神和党的教育方针，认真落实立德树人根本任务，遵循学前教育规

律，牢牢把握学前教育正确发展方向，完善学前教育体制机制，健全学前教育政策保障体系，推进学前教育普及普惠安全优质发展，满足人民群众对幼有所育的美好期盼，为培养德智体美劳全面发展的社会主义建设者和接班人奠定坚实基础。

（二）基本原则

1. 坚持党的领导

加强党对学前教育工作的领导，确保党的教育方针在学前教育领域深入贯彻，确保立德树人根本任务落实到位，确保学前教育始终沿着正确方向发展。

2. 坚持政府主导

落实各级政府在学前教育规划、投入、教师队伍建设、监管等方面的责任，完善各有关部门分工负责、齐抓共管的工作机制。牢牢把握公益普惠基本方向，坚持公办民办并举，加大公共财政投入，着力扩大普惠性学前教育资源供给。

3. 坚持改革创新

突出问题导向，统筹兼顾、综合施策，破解制约学前教育发展的体制机制障碍，补齐制度短板，激发办园活力，鼓励引导规范社会力量办园，充分调动各方面积极性。

4. 坚持规范管理

遵循幼儿身心发展规律，实施科学保教，健全治理体系，堵住监管漏洞，完善学前教育法律法规，实现依法依规办园治园，促进幼儿健康快乐成长。

《若干意见》中的基本原则强调牢牢把握学前教育公益普惠的基本方向，切实落实各级政府在学前教育的规划、投入、教师队伍建设、监管等方面的重要责任，坚持公办民办并举，着力扩大普惠性学前教育资源，完善学前教育的体制机制和政策保障体系，推动学前教育普及普惠安全优质发展。这是第一次在中央文件中明确提出了学前教育“八个字”的发展目标，即促进学前教育“普及、普惠、安全、优质”发展，针对性非常强。

（三）主要目标

《若干意见》明确了到2020年的发展目标和到2035年的中长期目标。提出到2020年，学前三年毛入园率达到85%，普惠性幼儿园入园率（公办园和普惠性民办园在园幼儿占比）达到80%，基本建成广覆盖、保基本、有质量的学前教育公共服务体系。这个目标的提出，目的就是让绝大多数的儿童能够享受普惠性的学前教育，有效地破解“入园难”“入园贵”的问题。到2035年，全面普及学前三年教育，建成覆盖城乡、布局合理的学前教育公共服务体系，为幼儿提供更加充裕、更加普惠、更加优质的学前教育。

二、优化布局与办园结构

第二部分主要是对优化学前教育布局结构提出的一些要求。其中特别强调各地要把发展普惠性学前教育作为重点任务，结合本地实际，着力构建以普惠性资源为主体的办园体系，坚决扭转高收费民办园占比偏高的局面。大力发展公办园，充分发挥公办园保基本、兜底线、引领方向、平抑收费的主渠道作用。按照实现普惠目标的要求，公办园在园幼儿占比偏低的省份，逐步提高公办园在园幼儿占比，到 2020 年全国原则上达到 50%，各地可从实际出发确定具体发展目标。积极扶持民办园提供普惠性服务，规范营利性民办园发展，满足家长不同选择性需求。

三、拓宽途径扩大资源供给

第三部分主要是对如何扩大学前教育资源提出要求，主要强调了四个方面的措施。一是国家继续实施学前教育行动计划，重点支持农村地区、脱贫攻坚地区、新增人口集中地区新建改扩建一批普惠性的幼儿园。二是积极挖潜扩大增量，也就是千方百计、多种渠道扩大学前教育资源供给。充分利用乡村公共服务设施、农村中小学闲置校舍等资源举办公办园，鼓励支持街道、村集体和有实力的国有企事业单位举办公办园。三是规范小区配套园建设使用，并开展专项治理，将小区配套园建成公办园或者委托办成普惠性的民办园。四是鼓励社会力量办园，加大力度积极扶持民办园提供普惠性服务，要求各省（区、市）进一步完善普惠性民办园认定标准、补助标准及扶持政策。要求通过购买服务、综合奖补、减免租金、派驻公办教师、培训教师、教研指导等方式，支持普惠性民办园发展，并将提供普惠性学位数量和办园质量作为奖补和支持的重要依据。

四、健全经费投入长效机制

第四部分是对健全经费投入长效机制提出要求，主要有三个方面的举措。

一是优化财政投入结构，逐步提高学前教育财政投入和支出水平。中央财政继续安排支持学前教育发展的专项资金，重点向中西部地区和贫困地区倾斜。国家进一步加大学前教育投入力度，主要用于扩大普惠性资源、补充配备教师、提高教师待遇、改善办园条件。

二是完善成本分担机制。因为学前教育是非义务教育，所以必须完善成本分担机制。到 2020 年，各省区市要出台并落实公办园生均拨款标准或者生均公用经费标准。要制定企事业单位、部队、街道、村集体办园和普惠性民办园财政补助政策。根据办园成本、经济发展水平和群众的接受能力，合理确定公办园收费标准并建立定期动态调整机制。民办园收费项目和标准根据办园成本、市场需求等因素合理确定，向社会公示，并接受有关主管部门的监督。非营利性民办园（包括普惠性民办园）收费具体办法由省级政府制定。营利性民办园收费标准实行市场调节，由幼儿园自主决定。地方政府依法加强对民办园收费的价格监管，坚决抑制过高收费。

三是完善学前教育资助制度。各地要认真落实幼儿资助政策，确保接受普惠性学前教育的家庭经济困难儿童（含建档立卡家庭儿童、低保家庭儿童、特困救助供养儿童等）、孤儿和残疾儿童得到资助。

五、大力加强幼儿园教师队伍建设

第五部分是针对加强教师队伍建设提出要求，主要有三个方面的举措。

第一是要严格地依照标准来配备教职工。要求及时补充公办园教职工，严禁“有编不补”。民办园要按照配备标准配足配齐教职工。各类幼儿园按照国家相关规定配备卫生保健人员。

第二是要健全待遇保障机制。要认真解决公办园教师待遇问题，明确提出了要统筹公办园教职工资收入政策、经费支出渠道，确保公办园所聘用教师的工资及时足额发放、同工同酬。

可将公办园当中的保育员、保安、厨师等服务纳入政府购买服务的范畴，纳入地方财政预算，有条件的地方可以试点实施乡村公办园教师生活补助政策。民办园要参照当地公办园教师工资收入水平，合理确定相应教师的工资收入。各类幼儿园要依法依规足额足项为教职工缴纳社会保险和住房公积金。文件还对教师的职称、奖励等方面的政策也做出了规定。

第三是提高教师的素质。要严把幼儿园教师的入口关，全面落实持证上岗制度。健全幼儿园教师培养体系，办好幼儿师范教育，扩大有质量的教师供给。制定幼儿园教师培训课程指导标准，实行幼儿园园长、教师定期培训和全员轮训制度。严格教师队伍管理，认真落实教师资格准入与定期注册制度，严格执行幼儿园园长、教师专业标准，坚持公开招聘制度，全面落实幼儿园教师持证上岗，切实把好幼儿园园长、教师入口关。非学前教育专业毕业生到幼儿园从教须经专业培训并取得相应教师资格。强化师德师风建设，通过加强师德教育、完善考评制度、加大监察监督、建立信用记录、完善诚信承诺和失信惩戒机制等措施，提高教师职业素养，培养热爱幼教、热爱幼儿的职业情怀。对违反职业行为规范、影响恶劣的实行“一票否决”，终身不得从教。

六、构建职业道德的监督机制

第六部分是对强化监管提出要求，主要有五个方面的措施。

一是完善教育部门主管、各有关部门分工负责的监管机制。要充实教育部门学前教育管理机构和管理人员。

二是要加强源头监管。严格落实幼儿园的准入管理，严格执行“先证后照”制度。由县级教育部门依法进行前置审批，取得办园许可证后，到相关部门办理法人登记。对符合条件的幼儿园，按照国家相关规定进行事业单位登记。

三是完善过程监管。强化对幼儿园教职工资质和配备、收费行为、安全防护、卫生保健、保教质量、经费使用以及财务管理等方面的动态监管，完善年检制度。各地建立幼儿园基本信息备案及公示制度，充分利用互联网等信息化手段，向社会及时公布并更新幼儿园教职工配备、收费标准、质量评估等方面信息，主动接受社会监督。教育、民政、市场监管等部门要健全家长投诉渠道，及时回应和解决家长反映的问题。健全家长志愿者驻园值守制度，充分发挥幼儿园家长委员会作用，推动家长有效参与幼儿园重大事项决策和日常管理。建设全国学前教育管理信息系统，提高学前教育信息化管理水平。

四是强化安全监管。落实相关部门对幼儿园安全保卫和监管责任，提升人防、物防、技防能力，建立全覆盖的幼儿园安全风险防控体系。幼儿园必须把保护幼儿生命安全和健康放在首位，落实园长安全主体责任，健全各项安全管理制度和安全责任制，强化法治教育和安全教育，提高家长安全防范意识和能力，并通过符合幼儿身心特点的方式提高幼儿感知、体悟、躲避危险和伤害的能力。

五是严格依法监管。实行幼儿园责任督学挂牌督导制度。对存在伤害儿童、违规收费等行为的，要依法依规严肃处理。

七、规范发展民办园

第七部分就规范发展民办园提出要求。强调在坚持鼓励支持社会力量办园的同时，要强化民办园的规范发展，提出了三个方面的举措。

一是要稳妥实施分类管理，明确分类管理政策，确保分类登记平稳实施、有序推进。

二是针对部分民办园过度逐利行为要进行坚决遏制。规范发展民办园主要是在办园方向上、办园行为上进行。学前教育是重要的公益事业，不能作为逐利的市场，不能允许有过度的逐利行为的存在。《若干意见》明确规定了“社会资本不得通过兼并收购、受托经营、加盟连锁、利用可变利益资本、协议控制等方式来控制国有资产或者集体资产举办的幼儿园和非营利性的幼儿园”，同时规定“民办园一律不准单独或者作为一部分资产打包上市，上市公司不得通过股票市场融资投资营利性幼儿园，不得通过发行股份或者支付现金等方式购买营利性幼儿园资产”等。这样的规定填补了学前教育管理制度的空白，堵住监管的漏洞，促进学前教育回归教育本位，回归育人本位。

三是将无证园要全部纳入监管范围，稳妥做好排查、分类、扶持和治理工作。也就是通过排查、治理、分类、整改，基本符合办园条件的，该发证的发证，实在不具备安全、卫生等办园条件的，该停止的停止，该关门的要关门，从维护广大幼儿身心健康、成长发育的需要出发，做好清理、治理工作。

八、提高幼儿园保教质量

第八部分针对提升保教质量提出了要求，主要有四个方面的内容。一是要全面改善办园条件，引导幼儿园为幼儿提供有利于激发学习探索、安全、丰富、适宜的玩教具和图书，改善幼儿园的保教环境和条件。二是坚持保教结合，寓教于乐，要遵循幼儿的身心特点，要坚持以游戏为基本活动，要坚决防止和纠正幼儿园“小学化”的倾向。三是完善学前教育的教研体系，加强园本教研、区域教研。充分发挥教研对提高保教水平，提高教师素质的重要作用。四是健全质量评估监测体系，将各类幼儿园全部纳入质量评估的范畴，定期向社会公布质量评估的结果，接受社会的监督。

九、加强组织领导

第九部分针对强化组织领导提出要求。重点强调了加强党对学前教育事业的领导、落实学前教育的管理体制、完善部门协调的工作机制。

一是要求认真落实国务院领导、省市统筹、以县为主的学前教育管理体制。县级政府对本县域学前教育发展负主体责任，负责制定学前教育发展规划和幼儿园布局、公办园的建设、教师配备补充、工资待遇及幼儿园运转，面向各类幼儿园进行监督管理，指导幼儿园做好保教工作，在土地划拨等方面对幼儿园予以优惠和支持，确保县域内学前教育规范有序健康发展。

二是建立督导问责机制。将学前教育普及普惠目标和相关政策措施落实情况作为对省级政府履行教育职责督导评估的重要内容，作为地方各级党委和政府督查工作的重点任务，纳入督导评估和目标考核体系。

三是研究制定学前教育法。加快推进学前教育立法，进一步明确学前教育在国民教育体系中的地位和公益普惠属性，强化政府和各有关部门在学前教育规划、投入、资源配置、师资队伍建设和监管等方面的责任，明确举办者对幼儿园办园条件、师资聘任、工资待遇、运转保障、经费使用与财务管理等方面的责任，促进学前教育事业健康可持续发展。

《若干意见》所提出的九个部分三十五条重大政策举措，是党中央对学前教育事业做出的重大战略决策部署，是新时代学前教育深化改革规范发展的行动指南，必将对切实办好新时代学前教育、更好实现“幼有所育”、满足人民群众对幼儿接受有质量的学前教育的美好期盼，发挥极为重要的推动作用。

本章小结

关于《教育规划纲要》，本章着重关注了第一部分总体战略，包括指导思想和工作方针、战略目标和战略主题以及学前教育事业发展的部分内容。在学前教育部分，《教育规划纲要》主要围绕“基本普及”“政府职责”“农村学前教育”三个关键词来展开阐述。《若干意见》提出：把发展学前教育摆在更加重要的位置；多种形式扩大学前教育资源；多种途径加强幼儿教师队伍建设；多种渠道加大学前教育投入；加强幼儿园准入管理；强化幼儿园安全监管；规范幼儿园收费管理；坚持科学保教，促进幼儿身心健康发展；完善工作机制，加强组织领导；统筹规划，实施学前教育三年行动计划。《若干意见》分别从总体要求、优化布局与办园结构、拓宽途径扩大资源供给、健全经费投入长效机制、大力加强幼儿园教师队伍建设、构建职业道德的监督机制、规范发展民办园、提高幼儿园保教质量、加强组织领导等方面对新时代的学前教育做出了规定。

学习资源

1. 吴遵民. 教育政策学入门 [M]. 上海：上海教育出版社，2010.

2. 楚江亭.《国家中长期教育改革和发展规划纲要（2010—2020 年)》中小学校长读本 [M]. 北京：北京师范大学出版社，2010.

3. 虞永平. 中国教育改革 40 年：学前教育 [M]. 北京：科学出版社，2019.

4. 唐惠珍，曹小瑾. 幼儿园法规与教师道德案例评析 [M]. 南宁：广西人民出版社，2006.

5. 纽曼. 学前教育改革与国家反贫困战略：美国的经验 [M]. 北京：教育科学出版社，2011.

第九章

幼儿园的设立、环境与管理

知识结构图

- 幼儿园的设立、环境与管理
  - 《幼儿园管理条例》
    - 总则
    - 举办幼儿园的基本条件和审批程序
    - 幼儿园的保育和教育工作
    - 幼儿园的行政事务
    - 奖励与处罚
  - 《幼儿园工作规程》
    - 总则
    - 幼儿入园和编班
    - 幼儿园的安全
    - 幼儿园的卫生保健
    - 幼儿园的教育
    - 幼儿园的园舍、设备
    - 幼儿园的教职工
    - 幼儿园的经费
    - 幼儿园、家庭和社区
    - 幼儿园的管理

学习目标

- 了解《幼儿园管理条例》《幼儿园工作规程》的制定背景及意义。
- 识记幼儿园的任务，管理体制与原则，举办幼儿园的基本条件，保育、教育工作的目标和应遵循的基本原则，以及法律责任和执法、监督等要求。
- 理解《幼儿园管理条例》《幼儿园工作规程》的精神内涵，做到依法从教。

学习重点

识记幼儿园的性质任务，管理体制与原则，举办幼儿园的基本条件，保育、教育工作的目标和应遵循的基本原则，幼儿园教师的工作职责，以及法律责任和执法、监督等要求。

学习建议

《幼儿园工作规程》为加强幼儿园的科学管理，规范办园行为，提高保育和教育质量，促进幼儿身心健康，依据《中华人民共和国教育法》等法律法规制定的。可以根据幼儿园的性质—培养目标—幼儿园的科学管理（入园和编班、安全工作、卫生保健工作、幼儿园教育活动、园舍、设备、教职工、经费管理）—幼儿园的家长工作等方面梳理归纳相应知识点，并结合幼儿园工作实际加以理解和应用。

问题情境

“有了新《规程》，我们开展工作理直气壮了”①

“老版《规程》实行20多年了，已经不能适应时代的需要，新《规程》的出台是我们期盼已久的事。我很高兴的是，新《规程》为我们开展工作提供了指导、依据和保障。可以说，有了新《规程》，我们开展工作理直气壮了。”四川省成都市第十六幼儿园园长余琳说道。

上学期，该园一个孩子发烧，但是父母送来时没有告知，为了避免影响其他幼儿，幼儿园通知家长来接幼儿回家。起初家长说忙，后来直接挂掉电话，幼儿园几经周折找到其工作单位，才解决好这件事。孩子如果出了事，谁来担责？

现在有了新《规程》，其中对幼儿用药有严格的规定，必须家长授权，厘清了权责。“幼儿园也好依章办事和减少不必要的麻烦了。下一步，如果再出台一些配套的、具体的细则，就更有利于幼儿园工作的开展了。”余琳补充道。

新《规程》特别提到了幼儿的心理健康，这比老版《规程》进步了。成都市西蜀实验幼儿园园长吴蓉介绍：“去年，我们园一个孩子老是攻击其他孩子，有时候还偷偷哭泣，后来老师才了解到他父母离异了。在如今离婚率不断攀升的情况下，我们幼儿教师要更加关注幼儿的情绪变化，关注他们的心理需求。”

但是在心理健康教育方面，幼儿园师资仍然是一大难题。吴蓉介绍，去年，武侯区也

---

① 倪秀. 新《幼儿园工作规程》实施，幼儿教师有何期待（节选）[N]. 中国教育报，2016-03-28.

有针对教师的心理培训，但是力度还不够大。

吴蓉呼吁政府继续加大财政投入比例，提高幼儿园教师的福利待遇，并大力加强对教师的培训。

《幼儿园管理条例》和《幼儿园工作规程》对于幼儿园的性质、任务、办园条件、各项工作开展及幼儿园教师工作职责等幼儿园管理中的实际问题做了哪些规定？带着这样的问题，我们进入本章内容的学习。

第一节 《幼儿园管理条例》

《幼儿园管理条例》（以下简称《条例》）是对全国幼儿园进行宏观管理和指导的单行法规文件，是新中国成立以来国务院批准颁布的第一个幼儿教育法规。《条例》是为了加强幼儿园的管理、促进幼儿教育事业的发展而制定的法规，1989 年 8 月 20 日，《条例》经国务院批准，1989 年 9 月 11 日，中华人民共和国国家教育委员会令第 4 号发布，自 1990 年 2 月 1 日起施行。

《条例》分为 6 章 32 条：第一章：总则（1～6 条）；第二章：举办幼儿园的基本条件和审批程序（7～12 条）；第三章：幼儿园的保育和教育工作（13～21 条）；第四章：幼儿园的行政事务（22～25 条）；第五章：奖励和处罚（26～29 条）；第六章：附则（30～32 条）。

一、总则

第一章“总则”共有 6 条，涉及《条例》制定的目的、适用对象、幼儿园保教任务、办园原则、幼儿教育事业发展方针及管理体制等方面。

第一条阐明《条例》的制定目的是“加强幼儿园的管理，促进幼儿教育事业的发展”，表明国家试图将幼儿园纳入国家管理的范畴，促进幼儿教育事业发展的科学化、法治化和规范化。

第二条说明《条例》适用对象是“三周岁以上学龄前幼儿，对其进行保育和教育的幼儿园”，从而划清了托儿所教育和幼儿园教育的界限，后者主要工作是保育与教育工作。

第三条说明幼儿园保育与教育工作的重要任务是“促进幼儿在体、智、德、美诸方面的和谐发展”。体现了以儿童可持续发展为本的教育追求。其中体、智、德、美也是检验和评估幼儿园工作的根本标准，也是评判幼儿园管理水平的重要标准。

第四条指出“地方各级人民政府应当根据本地区社会经济发展状况，制订幼儿园的发展规划。幼儿园的设置应当与当地居民人口相适应。乡、镇、市辖区和不设区的市的幼儿园的发展规划，应当包括幼儿园设置的布局方案”。该条明确了幼儿园的发展规划应遵循因地制宜的原则。我国幅员辽阔、地区差异大，幼儿教育发展极不均衡。因此各地应根据本地情况制定幼儿园的发展规划，不发达地区除发展正规化幼儿园外，还可以尝试发展非正规化的幼儿教育形式，如游戏小组、幼儿活动站、巡回辅导站、流动幼儿园等。

第五条明确了幼教事业发展的方针，规定“地方各级人民政府可以依据本条例举办幼儿园，并鼓励和支持企业事业单位、社会团体、居民委员会、村民委员会和公民举办幼儿园或捐资助园”。明确了幼儿教育事业发展“两条腿走路”的方针，即国家教育部门办园与社会多方面力量办园相结合（包括单位部门办园、集体与个体民众办园），公办与民办两条途径并行。

第六条规定：“幼儿园的管理实行地方负责、分级管理和各有关部门分工负责的原则。国家教育委员会主管全国的幼儿园管理工作；地方各级人民政府的教育行政部门，主管本行政辖区内的幼儿园管理工作。”确立了幼儿园管理中“地方负责、分级管理”和“有关部门分工负责”的体制。第一，地方负责，幼儿教育事业管理地方化。强调地方各级人民政府要把幼儿教育作为基础教育的重要一环来抓，要贯彻国家有关幼儿教育的方针政策、规章制度，对地方幼教事业的发展做了规划和布局，管理当地各类幼儿园。第二，分级管理，教育部门发挥主管主导作用。教育行政部门是政府管理各类教育的职能部门，担负着当地政府对有关幼儿教育决策的参谋者及贯彻执行的组织者的作用。第三，分工负责，幼儿教育事业管理社会化。幼儿教育事业本身涉及卫生、福利、文化、经济等诸多领域，因而必须依靠和动员全社会的关心、支持和参与。除教育部门管理之外，还需要其他部门共同参与管理。

二、举办幼儿园的基本条件和审批程序

第二章“举办幼儿园的基本条件和审批程序”共有 6 条，对幼儿园园舍、设施、工作人员、经费要求及幼儿园试行登记注册进行了一系列规定。

1. 场地设备

第七条规定：“举办幼儿园必须将幼儿园设置在安全区域内。严禁在污染区和危险区内设置幼儿园。”第八条规定：“举办幼儿园必须具有与保育、教育的要求相适应的园舍和设施。幼儿园的园舍和设施必须符合国家的卫生标准和安全标准。”从安全、卫生、保育、教育的角度对场所、选址、园舍、设施等幼儿园办园基本条件进行了规定。

2. 工作人员

第九条明确了举办幼儿园保育、幼儿教育、医务和其他工作人员的基本要求和条件。幼儿园园长、教师、医师、保健员、保育员和其他工作人员都应接受过相关的专业训练，

或经过了有关行政部门的考核，获得资格方可上岗，实行严格的准入制度。他们应当爱岗敬业、热爱幼儿、不断学习、身体健康。园长、教师和保育员还应具有相应的幼儿教育专业知识和专业技能。特别指出，慢性传染病、精神病患者，不得在幼儿园工作。

3. 经费

第十条对举办幼儿园的经费做出了规定："举办幼儿园的单位或者个人必须具有进行保育、教育以及维修或扩建、改建幼儿园的园舍与设施的经费来源。"要求举办幼儿园的单位或者个人必须有经费来源。公办园与民办园的经费来源不同，但都必须保证学前教育经费不得挪作他用。

4. 举办幼儿园的审批程序

第十一条和第十二条规定了幼儿园的设置和审批手续，明确了"国家实行幼儿园登记注册制度，未经登记注册，任何单位和个人不得举办幼儿园"。"城市幼儿园的举办、停办，由所在区、不设区的市的人民政府教育行政部门登记注册。农村幼儿园的举办、停办，由所在乡、镇人民政府登记注册，并报县人民政府教育行政部门备案"。幼儿园是特殊行业，国家实行严格的注册准入制度，以确保该行业发展的有序性。

三、幼儿园的保育和教育工作

第三章"幼儿园的保育和教育工作"共有 9 条，对幼儿园应贯彻的原则、基本活动形式、幼儿权益、卫生保健、安全防护、应急措施等方面进行了一系列规定。

1. 贯彻保教结合原则，促进幼儿全面发展

第十三条规定："幼儿园应当贯彻保育与教育相结合的原则，创设与幼儿的教育和发展相适应的和谐环境，引导幼儿个性的健康发展。幼儿园应当保障幼儿的身体健康，培养幼儿的良好生活、卫生习惯；促进幼儿的智力发展；培养幼儿热爱祖国的情感以及良好的品德行为。"保教结合既是幼儿健康、全面发展的必要前提，又是促进幼儿教育工作者之间交流合作与学习的基本途径。同时，有利于促进幼儿全面和谐发展，引导幼儿个性健康发展。

2. 幼儿园应当以游戏为基本活动形式

第十六条指出："幼儿园应当以游戏为基本活动形式。幼儿园可以根据本园的实际，安排和选择教育内容与方法，但不得进行违背幼儿教育规律，有损于幼儿身心健康的活动。"突出了游戏在幼儿园活动中的重要性。幼儿园以游戏为基本活动是对幼儿游戏权和发展权的保障。

3. 幼儿权益保障

第十七条规定："严禁体罚和变相体罚幼儿。"这是禁止性条款，体现出对幼儿权利的尊重和维护。用简单、粗暴的体罚或变相体罚方式"教育"幼儿，其实并非一种教育，也

不能体现教育的艺术性，且不利于幼儿身心的健康成长，严重者还将构成犯罪。

4. 幼儿园安全卫生应急保护制度

第十八至二十一条是对幼儿园的安全卫生保健制度的规定，指出“幼儿园应当建立卫生保健制度，防止发生食物中毒和传染病的流行”，“应当建立安全防护制度，严禁在园内设置威胁幼儿安全的危险建筑物和设施，严禁使用有毒、有害物质制作教具、玩具”，“幼儿园发生食物中毒、传染病流行时，办园单位或个人应当立即采取紧急救护措施，并及时报告当地教育行政或卫生行政部门”，“园舍和设施有可能发生危险时，办园单位或个人应当采取措施，排除险情，防止事故发生”。

四、幼儿园的行政事务

第四章“幼儿园的行政事务”共有 4 条，对教育行政部门职责、园长负责制、幼儿园收费和财务管理、幼儿园园舍环境等方面做出一系列规定。

1. 教育行政部门职责

第二十二条指出：“各级教育行政部门应当负责监督、评估和指导幼儿园的保育、教育工作，组织培训幼儿园的师资，审定、考核幼儿园教师的资格，并协助卫生行政部门检查和指导幼儿园的卫生保健工作，会同建设行政部门制定幼儿园园舍、设施的标准。”强调教育行政部门的职能是综合管理、社会协调和业务指导。

2. 园长负责制

第二十三条及规定：“幼儿园园长负责幼儿园的工作。幼儿园园长由举办幼儿园的单位或个人聘任，并向幼儿园的登记注册机关备案。幼儿园的教师、医师、保健员、保育员和其他工作人员，由幼儿园园长聘任，也可由举办幼儿园的单位或个人聘任。”《条例》规定幼儿园实行园长负责制，并指出了幼儿园园长、教职员工的聘任方式。园长负责制是指幼儿园在上级宏观领导下，以园长对园内工作全面负责为核心，同党支部保证监督、教职工民主管理有机结合，为实现幼儿园的工作目标，充分发挥领导职能的三位一体管理格局。园长负责制是一个结构概念，反映园内领导关系的结构方式，是个人负责与各方面制约关系的统一。园长负责制明确了园长对幼儿园工作具有最高行政权，在幼儿园处于中心地位。园长有决策权、用人权、用财权与奖惩权等。

3. 收费及财务管理

《条例》对幼儿园的收费和财务管理做出了明确规定。第二十四条指出：“幼儿园可以依据本省、自治区、直辖市人民政府制定的收费标准，向幼儿家长收取保育费、教育费。幼儿园应当加强财务管理，合理使用各项经费，任何单位和个人不得克扣、挪用幼儿园经费。”幼儿园收费标准一经确定，就必须严格执行，不得擅自乱收费，即收取教育费和保育费之外的其他费用，例如赞助费。幼儿园还必须建立和健全财务管理制度，加强财务监督、严格管理幼儿园的经费。

4. 园舍环境管理

第二十五条规定："任何单位和个人，不得侵占和破坏幼儿园园舍和设施，不得在幼儿园周围设置有危险、有污染或影响幼儿园采光的建筑和设施，不得干扰幼儿园正常的工作秩序。"幼儿园的选址，要综合考虑各种环境因素对正在生长发育的学前儿童身体的影响，还应考虑包括大自然在内的周围环境，以及周围人们的劳动和社会活动与幼儿园的关联，要注意经济、适用，既满足教学、活动、生活等各种需要，又要符合卫生要求，同时还要适合地区的特点，如较热的地区要考虑夏季的通风和降温设施，较冷的地区要考虑冬季取暖和防寒设施。幼儿园应避开物理、化学和生物污染源以及干扰精神的建筑物。

五、奖励与处罚

1. 奖励

《条例》第二十六条规定："凡具备下列条件之一的单位或者个人，由教育行政部门和有关部门予以奖励：（一）改善幼儿园的办园条件成绩显著的；（二）保育、教育工作成绩显著的；（三）幼儿园管理工作成绩显著的。"

2. 处罚

《条例》对幼儿园的审批、园舍、设施、教育教学、对待幼儿的行为、玩教具、经费等方面做出了明确规定。第二十七条、二十八条规定了予以行政处罚的情形，其中，"（一）未经登记注册，擅自招收幼儿的；（二）园舍、设施不符合国家卫生标准、安全标准，妨害幼儿身体健康或者威胁幼儿生命安全的；（三）教育内容和方法违背幼儿教育规律，损害幼儿身心健康的"；由教育行政部门视情节轻重，给予限期整顿、停止招生、停止办园的行政处罚。"（一）体罚或变相体罚幼儿的；（二）使用有毒、有害物质制作教具、玩具的；（三）克扣、挪用幼儿园经费的；（四）侵占、破坏幼儿园园舍、设备的；（五）干扰幼儿园正常工作秩序的；（六）在幼儿园周围设置有危险、有污染或者影响幼儿园采光的建设和设施的"，由教育行政部门对直接责任人员给予警告、罚款的行政处罚，或者由教育行政部门建议有关部门对责任人员给予行政处分。《条例》还指出："前款所列情形，情节严重，构成犯罪的，由司法机关依法追究刑事责任。"这使《条例》更具有强制约束力。

同时，《条例》第二十九条规定："当事人对行政处罚不服的，可以在接到处罚通知之日起十五日内，向作出处罚决定的机关的上一级机关申请复议，对复议决定不服的，可在接到复议决定之日起十五日内，向人民法院提起诉讼。当事人逾期不申请复议或者不向人民法院提起诉讼又不履行处罚决定的，由作出处罚决定的机关申请人民法院强制执行。"这是对行政处罚的救济性规定，也是对行政当事人权利的保护。

《条例》是遵循我国宪法和教育基本法的精神，根据党的教育方针政策，对全国幼儿园进行宏观管理和指导的单行法规文件。

第二节 《幼儿园工作规程》

《幼儿园工作规程》（简称《规程》）是我国第一部规范幼儿园内部管理的规章，1989年颁布试行稿，1996 年正式颁布，2016 年教育部颁布了新修订的《规程》。作为教育部门规章，《规程》是深化幼儿园教育改革、提升保教质量的重要指导性文件，在加强和规范幼儿园管理中发挥了重要的作用。

新《规程》共 11 章 66 条，包括总则，幼儿入园和编班，幼儿园的安全，幼儿园的卫生保健，幼儿园的教育，幼儿园的园舍、设备，幼儿园的教职工，幼儿园的经费，幼儿园、家庭和社区，幼儿园的管理，附则。

一、总则

第一章“总则”部分共 7 条，阐述了制定《规程》的目的与依据、幼儿园的性质、任务和目标等。

第一条指出修订《规程》的目的及依据。依据《中华人民共和国教育法》等法律法规，目的是“加强幼儿园的科学管理，规范办园行为，提高保育和教育质量，促进幼儿身心健康”。

第二条强调幼儿园的性质是“对 3 周岁以上学龄前幼儿实施保育和教育的机构。幼儿园教育是基础教育的重要组成部分，是学校教育制度的基础阶段”。

第三条规定幼儿园的双重任务是“贯彻国家的教育方针，按照保育与教育相结合的原则，遵循幼儿身心发展特点和规律，实施德、智、体、美等方面全面发展的教育，促进幼儿身心和谐发展。幼儿园同时面向幼儿家长提供科学育儿指导”。

【历年真题】

【9.1】幼儿园的双重任务是（　　）。

A. 保教幼儿和服务家长

B. 看护幼儿和服务家长

C. 培养习惯和传递知识

D. 保育和教育幼儿

【解析】本题答案 A。《规程》第三条规定，幼儿园的任务是“贯彻国家的教育方针，按照保育与教育相结合的原则，遵循幼儿身心发展特点和规律，实施德、智、体、美等方面全面发展的教育，促进幼儿身心和谐发展。幼儿园同时面向幼儿家长提供科学育儿指导”。故选 A。

【考点拓展】

【9.1】关于学前教育任务最准确的表述是（　　）。

A. 促进幼儿智力发展

B. 促进幼儿身心的快速发展

C. 促进幼儿社会性发展

D. 促进幼儿身心全面和谐发展

【解析】本题答案 D。《规程》中明确指出，幼儿园的保教目标是，按照实现保育与教育相结合的原则，对幼儿实施德、智、体、美诸方面全面发展的教育，促进其身心和谐发展。故选 D。

第四条明确了幼儿园招生对象年龄为 3 周岁至 6 周岁。学制一般为三年制。

第五条明确了幼儿园保育和教育的主要目标是“（一）促进幼儿身体正常发育和机能的协调发展，增强体质，促进心理健康，培养良好的生活习惯、卫生习惯和参加体育活动的兴趣。（二）发展幼儿智力，培养正确运用感官和运用语言交往的基本能力，增进对环境的认识，培养有益的兴趣和求知欲望，培养初步的动手探究能力。（三）萌发幼儿爱祖国、爱家乡、爱集体、爱劳动、爱科学的情感，培养诚实、自信、友爱、勇敢、勤学、好问、爱护公物、克服困难、讲礼貌、守纪律等良好的品德行为和习惯，以及活泼开朗的性格。（四）培养幼儿初步感受美和表现美的情趣和能力”。上述教育目标的内容，是幼儿教育质量的基本规格，是每个幼儿教师教育实践的指南，也是幼儿园管理必须遵循的方向和要求。因此，深刻理解目标精神，是有计划、有步骤实施教育的关键。

第六条对幼儿园教职工师德规范和保育教育工作提出了基本要求，即“应当尊重、爱护幼儿，严禁虐待、歧视、体罚和变相体罚、侮辱幼儿人格等损害幼儿身心健康的行为”。这是对幼儿生命权、发展权、受保护权等各项基本权利的充分保护和尊重。

第七条强调了幼儿园的设置形式“可分为全日制、半日制、定时制、季节制和寄宿制等。上述形式可分别设置，也可混合设置”。

二、幼儿入园和编班

第二章“幼儿入园和编班”共 4 条，对幼儿的入园时间、招收对象、入园要求和编班等方面做出了规定。

第八条明确了幼儿园招生时间及照顾对象，即“幼儿园每年秋季招生。平时如有缺额，可随时补招。幼儿园对烈士子女、家中无人照顾的残疾人子女、孤儿、家庭经济困难幼儿、具有接受普通教育能力的残疾儿童等入园，按照国家和地方的有关规定予以照顾”。同时，第九条拓展了幼儿园招生范围，指出“企业、事业单位和机关、团体、部队设置的幼儿园，除招收本单位工作人员的子女外，应当积极创造条件向社会开放，招收附近居民子女入园”。招生范围的拓展体现了“就近入园”的原则。

第十条说明了幼儿入园条件，即“幼儿入园前，应当按照卫生部门制定的卫生保健制度进行健康检查，合格者方可入园。幼儿入园除进行健康检查外，禁止任何形式的考试或测查”。这一规定一方面是为了充分保障幼儿的健康，入园前必须进行健康检查；另一方面是为了保障教育公平和幼儿的受教育权，严禁任何形式的考试或测查。

第十一条对幼儿园招生规模及班额做出了规定，即“规模应当有利于幼儿身心健康，便于管理，一般不超过360人。幼儿园每班幼儿人数一般为：小班（3周岁至4周岁）25人，中班（4周岁至5周岁）30人，大班（5周岁至6周岁）35人，混合班30人。寄宿制幼儿园每班幼儿人数酌减。幼儿园可以按年龄分别编班，也可以混合编班”。

三、幼儿园的安全

第三章“幼儿园的安全”是新增部分，共5条，主要围绕幼儿园整体安全管理、园舍建设安全、饮食饮水健康、教职工安全观念与教育、责任险五方面，明确要求幼儿园要建立健全设备设施、食品药品以及与幼儿活动相关的各项安全防护和检查制度，建立安全责任制和应急预案。

第十二条明确幼儿园应建立健全多维安全制度，主要包括“建立健全门卫、房屋、设备、消防、交通、食品、药物、幼儿接送交接、活动组织和幼儿就寝值守等安全防护和检查制度，建立安全责任制和应急预案”。细化了安全防护、安全责任，确立制度的保障。

第十三条强调园舍设备和接送安全，要求“幼儿园的园舍应当符合国家和地方的建设标准，以及相关安全、卫生等方面的规范，定期检查维护，保障安全。幼儿园不得设置在污染区和危险区，不得使用危房。幼儿园的设备设施、装修装饰材料、用品用具和玩教具材料等，应当符合国家相关的安全质量标准和环保要求。入园幼儿应当由监护人或者其委托的成年人接送”。明确设施设备、材料的安全，保证环境的安全。

第十四条规定“幼儿园应当严格执行国家有关食品药品安全的法律法规，保障饮食饮水卫生安全”。明晰了药品、饮食安全，保障食品卫生安全。

第十五条规定“幼儿园教职工必须具有安全意识，掌握基本急救常识和防范、避险、逃生、自救的基本方法，在紧急情况下应当优先保护幼儿的人身安全。幼儿园应当把安全教育融入一日生活，并定期组织开展多种形式的安全教育和事故预防演练。幼儿园应当结合幼儿年龄特点和接受能力开展反家庭暴力教育，发现幼儿遭受或者疑似遭受家庭暴力的，应当依法及时向公安机关报案”。强调幼儿园教职工应树立安全意识，加强安全教育、安全防范，保障人身安全。

第十六条规定“幼儿园应当投保校方责任险”。幼儿自我安全保护能力有限，安全隐患难以根除，尤其是复杂的社会治安状况给教育教学的安全带来了潜在的威胁。开展校方责任险，对于积极预防、妥善处理学生事故，保障学生和学校的合法权益，维护正常的教育教学秩序，具有重要意义。

四、幼儿园的卫生保健

第四章“幼儿园的卫生保健”共有8条，对幼儿园的身心卫生保健、幼儿一日生活作息、健康检查、卫生消毒、晨检、午检和病儿隔离、膳食营养卫生安全等工作进行了全面的规定。

第十七条规定“幼儿园必须切实做好幼儿生理和心理卫生保健工作。幼儿园应当严格执行《托儿所幼儿园卫生保健管理办法》以及其他有关卫生保健的法规、规章和制度”。从幼儿生理和心理两方面明确了幼儿园卫生保健工作开展的依据。《托儿所幼儿园卫生保健管理办法》自2010年11月1日起施行，要求托幼机构应根据儿童不同年龄特点，建立科学、合理的一日生活制度，培养儿童良好的卫生习惯；为儿童提供合理的营养膳食，科学制订食谱，保证膳食平衡；加强饮食卫生管理，保证食品安全等。

第十八条至第二十四条对幼儿园的卫生保健制度进行了规定，主要涉及幼儿一日生活制度，要求“正餐间隔时间为3.5—4小时。在正常情况下，幼儿户外活动时间（包括户外体育活动时间）每天不得少于2小时，寄宿制幼儿园不得少于3小时；高寒、高温地区可酌情增减”。建立幼儿健康检查制度和幼儿健康卡或档案；建立卫生消毒、晨检、午检制度和病儿隔离制度，建立传染病预防和管理制度；建立患病幼儿用药的委托交接制度；为幼儿提供安全卫生的食品，向家长公示幼儿食谱；为幼儿提供安全卫生的饮用水，培养幼儿良好的大小便习惯；充分利用多种条件积极开展适合幼儿的体育活动；做好防暑降温、防寒保暖工作。

【历年真题】

【9.2】对幼儿如厕，教师最合理的做法是（　　）。

A. 允许幼儿按需自由如厕　　B. 要求排队如厕

C. 控制幼儿如厕次数　　D. 控制幼儿如厕的间隔时间

【解析】本题答案 A。《规程》第二十二条规定："幼儿园应当配备必要的设备设施，及时为幼儿提供安全卫生的饮用水。幼儿园应当培养幼儿良好的大小便习惯，不得限制幼儿便溺的次数、时间等。"幼儿教师对幼儿如厕行为不应加以控制。故选 A。

【考点拓展】

【9.2】《幼儿园工作规程》指出，幼儿园应制定合理的幼儿一日生活作息制度，两餐间隔时间不少于（　　）。

A. 2.5 小时　　B. 3 小时　　C. 2 小时　　D. 3.5 小时

【解析】本题答案 D。《规程》第十八条指出："幼儿园应当制定合理的幼儿一日生活作息制度。正餐间隔时间为 3.5—4 小时。"故选 D。

五、幼儿园的教育

第五章对幼儿园教育的原则与要求、幼儿一日活动的组织、幼儿园游戏活动、幼儿园环境创设、幼儿园与小学衔接等方面进行了规定。

1. 幼儿园教育的原则

第二十五条规定"幼儿园教育应当贯彻以下原则和要求：（一）德、智、体、美等方面的教育应当互相渗透，有机结合。（二）遵循幼儿身心发展规律，符合幼儿年龄特点，注重个体差异，因人施教，引导幼儿个性健康发展。（三）面向全体幼儿，热爱幼儿，坚持积极鼓励、启发引导的正面教育。（四）综合组织健康、语言、社会、科学、艺术各领域的教育内容，渗透于幼儿一日生活的各项活动中，充分发挥各种教育手段的交互作用。（五）以游戏为基本活动，寓教育于各项活动之中。（六）创设与教育相适应的良好环境，为幼儿提供活动和表现能力的机会与条件"。对幼儿园全面发展教育、教育导向、教育对象及方式、教育内容、教育手段、教育环境等方面进行了要求，充分尊重和保障了幼儿的主体地位。

2. 幼儿园各种类型活动的组织

第二十六条强调了幼儿一日活动的组织应尊重幼儿的学习方式与特点，规定"幼儿一日活动的组织应当动静交替，注重幼儿的直接感知、实际操作和亲身体验，保证幼儿愉快的、有益的自由活动"。

（1）幼儿园生活活动。

第二十七条对幼儿园日常生活的组织进行了规定，即"幼儿园日常生活组织，应当从实际出发，建立必要、合理的常规，坚持一贯性和灵活性相结合，培养幼儿的良好习惯和初步的生活自理能力”。幼儿园应建立良好的生活常规，对幼儿每天生活活动的内容、时间、程序等均有明确的规定，使幼儿一日生活能保证在一定的节奏、一定的秩序和一定的规律中进行，有利于培养幼儿良好的生活习惯和基本生活自理能力，同时生活常规也是实现幼儿园教育目标的重要保证。同事，本次修订将“一致性”予以删除，强调了生活照料因人而异，适应和满足个体需要的基本价值取向。

（2）幼儿园教育活动。

第二十八条对幼儿园教育活动的内容、组织、过程等进行了规定，即“幼儿园应当为幼儿提供丰富多样的教育活动。教育活动内容应当根据教育目标、幼儿的实际水平和兴趣确定，以循序渐进为原则，有计划地选择和组织。教育活动的组织应当灵活地运用集体、小组和个别活动等形式，为每个幼儿提供充分参与的机会，满足幼儿多方面发展的需要，促进每个幼儿在不同水平上得到发展。教育活动的过程应注重支持幼儿的主动探索、操作实践、合作交流和表达表现，不应片面追求活动结果”。这些规定旨在关注和重视个体，促进每个幼儿的良好发展。

（3）幼儿园游戏活动。

第二十九条对幼儿园游戏活动组织要求进行了规定，指出“幼儿园应当将游戏作为对幼儿进行全面发展教育的重要形式。幼儿园应当因地制宜创设游戏条件，提供丰富、适宜的游戏材料，保证充足的游戏时间，开展多种游戏。幼儿园应当根据幼儿的年龄特点指导游戏，鼓励和支持幼儿根据自身兴趣、需要和经验水平，自主选择游戏内容、游戏材料和伙伴，使幼儿在游戏过程中获得积极的情绪情感，促进幼儿能力和个性的全面发展”。突显了对幼儿游戏需要、游戏自主性和愉快游戏体验的高度重视。

3. 幼儿园环境创设

第三十条规定“幼儿园应当将环境作为重要的教育资源，合理利用室内外环境，创设开放的、多样的区域活动空间，提供适合幼儿年龄特点的丰富的玩具、操作材料和幼儿读物，支持幼儿自主选择和主动学习，激发幼儿学习的兴趣与探究的愿望。幼儿园应当营造尊重、接纳和关爱的氛围，建立良好的同伴和师生关系。幼儿园应当充分利用家庭和社区的有利条件，丰富和拓展幼儿园的教育资源”。

第三十一条对幼儿园的品德教育进行了规定，要求“幼儿园的品德教育应当以情感教育和培养良好行为习惯为主，注重潜移默化的影响，并贯穿于幼儿生活以及各项活动之中”。幼儿教师应该把握教育契机，有目的地将德育渗透于幼儿一日生活之中，逐渐培养幼儿良好的道德情感和行为习惯，以促进幼儿身心健康发展。

第三十二条对幼儿园的各类型活动组织的要求做了统一规定，即“应当充分尊重幼儿的个体差异，根据幼儿不同的心理发展水平，研究有效的活动形式和方法，注重培养幼儿良好的个性心理品质。幼儿园应当为在园残疾儿童提供更多的帮助和指导”。

4. 幼儿园与小学有效衔接

第三十三条规定“幼儿园和小学应当密切联系，互相配合，注意两个阶段教育的相互衔接。幼儿园不得提前教授小学教育内容，不得开展任何违背幼儿身心发展规律的活动”。2018 年 7 月，《教育部办公厅关于开展幼儿园“小学化”专项治理工作的通知》印发，明确提出对于幼儿园提前教授汉语拼音、识字、计算、英语等小学课程内容的，要坚决予以禁止；小学在招生入学中面向幼儿园组织测试等行为的，将视具体情节追究校长和有关教师的责任。重点整治的内容有：幼儿园提前教授汉语拼音、识字、计算、英语等小学课程内容的，要坚决予以禁止；幼儿园以机械背诵、记忆、抄写、计算等方式进行知识技能性强化训练的行为，要坚决予以纠正；小学起始年级未按国家课标规定实施零起点教学、压缩课时的，视具体情节追究校长和教师的责任；社会培训机构不得以学前班、幼小衔接等名义提前教授小学内容。

六、幼儿园的园舍、设备

第六章对幼儿园的园舍，户外活动场所、设施进行了规定。

第三十四条规定了幼儿园的园舍用房及活动空间要求，规定“幼儿园应当按照国家的相关规定设活动室、寝室、卫生间、保健室、综合活动室、厨房和办公用房等，并达到相应的建设标准。有条件的幼儿园应当优先扩大幼儿游戏和活动空间。寄宿制幼儿园应当增设隔离室、浴室和教职工值班室等”。

第三十五条对幼儿园的户外活动场地及设施要求进行了规定，即“幼儿园应当有与其规模相适应的户外活动场地，配备必要的游戏和体育活动设施，创造条件开辟沙地、水池、种植园地等，并根据幼儿活动的需要绿化、美化园地”。

第三十六条对幼儿园的玩教具和设备要求做出了规定，要求“幼儿园应当配备适合幼儿特点的桌椅、玩具架、盥洗卫生用具，以及必要的玩教具、图书和乐器等。玩教具应当具有教育意义并符合安全、卫生要求。幼儿园应当因地制宜，就地取材，自制玩教具”。

第三十七条规定“幼儿园的建筑规划面积、建筑设计和功能要求，以及设施设备、玩教具配备，按照国家和地方的相关规定执行”。

七、幼儿园的教职工

第七章对幼儿园园长、教师、保育员、卫生保健人员、其他工作人员等教职工的任职要求及职责进行了规定。

第三十八条对幼儿园的教职工配备做出了规定，要求“幼儿园按照国家相关规定设园长、副园长、教师、保育员、卫生保健人员、炊事员和其他工作人员等岗位，配足配齐教职工”。

第三十九条对幼儿园教职工的行为规范做出了规定，要求“幼儿园教职工应当贯彻国家教育方针，具有良好品德，热爱教育事业，尊重和爱护幼儿，具有专业知识和技能以及相应的文化和专业素养，为人师表，忠于职责，身心健康。幼儿园教职工患传染病期间暂停在幼儿园的工作。有犯罪、吸毒记录和精神病史者不得在幼儿园工作”。

第四十条对幼儿园园长的任职资格及职责进行了规定，即“幼儿园园长应当符合本规程第三十九条规定，并应当具有《教师资格条例》规定的教师资格、具备大专以上学历、有三年以上幼儿园工作经历和一定的组织管理能力，并取得幼儿园园长岗位培训合格证书。幼儿园园长由举办者任命或者聘任，并报当地主管的教育行政部门备案”。

幼儿园园长负责幼儿园的全面工作，其主要职责有：“（一）贯彻执行国家的有关法律、法规、方针、政策和地方的相关规定，负责建立并组织执行幼儿园的各项规章制度；（二）负责保育教育、卫生保健、安全保卫工作；（三）负责按照有关规定聘任、调配教职工，指导、检查和评估教师以及其他工作人员的工作，并给予奖惩；（四）负责教职工的思想工作，组织业务学习，并为他们的学习、进修、教育研究创造必要的条件；（五）关心教职工的身心健康，维护他们的合法权益，改善他们的工作条件；（六）组织管理园舍、设备和经费；（七）组织和指导家长工作；（八）负责与社区的联系和合作。”

第四十一条对幼儿园教师的任职资格及职责进行了规定，要求“幼儿园教师必须具有《教师资格条例》规定的幼儿园教师资格，并符合本规程第三十九条规定。幼儿园教师实行聘任制”。

幼儿园教师对本班工作全面负责，其主要职责有：“（一）观察了解幼儿，依据国家有关规定，结合本班幼儿的发展水平和兴趣需要，制订和执行教育工作计划，合理安排幼儿一日生活；（二）创设良好的教育环境，合理组织教育内容，提供丰富的玩具和游戏材料，开展适宜的教育活动；（三）严格执行幼儿园安全、卫生保健制度，指导并配合保育员管理本班幼儿生活，做好卫生保健工作；（四）与家长保持经常联系，了解幼儿家庭的教育环境，商讨符合幼儿特点的教育措施，相互配合共同完成教育任务；（五）参加业务学习和保育教育研究活动；（六）定期总结评估保教工作实效，接受园长的指导和检查。”

第四十二条对幼儿园保育员的任职资格及职责进行了规定，要求“幼儿园保育员应当符合本规程第三十九条规定，并应当具备高中毕业以上学历，受过幼儿保育职业培训”。

其主要职责有：“（一）负责本班房舍、设备、环境的清洁卫生和消毒工作；（二）在教师指导下，科学照料和管理幼儿生活，并配合本班教师组织教育活动；（三）在卫生保健人员和本班教师指导下，严格执行幼儿园安全、卫生保健制度；（四）妥善保管幼儿衣物和本班的设备、用具。”

第四十三条对幼儿园卫生保健人员的任职资格及职责进行了规定，强调“幼儿园卫生保健人员除符合本规程第三十九条规定外，医师应当取得卫生行政部门颁发的《医师执业证书》；护士应当取得《护士执业证书》；保健员应当具有高中毕业以上学历，并经过当地妇幼保健机构组织的卫生保健专业知识培训”。

幼儿园卫生保健人员对全园幼儿身体健康负责，其主要职责有：“（一）协助园长组织实施有关卫生保健方面的法规、规章和制度，并监督执行；（二）负责指导调配幼儿膳食，检查食品、饮水和环境卫生；（三）负责晨检、午检和健康观察，做好幼儿营养、生长发育的监测和评价，以及定期组织幼儿健康体检，做好幼儿健康档案管理；（四）密切与当地卫生保健机构的联系，协助做好疾病防控和计划免疫工作；（五）向幼儿园教职工和家长进行卫生保健宣传和指导；（六）妥善管理医疗器械、消毒用具和药品。”

第四十四条要求“幼儿园其他工作人员资格与职责，按照国家和地方的有关规定执行”。

第四十五条对幼儿园教职工建立奖惩制度，“对认真履行职责、成绩优良的幼儿园教职工，应当按照有关规定给予奖励。对不履行职责的幼儿园教职工，应当视情节轻重，依法依规给予相应处分”。

八、幼儿园的经费

《规程》第八章对幼儿园经费的来源、管理等方面进行了规定。

1. 经费筹措

《规程》第四十六条明确规定：“幼儿园的经费由举办者依法筹措，保障有必备的办园资金和稳定的经费来源。按照国家和地方相关规定接受财政扶持的提供普惠性服务的国有企事业单位办园、集体办园和民办园等幼儿园，应当接受财务、审计等有关部门的监督检查。”

2. 收费制度

《规程》第四十七条强调：“幼儿园收费按照国家和地方的有关规定执行。幼儿园实行收费公示制度，收费项目和标准向家长公示，接受社会监督，不得以任何名义收取与新生入园相挂钩的赞助费。幼儿园不得以培养幼儿某种专项技能、组织或参与竞赛等为由，另外收取费用；不得以营利为目的组织幼儿表演、竞赛等活动。”

为加强幼儿园收费管理工作，规范幼儿园收费行为，保障受教育者和幼儿园的合法权益，根据《中华人民共和国价格法》《中华人民共和国教育法》《中华人民共和国民办教育促进法》《中华人民共和国民办教育促进法实施条例》《幼儿园管理条例》等法律法规和《国务院关于当前发展学前教育的若干意见》的有关要求，制定《幼儿园收费管理暂行办法》（简称《办法》）。该《办法》于 2011 年 12 月 31 日由国家发改委、教育部、财政部联合印发，共 24 条，规定幼儿园收费统一为保育教育费、住宿费，幼儿园为在园幼儿教育、生活提供方便而代收代管的各类费用，应该遵循“家长自愿，据实收取，及时结算，定期公布”的原则，不得与保育教育费一并统一收取。严禁幼儿园以任何名义向入园幼儿家长收取赞助费、捐资助学费、建校费、教育成本补偿费等与入园挂钩的费用，严禁以开办实验班、特色班、兴趣班、课后培训班和亲子班等特色教育为名向家长另行收取费用。

3. 经费管理与使用

第四十八条至五十一条规定：“幼儿园的经费应当按照规定的使用范围合理开支，坚持专款专用，不得挪作他用。”“幼儿园举办者筹措的经费，应当保证保育和教育的需要，有一定比例用于改善办园条件和开展教职工培训。”要求“幼儿膳食费应当实行民主管理制度，保证全部用于幼儿膳食，每月向家长公布账目”。同时，“幼儿园应当建立经费预算和决算审核制度，经费预算和决算应当提交园务委员会审议，并接受财务和审计部门的监督检查。幼儿园应当依法建立资产配置、使用、处置、产权登记、信息管理等管理制度，严格执行有关财务制度”。

九、幼儿园、家庭和社区

《规程》第九章共 4 条，对幼儿园与家庭、社区的合作进行了规定。

1. 幼儿园与家庭的合作

《规程》第五十二条对幼儿园的任务进行了规定，即“幼儿园应当主动与幼儿家庭沟通合作，为家长提供科学育儿宣传指导，帮助家长创设良好的家庭教育环境，共同担负教育幼儿的任务”。第五十三条至五十四条明确了幼儿园开展家长工作的方式及途径，指出“幼儿园应当建立幼儿园与家长联系的制度。幼儿园可采取多种形式，指导家长正确了解幼儿园保育和教育的内容、方法，定期召开家长会议，并接待家长的来访和咨询。幼儿园应当认真分析、吸收家长对幼儿园教育与管理工作的意见与建议。幼儿园应当建立家长开放日制度。幼儿园应当成立家长委员会”。

2. 幼儿园与社区的合作

第五十五条规定“幼儿园应当加强与社区的联系与合作，面向社区宣传科学育儿知识，开展灵活多样的公益性早期教育服务，争取社区对幼儿园的多方面支持”。

十、幼儿园的管理

《规程》第十章共 8 条，对幼儿园的管理体制、制度健全等方面做了规定。

第五十六条、五十七条对幼儿园内部管理体制做了规定，即“幼儿园实行园长负责制。幼儿园应当建立园务委员会。园务委员会由园长、副园长、党组织负责人和保教、卫生保健、财会等方面工作人员的代表以及幼儿家长代表组成。园长任园务委员会主任。园长定期召开园务委员会会议，遇重大问题可临时召集，对规章制度的建立、修改、废除，全园工作计划，工作总结，人员奖惩，财务预算和决算方案，以及其他涉及全园工作的重要问题进行审议”。同时，强调应当“加强党组织建设，充分发挥党组织政治核心作用、战斗堡垒作用。幼儿园应当为工会、共青团等其他组织开展工作创造有利条件，充分发挥其在幼儿园工作中的作用”。

第五十八条至第六十三条对幼儿园的管理制度进行了规定，幼儿园应当建立教职工大会制度或者教职工代表大会制度，教研制度，业务档案、财务管理、园务会议、人员奖惩、安全管理以及与家庭、小学联系等制度及信息管理制度，同时，“幼儿园应当接受上级教育、卫生、公安、消防等部门的检查、监督和指导，如实报告工作和反映情况。幼儿园应当依法接受教育督导部门的督导”。

本章小结

《幼儿园管理条例》和《幼儿园工作规程》是政府加强对幼儿教育管理和指导的两个重要行政法规，是举办、管理和评估幼儿园的基本依据。对幼儿园的性质任务，管理体制与原则，举办幼儿园的基本条件，保育、教育工作的目标和应遵循的基本原则，幼儿园教师的工作职责以及法律责任和执法、监督等做出了详尽的规定，有助于广大教师树立以法治教的观念。两个法规的施行，有助于我国幼儿教育逐步走上依法治教的轨道，推动幼教事业的健康发展和管理工作的科学化。

学习资源

1. 周梅林.《幼儿园工作规程》（2016 版）解读［M］. 北京：北京师范大学出版社，2017.

2. 幸福新童年编写组. 2016 版幼儿园工作规程园长读本［M］. 北京：首都师范大学出版社，2016.

3. 虞永平. 中国教育改革 40 年：学前教育［M］. 北京：科学出版社，2019.

4. 华纳. 幼儿园班级管理技巧 150［M］. 北京：中国轻工业出版社，2010.

5. 乔梅，沈心燕，陈立. 幼儿园业务园长/保教主任工作指南［M］. 北京：北京师范大学出版社，2017.

第十章

幼儿园的环境与条件

知识结构图

- 幼儿园的环境与条件
  - 《托儿所、幼儿园建筑设计规范》
    - 总则
    - 基地和总平面
    - 建筑设计
      - 一般规定
      - 幼儿园生活用房
    - 室内环境
      - 采光
      - 隔声、噪声控制
      - 空气质量
  - 《幼儿园玩教具配备目录》
    - “说明”部分
      - 制定目录的目的
      - 玩教具配备的规格
      - 玩教具配备的数量
      - 玩教具配备的价格
      - 玩教具配备的原则
      - 《目录》制定的部门
    - 玩教具配备目录
      - 体育类
      - 构造类
      - 角色、表演类
      - 科学启蒙类
      - 音乐类
      - 美工类
      - 图书、挂图与卡片类
      - 电教类
      - 劳动工具类
  - 《幼儿园教职工配备标准（暂行）》
    - 教职工与幼儿的比例
    - 专任教师与保育员配备
    - 其他人员配备

学习目标

- 识记与理解托儿所、幼儿园基地和总平面、建筑设计、室内外环境的各项要求，并能结合案例进行解释和运用。
- 识记与理解幼儿园玩教具及教职工配备的标准与原则，并能结合案例进行解释和运用。

学习重点

理解托儿所、幼儿园建筑设计、室内外环境建设的原则与要求，理解不同类型幼儿园玩教具及教职工配备的标准与原则，并能结合案例进行解释和运用。

学习建议

幼儿园的环境与条件主要是由《托儿所、幼儿园建筑设计规范》《幼儿园玩教具配备目录》《幼儿园教职工配备标准（暂行）》三个法规文件规定的。它们详细规定了托儿所、幼儿园的建筑设计要求和室内外环境要求以及不同类型幼儿园玩教具及教职工配备的标准。学习时，可以根据幼儿园选址要求—建筑设计—室内外环境—幼儿园玩教具配备—幼儿园教职工配备这个思路来梳理本章知识点。

问题情境

盐城一化工厂发生爆炸！事故致附近幼儿园部分孩子受伤①

2019 年 3 月 21 日江苏盐城响水县一化工厂爆炸，据记者目前了解到的信息，爆炸区域附近有多处住宅区和学校，其中一所幼儿园离事发现场直线距离仅 1.1 公里，爆炸已致部分孩子受伤，响水当地的医疗机构正在抓紧救治伤者。

为保证学前儿童的安全健康成长，幼儿园的选址、建筑设计、室内外环境等建设与布置都有一定的规范。那么，幼儿园的建筑设计规范是什么？有哪些详细具体的要求？带着这些问题，请走进本章的学习。

---

① http://m.sohu.com/a/302910064_99959951.

第一节 《托儿所、幼儿园建筑设计规范》

《托儿所、幼儿园建筑设计规范》(编号为 JGJ 39—2016，简称《规范》) 于 2014 年 6 月 20 日由住房和城乡建设部发布，自 2016 年 11 月 1 日起实施，原有的《托儿所、幼儿园建筑设计规范》(编号为 JGJ39—87) 同时废止。此后，住房和城乡建设部又对其进行了局部修订，并于 2019 年 10 月 1 日起实施，经此次修改的原条文同时废止。《规范》的主要内容包括总则、术语、基地和总平面、建筑设计、室内环境、建筑设备六个部分。

一、总则

第一部分“总则”说明了制定《规范》的目的、适用范围：“为保证托儿所、幼儿园建筑设计质量，使建筑设计满足适用、安全、卫生、经济、美观等方面的基本要求，制定本规范。”“本规范适用于新建、扩建、改建托儿所、幼儿园的建筑设计。”

“总则”还明确了托儿所、幼儿园的建筑设计应遵循的原则：

(1) 满足使用功能要求，有益于幼儿健康成长；

(2) 保证幼儿、教师及工作人员的环境安全，并具备防灾能力；

(3) 符合节约土地、能源，环境保护的基本方针。

二、基地和总平面

《规范》第三部分“基地和总平面”首先规定了托儿所、幼儿园的基地应符合下列规定：

(1) 应建设在日照充足、交通方便、场地平整、干燥、排水通畅、环境优美、基础设施完善的地段；

(2) 不应置于易发生自然地质灾害的地段；

(3) 与易发生危险的建筑物、仓库、储罐、可燃物品和材料堆场等之间的距离应符合国家现行有关标准的规定；

(4) 不应与大型公共娱乐场所、商场、批发市场等人流密集的场所相毗邻；

(5) 应远离各种污染源，并应符合国家现行有关卫生、防护标准的要求；

(6) 园内不应有高压输电线、燃气、输油管道主干道等穿过。

其次，规定了幼儿园建筑设计总平面的要求：

(1) 托儿所、幼儿园的总平面设计应包括总平面布置、竖向设计和管网综合等设计。总平面布置应包括建筑物、室外活动场地、绿化、道路布置等内容，设计应功能分区合理、方便管理、朝向适宜、日照充足，创造符合幼儿生理、心理特点的环境空间。

（2）四个班及以上的托儿所、幼儿园建筑应独立设置。三个班及以下时，可与居住、养老、教育、办公建筑合建，但应符合下列规定：

1）合建的既有建筑应经有关部门验收合格，符合抗震、防火等安全方面的规定，其基地应符合本规范第 3.1.2 条规定；

2）应设独立的疏散楼梯和安全出口；

3）出入口处应设置人员安全集散和车辆停靠的空间；

4）应设独立的室外活动场地，场地周围应采取隔离措施；

5）建筑出入口及室外活动场地范围内应采取防止物体坠落措施。

（3）托儿所、幼儿园应设室外活动场地，并应符合下列规定：

1）幼儿园每班应设专用室外活动场地，人均面积不应小于 $2m^2$，各班活动场地之间宜采取分隔措施；

2）幼儿园应设全园共用活动场地，人均面积不应小于 $2m^2$；A 托儿所室外活动场地人均面积不应小于 $3m^2$；B 城市人口密集地区改、扩建的托儿所，设置室外活动场地确有困难时，室外活动场地人均面积不应小于 $2m^2$；

3）地面应平整、防滑、无障碍、无尖锐突出物，并宜采用软质地坪；

4）共用活动场地应设置游戏器具、沙坑、30m 跑道等，宜设戏水池，储水深度不应超过 0.30m。游戏器具下面及周围应设软质铺装。宜设洗手池、洗脚池；

5）室外活动场地应有 1/2 以上的面积在标准建筑日照阴影线之外。

【历年真题】

【10.1】幼儿园每班应设专用室外活动场地，人均面积不应小于（　　）。

A. $2m^2$　　B. $3m^2$　　C. $4m^2$　　D. $5m^2$

【解析】本题答案选 A。《规范》规定："幼儿园每班应设专用室外活动场地，人均面积不应小于 $2m^2$。各班活动场地之间宜采取分隔措施。"故选 A。

（4）托儿所、幼儿园场地内绿地率不应小于 30%，宜设置集中绿化用地。绿地内不应种植有毒、带刺、有飞絮、病虫害多、有刺激性的植物。

（5）托儿所、幼儿园在供应区内宜设杂物院，并应与其他部分相隔离。杂物院应有单独的对外出入口。

（6）托儿所、幼儿园基地周围应设围护设施，围护设施应安全、美观，并应防止幼儿穿过和攀爬。在出入口处应设大门和警卫室，警卫室对外应有良好的视野。

（7）幼儿园出入口不应直接设置在城市干道一侧；其出入口应设置供车辆和人员停留的场地，且不应影响城市道路交通。

(8) 托儿所、幼儿园的活动室、寝室及具有相同功能的区域应布置在当地最好朝向，冬至日底层满窗日照不应小于 3h。

(9) 夏热冬冷、夏热冬暖地区的幼儿生活用房不宜朝西向；当不可避免时，应采取遮阳措施。

三、建筑设计

第四部分“建筑设计”包括了四个部分：一般规定、托儿所生活用房、幼儿园生活用房、服务管理用房，分别从活动室、多功能室、盥洗室、窗户、走廊、楼梯等对幼儿园和托儿所的建设设计做了规定。

(一) 一般规定

(1) 托儿所、幼儿园建筑应由生活用房、服务管理用房和供应用房等部分组成。

(2) 托儿所、幼儿园建筑宜按生活单元组合方法进行设计，各班生活单元应保持使用的相对独立性。

(3) 托儿所、幼儿园中的生活用房不应设置在地下室或半地下室。

1) 幼儿园生活用房应布置在三层及以下；

2) 托儿所生活用房应布置在首层，当布置在首层确有困难时，可将托大班布置在二层，其人数不应超过 60 人，并应符合有关防火安全疏散的规定。

(4) 托儿所、幼儿园建筑窗的设计应符合下列规定：

1) 活动室、多功能活动室的窗台面距地面高度不宜大于 0.60m；

2) 当窗台面距楼地面高度低于 0.90m 时，应采取防护措施，防护高度应从可踏部位顶面起计算，不应低于 0.90m；

3) 窗距离楼地面的高度小于或等于 1.80m 的部分，不应设内悬窗和内平开窗扇；

4) 外窗开启扇均应设纱窗。

(5) 活动室、寝室、多功能活动室等幼儿使用的房间应设双扇平开门，门净宽不应小于 1.20m。

幼儿出入的门应符合下列规定：

1) 距离地面 1.20m 以下部分，当使用玻璃材料时，应采用安全玻璃；

2) 距离地面 0.60m 处宜加设幼儿专用拉手；

3) 门的双面均应平滑、无棱角；

4) 门下不应设门槛，平开门距离楼地面 1.2m 以下部分应设防止夹手设施；

5) 不应设置旋转门、弹簧门、推拉门，不宜设金属门；

6) 生活用房开向疏散走道的门均应向人员疏散方向开启，开启的门扇不应妨碍走道疏散通行；

7）门上应设观察窗，观察窗应安装安全玻璃。

（6）托儿所、幼儿园的外廊、室内回廊、内天井、阳台、上人屋面、平台、看台及室外楼梯等临空处应设置防护栏杆，栏杆应以坚固、耐久的材料制作。防护栏杆的高度应从可踏部位顶面起算，且净高不应小于1.30m。防护栏杆必须采用防止幼儿攀登和穿过的构造，当采用垂直杆件做栏杆时，其杆件净距离不应大于0.09m。

（7）幼儿使用的楼梯，当楼梯井净宽度大于0.11m时，必须采取防止幼儿攀滑措施。楼梯栏杆应采取不易攀爬的构造，当采用垂直杆件做栏杆时，其杆件净距不应大于0.09m。

（二）幼儿园生活用房

（1）幼儿园的生活用房应由幼儿生活单元、公共活动空间和多功能活动室组成。公共活动空间可根据需要设置。

（2）幼儿生活单元应设置活动室、寝室、卫生间、衣帽储藏间等基本空间。

（3）幼儿园生活单元房间的最小使用面积不应小于表10－1的规定，当活动室与寝室合用时，其房间最小使用面积不应小于105m^2。

表10－1　幼儿生活单元房间的最小使用面积　　单位：m^2

房间名称		房间最小使用面积
活动室		70
寝室		60
卫生间	厕所	12
	盥洗室	8
衣帽储藏间		9

（4）单侧采光的活动室进深不宜大于6.60m。

（5）设置的阳台或室外活动平台不应影响幼儿生活用房的日照。

（6）同一个班的活动室与寝室应设置在同一楼层内。

（7）活动室、寝室、多功能活动室等幼儿使用的房间应做暖性、有弹性的地面，儿童使用的通道地面应采用防滑材料。

（8）活动室、多功能活动室等室内墙面应具有展示教材、作品和空间布置的条件。

（9）寝室应保证每一幼儿设置一张床铺的空间，不应布置双层床。床位侧面或端部距外墙距离不应小于0.60m。

（10）卫生间应由厕所、盥洗室组成，并宜分间或分隔设置。无外窗的卫生间，应设置防止回流的机械通风设施。

（11）每班卫生间的卫生设备数量不应少于表10－2的规定，且女厕大便器不应少于4个，男厕大便器不应少于2个。

表 10-2 每班卫生间卫生设备的最少数量

污水池（个）	大便器（个）	小便器（沟槽）（个或位）	盥洗台（水龙头，个）
1	6	4	6

（12）卫生间应临近活动室或寝室，且开门不宜直对寝室或活动室。盥洗室与厕所之间应有良好的视线贯通。

（13）卫生间所有设施的配置、形式、尺寸均应符合幼儿人体尺度和卫生防疫的要求。卫生洁具布置应符合下列规定：

1）盥洗池距地面的高度宜为 0.50m～0.55m，宽度宜为 0.40m～0.45m，水龙头的间距宜为 0.55m～0.60m；

2）大便器宜采用蹲式便器，大便器或小便槽均应设隔板，隔板处应加设幼儿扶手。厕位的平面尺寸不应小于 0.70m×0.80m（宽×深），坐式便器的高度宜为 0.25m～0.30m。

（14）厕所、盥洗室、淋浴室地面不应设台阶，地面应防滑和易于清洗。

（15）夏热冬冷和夏热冬暖地区，托儿所、幼儿园建筑的幼儿生活单元内宜设淋浴室；寄宿制幼儿生活单元内应设置淋浴室，并应独立设置。

（16）封闭的衣帽储藏室宜设通风设施。

（17）应设多功能活动室，位置宜临近生活单元，其使用面积宜每人 0.65m^2，且不应小于 90m^2。单独设置时宜与主体建筑用连廊连通，连廊应做雨篷，严寒和寒冷地区应做封闭连廊。

四、室内环境

第五部分“室内环境”包括采光，隔声、噪声控制，空气质量三个部分。

（一）采光

托儿所、幼儿园的生活用房、服务管理用房和供应用房中的厨房等均应有直接天然采光，其采光系数标准值和窗地面积比应符合表 10-3 的规定。

表 10-3 采光系数标准值和窗地面积比

采光等级	场所名称	采光系数最低值（%）	窗地面积比
Ⅲ	活动室、寝室	3.0	1/5
	多功能活动室	3.0	1/5
	办公室、保健观察室	3.0	1/5
	睡眠区、活动区	3.0	1/5
Ⅴ	卫生间	1.0	1/10
	楼梯间、走廊	1.0	1/10

（二）隔声、噪声控制

托儿所、幼儿园建筑室内允许噪声级应符合表 10－4 的规定。

表 10－4　室内允许噪声级

房间名称	允许噪声级（A 声级，dB）
生活单元、保健观察室	≤45
多功能活动室、办公室	≤50

托儿所、幼儿园主要房间的空气声隔声性能应符合表 10－5 的规定。

表 10－5　空气声隔声标准

房间名称	空气声隔声标准（计权隔声量）（dB）	楼板撞击声隔声单值评价量（dB）
生活单元、办公室、保健观察室与相邻房间之间	≥50	≤65
多功能活动室与相邻房间之间	≥45	≤75

（三）空气质量

（1）托儿所、幼儿园的室内空气质量应符合现行国家标准《室内空气质量标准》GB/T 18883 的有关规定。

（2）托儿所、幼儿园的幼儿用房应有良好的自然通风，其通风口面积不应小于房间地板面积的 1/20。夏热冬冷、严寒和寒冷地区的幼儿用房应采取有效的通风设施。

（3）托儿所、幼儿园建筑使用的建筑材料、装修材料和室内设施应符合现行国家标准《民用建筑工程室内环境污染控制规范》GB 50325 的有关规定。

此外，《规范》还对托儿所、幼儿园的建筑设备、建筑电气等做了详细的规定。《规范》的出台为保证我国托儿所、幼儿园的建筑设计质量提供了可依之据。相信在《规范》的指导与约束下，我国托儿所、幼儿园建筑设计能向着适用、安全、卫生、经济、美观迈向更大的进步。

第二节　《幼儿园玩教具配备目录》

为加强幼儿园规范化建设，改善幼儿园的办园条件，全面提高幼儿园的保教质量，国家教育委员会于 1992 年 12 月颁布了《幼儿园玩教具配备目录》（简称《目录》）。《目录》由“玩教具配备目录”和“说明”两部分组成。

一、“说明”部分

“说明”分六个部分，明确了制定《目录》的目的、玩教具配备的规格、玩教具配备的数量、玩教具配备的价格、玩教具配备的原则、《目录》制定的部门。

（一）制定《目录》的目的

《目录》制定的目的是“对幼儿实施体、智、德、美全面发展的教育，促进其身心和谐发展，力求创设与教育相适应的环境，为幼儿提供活动和表现力的机会与条件”。

（二）玩教具配备的规格

“鉴于我国各地区的经济发展不平衡，各地的办园条件差异很大，目录分为一、二、三类。二类为基本配备，经济条件好的可按一类配备，经济条件比较差的，按三类配备。目录中的注☆号的是价格比较昂贵的玩教具，可根据幼儿园的实际条件选配。”

（三）玩教具配备的数量

“目录中的配备数量，是按一所幼儿园两个大班、两个中班、两个小班计算的最基本配备量。学前班按一个班配备。”可见，如果幼儿园的班额超过或未达到《目录》中基本班额，玩教具配备的数量就需要相应地增加或减少。

（四）玩教具配备的价格

“说明”规定“本目录是指导性文件，各地区可根据自己的经济条件，因地制宜，量力而行，逐步达到配备要求。目录中的价格是参考价格，仅供内部核算参考，配备时应按市场价格计算”。

（五）玩教具配备的原则

幼儿园玩教具的配备不提倡“外国化”“贵族化”，而是“提倡幼儿园参照本目录的内容，就地取材，利用各种无毒、安全卫生的自然安全和废旧材料自制玩教具”。

（六）《目录》制定的部门

本目录是由国家教委教学仪器研究所编制。

二、玩教具配备目录

《目录》把幼儿园玩教具分为九大类：体育类，构造类，角色、表演类，科学启蒙类，音乐类，美工类，图书、挂图与卡片类，电教类，劳动工具类。同时按办园条件（一类园、二类园和三类园）对配备规格与数量做了要求。

（一）体育类

体育类玩教具包括23种，分别是攀登架、爬网、滑梯、荡船或荡桥、秋千、平衡木、压板、体操垫、小三轮车、小推车、平衡器、高跷、投掷靶、拉力玩具、钻圈或拱形门、球拍、球、沙包、绳、体操器械、跳床、滚筒、钻筒（见表10-6）。

表 10 - 6　体育类玩教具配备标准

编号	名称	规格	单位	参考价格（元）	配备教具				备注
					一类	二类	三类	学前班	
					园大中小	园大中小	园大中小		
一	体育类								
W101	攀登架	限高 2 米	架	600	1	1	1	1	
W102	爬网	高 1.6 米，斜网式	架	500	1	1	1		
W103	滑梯	高 1.8 或 2 米与地夹角 34 度至 35 度，缓冲部分高 0.25 米，长 0.45 米	架	600	2	1	1	1	
W104	荡船或荡桥	2×1.7×1.6 米	架	500	1	☆	☆		
W105	秋千	高 1.9 米	架	300	2	1	1	1	
W106	平衡木	长 2 米，宽 0.15～0.2 米	对	180	2	1	1		
W107	压板	中间支柱高 0.4～0.5 米，长 2～2.5 米距两端 0.3 米处高把手，缓冲器高 0.2 米	个	200	1	1			
W108	体操垫	长 2 米，宽 1 米，厚 0.1 米	块	150	4	4	2		
W109	小三轮车		辆	40	8	☆			
W110	小推车		辆	30	4	2			
W111	平衡器		个	15	8	4	4	2	
W112	高跷	高 0.08 米，直径约 0.1 米	副	2	10　5	10　5		6	
W113	投掷靶		个	20	4	2	2		
W114	拉力玩具		个	3	8	8	2		
W115	钻圈或拱形门	直径 0.5～0.6 米	副	16	4	2	2		
W116	球拍		副	4	4	☆			
W117	球	直径 0.1～0.2 米 重 100～150 克	个	4	40　40　40	20　20　20	20　20　20	10	
W118	沙包	直径 0.06～0.07 米	个	1	10　10	10　10	10　10　10	10	
W119	绳	长、短	根	4	长 4 短 20	长 4 短 20	长 4 短 20	长 1 短 10	
W120	体操器械（任选一种）	彩旗、彩圈、彩棒、哑铃	个	3	36×2	36×2	36×2	40	
W121	跳床		个	2 000	1	☆			

续表

编号	名称	规格	单位	参考价格（元）	配备教具				备注
					一类	二类	三类	学前班	
					园大中小	园大中小	园大中小		
W122	滚筒	高 1.2 米，宽 1.8 米	个	400	1	1			
W123	钻筒	钻爬式，高 0.7 米，宽 0.8 米	个	130	1	☆			

【历年真题】

【10.2】 下列玩教具不属于体育类玩教具的是（　　）。

A. 钻筒　　B. 大型积木

C. 平衡器　　D. 沙包

【解析】 本题答案 B。按照《目录》的规定，大型积木属于构造类玩教具。

（二）构造类

构造类玩教具包括 6 种，分别是大型积木、中型积木、小型积木、接插构造玩具、螺旋玩具、穿编玩具（见表 10－7）。

表 10－7　构造类玩教具配备目录

编号	名称	规格	单位	参考价格（元）	配备教具				备注
					一类	二类	三类	学前班	
					园大中小	园大中小	园大中小		
二	**构　造　类**								
W201	大型积木		套	1 000	2	1			
W202	中型积木		套	200	2 2 2	2 2 2	2		
W203	小型积木		套	40	12 12 12	12 12 12	12 12 12	8	
W204	接插构造玩具	各种片、块、管、粒等	套	20	60 40 20	40 40 20	20 20 20	20	
W205	螺旋玩具		件	15	6 6	4 4	2 2		
W206	穿编玩具		套	50	14	12	5		

【历年真题】

【10.3】 下列玩教具不属于构造类玩教具的是（　　）。

A. 穿编玩具　　B. 接插构造玩具

C. 平衡木　　D. 螺旋玩具

【解析】 本题答案 C。按照《目录》的规定，平衡木属于体育类玩教具。

（三）角色、表演类

角色、表演类玩教具包括5种：角色游戏玩具、桌面表演游戏玩具、木偶、头饰、模型（见表10-8）。

表10-8　角色、表演类玩教具配备目录

编号	名称	规格	单位	参考价格（元）	配备教具				备注
					一类	二类	三类	学前班	
					园大中小	园大中小	园大中小		
三	**角色、表演游戏器具**								
W301	角色游戏玩具	医院、交通、商店、工厂、邮局、家庭等自选	套	100	8 8 6	8 8 6	6 6 4		
W302	桌面表演游戏玩具	件	10	88 8	44 4	44 4	2		
W303	木偶	指偶、袋偶	套	120	4	2	1	1	
W304	头饰		套	30	4	2	1	1	
W305	模型	人物、车辆、动植物等	套	50	4	2	1	1	

（四）科学启蒙类

科学启蒙类玩教具包括29种，分别是小风车、陀螺、万花筒、放大镜、寒暑表、地球仪、磁铁块、沙水箱（池）、沙水玩具配件、磁性玩具、弹跳玩具、滑动或滑轮玩具、计算器（教师演示用）、幼儿计算器、小型计数材料、几何图形片、图形投放盒、图形戳、数形接龙、巧板（三巧、五巧、七巧）、图形钉板、套式玩具、钟面、简易认知器、儿童棋、儿童牌、天平（吊斗式、挂斗式、托盘）、拼图或图形镶嵌、量杯（见表10-9）。

表10-9　科学启蒙类玩教具配备目录

编号	名称	规格	单位	参考价格（元）	配备教具				备注
					一类	二类	三类	学前班	
					园大中小	园大中小	园大中小		
四	**科学启蒙玩具**								
W401	小风车		个	3	8 12	6 10			
W402	陀螺		个	1	8 4	4 2			
W403	万花筒		个	3	2 2 2	2 2	☆		
W404	放大镜		个	5	4 4 2	4 4 2	2 2	4	
W405	寒暑表		个	1	2 2 2	2 2 2	2 2 2	1	
W406	地球仪		个	20	1	☆		1	
W407	磁铁块		块	0.40	30 30 30	30 30 30	30 30 30	20	

续表

编号	名称	规格	单位	参考价格（元）	配备教具				备注
					一类	二类	三类	学前班	
					园大中小	园大中小	园大中小		
W408	沙水箱（池）		个	200	2 2 2	2 2 2	1	1	
W409	沙水玩具配件		套	50	2 2 2	2 2 2	1	1	
W410	磁性玩具		套	100	1	1			
W411	弹跳玩具		套	40	1	1			
W412	滑动或滑轮玩具		套	30	1	1			
W413	计算器	教师演示用	个	10	1 1	1 1	1 1	1	
W414	幼儿计算器		个	4	10 10	8 8	6 6	10	
W415	小型计数材料	100 个一盒	盒	15	若干	若干	☆		
W416	几何图片		盒	8	10 10 4	6 6	4 2	20	
W417	图形投放盒		个	10	2 6	2 4	2 4		
W418	图形戳		套	5	8 6 4	6 6 4	4 4 2		
W419	数行接龙		盒	8	10 8	8 4	6 2		
W420	巧板	三巧、五巧、七巧	套	2	40（七巧）	30	10	40（七巧）	
W421	图形钉板	0.22×0.22	块	3	10 6	8 4	6 2		
W422	套式玩具	套人、套塔、套筒、套碗	套	10	4 4	4 4	4 4		
W423	钟面		个	10	2 大 36 小	1	1	1	
W424	简易认知器		套	20	4	4		2	
W425	儿童棋		套	15	10 4	10 4	10 4	4	
W426	儿童牌		套	15	10 4	10 4	10 4	4	
W427	天平	吊斗式、挂斗式、托盘	个	15	2 2 2	2 2	3	1	
W428	拼图或挂图形镶嵌		盒	10	40	40		4	
W429	量杯		套	30	☆	☆			

（五）音乐类

音乐类玩教具配备包括 15 种：风琴（或与手风琴任选一种）、儿童木琴（或与钢琴任选一种）、鼓、锣、钹、木鱼、三角铁、碰钟、沙锤、蛙鸣筒、双响筒、串铃、响板、铃鼓、钢琴（见表 10－10）。

表 10 - 10　音乐类玩教具配备目录

编号	名称	规格	单位	参考价格（元）	配备教具				备注
					一类 园大中小	二类 园大中小	三类 园大中小	学前班	
五	音　　乐　　类								
W501	风琴	或与手风琴任选一种	架	400	2 2 2	2 2 2	1 1 1	1	
W502	儿童木琴	或与钢琴任选一种	架	100	1	☆			
W503	鼓		个	40	4	2	1		
W504	锣		个	15	1	1			
W505	钹		个	10	6	4	2		
W506	木鱼		个	5	8	4	2		
W507	三角铁		个	6	4	4	2		
W508	碰钟		对	8	4	4	2		
W509	沙锤		对	20	6	4	2		
W510	哇鸣筒		个	5	4	2	2		
W511	双响筒		个	10	6	4	2		
W512	串铃		个	6	8	4	2		
W513	响板		付	2	10	10	10		
W514	铃鼓		个	12	10	10	10		
W515	钢琴		架	4 500	1	☆			

（六）美工类

美工类的玩教具配备包括 7 种：小剪刀（安全剪刀），泥工板，调色盘，彩色水笔、油画棒、蜡笔，美术面泥，小画板，小画架（见表 10 - 11）。

表 10 - 11　美工类玩教具配备目录

编号	名称	规格	单位	参考价格（元）	配备教具				备注
					一类 园大中小	二类 园大中小	三类 园大中小	学前班	
六	美　　工　　类								
W601	小剪刀	安全剪刀	把	2	70 70	70 70	70 70	40	
W602	泥工板		块	1	70 70 70	70 70 70	40	40	
W603	调色板		个	1	40	40			
W604	彩色水笔、油画棒、蜡笔		套	4	70 70 70	70 70 70	100	40	任选一种
W605	美术面泥		袋	5	100	80	60		
W606	小画板		快	3	☆				
W607	小画架		个	20	☆				

（七）图书、挂图与卡片类

图书、挂图与卡片类玩教具包括 3 种：幼儿读物、教育挂图、各种卡片（见表 10 - 12）。

表 10－12 图书、挂图与卡片类玩教具配备目录

编号	名称	规格	单位	参考价格（元）	配备教具				备注
					一类 园大中小	二类 园大中小	三类 园大中小	学前班	
七	图书、挂图和卡片								
W701	幼儿读物		册		人均 3 册以上	人均 2 册以上	人均 1 册以上	人均 2 册	
W702	教育挂图		套	35	10	10	10	4	
W703	各种卡片			5	16 16 16	12 12 12	8 8 8	10	

（八）电教类

电教类玩教具包括 7 种：电视机、收录机、幻灯机、投影仪、投影片、录像机、录像带（见表 10－13）。

表 10－13 电教类玩教具配备目录

编号	名称	规格	单位	参考价格（元）	配备教具				备注
					一类 园大中小	二类 园大中小	三类 园大中小	学前班	
八	电　教　类								
W801	电视机		台	2 000	1	☆	☆		
W802	收录机		台	400	2 2 2	3	3		
W803	幻灯机		台	200	1	1	1		
W804	投影仪		台	600	1	1	☆		
W805	投影片		套	40	1	1	☆		
W806	录像机		台	2 500	☆				
W807	录像带	系列	盘	20	☆				

（九）劳动工具类

劳动工具类玩教具配备包括 6 种：喷壶、小桶、儿童铁锹、小铲子、小锤子、幼儿工作台（见表 10－14）。

表 10－14 劳动工具类玩教具配备目录

编号	名称	规格	单位	参考价格（元）	配备教具				备注
					一类 园大中小	二类 园大中小	三类 园大中小	学前班	
九	劳动工具类								
W901	喷壶		把	5	2 2 2	2 2 2	2 2 2	1	
W902	小桶		个	5	8 8 6	6 6 4	4 4 2	4	
W903	儿童铁锹		把	6	40	20	10		
W904	小铲子		把	5	40	20			
W905	小锤子		把	5	2 2 2	2 2	2 2	2	
W906	幼儿工作台		套	200	1	☆			

第三节 《幼儿园教职工配备标准（暂行）》

为规范幼儿园办园行为，促进幼儿园教师队伍建设，满足幼儿在园生活、游戏和学习的需要，确保幼儿接受基本的、有质量的学前教育，促进幼儿健康成长，2013 年 1 月 8 日，教育部印发了《幼儿园教职工配备标准（暂行）》（简称《标准》）。《标准》由教职工与幼儿的比例、专任教师和保育员配备、其他人员配备等部分组成。

一、教职工与幼儿的比例

《标准》规定："幼儿园教职工包括专任教师、保育员、卫生保健人员、行政人员、教辅人员、工勤人员。幼儿园保教人员包括专任教师和保育员。"幼儿园应当按照服务类型、教职工与幼儿以及保教人员与幼儿的一定比例配备教职工，满足保教工作的基本需要（见表 10－15）。

表 10－15　不同服务类型幼儿园教职工与幼儿的配备比例

服务类型	全园教职工与幼儿比	全园保教人员与幼儿比
全日制	1∶5～1∶7	1∶7～1∶9
半日制	1∶8～1∶10	1∶11～1∶13

【历年真题】

【10.4】全日制幼儿园全园保教人员与幼儿比应该为（　　）。

A. 1∶5～1∶7　　B. 1∶7～1∶9

C. 1∶8～1∶10　　D. 1∶11～1∶13

【解析】本题答案 B。《标准》中规定，全日制幼儿园全园保教人员与幼儿比应该为 1∶7～1∶9。

二、专任教师和保育员配备

幼儿园应根据服务类型、幼儿年龄和班级规模配备数量适宜的专任教师和保育员，使每位幼儿在一日生活、游戏和学习中都能得到成人适当的照顾、帮助和指导。

全日制幼儿园每班配备 2 名专任教师和 1 名保育员，或配备 3 名专任教师；半日制幼儿园每班配备 2 名专任教师，有条件的可配备 1 名保育员。

寄宿制幼儿园至少应在全日制幼儿园基础上每班增配 1 名专任教师和 1 名保育员。单班学前教育机构，如村学前教育教学点、幼儿班等，一般应配备 2 名专任教师，有条件的可配备 1 名保育员。

对所辖社区或村级幼儿园（班）负有管理和指导职责的中心幼儿园，应根据实际工作任务和需要增配巡回指导教师。

招收特殊需要儿童的幼儿园应根据特殊需要儿童的数量、类型及残疾程度，配备相应的特殊教育教师，并增加保教人员的配备数量。

幼儿园应根据当地学前教育发展的实际情况，增设教师岗位类别和数量，满足本园发展和保教工作的需要，并确保在教师进修、支教、病产假等情况下有可供临时顶岗的保教人员。

不同服务类型幼儿园各年龄班和混龄班班级规模、专任教师和保育员的配备标准见表 10－16。寄宿制幼儿园每班幼儿人数酌减。

表 10－16　幼儿园班级规模及专任教师和保育员配备标准

年龄班	班级规模（人）	全日制		半日制	
		专任教师	保育员	专任教师	保育员
小班（3～4 岁）	20～25	2	1	2	有条件的应配备 1 名保育员
中班（4～5 岁）	25～30	2	1	2	
大班（5～6 岁）	30～35	2	1	2	
混龄班	＜30	2	1	2～3	

【历年真题】

【10.5】全日制幼儿园小班的班级规模应该是（　　）。

A. 10～15 人　　B. 15～20 人

C. 20～25 人　　D. 25～30 人

【解析】本题答案 C。《标准》中规定，全日制幼儿园小班班级规模应该为 20～25 人。

三、其他人员配备

园长：6 个班以下的幼儿园设 1 名，6～9 个班的幼儿园不超过 2 名，10 个班及以上的幼儿园可设 3 名。

卫生保健人员：根据《托儿所幼儿园卫生保健工作规范》配备。

炊事人员：幼儿园应根据餐点提供的实际需要和就餐幼儿人数配备适宜的炊事人员。每日三餐一点的幼儿园每 40～45 名幼儿配 1 名，少于三餐一点的幼儿园酌减，在园幼儿人数少于40名的供餐幼儿园（班）应配备1名专职炊事员。

财会人员：根据国家和地方有关财会工作规定配备。

安保人员：根据国家和地方有关安保工作规定配备。

幼儿园应根据实际需要配备数量适宜的教职工，积极实行一岗多责，提高用人效益。

本章小结

《规范》详细规定了托儿所、幼儿园的建筑设计要求和室内外环境要求，主要包括幼儿园选址要求、建筑设计要求、室内外环境要求。《幼儿园玩教具配置标准》详细规定了各类型幼儿园玩教具配备的类型、数量、规格等。《幼儿园教职工配备标准（暂行）》详细规定了幼儿园教职工与幼儿的比例、专任教师和保育员配备要求、其他人员配备要求等。

学习资源

1. 黎志涛. 幼儿园建筑设计［M］. 2版. 北京：中国建筑工业出版社，2018.

2. 郭力平，谢萌. 幼儿园玩教具：配备、设计制作与应用［M］. 北京：中国轻工业出版社，2014.

3. 上海市教育委员会教育技术装备中心. 图解幼儿园优秀自制玩教具［M］. 上海：华东师范大学出版社，2017.

第十一章

幼儿园工作人员的资质与权益

知识结构图

- 幼儿园工作人员的资质与权益
  - 《幼儿园教师专业标准（试行）》
    - 基本理念
      - 师德为先
      - 幼儿为本
      - 能力为重
      - 终身学习
    - 基本内容
      - 专业理念与师德
      - 专业知识
      - 专业能力
  - 《幼儿园园长专业标准》
    - 基本理念
      - 师德为先
      - 幼儿为本
      - 引领发展
      - 能力为重
      - 终身学习
    - 专业要求
      - 规划幼儿园发展
      - 营造育人文化
      - 领导保育教育
      - 引领教师成长
      - 优化内部管理
      - 调适外部环境
    - 实施建议

学习目标

掌握《幼儿园教师专业标准（试行）》的基本理念和基本内容，以及《幼儿园园长专业标准》提出的办学理念和专业要求。

学习重点

《幼儿园教师专业标准（试行）》的基本理念和基本内容，以及《幼儿园园长专业标准》提出的基本理念和专业要求。

学习建议

本章学习《幼儿园教师专业标准（试行）》和《幼儿园园长专业标准》两个文件，主要按基本理念和基本内容（或办学理念和专业要求）—实施建议这条主线展开。重点梳理《幼儿园教师专业标准（试行）》的基本理念和基本内容，以及《幼儿园园长专业标准》的基本理念和专业要求这几个重要知识点。

问题情境

榜样的力量①

翻译家傅雷曾经说过："世界上最有力的论证莫如实际行动，最有效的教育莫如以身作则；自己做不到的事千万别要求别人；自己要犯的毛病先批评自己，先改自己的。"幼儿生性喜欢模仿，他们的眼睛就好像一架架摄像机，每天将老师的一言一行都录了进去，且常会不分时间、不分场合地随机播放。常听到一些家长的交流："我家孩子最喜欢做小老师了，吃饭前让我们一个个都坐好，坐得不好就不给发筷子。""我女儿今天要我给她买靴子，我不同意，她说我们老师也穿了靴子的，可漂亮了！""今天我儿子和几个孩子玩，有个孩子不听他的，他就生气地把那个孩子叫到旁边，说他不遵守规则，不带他玩了。"……

家长的谈论折射出幼儿教师的影子——教师的班级管理、穿着打扮，以及教师传递给幼儿的规则意识……这些都被幼儿看在眼里，记在心里，并"落实"在行动中。例如，一天，姜老师正在参与幼儿的角色游戏，这时手机铃声响了，是一名幼儿家长的电话，而姜老师正在接受孩子们的"美容"，是不可以接电话的。家长可能有事，这个电话必须要接，于是姜老师和"美容人员"商量："不好意思，我有一个很重要的电话，请问可以接一下吗？"孩子们立刻笑眯眯地点头表示赞同。如果姜老师不打招呼直接去接电话，幼儿也不一定会有意见，但她没有这样做，而是用自己的言行向孩子们证明了什么叫"互相尊重"。正所谓"其身正，不令而行；其身不正，虽令不从"。

① 姜阗. 超越《专业标准》 争做优秀教师［J］. 教育导刊（下半月），2015（6）：71-73.

你认为姜老师有必要与幼儿商量是否可以接电话吗？为什么？案例中的家长的言论给你什么启示？带着这些问题，我们进入本章的学习。

为贯彻党的十七届六中全会精神，落实教育规划纲要，构建教师专业标准体系，建设高素质专业化教师队伍，教育部于2012年颁布了《幼儿园教师专业标准（试行）》（简称《专业标准》）。《专业标准》是国家对幼儿园合格教师专业素质的基本要求，是教师实施教育教学行为的基本规范，是引领教师专业发展的基本准则，是教师培养、准入、培训、考核等工作的重要依据。另外，为贯彻党的十八届三中、四中全会精神，落实教育规划纲要和《国务院关于加强教师队伍建设的意见》，构建教师队伍建设标准体系，建设高素质幼儿园园长队伍，教育部于2015年颁布了《幼儿园园长专业标准》（简称《标准》）。《标准》的出台，为各级教育行政部门建设和管理幼儿园园长队伍，各级幼儿园园长培训机构开展园长培训工作，提供了重要依据。

第一节　《幼儿园教师专业标准（试行）》

一、基本理念

（一）师德为先

《专业标准》强调“热爱学前教育事业，具有职业理想，践行社会主义核心价值体系，履行教师职业道德规范，依法执教”。这是对幼儿园教师核心价值观的阐述。“关爱幼儿，尊重幼儿人格，富有爱心、责任心、耐心和细心；为人师表，教书育人，自尊自律，做幼儿健康成长的启蒙者和引路人。”这是对幼儿园教师的角色定位。

【历年真题】

【11.1】《幼儿园教师专业标准（试行）》规定，幼儿园教师专业标准的基本理念是（　　）。

A. 师德为先，幼儿为本，能力为重，知识为主

B. 幼儿为本，能力为重，知识为主，终身学习

C. 师德为先，幼儿为本，能力为重，终身学习

D. 师德为先，幼儿为本，知识为主，终身学习

【解析】正确答案C。《专业标准》规定，幼儿园教师专业标准的基本理念是“师德为先，幼儿为本，能力为重，终身学习”。

（二）幼儿为本

《专业标准》强调“尊重幼儿权益，以幼儿为主体，充分调动和发挥幼儿的主动性；

遵循幼儿身心发展特点和保教活动规律，提供适合的教育，保障幼儿快乐健康成长”。这是对幼儿园教师的职业行为准则的规定。

【历年真题】

【11.2】为体现“幼儿为本”的教育理念，教师不正确的做法是（　　）。

A. 尊重幼儿人格　　B. 为幼儿提供适合教育

C. 调动幼儿的主动性　　D. 让幼儿主动选择课程

【解析】正确答案D。教师应遵循幼儿身心发展特点和保教活动规律，提供适合的教育，保障幼儿快乐健康成长。

（三）能力为重

《专业标准》强调“把学前教育理论与保教实践相结合，突出保教实践能力；研究幼儿，遵循幼儿成长规律，提升保教工作专业化水平；坚持实践、反思、再实践、再反思，不断提高专业能力”。这是对幼儿园教师的专业能力的要求。

（四）终身学习

《专业标准》强调“学习先进学前教育理论，了解国内外学前教育改革与发展的经验和做法；优化知识结构，提高文化素养；具有终身学习与持续发展的意识和能力，做终身学习的典范”。这是对幼儿园教师的专业发展的需求。

【历年真题】

【11.3】每年王老师都会给自己制定读书计划，并严格执行。这体现了王老师注重（　　）。

A. 团结协作　　B. 教学创新　　C. 终身学习　　D. 循循善诱

【解析】正确答案C。教师应具有终身学习与持续发展的意识和能力，做终身学习的典范。

【考点拓展】

【11.1】幼儿园拟派工作多年、任劳任怨的胡老师去外地参加理论研修班，胡老师对园长说：“年轻人喜欢玩，让她们去吧，而且照顾小孩子，都是些穿衣吃饭的琐事，耐心点就行，不需要太多的理论。”这表明胡老师（　　）。

A. 关心年轻老师专业成长，甘为人梯　　B. 不服从园里的安排

C. 忽视自身的专业发展，盲目奉献　　D. 积极参加园内管理，合理建议

【解析】正确答案C。教师要学习先进学前教育理论，了解国内外学前教育改革与发展的经验和做法；优化知识结构，提高文化素养。

二、基本内容

《专业标准》对幼儿教师的专业素质提出具体要求，包括三个维度、十四个领域、六十二个基本要求，分别对幼儿教师的专业理念与师德、专业知识和专业能力做了详细阐述。

（一）专业理念与师德

1. 职业理解与认识

《专业标准》提出五个要求：一是爱国守法，即“贯彻党和国家教育方针政策，遵守教育法律法规”。二是爱岗敬业，即“理解幼儿保教工作的意义，热爱学前教育事业，具有职业理想和敬业精神”。三是专业认同，即“认同幼儿园教师的专业性和独特性，注重自身专业发展”。四是为人师表，即“具有良好职业道德修养，为人师表”。五是团队合作，即“具有团队合作精神，积极开展协作与交流”。

【历年真题】

【11.4】教师节那天，李老师一进教室，就看见桌上放着孩子们送给自己的礼品，有包装精美的鲜花、音乐卡等。李老师从桌子上特意拿起了一张贺卡，笑着对大家说：“这张贺卡真漂亮，是小朋友自己做的吧，老师最喜欢这样的礼物！”该做法表明李老师（　　）。

A. 偏爱袒护个别幼儿　　B. 不尊重大部分幼儿

C. 自觉抵制不良风气　　D. 能维护幼儿的权益

【解析】正确答案C。材料中教师的行为体现了廉洁从教，通过微笑表示自己对于礼物的倾向性，体现了自身良好的职业道德。

2. 对幼儿的态度与行为

《专业标准》提出四个要求：一是关爱幼儿，即“关爱幼儿，重视幼儿身心健康，将保护幼儿生命安全放在首位”。二是尊重幼儿，即“尊重幼儿人格，维护幼儿合法权益，平等对待每一位幼儿。不讽刺、挖苦、歧视幼儿，不体罚或变相体罚幼儿”。三是信任幼儿，即“信任幼儿，尊重个体差异，主动了解和满足有益于幼儿身心发展的不同需求”。四是注重生活对幼儿成长的价值，即“重视生活对幼儿健康成长的重要价值，积极创造条件，让幼儿拥有快乐的幼儿园生活”。

【历年真题】

【11.5】幼儿萌萌午休时不睡觉还发出吵闹的声音，何老师把她关在厕所里，以免影响其他幼儿休息。何老师的做法（　　）。

A. 不正确，侵犯幼儿的人身权利和人格尊严

B. 不正确，侵犯幼儿的思想自由和受教育权

C. 正确，有利于保证其他幼儿午休的权利

D. 正确，有利于引导萌萌养成良好生活习惯

【解析】 正确答案A。教师应尊重幼儿人格，不体罚或变相体罚幼儿。

【考点拓展】

【11.2】 中二班要举行画展，孩子们纷纷带来了个人作品。赵老师当众挑选“好的作品”，并将“不好的作品”丢在了废纸篓里。赵老师的做法（　　）。

A. 不正确，伤害了部分孩子的自尊

B. 不正确，打击了全体孩子的积极性

C. 正确，能激励孩子们创造好的作品

D. 正确，能提升班级画展的整体水平

【解析】 正确答案A。材料中被教师选中画作的孩子十分开心，画作被丢到垃圾桶里的孩子十分沮丧。教师的行为伤害了后一部分孩子的自尊心，长此以往，会导致他们再也不愿意画画。

【11.3】 小红怀疑同伴小刚偷了她新买的油画棒，并报告了老师，老师便要搜查小刚的衣服口袋，小刚拒绝被搜，该老师的做法（　　）。

A. 错误，应当充分尊重信任小刚

B. 错误，应搜查所有幼儿的口袋

C. 错误，应避免当众对小刚搜查

D. 错误，应该通知家长之后再搜

【解析】 正确答案A。教师应信任幼儿。

【11.4】 每次在与幼儿交流过程中，吴老师都会全神贯注地看着幼儿，有时候她也点头、微笑、询问和鼓励，这反映了吴老师与幼儿相处所遵循的原则是（　　）。

A. 个体性原则　　B. 适时性原则　　C. 公平原则　　D. 尊重原则

【解析】 正确答案D。尊重幼儿人格就是要将幼儿视为平等的人格主体予以尊重。

3. 幼儿保育和教育的态度与行为

《专业标准》提出六个要求：一是坚持保教结合原则，即“注重保教结合，培育幼儿良好的意志品质，帮助幼儿养成良好的行为习惯”。二是遵循幼儿的学习特点，即“注重保护幼儿的好奇心，培养幼儿的想象力，发掘幼儿的兴趣爱好”。三是重视环境和游戏对幼儿发展的作用，即“重视环境和游戏对幼儿发展的独特作用，创设富有教育意义的环境氛围，将游戏作为幼儿的主要活动”。四是重视实践活动，即“重视丰富幼儿

多方面的直接经验，将探索、交往等实践活动作为幼儿最重要的学习方式”。五是重视日常态度言行，即“重视自身日常态度言行对幼儿发展的重要影响与作用”。六是充分利用各种资源实现家园共育，即“重视幼儿园、家庭和社区的合作，综合利用各种资源”。

【历年真题】

【11.6】上课时，柯老师正在组织小朋友们讨论。然然先找毛毛碰头玩，又去抱乐乐的腿，脸上还带着得意的笑容。柯老师恰当的做法是（　　）。

A. 当众点名批评然然　　B. 抚摸然然的头以示提醒

C. 鼓励然然继续游戏　　D. 假装没看见然然的行为

【解析】正确答案B。教师应注重保教结合，帮助幼儿养成良好的行为习惯。

【考点拓展】

【11.5】铭铭问吴老师：“天上哪颗星星最亮?”吴老师说：“老师也不知道，回家后我们都去想办法找答案，好不好?”这说明吴老师能做到（　　）。

A. 尊重个体差异　　B. 公平对待幼儿

C. 面向全体幼儿　　D. 引导幼儿探索

【解析】正确答案D。教师应重视丰富幼儿多方面的直接经验，将探索作为幼儿最重要的学习方式。

4. 个人修养与行为

《专业标准》提出五个要求：一是良好的个性修养，即“富有爱心、责任心、耐心和细心”。二是积极向上的性格特点，即“乐观向上、热情开朗，有亲和力”。三是良好的情绪状态，即“善于自我调节情绪，保持平和心态”。四是乐于学习的品质，即“勤于学习，不断进取”。五是良好的仪态修养，即“衣着整洁得体，语言规范健康，举止文明礼貌”。

【考点拓展】

【11.6】语言活动中，吴老师发现凯凯正在拔前面一个女孩外衣上的绒毛，此时吴老师恰当的做法是（　　）。

A. 停止教学，点名批评　　B. 停止教学，当众罚站

C. 继续教学，不予理睬　　D. 继续教学，微笑提醒

【解析】正确答案D。教师应善于自我调节情绪，保持平和心态。

（二）专业知识

1. 幼儿发展知识

《专业标准》提出五个要求：一是与儿童生存发展权利有关的法律法规，即“了解关于幼儿生存、发展和保护的有关法律法规及政策规定”。二是幼儿身心发展的一般规律，即“掌握不同年龄幼儿身心发展特点、规律和促进幼儿全面发展的策略与方法”。三是幼儿发展的个体差异，即“了解幼儿在发展水平、速度与优势领域等方面的个体差异，掌握对应的策略与方法”。四是幼儿发展中的常见问题，即“了解幼儿发展中容易出现的问题与适宜的对策”。五是有特殊需要的儿童，即“了解有特殊需要幼儿的身心发展特点及教育策略与方法”。

【历年真题】

【11.7】活动课上，赵老师特意邀请了几个平时不太合群的孩子表现“找朋友”，被邀请的孩子面带微笑，与其他小朋友一起愉快地完成了表演。赵老师的行为（　　）。

A. 恰当，教师应当培养幼儿遵守纪律的习惯

B. 不恰当，教师应当遵循幼儿身心发展规律

C. 恰当，教师应当关注每个幼儿的发展

D. 不恰当，教师应当保护幼儿的自尊心

【解析】正确答案C。教师应当关注每个幼儿的发展，掌握不同年龄幼儿身心发展特点、规律和促进幼儿全面发展的策略与方法。

【考点拓展】

【11.7】豆豆在幼儿园经常尿床，老师恰当的做法是（　　）。

A. 了解豆豆尿床的原因，和家长共同商量办法

B. 提醒其他小朋友，不要像豆豆一样

C. 适当批评豆豆，帮助她养成好习惯

D. 要求家长带豆豆去治疗，治好了再回幼儿园

【解析】正确答案A。教师应了解有特殊需要幼儿的身心发展特点及教育策略与方法。

2. 幼儿保育和教育知识

《专业标准》提出六个要求：一是幼儿园教育的目标、任务、内容、要求和基本原则，即“熟悉幼儿园教育的目标、任务、内容、要求和基本原则”。二是掌握五大领域知识，即“掌握幼儿园各领域教育的学科特点与基本知识”。三是掌握一日常规管理知识与方法，

即“掌握幼儿园环境创设、一日生活安排、游戏与教育活动、保育和班级管理的知识与方法”。四是熟知幼儿卫生保健与安全知识，即“熟知幼儿园的安全应急预案，掌握意外事故和危险情况下幼儿安全防护与救助的基本方法”。五是掌握幼儿学习与发展的基本方法，即“掌握观察、谈话、记录等了解幼儿的基本方法和教育心理学的基本原理和方法”。六是了解幼儿园与其他阶段的教育衔接，即“了解 0～3 岁婴幼儿保教和幼小衔接的有关知识与基本方法”。

3. 通识性知识

《专业标准》提出四个要求：一是具有基础的科学知识，即“具有一定的自然科学和人文社会科学知识”。二是了解教育发展史，即“了解中国教育基本情况”。三是具有艺术修养，即“具有相应的艺术欣赏与表现知识”。四是具有现代信息技术知识，即“具有一定的现代信息技术知识”。

【历年真题】

【11.8】 大量细小的水滴随气流漂浮，从天空慢慢降落地面。生活中，人们常常把这种自然现象称作（　　）。

A. 雾　　　　B. 霾

C. 小雨　　　　D. 毛毛雨

【解析】 正确答案 D。毛毛雨指形成雨的水滴极细小（直径小于 0.5 毫米）、下降时随气流在空中飘动、不能形成雨丝的雨。通常指很小的雨。

【考点拓展】

【11.8】 图文混排是 Word 的特色功能之一。下列表述中，不正确的是（　　）。

A. 可以在文档中插入剪贴画

B. 可以在文档中插入图形

C. 可以在文档中插入文本框

D. 可以在文档中插入配色方案

【解析】 正确答案 D。不可以在文档中插入配色方案。配色方案用于用户界面而不可用于文档界面。

【11.9】 自从 1927 年发现“北京猿人”化石后，我国又相继在多处发现原始人类的遗迹，并为这些原始人类命名。北京周口店龙骨山遗址的原始人，考古学上称其是（　　）。

A. 山顶洞人　　　　B. 元谋猿人

C. 巫山猿人　　　　D. 蓝田猿人

【解析】正确答案A。在北京周口店，我国发现了两个阶段的原始人遗址。一个是距今70万至20万年前的北京人，另一个是距今3.4万至2.7万年的山顶洞人。选项B元谋猿人是在我国云南省元谋县，选项C巫山猿人是在重庆巫山县，选项D蓝田猿人是在陕西省蓝田县。

（三）专业能力

1. 环境的创设与利用

《专业标准》提出四个要求：一是建立积极的人际关系，即“建立良好的师幼关系，帮助幼儿建立良好的同伴关系，让幼儿感到温暖和愉悦”。二是营造良好的班级氛围，即“建立班级秩序与规则，营造良好的班级氛围，让幼儿感受到安全、舒适”。三是创设良好的教育环境，即“创设有助于促进幼儿成长、学习、游戏的教育环境”。四是提供具有探索性的学习材料，即“合理利用资源，为幼儿提供和制作适合的玩教具和学习材料，引发和支持幼儿的主动活动”。

【历年真题】

【11.9】郑老师收集矿泉水瓶、报纸、纸箱、塑料绳等材料，并改造成适合幼儿的教学材料，郑老师的行为表明其具有（　　）。

A. 环境创设的能力　　B. 随机教育的能力

C. 教学反思的能力　　D. 教学生产的能力

【解析】正确答案A。教师变废为宝的过程体现了环境创设的能力。

2. 一日生活的组织与保育

《专业标准》提出四个要求：一是关注生活细节，即“合理安排和组织一日生活的各个环节，将教育灵活地渗透到一日生活中”。二是建立科学合理的生活制度，即“科学照料幼儿日常生活，指导和协助保育员做好班级常规保育和卫生工作”。三是抓住教育契机，即“充分利用各种教育契机，对幼儿进行随机教育”。四是高度重视幼儿的健康和安全，即“有效保护幼儿，及时处理幼儿的常见事故，危险情况优先救护幼儿”。

3. 游戏活动的支持与引导

《专业标准》提出四个要求：一是创造和保障开展各种游戏的条件，即“提供符合幼儿兴趣需要、年龄特点和发展目标的游戏条件”。二是提供丰富的游戏空间和材料，即“充分利用与合理设计游戏活动空间，提供丰富、适宜的游戏材料，支持、引发和促进幼儿的游戏”。三是鼓励幼儿在自主游戏中获得快乐，即“鼓励幼儿自主选择游戏内容、伙伴和材料，支持幼儿主动地、创造性地开展游戏，充分体验游戏的快乐和满足”。四是引导幼儿在游戏中获得发展，即“引导幼儿在游戏活动中获得身体、认知、语言和社会性等多方面的发展”。

4. 教育活动的计划与实施

《专业标准》提出四个要求：一是制订合理的阶段性教育活动计划，即“制定阶段性的教育活动计划和具体活动方案”。二是在活动中观察与指导幼儿，即“在教育活动中观察幼儿，根据幼儿的表现和需要，调整活动，给予适宜的指导”。三是灵活运用各种教育方式，即“在教育活动的设计和实施中体现趣味性、综合性和生活化，灵活运用各种组织形式和适宜的教育方式”。四是协助与支持幼儿主动学习，即“提供更多的操作探索、交流合作、表达表现的机会，支持和促进幼儿主动学习”。

5. 激励与评价

《专业标准》提出三个要求：一是看到每个孩子的独特性和优点，即“关注幼儿日常表现，及时发现和赏识每个幼儿的点滴进步，注重激发和保护幼儿的积极性、自信心”。二是客观全面了解和评价幼儿，即“有效运用观察、谈话、家园联系、作品分析等多种方法，客观地、全面地了解和评价幼儿”。三是有效运用评价结果改进保教工作，即“有效运用评价结果，指导下一步教育活动的开展”。

【历年真题】

【11.10】手工制作后，孩子们都开心地把作品拿在手里。小明兴高采烈地奔向老师，举起手里的作品向老师炫耀，可是老师瞟了一眼说：“看你做的是什么呀，难看死了。”老师的做法（ ）。

A. 正确，从小培养幼儿的认真态度

B. 正确，从小对幼儿进行挫折教育

C. 不正确，挫伤了幼儿的创造热情

D. 不正确，扼杀了幼儿的竞争欲望

【解析】正确答案C。教师应该用发展的眼光鼓励幼儿的探索，因此题干中教师的反应错误，会因此挫伤孩子的积极性。

6. 沟通与合作

《专业标准》提出五个要求：一是提高与幼儿互动能力和水平，即“使用符合幼儿年龄特点的语言进行保教工作”。二是学会倾听幼儿，即“善于倾听，和蔼可亲，与幼儿进行有效沟通”。三是与同事建立良好的合作关系，即“与同事合作交流，分享经验和资源，共同发展”。四是与家长建立有效的合作关系，即“与家长进行有效沟通合作，共同促进幼儿发展”。五是与社区建立良好的合作关系，即“协助幼儿园与社区建立合作互助的良好关系”。

【考点拓展】

【11. 10】 吃午饭时，孩子们吵吵嚷嚷，不能好好吃饭。李老师说：“咦，教室里怎么这么多小蜜蜂，嗡嗡嗡的好吵啊。快把他们请出去，别打扰我们吃饭。”孩子们之后便安静地吃饭了。李老师的语言具有（　　）。

A. 教学性　　B. 趣味性

C. 鼓励性　　D. 示范性

【解析】 正确答案 B。教师应使用符合幼儿年龄特点的语言进行保教工作，教师的言语行为体现了教师语言的趣味性。

7. 反思与发展

《专业标准》提出三个要求：一是提高反思能力，即“主动收集分析相关信息，不断进行反思，改进保教工作”。二是提高研究和实践能力，即“针对保教工作中的现实需要与问题，进行探索和研究”。三是在自我规划中实现自我发展，即“制定专业发展规划，积极参加专业培训，不断提高自身专业素质”。

【考点拓展】

【11. 11】 焦老师积极参与各种教师培训活动，返园后主动与同事们交流学习的心得体会，并将其运用于保教实践。关于焦老师的做法，下列说法不正确的是（　　）。

A. 体现了终身学习的自觉性　　B. 有利于幼师的共同发展

C. 推动了幼儿园的园本教研　　D. 有利于增进家园合作

【解析】 正确答案 D。题干中的事件明显与家园合作没有太大的联系。

第二节 《幼儿园园长专业标准》

为贯彻党的十八届三中、四中全会精神，落实《教育规划纲要》和《国务院关于加强教师队伍建设的意见》，构建教师队伍建设标准体系，建设高素质幼儿园园长队伍，有效促进幼儿园园长的专业化发展，深入推进学前教育改革与发展，教育部研究制定了《幼儿园园长专业标准》（简称《标准》）。2013 年 7 月，教育部教师司委托教育部幼儿园园长培训中心承担《标准》的研制工作。2014 年底，中心完成了《标准》的研制工作。教育部教师司通过汇总各方面的意见，对标准文本又做了进一步的修改完善，并于 2015 年 1 月 10 日正式颁布了《标准》。对幼儿园园长的专业化发展来说，《标准》的研制是一项具有奠基性与开创性特点的工作。《标准》的出台，为各级教育行政部门建设和管理幼儿园园长队伍，各级幼儿园园长培训机构开展园长培训工作提供了重要依据①。

一、基本理念

（一）师德为先

《标准》强调“坚持社会主义办园方向和党对教育的领导，贯彻党和国家的教育方针政策，将社会主义核心价值观融入幼儿园工作，履行法律赋予园长的权利和义务，主动维护儿童合法权益”，这是对幼儿园园长办学指导思想的引领；“热爱学前教育事业和幼儿园管理工作，具有服务国家、服务人民的社会责任感和使命感”，这是对幼儿园园长工作态度的要求；“践行职业道德规范，立德树人，关爱幼儿，尊重教职工，为人师表，勤勉敬业，公正廉洁”，这是对幼儿园园长职业道德的规定。

（二）幼儿为本

《标准》强调“坚持幼儿为本的办园理念，把促进幼儿快乐健康成长作为幼儿园工作的出发点和落脚点，让幼儿度过快乐而有意义的童年”，这是对幼儿园园长办园理念的阐述；“面向全体幼儿，平等对待不同民族、种族、性别、身体状况及家庭状况的幼儿；尊重个体差异，提供适宜教育，促进幼儿富有个性地全面发展；树立科学的儿童观与教育观，使每个幼儿都能接受有质量的教育”，这是对幼儿园园长教育理念的指导。

（三）引领发展

《标准》强调“园长作为幼儿园改革与发展的带头人，担负引领幼儿园和教师发展的重任。把握正确办园方向，坚持依法办园，建立健全幼儿园各项规章制度，实施科学管理、民主管理，推动幼儿园可持续发展；尊重教师专业发展规律，激发教师自主成长的内在动力”，这是对幼儿园园长核心工作的综述。

（四）能力为重

《标准》强调“秉承先进教育理念和管理理念，突出园长的领导力和执行力”，这是对幼儿园园长领导能力的阐述；“不断提高规划幼儿园发展、营造育人文化、领导保育教育、引领教师成长、优化内部管理和调适外部环境等方面的能力”，这是对幼儿园园长实际工作能力的描述；“坚持在不断的实践与反思过程中，提升自身的专业能力”，这是对幼儿园园长反思能力的要求。

（五）终身学习

《标准》强调“牢固树立终身学习的观念，将学习作为园长专业发展、改进工作的重要途径，优化专业知识结构，提高科学文化艺术素养；与时俱进，及时了解国内外学前教

---

① 王小英．幼儿园园长的三种角色与六项专业职责：对《幼儿园园长专业标准》内容框架的解读［J］．幼儿教育（教育科学），2015（10）．

育改革与发展的趋势”，这是对幼儿园园长自身专业发展的指引；“注重学习型组织建设，使幼儿园成为园长、教师、家长与幼儿共同成长的家园”，这是对幼儿园园长专业引领工作的要求。

二、专业要求

《标准》对幼儿园园长提出的专业要求，包括六个模块、三个维度、六十个专业要求，六个模块分别为规划幼儿园发展、营造育人文化、领导保育教育、引领教师成长、优化内部管理、调适外部环境，三个维度分别为专业理解与认识、专业知识与方法、专业能力与行为。

（一）规划幼儿园发展

1. 专业理解与认识

《标准》提出三个专业要求：一是“坚持学前教育的公益性、普惠性，充分认识学前教育对幼儿身心健康、习惯养成、智力发展具有重要意义”。这里的“公益”界定为公共的利益。学前教育作为教育的重要组成部分，具有教育事业的基本属性，具有公益性。而“普惠”是指形成惠及全民的公平教育，努力构建覆盖城乡、布局合理的学前教育公共服务体系，保障适龄儿童接受基本的、有质量的学前教育。二是“重视幼儿园发展规划的制定和实施，凝聚教职工智慧，建立共同发展愿景，明确发展目标，形成办园合力”。幼儿园发展规划指的是通过幼儿园共同体成员的努力，系统地分析幼儿园所处的环境和原有工作基础，确立幼儿园办园方向和发展目标，并找到幼儿园优先发展的项目后制定相应的行动计划，促进幼儿园挖掘自身潜在资源，提高幼儿园管理效能和幼儿园教育质量的一整套策略。三是“尊重幼儿教育规律，继承优良办园传统，立足幼儿园实际，因地制宜办好幼儿园”。制定和实施幼儿园发展规划一定要立足以幼儿为本，遵循幼儿教育规律，树立科学的儿童观和教育观，立足幼儿园实际，继承幼儿园的优良办园传统，使每个幼儿都能接受高质量的教育。

【历年真题】

【11.11】孙某和张某共同举办了一家具有法人资格的幼儿园，由张某担任园长，该幼儿园的法人代表是（　　）。

A. 张　　B. 孙　　C. 孙和张　　D. 教职工大会

【解析】正确答案 A。《中华人民共和国民办教育促进法》第二十二条规定，民办学校的法定代表人由理事长、董事长或者校长担任。本题中，张某担任园长，故张某为该幼儿园的法定代表人。

2. 专业知识与方法

《标准》提出三个专业要求：一是“掌握国家的教育方针和相关的法律法规，熟悉

《幼儿园工作规程》《幼儿园教育指导纲要（试行）》《3～6 岁儿童学习与发展指南》等学前教育的相关政策”。了解关于幼儿园园长素质的三个文件即《关于开展幼儿园园长岗位培训工作的意见》《全国幼儿园园长任职资格、职责和岗位要求（试行）》《幼儿园园长专业标准》，了解国家对幼儿园的和园长的要求。二是“了解国内外学前教育改革发展的基本趋势，学习优质幼儿园的成功经验”。加强学前教育政府主导，追求学前教育全面普及，关注学前教育起点公平，保障学前教育优质发展，提高学前教育师资水平，推进学前教育保教合一。三是“掌握幼儿园发展规划制定、实施与测评的理论、方法与技术”，如有限理性理论、内源发展理论、新公共管理理论等与幼儿园发展规划相关的理论，以及态势分析法、标杆分析法等幼儿园发展规划的主要方法。

3. 专业能力与行为

《标准》提出四个专业要求：一是“把握幼儿园发展现状，分析幼儿园发展面临的问题和挑战，形成幼儿园发展思路”。幼儿园常见的问题有新教师缺乏入职训练、教学特色不够显著、园舍有待完善、课程设置落后、家长学校有待开发、教师自主学习能力弱、后勤保障服务制度不健全等，需根据常见问题确定幼儿园的发展思路。二是“组织专家、教职工、家长、社区人士等多方力量参与制定幼儿园发展规划”。建立以园长为核心的幼儿园领导班子，组织幼儿园中层干部、专家、教职工、家长，共同参与幼儿园发展规划。三是“依据发展规划指导教职工制订并落实学年、学期工作计划，提供人、财、物等条件支持”。做好幼儿园发展规划经费的合理安排是实现幼儿园发展的重要保障。四是“监测幼儿园发展规划实施过程与成效，根据实施情况修正幼儿园发展规划，调整工作计划，完善行动方案”。通过对幼儿园发展规划实施进程进行监测，能够清楚地把握各个项目的进展情况，及时发现规划实施过程中遇到的各种问题，和教职工一起分析问题产生的原因，进行有针对性的指导和支持。

（二）营造育人文化

1. 专业理解与认识

《标准》提出三个专业要求：一是“把文化育人作为办园的重要内容与途径，促进幼儿体、智、德、美各方面的协调发展”。幼儿园文化是由幼儿园领导、教师、职工以及幼儿在环境创设、保育教育、内部管理、家长工作、科研教学等各个领域的相互作用中共同创造出来的，并为幼儿园全体成员所拥有和认同的各种文化形态的总和。幼儿园园长应该把文化育人作为办园的重要内容与途径，使幼儿在文化的影响下，在德、智、体、美各方面得到全面的发展，培养健全人格，为其一生的发展奠定良好的基础。二是“重视幼儿园文化潜移默化的教育功能，将中华优秀传统文化融入幼儿园文化建设”。幼儿园文化建设有助于提高幼儿园领导者的文化意识，更新观念，促进幼儿园加强软硬件建设，提高文化品位；有助于强化管理，提高管理水平，培养高素质的领导者。弘扬中华民族精神，无疑是中国任何一所幼儿园在办园过程中的价值追求。幼儿园育人文化的营造，需要坚守中华优秀传统文化，将其融入幼儿园的文化建设，并根据现实需要适时创新。三是“将尊重和关爱师幼、体现人格尊严、感受和谐快乐作为幼儿园育人文化建设的核心，陶冶幼儿情操、启迪幼儿智慧”。要把握幼儿园育人文化建设的核心，把幼儿园育人文化的对象界定为尊重和关爱师幼，把幼儿园育人文化的取向定位为人格的尊严，把幼儿园育人文化的目标指向为感受和谐和快乐，并以和谐快乐为价值取向营造育人文化，陶冶幼儿情操、启迪幼儿智慧，这是幼儿园园长必须具有的专业理念。

【考点拓展】

【11.12】 幼儿园园长应重视幼儿园文化潜移默化的教育功能，将（　　）融入幼儿园文化建设。

A. 中华优秀传统文化　　B. 世界各国的文化

C. 传统家教家风　　D. 各民族的特色文化

【解析】 正确答案 A。《标准》中“营造育人文化”部分强调将中华优秀传统文化融入幼儿园文化建设。

2. 专业知识与方法

《标准》提出三个专业要求：一是“具备一定的自然科学、人文社会科学知识，具有良好的品德和艺术修养”。作为幼儿园园长，营造育人文化应具备宽广的知识背景，博闻强识，具体而言，应具备一定的自然科学知识和人文社会科学知识，还要具备良好的艺术修养，对音乐、舞蹈、绘画、雕塑、文学、戏剧等艺术形式具有较强的欣赏、感受、认知和表现能力，同时，幼儿园园长必须德高望重，将爱心、热心无私奉献给幼儿，廉洁治园，率先垂范，以身作则，说到做到。二是“了解幼儿园文化建设的基本理论，掌握促进优秀文化融入幼儿园教育的方法和途径”。幼儿园文化建设应遵循“以文化人”原则，遵循继承与创新相统一的原则。坚持社会主义核心价值观，以教育方针为指导，因地制宜，科学合理地利用当地文化建设，并处理好继承传统与适时创新之间的关系。三是“掌握幼儿身心发展特点，理解和欣赏幼儿的特有表达方式”。“以幼儿发展为本”是幼儿园教育的突出特点，这就要求园长在经营幼儿园文化时，要面向幼儿天性，照顾个性，全面地认识了解幼儿，以幼儿为主体，给幼儿充分的空间，理解并欣赏幼儿的表达方式，营造幼儿园育人文化。

3. 专业能力与行为

《标准》提出四个专业要求：一是“营造体现办园理念的自然环境和人文环境，形成积极向上、宽容友善、充满爱心、健康活泼的园风园貌”。幼儿园的自然环境主要是指园内的花草、树木等自然景物，亭台楼阁、走廊、假山、攀岩区、戏水区、玩沙池、游泳池等具有相对长期性、稳定性的建筑设施，以及自然角、养殖区等以植物、动物为教育主题的室内外自然区域。幼儿园的人文环境是指通过幼儿园的规章制度，墙壁、屋顶等空间的文化成果展示，各种保教活动的开展，全园师幼员工的观念、生活方式、行为方式和人际关系所反映出来的氛围情境。幼儿园园长要带领全体教职工以幼儿园办园理念为指导，在条件允许之下，营造恰当的自然环境和人文环境。环境的营造不仅要在物的布置方面精心设计，用心实施，细心维护，让办园理念在各个细节之处得到体现，让环境会说话，更要在日常的保教活动和管理工作中利用好上述的物质环境布置，做细、做实、做好、做精，使制度文化的建设和精神文化的营造相得益彰，形成积极向上、宽容友善、充满爱心、健康活泼的园风园貌。二是“营造陶冶教师和幼儿情操的育人氛围，向教师推荐优秀的精神文化作品和幼儿经典读物，防范不良文化的负面影响”。利用已有的优秀文化作品，尤其是倡导阅读，向教师推荐优秀的文化作品和幼儿经典读物，是营造陶冶教师和幼儿情操的育人氛围的最重要的途径。三是“根据幼儿身心发展特点和接受能力，将爱学习、爱劳动、爱祖国教育融入幼儿园一日生活和游戏活动之中”。应以幼儿园办园理念为指导，积极组织相关活动。四是“凝聚幼儿园文化建设力量，鼓励幼儿积极参与，发挥教师的主导作用，鼓励社会（社区）和家庭参与幼儿园文化建设”。幼儿是幼儿园的主体，幼儿园一切活动的开展、一切工作的进行，都要以幼儿的健康发展、快乐成长为宗旨。幼儿园园长应尊重和关爱师幼，多渠道、多方式地发挥教师的主导作用，鼓励社会（社区）积极参与幼儿园文化建设，对其中的教育资源积极进行开发和利用，鼓励家长参与，重视家长力量的开发和充分利用。

（三）领导保育教育

1. 专业理解与认识

《标准》提出三个专业要求：一是“坚持保教结合的基本原则，把幼儿的安全与健康放在首位，对幼儿发展有合理期望”。幼儿园园长落实保教结合的原则，要把幼儿的安全与健康放在幼儿园一切工作的首位，领导幼儿园精心设计幼儿一日生活的各个环节，将保教结合具体落实到日常生活、教学活动以及游戏活动等各项活动当中。二是“珍视游戏和生活的独特价值，尊重和保护幼儿的好奇心和学习兴趣，重视幼儿良好的学习品质培养。将人际交往和社会适应作为幼儿良好社会性发展的重要内容。不得以任何形式提前教授小学内容，防止和克服幼儿园教育‘小学化’倾向”。幼儿的学习具有自身的特点，理解幼儿学习的特点，珍视游戏和生活的独特价值，是幼儿园园长应具备的现代教育理念。对于学前儿童来说，学习品质主要是包括“好奇心与学习兴趣”“主动性”“坚持与专注”“想象与创造”“反思与解释”。学习品质是有效学习的动力源泉，需要教师在一日生活的各种活动中培养。所谓对幼儿学习与发展的合理期待，实质就是幼儿学习与发展的合理目标。对幼儿发展要抱有合理的期望就是要摒弃幼儿园教育“小学化”的倾向。三是“尊重教师的保育教育经验和智慧，积极推进保育教育改革”。“保”就是保护幼儿的健康，“教”就是幼儿园的教育教学。幼儿园不仅有教育，还有保育，幼儿园保育工作和教育工作都具有重要地位，两者应有机结合，相互渗透，共同为幼儿一生的健康成长奠定基础。

【考点拓展】

【11.13】幼儿园园长应坚持保教结合的基本原则，把幼儿（　　）放在首位，对幼儿发展有合理期望。

A. 道德教育　　B. 游戏活动　　C. 安全与健康　　D. 人际交往

【解析】正确答案C。《标准》中“领导保育教育”部分强调把幼儿的安全与健康放在首位。

2. 专业知识与方法

《标准》提出三个专业要求：一是“掌握国家关于幼儿不同年龄阶段的发展目标和幼儿园保育教育目标”。幼儿园保育教育目标见《幼儿园工作规程》，幼儿不同年龄阶段的发展目标见《3～6岁儿童学习与发展指南》。二是“熟悉幼儿园环境创设、幼儿园一日生活、游戏活动等教育活动组织与实施的知识和方法”。幼儿园环境包括物质环境、心理环境和文化环境三个方面。物质环境是教师与幼儿活动的物质条件和基础，文化环境反映了幼儿园的精神和特色。幼儿园一日生活包括入园和离园、自由游戏、教育活动、生活活动和户外活动等五类基本活动。幼儿园教育活动的组织形式主要有集体活动、小组活动和个别活动。三是“了解国内外幼儿园保育教育的发展动态和改革经验，了解教育信息技术在幼儿园管理和保育教育活动中应用的一般原理和方法”。了解并研究国内外幼儿园保育教育发展的新动态，有助于园长开阔视野、把握学前教育的方向，而借鉴国内外保教改革的经验，如蒙台梭利教育模式、高瞻课程模式、方案教学、瑞吉欧教育方案等，可以促进我国幼儿园保育教育的课程改革。同时，园长应重视信息技术的使用，并关注其在幼儿园保教活动中的应用和影响，促进保教活动质量的提高。

3. 专业能力与行为

《标准》提出四个专业要求：一是“落实国家关于保育教育的相关规定，立足本园实际，组织制定并科学实施保育教育活动方案”。园长应认真执行国家关于幼儿园保育教育的有关规定和政策，如《国家中长期教育改革和发展规划纲要（2010－2020年）》《幼儿园工作规程》《幼儿园教育指导纲要（试行）》《幼儿园管理条例》《3～6岁儿童学习与发展指南》《幼儿园教师专业标准（试行）》等文件中都有关于幼儿园保育教育的规定。此外，园长还应结合本人实际，制定幼儿园保教工作规划，有目的、有计划、有步骤地开展保教活动。二是“具备较强的课程领导和管理能力，指导幼儿园教师根据每个幼儿的发展需要，制定个性化的教育方案，组织开展灵活多样的教育活动”。幼儿园园长课程领导和管理的任务包括构建幼儿园课程愿景、建构课程领导团队及运作体系、营造合作的课程文化、促进教师的专业化成长等。三是“建立园长深入班级指导保育教育活动制度，利用日常观察、观摩活动等方式，及时了解、评价保育教育状况并给予建设性反馈”。园长要深入班级指导保教活动，监控保教实施，建立一套科学系统、可操作的评价机制，保证保教质量。四是“领导和保障保育教育研究活动的开展，提升保育教育水平”。园长应尊重全体教师的教学经验和智慧，善于听取教师的意见和建议，尊重教师的个体差异，鼓励教师把日常保教与研究结合起来，不断实现专业化成长。

（四）引领教师成长

1. 专业理解与认识

《标准》提出三个专业要求：一是“尊重、信任、团结和赏识每一位保教人员，促进保教人员的团结合作”。园长应深刻认识教师的价值，意识到建设一支优良的专业化的师资队伍对顺利开展幼儿园保教工作的重要意义，要尊重老师的人格，信任教师的能力，赏识与鼓励每一位老师，消除教师之间的过度竞争，构建合理型的教师文化，促进全员教师团结合作。二是“重视园长在教师专业发展过程中的引领作用，积极创设条件，激励教师的专业发展”。园长在教师专业成长中应成为教师专业发展的支持者，为教师专业发展提供培训、观摩、研讨、技能展示等各种支持；同时，也要成为教师专业发展的引领者，以积极的态度，引领教师对自身专业成长的关注和重视，对教师专业发展的现状以及未来有精确的认识；还要成为教师专业发展的先行者，善于不断学习，不断更新自身的教育理念，从而更好地帮助和引领教师的专业发展。三是“具有明确的建立教师专业发展共同体的意识”。教师专业发展共同体是基于对教育事业的使命感、责任感和自身的责任心，以教师自愿为前提，以“分享、合作、发展”为核心精神，以专业理想为纽带，以解决教育教学实践中面临的普遍性、典型性问题为基础，以促进教师个体、教师整体发展为目的，在相互协作的过程中形成的一种关系的联结①。园长应积极支持和鼓励教师间的合作共赢，并将这种观念渗透在教师的各种专业活动中，使教师能够从专业发展共同体中受益。

2. 专业知识与方法

《标准》提出三个专业要求。一是“把握保教人员的职业素养要求，明确幼儿园教师的权利和义务”。《幼儿园教师专业标准（试行）》明确指出，幼儿教师需要具备专业理念、专业知识和专业能力三个方面的素质，而依据《中华人民共和国教师法》的规定，教师应享有物质待遇的保障权、教育教学及科研的自主权、民主管理的参与权、进修与培训机会等权利，并应履行遵守职业道德、为人师表、认真完成教育教学任务、保障学生权利等义务。园长可根据上述法律文件制定幼儿园教师权利义务的相关条例，以便更好地保障教师

① 刘雪飞．“有机团结”理论与教师专业共同体建构［J］．教育发展研究，2007（6）：60-62.

的权利，督促教师履行应尽的义务。二是“熟悉幼儿园教师专业发展各阶段的规律和特点，掌握指导教师开展保育教育实践与研究的方法”。入职教师的专业成长划分为四个阶段：求生阶段（任职第一、二年），巩固阶段（任职第三、四年），更新阶段（任职第四、五年）和成熟阶段（任职第四、五年以后）①。园长应熟知教师入职、成长、提高等不同阶段专业发展的规律和特点，并据此有针对性地指导和帮助教师完成不同阶段的专业发展任务，指导教师加强专业理论学习，有效地实施教育活动，进行观察与反思，开展课题研究工作。三是“掌握园本教研、合作学习等学习型组织建设的方法以及激励教师主动发展的策略”。学习型组织是人们为了创造自己真心渴望的成绩而持续努力，产生各种开阔的新思想，并使集体的愿望得到释放，促进团队成员不断共同学习的组织模型。园长在充分了解学习型组织的前提下，应着力打造学习型的园所环境，建立健全组织学习机制，唤醒教师专业发展的自主意识，创造教师专业发展的良好氛围，赋予教师专业发展的自主权利，充实和提高教师的专业能力，促成团队成员共同提高和进步。

3. 专业能力与行为

《标准》提出四个专业要求：一是“了解教师专业发展的需求，鼓励支持教师积极参加在职能力提升培训，为教师创造并提供专业发展的条件和环境”。园长要了解教师在专业知识与技能、专业经验与能力等方面的专业发展需求，有针对性地选择适合教师的培训模式，为教师创造并提供专业发展的条件和环境。二是“建立健全教师专业发展激励和评价制度，构建教研训一体的机制，落实每位教师五年一周期不少于360学时的培训要求”。园长应建立起教育教学实践、研究与培训紧密结合、相互促进的“教研训”一体化机制，加大对教师专业发展的投入，为教师专业发展提供时间上的保障和物质条件的支撑。健全教师专业发展的激励和评价的制度，支持和鼓励教师在专业上有所作为，对教师的专业态度、专业知识以及专业能力的发展做出客观的评价，为进一步改进提供依据，全面提高教师的专业素质。三是“培养优良的师德师风，落实教师职业道德规范要求和违反职业道德行为处理办法，引导支持教师坚定理想信念、提高道德情操、掌握扎实学识、秉持仁爱之心，不断提升教师的精神境界。增强保教人员法治意识，严禁歧视、虐待、体罚和变相体罚等损害幼儿身心健康的行为”。师德是教师在长期的教育教学实践中形成的比较稳定的道德观念、行为规范和道德品质的总和。园长应重视和加强师德建设，建立师德规范的相关制度，严禁保教人员的失范行为。四是“维护和保障教职工合法权益和待遇，关爱教职工身心健康，建立优教优酬的激励制度”。园长要根据《幼儿园工作规程》和《全国幼儿园园长任职资格、职责和岗位要求（试行）》等文件的要求，维护教师权益，关爱教师健康，并建立优教优酬的教师激励机制，调动教师工作的积极性、主动性和创造性。

① 陈琴，庞丽娟，许晓辉. 论教师专业化［J］. 高等师范教育研究，2002（6）：26-32.

【历年真题】

【11.12】幼儿园园长应重视教师专业能力的培养，落实每位教师五年一周期不少于（ ）学时的培训要求。

A. 216　　B. 360　　C. 504　　D. 648

【解析】正确答案B。《标准》中“引领教师成长”部分强调落实每位教师五年一周期不少于360学时的培训要求。

（五）优化内部管理

1. 专业理解与认识

《标准》提出三个专业要求：一是“坚持依法办园，自觉接受教职工、家长和社会的监督”。幼儿园园长要了解《民法》《教育法》《未成年人保护法》《幼儿园工作规程》《幼儿园管理条例》等与办园相关的法律法规，建立和健全“园长全面负责，党组织保证监督，教代会民主管理”的管理体制，自觉接受教职工、家长和社会的监督。二是“崇尚以德治园，注重园长榜样示范、人格魅力、专业引领在管理中的积极作用”。园长要以德治园，搞好师德建设，在专业引领上也要成为教师的表率。三是“尊重幼儿园管理规律，实行科学管理与民主管理”。园长应尊重幼儿园管理与社会政治经济文化发展相一致、封闭与开放相统一、民主与集中相统一、全面安排与突出保教重点相统一、科学管理与民主管理相统一等规律，以科学的理论为指导，遵循幼儿发展、教育、教学和管理的规律，保证幼儿园每天正常高效运作。

【历年真题】

【11.13】某幼儿园教师钱某实名举报丁园长的违法乱纪行为，园长知晓后，招来社会人员殴打钱某，导致钱某受伤，对园长的行为应依法（ ）。

A. 给予行政处罚　　B. 追究刑事责任

C. 给予其行政处分　　D. 追求其治安责任

【解析】正确答案B。《中华人民共和国刑法》第二百三十四条规定，故意伤害他人身体的，处三年以下有期徒刑、拘役或者管制。

2. 专业知识与方法

《标准》提出三个专业要求：一是“掌握国家对幼儿园管理的法律法规、政策要求和园长的职责定位”。园长要掌握《幼儿园管理条例》《幼儿园工作规程》《幼儿园教育指导纲要（试行）》《托儿所幼儿园卫生保健管理办法》《关于幼儿园教育改革和发展的指导意见》《国家中长期教育改革和发展规划纲要（2010—2020年）》《国务院关于当前发展学前教育的若干意见》《3～6岁儿童学习发展指南》《中国儿童发展纲要（2011—2020年）》等有关幼儿园管理的法律法规。其中，《幼儿园管理条例》《幼儿园工作规程》对幼儿园园长职责做了明确的规定。二是“熟悉幼儿园管理的基本知识，了解国内外幼儿园管理的先进经验”。幼儿园园长在熟悉幼儿园管理的基本知识的同时，还需要了解一下如意大利的瑞吉欧管理模式、美国的幼儿园目标管理模式和日本的“五常”管理模式等国外的先进管理经验。三是“掌握幼儿园园舍规划、卫生保健、安全保卫、教职工管理、财务资产等管理方法与实务”。幼儿园管理的基本知识包括卫生保健、安全保卫、教职工管理、财务资产管理等内容，园长必须储备这些方面的知识，掌握这些方面的管理方法与实务。

3. 专业能力与行为

《标准》提出四个专业要求：一是“形成幼儿园领导班子的凝聚力，认真听取党组织对幼儿园重大决策的意见，充分发挥党组织的政治核心作用”。园长应对幼儿园领导班子进行组织建设，凝聚幼儿园领导班子，优化幼儿园干部，加强党支部建设，发挥党组织的作用，这也是衡量一所幼儿园整体凝聚力和竞争力的关键所在。二是“建立健全幼儿园管理的各项规章制度，严格落实教师、保育员、保健医、保安、厨师等岗位职责，提高幼儿园管理规范化、科学化水平”。幼儿园园长应带领幼儿园的全体老师做到不断反思幼儿园的内部管理，规范园内管理，健全规章制度，完善管理机制，落实教职工职位职责，提高幼儿园管理水平。三是“建立教职工大会或教职工代表会议制度，推行园务公开，尊重和保障教职工参与幼儿园管理的民主权利，有条件的幼儿园可根据需要建立园务委员会”。幼儿园应建立教职工会议制度，完善民主科学决策，保障教职工民主权利，建立园务委员会加强领导，完善制度，强化监督，为园务公开提供组织保障。四是“建立和完善幼儿园应急机制，制定相应预案，定期实施安全演练，指导教职工正确应对和妥善处置各类自然灾害、公共卫生、意外伤害等突发事件”。幼儿园园长要建立完善的应急机制，如处置群体性或个体重大突发事件、被盗事件、食物中毒事件、溺水和触电事故等应急机制，妥善处理突发事件，并定期实施安全演练，提高安全意识。

（六）调适外部环境

1. 专业理解与认识

《标准》提出三个专业要求：一是“充分认识家庭是幼儿园重要的合作伙伴，积极争取家长的理解、支持和主动参与，促进家园共育”。幼儿园与家庭的合作，主要是幼儿园与家庭各自发挥独特的作用，互相配合，共同促进幼儿发展而进行的联合活动。幼儿园发展是幼儿园与家庭的共同责任，应以尊重和平等为互动的基本原则。二是“重视利用自然环境和社会（社区）的教育资源，扩展幼儿生活和学习的空间”。幼儿园应利用贴近幼儿生活的自然资源来开展教育，遵循幼儿的天性，尊重幼儿期的特殊性，促进幼儿的学习与发展。而社区教育资源也是幼儿园开展教育活动的必要条件，利用社区教育资源是园长的一项主要的专业职责。三是“注重引导幼儿适当参与社会生活，丰富生活经验，发展社会性”。幼儿园应重视社会生活的教育价值，积极挖掘周边社区教育资源，开展社会实践活动，遵循因地制宜原则和资源共享的原则，将幼儿园与社会教育力量整合起来。

2. 专业知识与方法

《标准》提出三个专业要求：一是“掌握幼儿园与家长、相关社会机构及部门有效沟通的策略与方法”。专业的园长应与政府相关部门、教职工、家长以及社区有关人士进行沟通。充分的沟通既可以促进幼儿园园长调适外部环境，又可提高教师、家长及社会有关人士参与幼儿园管理的积极性，使教师、家长增强信心，积极主动地为幼儿园的发展献计献策，使幼儿园管理工作更富有成效。二是“熟悉社会（社区）教育资源的功能与特点”。幼儿园园长要熟悉社会（社区）自然资源、人力资源、物质资源等教育资源，还要熟悉各级各类社会服务机构的功能，与其建立良好的合作关系，建立互动机制，利用各级社会服务机构所提供的教育资源促进幼儿的全面发展。三是“指导教师了解幼儿家庭教育的基本情况，掌握家园共育的知识与方法”。幼儿园园长应掌握家园合作的基本知识，把幼儿作为家园合作的核心，家园双方保持积极主动的合作态度，使幼儿在园学习的经验能够在家庭中得以延续、巩固甚至发展，并吸引家长主动参与幼儿园的教育工作。

3. 专业能力与行为

《标准》提出四个专业要求：一是“建立幼儿园对外合作与交流机制，开放办园，形成幼儿园与家庭、社会（社区）及园际间的良性互动”。幼儿园应与政府、社区、家庭之间建立合作与交流关系，专业的园长必须将家长工作列入幼儿园议事日程，将家长工作放到与保教工作同样重要的地位，通过家长工作和建立家长组织实现幼儿园与社区的联系，并通过“走出去，请进来”两种途径实现，让家长和社区人员参与幼儿园工作。二是“面向家庭和社会（社区）开展公益性科学育儿的指导和宣传，利用家长学校、家长会、家长开放日等形式，帮助家长了解幼儿园保教情况。开展家庭教育指导，注重通过多种途径，转变家长教育观念，提高家长科学育儿能力”。幼儿园鼓励和引导家长直接或间接地参与幼儿园的教育的形式很多，主要包括家庭访问、个别交谈、家教咨询、家庭联系本、电话等个别形式，以及家长委员会、家长座谈会、经验交流会、家长学校、科学育儿报告会、家长开放日、宣传栏、展览台、微信群或 QQ 群等集体形式。三是“加强幼儿园与社会（社区）的联系，利用文化、交通、消防等部门的社会教育资源，丰富幼儿园的教育活动”。每个幼儿园的社区教育资源都有一些独特的特征，幼儿园园长需要根据活动需要，利用周边的社区教育资源，使得全园的教育活动更有吸引力，更能满足幼儿的兴趣和需要。四是“引导家长委员会及社会有关人士参与幼儿园教育、管理工作，吸纳合理建议”。社区有关人士具有不同的文化素质、职业背景、育儿经验，是幼儿园外部资源的主要来源之一。幼儿园可以邀请社区公安、消防、交通等相关人员参与其中，也可以争取社区热心人士的支持，共同促进幼儿的健康成长。

三、实施建议

《标准》是教育部出台的重要文件之一。《标准》的出台，对于推进幼儿园园长的专业发展具有重要的指导意义，将成为制订幼儿园园长任职资格标准、培训课程标准、考核评价标准的重要依据。《标准》适用于国家和社会力量举办的幼儿园正、副职园长。

从长远来看，《标准》颁布之后，要在更广范围内发挥更大效力，接下来应更加关注《标准》的实施层面，即如何借助《标准》促进园长的专业发展，进而促进学前教育的发展。

本章小结

《专业标准》的基本理念是“师德为先、幼儿为本、能力为重、终身学习”；其基本内容包括“专业理念与师德、专业知识、专业能力”三个维度，以及“职业理解与认识、对幼儿的态度与行为、幼儿保育和教育的态度与行为、个人修养与行为、幼儿发展知识、幼儿保育和教育知识、通识性知识、环境的创设与利用、一日生活的组织与保育、游戏活动的支持与引导、教育活动的计划与实施、激励与评价、沟通与合作、反思与发展”等十四个领域，以及“贯彻党和国家教育方针政策，遵守教育法律法规”等六十二个基本要求。《标准》提出的办学理念是“师德为先、幼儿为本、引领发展、能力为重、终身学习”；提出了“规划幼儿园发展、营造育人文化、领导保育教育、引领教师成长、优化内部管理、调适外部环境”等六个方面的专业职责，以及“坚持学前教育的公益性、普惠性，充分认识学前教育对幼儿身心健康、习惯养成、智力发展具有重要意义”等六十个专业要求。

学习资源

1. 教育部教育工作司．幼儿园教师专业标准（试行）解读［M］．北京：北京师范大学出版社，2013.

2. 柳海民．《幼儿园园长专业标准》解读［M］．北京：北京师范大学出版社，2016.

3. 李麦浪．幼儿园教师治班之道［M］．北京：中国轻工业出版社，2012.

4. 杜长娥，徐钧．破解幼儿园教师的 90 个工作难题［M］．北京：中国轻工业出版社，2019.

5. 苏晓芬，张晓娟，吴丽瑛. 破解幼儿园园长的50个管理难题［M］. 北京：中国轻工业出版社，2019.

6. 易凌云. 幼儿园园长专业标准的构建原则与基本内容［J］. 学前教育研究，2014（5）：30-36.

第十二章

幼儿园的保育与教育

知识结构图

- 幼儿园的保育与教育
  - 《3~6岁儿童学习与发展指南》
    - 《指南》的基本理念与意义
    - 《指南》的内容与要求
      - 结构
      - 内容与要求
  - 《幼儿园教育指导纲要（试行）》
    - 总则
    - 教育内容与要求
      - 目标
      - 内容与要求
      - 指导要点
    - 组织与实施
    - 教育评价
  - 《托儿所幼儿园卫生保健工作规范》
    - 修订背景
    - 内容与要求
      - 卫生保健工作职责
      - 卫生保健工作内容与要求
      - 新设立托幼机构招生前卫生评价

学习目标

- 了解《3～6 岁儿童学习与发展指南》（简称《指南》）、《幼儿园教育指导纲要（试行)》(简称《纲要》)、《托儿所幼儿园卫生保健工作规范》(简称《规范》)的制定背景及意义。

- 理解《指南》《纲要》《规范》的内容与要求。
- 能够运用《指南》《纲要》《规范》的相关要求和精神解决教育实践中的问题。

学习重点

了解教育部制定和出台《指南》《纲要》《规范》的背景和意义，掌握《指南》《纲要》《规范》的主要内容和要求，并能将这些法规应用于教育实践中，以有效解决教育实践问题。

学习建议

《纲要》的颁布，标志着我国幼儿园教育进入了一个新阶段。《指南》由教育部制定，是学前教育领域继《纲要》之后的又一纲领性文件。可以根据健康、语言、社会、科学、艺术五大领域的目标—年龄阶段典型性表现—内容与要求(《指南》中为教育建议)—指导要点(在实施时应注意的问题)的思路归纳这两个纲领文件的精神实质及教育要求。关于《规范》，可以根据修订背景—内容与要求的思路学习和掌握。

问题情境

这是幼儿的真需要吗?①

在我刚走上保教管理岗位不久，有一天上午我走进了大班，打算观察幼儿美工区游戏和师幼互动情况。在观察的过程中，我意外地发现老师在美工区投放了一整本简笔画，这本简笔画是用来做什么的呢?

活动区小结之后，我询问了两位老师在美工区投放一本简笔画的意图。听完老师讲述，我便像往常一样，建议多引导幼儿观察、欣赏自然事物，帮助孩子在充分体验基础上逐步建构经验，在日常教学活动与区域游戏中尽量减少让孩子临摹简笔画，也是落实《3～6 岁儿童学习与发展指南》精神的体现。

听着我跟老师们在讨论，旁边一个刚喝完水的小女孩跑了过来，她看起来十分生气，大声对我说:“尹老师，我不喜欢你!因为你要让老师拿走这本简笔画。如果拿走了，我们就不会画了!”看着小姑娘着急的表情和愤怒的眼神，我一下子有点慌，难道孩子们就喜欢照着画吗?我的情绪跌落到了谷底，满怀教育理想的拳拳之心蒙上了一层灰。再看看

① 尹荣. 这是幼儿的真需要吗?[J]. 学前教育，2019 (2): 1.

其他正在喝水的孩子，他们也投来了同样的目光。我内心的挫败感愈发强烈了……镇定片刻后，我按捺住了内心的情绪，和老师商量决定先“尊重”幼儿们的“需要”，暂时将这本简笔画保留在美工区。

难道是我做错了？为什么孩子对此事反应如此强烈？为什么教育理念与幼儿发展之间会有这样的落差？

《纲要》指出，教师应成为幼儿学习活动的支持者、合作者、引导者。《指南》强调，幼儿绘画时，不宜提供范画，特别不应要求幼儿完全按照范画来画。作为幼儿教师，应如何践行专业理念，创新教育行为？带着这样的问题，我们进入本章内容的学习。

第一节 《3～6岁儿童学习与发展指南》

2012年由教育部颁布的《指南》，是贯彻落实教育规划纲要和学前教育“国十条”的重要举措。教育规划纲要明确提出：遵循幼儿身心发展规律，坚持科学保教方法，保障幼儿快乐健康成长。“国十条”明确要求“国家颁布幼儿学习与发展指南”。《指南》的印发对于有效转变公众的教育观念，提高广大幼儿园教师的专业素质和家长的科学育儿能力，防止和克服“小学化”倾向，全面提高学前教育质量，具有重要意义。

一、《指南》的基本理念与意义

《指南》既适用于幼儿园教师，也适用于广大家长，操作性和实用性都很强，着重强调了以下几个方面的教育理念：

1. 幼儿是积极主动的学习者

促进幼儿学习与发展最重要的是要为幼儿创造机会和条件，注重激发和保护幼儿的求知欲和学习兴趣，调动幼儿学习的积极性和主动性，鼓励、支持和引导幼儿去主动探究和学习。

2. 珍惜童年生活的独特价值

要充分认识生活和游戏对幼儿成长的教育价值，把握蕴含其中的教育契机，让幼儿在一日生活中，在与同伴和成人的交往中感知体验、分享合作、享受快乐。

3. 尊重幼儿的学习方式和学习特点

要最大限度地满足和支持幼儿通过直接感知、实际操作和亲身体验获取经验的需要，严禁“拔苗助长”式的超前教育和强化训练。

4. 尊重幼儿发展的个体差异

幼儿的学习方式和发展速度各有不同，在不同学习与发展领域的表现也存在明显差异。孩子年龄越小，个体差异就越明显。成人不应要求孩子在统一的时间达到相同的水平，应允许幼儿按照自身的速度和方式到达《指南》所呈现的发展“阶梯”，不用一把“尺子”衡量所有幼儿。

5. 重视家园共育

强调要重视家庭教育对幼儿终身学习和发展的重要影响，倡导建立良好的亲子关系，创设平等、温馨的家庭环境，注重家长对孩子言传身教和潜移默化的影响。只有家长和幼儿园共同努力，才能有效地促进幼儿身心健康成长，否则就会事倍功半。

《指南》的出台有如下意义：

第一，贯彻落实《指南》是加强科学保教，推进学前教育管理科学化、规范化的重要举措。改革开放以来，我国学前教育事业取得了长足发展，适龄幼儿的入园机会不断扩大，幼儿园的保教质量逐步提高。教育部先后下发了《幼儿园工作规程》《纲要》等一系列重要规章制度，对有效转变广大幼儿园教师的教育观念，规范和指导幼儿园保育教育工作发挥了重要作用。面对新世纪第二个十年教育改革与发展的历史重任，党中央国务院颁布《教育规划纲要》，明确提出要把提高质量作为今后教育改革发展的核心任务，建立以提高教育质量为导向的管理制度和工作机制，这是指导今后各级各类教育管理和制度建设的总体方向和要求。《指南》正是在这样的新形势下应运而生，为教师和家长了解幼儿的身心发展水平和特点提供了更加具体、可操作的依据和指导。《指南》的下发，标志着我国学前教育管理制度的进一步健全与完善，必将促进我国学前教育管理的科学化和规范化，对于推动学前教育科学发展具有重要的历史意义。

第二，贯彻落实《指南》是提高幼儿园教师专业素质和实践能力，全面提高学前教育质量的一项紧迫任务。《指南》全面、系统地明确了3～6岁每个年龄段幼儿在各学习与发展领域的合理发展期望和目标，也对实现这些目标的具体方法和途径提出了具体、可操作的建议。正确领会和理解《指南》的理念和要求，熟知3～6岁幼儿的身心发展特点和行为表现，是对每一个学前教育工作者最基本的专业知识和实践能力要求。《指南》的出台，对全面提高广大幼儿园教师的专业素质和教育实践能力具有重要的指导意义。

第三，贯彻落实《指南》是普及科学育儿知识，防止和克服“小学化”倾向的有效手段。近些年，广大家长对学前教育重视程度不断提高，但普遍缺乏正确的教育观念和科学的引导，加上应试教育的影响和各种商业性宣传的误导，社会上信息不对称的问题越来越突出，很多家长牺牲了孩子快乐的童年生活，盲目追求“提前学习”“超前教育”，不仅让幼儿“伤”在了起跑线上，也严重干扰了幼儿园的办园方向和正常的教育教学秩序。《指南》的出台，为广大家长科学育儿提供了权威性的参考和指导，对切实转变广大家长的教育观念，提高科学育儿能力，创设有利于幼儿健康成长的良好社会环境具有重要的现实意义。

二、《指南》的内容与要求

《指南》分为说明与正文两大部分。

(一) 结构

1. “说明”部分

《指南》的“说明”部分共四条，阐释了制定《指南》的目的、作用、内容框架和实施原则。将“为幼儿后继学习和终身发展奠定良好素质基础”确定为《指南》的目的，其作用在于“通过提出 3～6 岁各年龄段儿童学习与发展目标和相应的教育建议，帮助幼儿园教师和家长了解 3～6 岁幼儿学习与发展的基本规律和特点，建立对幼儿发展的合理期望，实施科学的保育和教育，让幼儿度过快乐而有意义的童年”。内容主要从健康、语言、社会、科学、艺术五个领域描述幼儿学习与发展。《指南》阐明的应把握的四条原则是：

(1) 关注幼儿学习与发展的整体性。儿童的发展是一个整体，要注重领域之间、目标之间的相互渗透和整合，促进幼儿身心全面协调发展，而不应片面追求某一方面或几方面的发展。

(2) 尊重幼儿发展的个体差异。幼儿的发展是一个持续、渐进的过程，同时也表现出一定的阶段性特征。每个幼儿在沿着相似进程发展的过程中，各自的发展速度和到达某一水平的时间不完全相同。要充分理解和尊重幼儿发展进程中的个别差异，支持和引导他们从原有水平向更高水平发展，按照自身的速度和方式到达《指南》所呈现的发展“阶梯”，切忌用一把“尺子”衡量所有幼儿。

(3) 理解幼儿的学习方式和特点。幼儿的学习是以直接经验为基础，在游戏和日常生活中进行的。要珍视游戏和生活的独特价值，创设丰富的教育环境，合理安排一日生活，最大限度地支持和满足幼儿通过直接感知、实际操作和亲身体验获取经验的需要，严禁“拔苗助长”式的超前教育和强化训练。

【历年真题】

【12.1】下列哪一种不属于《3～6 岁儿童学习与发展指南》倡导的幼儿学习方式？(　)

A. 强化练习　　B. 直接感知　　C. 实际操作　　D. 亲身体验

【解析】本题答案 A。《指南》中的“总则”部分表明幼儿是通过直接感知、实际操作及亲身体验来获取直接经验从而获得知识的，强化练习不属于《指南》中倡导的幼儿学习的方式。故选 A。

【考点拓展】

【12.1】幼儿学习的基础是（　　）。

A. 直接经验　　B. 课堂学习

C. 间接经验　　D. 理解记忆

【解析】本题答案A。《指南》指出，“幼儿的学习是以直接经验为基础，在游戏和日常生活中进行的”。故选A。

（4）重视幼儿的学习品质。幼儿在活动过程中表现出的积极态度和良好行为倾向是终身学习与发展所必需的宝贵品质。要充分尊重和保护幼儿的好奇心和学习兴趣，帮助幼儿逐步养成积极主动、认真专注、不怕困难、敢于探究和尝试、乐于想象和创造等良好学习品质。忽视幼儿学习品质培养，单纯追求知识技能学习的做法是短视而有害的。

【历年真题】

【12.2】对幼儿学习品质的理解正确的是（　　）。

A. 活动过程中的态度和行为倾向

B. 活动过程中的学习速度

C. 活动过程中的知识积累

D. 活动过程中的道德品质

【解析】本题答案A。《指南》中要求我们要注重幼儿的学习品质，幼儿在活动过程中表现出的积极态度和良好行为倾向是终身学习与发展所必需的宝贵品质。故选A。

2.“正文”部分

《指南》主要从健康、语言、社会、科学、艺术五个领域描述幼儿学习与发展。每个领域按照幼儿学习与发展最基本、最重要的内容划分为若干方面。每个方面分为两个部分。一是学习与发展目标，分别对3～4岁、4～5岁、5～6岁三个年龄段末期幼儿应该知道什么、能做什么、大致可以达到什么发展水平提出了合理期望，共32个目标。二是教育建议，根据幼儿的学习与发展目标，针对当前学前教育普遍存在的困惑和误区，列举了一些能够有效帮助和促进幼儿学习与发展的教育途径与方法，同时也指出了错误做法对幼儿终身发展的危害，为广大家长和幼儿园教师提供了具体、可操作的指导，共87条教育建议。框架如图12-1与表12-1所示。

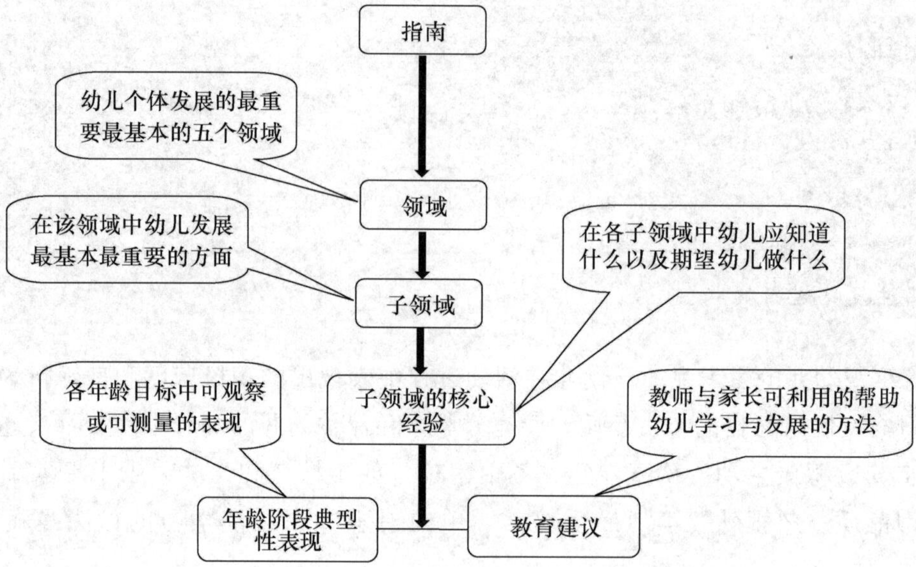

图 12－1

表 12－1 《指南》五大领域、子领域及对应具体目标图

五大领域	子领域	具体目标
健康	身心状况	1. 具有健康的体态
		2. 情绪安定愉快
		3. 具有一定的适应能力
	动作发展	1. 具有一定的平衡能力，动作协调、灵敏
		2. 具有一定的力量和耐力
		3. 手的动作灵活协调
	生活习惯与生活能力	1. 具有良好的生活与卫生习惯
		2. 具有基本的生活自理能力
		3. 具有基本的安全知识和自我保护能力
语言	倾听与表达	1. 认真听并能听懂常用语言
		2. 愿意讲话并能清楚地表达
		3. 具有文明的语言习惯
	阅读与书写习惯	1. 喜欢听故事，看图书
		2. 具有初步的阅读理解能力
		3. 具有书面表达的愿望和初步技能
社会	人际交往	1. 愿意与人交往
		2. 能与同伴友好相处
		3. 具有自尊、自信、自主的表现
		4. 关心尊重他人
	社会适应	1. 喜欢并适应群体生活
		2. 遵守基本的行为规范
		3. 具有初步的归属感

续表

五大领域	子领域	具体目标
科学	科学探究	1. 亲近自然，喜欢探索
		2. 具有初步的探究能力
		3. 在探索中认识周围事物和现象
	数学认知	1. 初步感知生活中数学的有用和有趣
		2. 感知和理解数、量及数量关系
		3. 感知形状与空间关系
艺术	感受与欣赏	1. 喜欢自然界与生活中美好的事物
		2. 喜欢欣赏多种多样的艺术形式和作品
	表现与创造	1. 喜欢进行艺术活动并大胆表现
		2. 具有初步的艺术表现与创造能力

（二）内容与要求

1. 健康领域

健康领域从幼儿身心状况、动作发展、生活习惯与生活能力三个方面，着重强调了三点：一是幼儿积极、健康的身心状况不仅是身体健康，也包括心理健康；二是身体动作和手的精细动作发展；三是具有良好的生活与卫生习惯、基本的生活自理能力和自我保护能力。建议要为幼儿提供合理均衡的营养、充足的睡眠、适宜的锻炼和有规律的生活，让幼儿充分感受到亲情和关爱，保持愉快的情绪，形成安全感和信赖感。反对成人过度保护和包办代替，养成幼儿过于依赖的不良习惯。

2. 语言领域

语言领域从倾听与表达、阅读与书写习惯两个方面，提出 6 个目标。强调语言领域重点在于培养幼儿的口语交流能力，培养幼儿的阅读兴趣、习惯以及初步的阅读理解能力。在教育建议方面，强调要积极为幼儿提供与同伴和成人交流的机会，提供丰富、适宜的低幼读物，经常和幼儿一起看图书、讲故事。强调要在生活情境和阅读活动中使幼儿萌发对文字的兴趣，反对通过机械记忆和强化训练过早识字。

【历年真题】

【12.3】一般情况下，哪个年龄段的幼儿能结合情境理解一些表示因果、假设等关系的相对复杂的句子（　　）。

A. 托班　　B. 小班　　C. 中班　　D. 大班

【解析】本题答案 D。《指南》在“语言”领域“倾听与表达”中提出“认真听并能听懂常用语言”的目标，具体对大班幼儿提出了“能结合情境理解一些表示因果、假设等关系的相对复杂的句子”的要求。故选 D。

【考点拓展】

【12. 2】教师在幼儿书写准备的指导中，不恰当的做法是（　　）。

A. 用图画和符号表达自己的愿望和想法

B. 书写自己的名字

C. 养成正确的写画姿势

D. 学习书写常见汉字

【解析】本题答案D。《指南》在"语言"领域中对幼儿提出了"具有书面表达的愿望和初步技能"的目标："愿意用图画和符号表现事物或故事；会正确书写自己的名字，写画时姿势正确。"故选D。

3. 社会领域

社会领域从人际交往和社会适应两个方面，着重强调了三点：一是培养幼儿的交往愿望与交往能力；二是学习自尊、自主和自信；三是关心和尊重他人，逐步适应群体生活，遵守基本的行为规范。建议要为幼儿创设温暖、关爱和平等的家庭和集体生活氛围，建立良好的亲子关系、同伴关系和师生关系。强调幼儿的社会性是在日常生活和游戏中通过观察和模仿潜移默化地发展起来的，成人的榜样作用至关重要。

4. 科学领域

科学领域从科学探究和数学认知两个方面，提出6个目标。强调幼儿的科学学习应注重激发幼儿的探究兴趣，体验探究过程，培养初步的探究能力；幼儿的数学学习应注重在生活和游戏中感知数学的有用和有趣，初步理解数量关系、形状与空间关系，培养初步的逻辑思维能力。在教育建议方面，强调成人要善于发现和保护幼儿的好奇心、求知欲，注重探究过程，引导幼儿通过观察、比较、操作、实验等方法，学习发现问题、分析问题和解决问题。反对提前学习小学教育内容，反对强化训练某些知识和技能。

【历年真题】

【12. 4】小班幼儿观察植物时，下列哪条目标最符合他们的发展水平（　　）。

A. 能感知到周围植物的多种多样

B. 会观察记录植物生长变化过程

C. 能察觉到植物外形特征与生存环境的反应关系

D. 能发现不同种类植物之间差异

【解析】本题答案A。《指南》提出，3～4岁小班幼儿的教育目标是：感知和发现周围物体的形状是多种多样的，对不同的形状感兴趣。故选A。

【考点拓展】

【12.3】在引导幼儿感知和理解事物“量”的特征时，恰当的做法是（　　）。

A. 引导幼儿感知常见的大小、高矮、粗细等

B. 引导幼儿识别常见食物的形状

C. 和幼儿一起手口一致点数物体，说出总数

D. 为幼儿提供按数取物的机会

【解析】本题答案A。《指南》指出，引导幼儿感知和理解事物“量”的特征时应感知常见事物的大小、多少、高矮、粗细等量的特征。故选A。

【12.4】科学活动中，教师观察到某幼儿能用数字、图表和整理自己观察到的现象，该幼儿最可能的年龄是（　　）。

A. 6岁　　B. 5岁　　C. 4岁　　D. 3岁

【解析】本题答案A。《指南》指出，5～6岁幼儿在科学领域“具有初步的探究能力”，能用数字、图画、图标或其他符号记录。故选A。

【12.5】为了让幼儿在户外活动中能一物多玩，最适宜的方法是（　　）。

A. 教师集体示范　　B. 幼儿自主探索

C. 教师分组讲解　　D. 教师逐一训练

【解析】本题答案B。“一物多玩”属于幼儿的科学探索活动，《指南》明确指出，幼儿期幼儿的思维以具体形象思维为主，科学探索活动中适宜的做法是引导幼儿通过直接感知、亲身体验和实际操作进行科学学习，而不是对幼儿进行灌输和强化训练。故选B。

5. 艺术领域

艺术领域从感受与欣赏、表现与创造两个方面，强调让幼儿学会发现和感受自然界与生活中美的事物，让幼儿欣赏多种艺术形式和作品，萌发对美的感受和体验；鼓励和支持幼儿自发的艺术表现和创造，培养初步的艺术表现能力与创造能力。在教育建议方面，着重强调要在日常生活中萌发幼儿对美的感受和体验；要充分理解和尊重幼儿的艺术想象、表现和创造，不用成人的审美标准去评判幼儿，不追求技能训练。

【历年真题】

【12.5】下列有关幼儿美术教育的做法中，不正确的是（　　）。

A. 支持幼儿表达自己对美术作品的独特感受

B. 出示范画让幼儿模仿

C. 鼓励幼儿用自己的方式表现美

D. 为幼儿的美术创作提供丰富的材料

【解析】本题答案B。此题考查的是《指南》中“艺术”领域的教育建议。《指南》中指出，尊重幼儿的兴趣和独特感受，理解他们欣赏时的行为、创造机会和条件，支持幼儿自发的艺术表现和创造、提供丰富的材料、幼儿绘画时，不宜提供范画，特别不应要求幼儿完全按照范画来画。题干要求选择不正确的指导方式，故选B。

【考点拓展】

【12.6】幼儿园艺术教育的主要目标是（　　）。

A. 发展幼儿的艺术技能

B. 培养幼儿的艺术感受和表达能力

C. 丰富幼儿的艺术知识

D. 拓展幼儿的逻辑思维能力

【解析】本题答案B。《指南》指出，“艺术”领域学习的关键在于充分创造条件和机会，在大自然和社会文化生活中萌发幼儿对美的感受和体验，丰富其想象力和创造力，引导幼儿学会用心灵去感受和发现美，用自己的方式去表现和创造美。故选B。

《指南》提供的幼儿学习与发展目标和典型表现是家长和教师观察了解幼儿的参照，但不是评价和衡量幼儿发展快与慢、好与差的“标尺”，不能简单地对照指标评判幼儿，更不能将《指南》作为分领域训练的“清单”，为追求“达标”而对幼儿进行强化训练。《指南》有助于帮助家长和教师根据每个幼儿的特点，确定适合其身心状况的合理发展目标，但《指南》中的各学习与发展目标不能简单、直接地用作幼儿园的具体教育活动目标和活动内容，应该根据幼儿的兴趣和需要，制定有针对性的活动目标，选择活动内容，提供丰富、适宜的玩教具和游戏材料，并善于把握蕴含其中的教育契机，促进每个幼儿在原有水平上的发展。要从促进幼儿全面发展的角度，理解和运用《指南》各领域的目标及要求，注重各领域之间和目标之间的相互渗透和整合，促进幼儿身心健康协调发展，绝不能片面强调和追求幼儿在某一方面和几个方面的发展。

第二节　《幼儿园教育指导纲要（试行）》

为进一步贯彻第三次全国教育工作会议和全国基础教育工作会议精神，落实《国务院关于基础教育改革与发展的决定》，推进幼儿园实施素质教育，全面提高幼儿园教育质量，教育部于2001年颁布并实施了《幼儿园教育指导纲要（试行）》（简称《纲要》）。《纲要》

分为四个部分，即总则、教育内容与要求、组织与实施、教育评价。

一、总则

“总则”部分共五条，对制定《纲要》的依据、原因、目的，幼儿教育的性质、任务，幼儿教育的外部原则，幼儿教育的自身特点，幼儿教育的内部原则做出了规定。

第一条指明《纲要》制定的依据是《中华人民共和国教育法》、《幼儿园管理条例》和《幼儿园工作规程》，其目的是“指导幼儿园深入实施素质教育”。

第二条指出幼儿园教育的性质是“基础教育的重要组成部分，是我国学校教育和终身教育的奠基阶段”，任务是“为幼儿一生的发展打好基础”。

第三条指出幼儿教育的外部原则是“应与家庭、社区密切合作，与小学相互衔接，综合利用各种教育资源，共同为幼儿的发展创造良好的条件”。在更新教育资源基础上充分利用自然、家庭、社区等外部资源。

第四条强调幼儿教育与小学教育不同，其自身特点是“幼儿园应为幼儿提供健康、丰富的生活和活动环境，满足他们多方面发展的需要，使他们在快乐的童年生活中获得有益于身心发展的经验”。强调在环境中学习，在生活中学习，在一日活动中学习。

第五条对幼儿教育的内部原则做出规定：“幼儿园教育应尊重幼儿的人格和权利，尊重幼儿身心发展的规律和学习特点，以游戏为基本活动，保教并重，关注个别差异，促进每个幼儿富有个性的发展。”

二、教育内容与要求

幼儿园的教育内容是全面的、启蒙的，《纲要》将幼儿学习的范畴按学习领域的维度，相对划分为健康、语言、社会、科学、艺术等五个领域，每一领域均包含目标、内容与要求和指导要点三个部分，各部分的功能有所侧重。

【历年真题】

【12.6】《幼儿园教育指导纲要（试行）》中的教育目标较多使用“体验”“感受”“喜欢”“乐意”等等词，这表明幼儿园教育强调（　　）。

A. 知识取向　　B. 情感态度取向　　C. 能力取向　　D. 技能取向

【解析】本题答案 B。《纲要》指出，幼儿园的五大领域教育目标从不同的角度最终都是促进幼儿情感、态度、能力、知识和技能的全面发展。所以情感和态度的价值取向最受重视。故选 B。

（一）目标

“目标”部分主要表明该领域重点追求什么、主要的价值取向何在。所有领域的目标既比较集中地体现了该领域特有的价值，也共同体现了《纲要》的基本精神。以前，在目标上追求的是知识的获得和技能的掌握，因而在表述上较多地使用“教”“学会”“掌握”等，而现在强调的是“既符合幼儿的现实需要，又有利于其长远发展”。各领域在目标表述上较多地使用了“体验”“感受”“喜欢”“乐意”等词，突出了情感、兴趣、态度、个性等方面的价值取向，着眼于培养终身学习的基础和动力，如“语言”的目标中“乐意与人交谈，讲话礼貌”，“喜欢听故事、看图书”等等。幼儿乐意与人交谈，就会获得很多语言交往的机会，体验到语言交流的乐趣；幼儿喜欢听故事、看图书，就会从中感受到语言的丰富和优美，从而产生浓厚的学习兴趣。这不仅培养了幼儿的语言表达能力，而且这一兴趣和愉快体验将推动他们今后积极地参与语言交往活动，这样将有利于他们一生的语言发展和人际交往的发展。当然，现在有些家长要求语言要教认字、写字，有的幼儿园为了迎合家长的心理也经常教幼儿认字、写字，这样不仅违背了孩子的发展规律，而且还会抑制幼儿想象力、创造力和思维能力的发展，长期让幼儿认字、写字会使幼儿对学习产生厌倦情绪，不利于幼儿发展。

【历年真题】

【12.7】下列属于幼儿园语言教育目标的是（　　）。

A. 能认读拼音字母　　B. 能清楚地说出自己想说的事

C. 能认读一定量的汉字　　D. 能正确书写常用汉字

【解析】本题答案选B。《纲要》明确提出语言领域的教育目标包括：（1）乐意与人交谈，讲话礼貌；（2）注意倾听对方讲话，能理解日常用语；（3）能清楚地说出自己想说的事；（4）喜欢听故事、看图书；（5）能听懂和会说普通话。故选B。

【考点拓展】

【12.7】根据《幼儿园教育指导纲要（试行）》，幼儿园体育的重要目标是（　　）。

A. 获得比赛奖项　　B. 培养运动人才

C. 培养幼儿对体育活动的兴趣　　D. 训练技能

【解析】本题答案C。《纲要》指出：培养幼儿对体育活动的兴趣是幼儿园体育的重要目标，要根据幼儿的特点组织生动有趣、形式多样的体育活动，吸引幼儿主动参与。故选C。

（二）内容与要求

“内容与要求”部分表明为实现目标教师应该做什么、怎样做。与此同时，将该领域教育的内容自然地负载其中。过去小、中、大班各有要求、有统一的知识点，如体育要求要学习一些基本动作，语言要学会几首儿歌、几个故事等等，这是一个静态知识观的体现，不利于创新人才的培养。而新《纲要》教育内容的特征就是看不到知识点，不是要教给幼儿多少、掌握什么，而是通过活动获得什么，强调幼儿的主动学习，注重过程化、活动化、经验化，视知识为动态变化的、幼儿主动建构的过程，希望老师不要把关注点过分集中在具体知识或技能的教学上，仅仅以固定的知识点的达成为目标来设计教学活动，而是着力组织适合幼儿的活动，创造适宜的教育环境，从幼儿的实际生活和活动出发，引导幼儿去发现知识，获得知识和技能。因此，《纲要》在每个领域中都没有单独列出一个知识点或技能要求的细目，而是要求教师为幼儿的探究活动创造宽松的环境，让每个幼儿都有机会参与尝试。如果教师真正按这样的要求去做了，其关注的重心的确放在创设这样的环境和开展这样的活动上了，那么，这一过程同时也就成为幼儿获得科学知识的过程。幼儿探索、发现、感受、表达等所需要的知识和技能的学习就必然在其中了。

（三）指导要点

“指导要点”主要的功能有两个方面：一是点明该领域教和学的特点。因为各领域的知识性质有所不同，使用其学习的方式也就不一样，教师必须根据这些特点来设计教学，才能提高教与学的效果。例如，科学领域中有些知识的获得需要直接体验和动手操作。语言能力是在运用过程中发展起来的，不是教的，所以教师要创造机会，提供环境，改变形式，让幼儿想说、敢说、喜欢说、有机会说。社会领域的学习具有潜移默化的特点，需要创设良好的人际关系，如老师的表率、幼儿的榜样和平时生活中的点点滴滴对幼儿的影响。二是点明该领域特别应当注意的有普遍性的问题，如健康领域指导要点提出严禁以任何名义进行有损幼儿健康的比赛、表演等等。

三、组织与实施

本内容共有十一条，对幼儿园教育的组织与实施的根本原则，幼儿园教育活动的含义，教育活动的组织与实施的基本原则，组织与实施中各方面的原则，包括教育活动的目标、内容、形式、环境创设、一日生活、幼儿教师在活动的组织与实施中的角色和作用以及衔接等问题进行了阐释。

第一条强调幼儿园的教育组织与实施的根本原则是“为所有在园幼儿的健康成长服务的，要为每一个儿童，包括有特殊需要的儿童提供积极的支持和帮助”。

第二条指明幼儿园的教育活动的含义，是“教师以多种形式有目的、有计划地引导幼儿生动、活泼、主动活动的教育过程”。

第三条规定幼儿教师组织与实施教育活动的基本原则是“根据本《纲要》，从本地、本园的条件出发，结合本班幼儿的实际情况，制定切实可行的工作计划并灵活地执行”。

第四条至第十一条强调幼儿园教育各方面组织与实施的原则，如教育活动的目标、内容、形式、环境创设、一日生活、教师在活动的组织与实施中的角色和作用及衔接问题。

第四条规定“教育活动目标要以《幼儿园工作规程》和本《纲要》所提出的各领域目标为指导，结合本班幼儿的发展水平、经验和需要来确定”。

第五条规定：“教育活动内容的选择应遵照本《纲要》第二部分的有关条款进行，同时体现以下原则：

（一）既适合幼儿的现有水平，又有一定的挑战性。

（二）既符合幼儿的现实需要，又有利于其长远发展。

（三）既贴近幼儿的生活来选择幼儿感兴趣的事物和问题，又有助于拓展幼儿的经验和视野。”

第六条规定“教育活动内容的组织应充分考虑幼儿的学习特点和认识规律，各领域的内容要有机联系，相互渗透，注重综合性、趣味性、活动性，寓教育于生活、游戏之中”。

第七条规定“教育活动的组织形式应根据需要合理安排，因时、因地、因内容、因材料灵活地运用”。

第八条强调“环境是重要的教育资源，应通过环境的创设和利用，有效地促进幼儿的发展”。幼儿园物质环境、精神环境、幼儿园内部环境和外部环境等方面着手，为幼儿的健康成长创设良好环境，提出“（一）幼儿园的空间、设施、活动材料和常规要求等应有利于引发、支持幼儿的游戏和各种探索活动，有利于引发、支持幼儿与周围环境之间积极的相互作用。（二）幼儿同伴群体及幼儿园教师集体是宝贵的教育资源，应充分发挥这一资源的作用。（三）教师的态度和管理方式应有助于形成安全、温馨的心理环境；言行举止应成为幼儿学习的良好榜样。（四）家庭是幼儿园重要的合作伙伴。应本着尊重、平等、合作的原则，争取家长的理解、支持和主动参与，并积极支持、帮助家长提高教育能力。（五）充分利用自然环境和社区的教育资源，扩展幼儿生活和学习的空间。幼儿园同时应为社区的早期教育提供服务”。

第九条强调幼儿教师要“科学、合理地安排和组织幼儿一日生活”。要求“（一）时间安排应有相对的稳定性与灵活性，既有利于形成秩序，又能满足幼儿的合理需要，照顾到个体差异。（二）教师直接指导的活动和间接指导的活动相结合，保证幼儿每天有适当的自主选择和自由活动时间。教师直接指导的集体活动要能保证幼儿的积极参与，避免时间的隐性浪费。（三）尽量减少不必要的集体行动和过渡环节，减少和消除消极等待现象。（四）建立良好的常规，避免不必要的管理行为，逐步引导幼儿学习自我管理”。

第十条明确幼儿教师在活动的组织与实施中的角色和作用，“教师应成为幼儿学习活动的支持者、合作者、引导者”。应做到：“（一）以关怀、接纳、尊重的态度与幼儿交往。耐心倾听，努力理解幼儿的想法与感受，支持、鼓励他们大胆探索与表达。（二）善于发现幼儿感兴趣的事物、游戏和偶发事件中所隐含的教育价值，把握时机，积极引导。（三）关注幼儿在活动中的表现和反应，敏感地察觉他们的需要，及时以适当的方式应答，形成合作探究式的师生互动。（四）尊重幼儿在发展水平、能力、经验、学习方式等方面的个体差异，因人施教，努力使每一个幼儿都能获得满足和成功。（五）关注幼儿的特殊需要，包括各种发展潜能和不同发展障碍，与家庭密切配合，共同促进幼儿健康成长。”

【历年真题】

【12.8】幼儿园教师要能接住幼儿抛来的“球”，并用恰当的方式把“球”抛回给幼儿，让活动能持续下去，这里所体现的教师角色是（　　）。

A. 幼儿学习活动的指导者　　B. 幼儿学习活动的管理者

C. 幼儿学习活动的设计者　　D. 幼儿学习活动的合作者

【解析】本题答案D。本题考查幼儿园的教师角色。《纲要》第三部分“组织与实施”指出：“教师应成为幼儿学习活动的支持者、合作者、引导者。”题干中强调教师灵活处理“抛球”与“接球”的关系。在此过程中抛球者和接球者都是主体，彼此没有地位的高低和尊卑的差别。虽然合作双方的经验水平不对等，但教师更强调幼儿的主动探索和自由表达，所以双方是合作的伙伴关系。故选D。

【考点拓展】

【12.8】幼儿园教师应该是（　　）。

A. 幼儿学习的引导者、决策者和管理者

B. 幼儿学习的支持者、合作者和引导者

C. 幼儿学习的引导者、传授者和控制者

D. 幼儿学习的管理者、决策者和传授者

【解析】本题答案B。《纲要》指出：“教师应成为幼儿学习活动的支持者、合作者、引导者。”故选B。

第十一条强调幼儿园教育要与0～3岁儿童的保育教育以及小学教育相互衔接。

“组织与实施”在十一个条目中主要体现了以下几个理念与观点：

（1）充分尊重幼儿的权利。

每个幼儿都是一个有独立人格与权利的主体，他们和成人一样拥有自己的价值和尊严、兴趣与需求，拥有生存权、发展权和参与权。过去我们习惯于由教师安排幼儿的一日活动与生活，常常统一意志、统一行动。这种教师安排、幼儿执行，教师讲、幼儿听，教师制定规则、幼儿消极服从的以教师为中心的生活和活动组织模式，既在不知不觉中扼杀了儿童最宝贵的主动性、创造性，也是对儿童人格、权利的不尊重。现在要求教师应让幼儿更多地体验平等与尊重，让幼儿成为学习的主动者、积极的参与者，在教育过程的每一环节中注意自己对待幼儿的态度、言行与要求，充分理解和尊重幼儿。

（2）尊重教师的创造。

《纲要》指出，“教育活动的组织与实施过程是教师创造性地开展工作的过程”。因此，幼儿园在管理中应以教师为主体，让教师成为教学的主人，从而调动其能动性，使教师在工作中真正发挥主动性和创造性。

（3）尊重幼儿在学习特点、发展水平、个性特征等方面的差异。

幼儿由于年龄、生活经验、家庭前景的不同，每个幼儿的个性能力、行为、兴趣等方面都有各自的特点。教师应认识到这些差异是正常的，并且充分重视和尊重幼儿这些差异，公平、平等地对待每一个幼儿，切忌不自觉地、习惯化地“一刀切”，用统一的标准和要求评价所有儿童。

（4）尊重幼儿身心发展的客观规律。

儿童的学习和发有其自身特点和规律，教师只有了解和掌握幼儿发展的主要方面、学习的需要与兴趣、学习的主要形式及其特点和规律，才可能取得教育的成功。

四、教育评价

本内容共有八条，对教育评价的功能、幼儿园教育评价的主体、幼儿园教育评价的内涵及原则、幼儿园教育评价的方法、幼儿园教育评价的主要内容、评价的重点、幼儿园发展评价的原则等问题进行了阐释。

第一条指出教育评价的功能是“幼儿园教育工作的重要组成部分，是了解教育的适宜性、有效性，调整和改进工作，促进每一个幼儿发展，提高教育质量的必要手段”。

第二条强调“管理人员、教师、幼儿及其家长均是幼儿园教育评价工作的参与者。评价过程是各方共同参与、相互支持与合作的过程”。这体现了幼儿园教育评价的主体的多元化特点。

第三条和第四条阐述了幼儿园教育评价的内涵及原则，提出“评价的过程，是教师运用专业知识审视教育实践，发现、分析、研究、解决问题的过程，也是其自我成长的重要途径”。“幼儿园教育工作评价实行以教师自评为主，园长以及有关管理人员、其他教师和家长等参与评价的制度。”

第五条指出教育评价的方法是“应自然地伴随着整个教育过程进行。综合采用观察、谈话、作品分析等多种方法”。

第六条说明了幼儿园教育评价的主要内容应以幼儿为中心，强调“幼儿的行为表现和发展变化具有重要的评价意义，教师应视之为重要的评价信息和改进工作的依据”。

第七条明确了教育工作评价的重点，应重点考察“（一）教育计划和教育活动的目标是否建立在了解本班幼儿现状的基础上。（二）教育的内容、方式、策略、环境条件是否能调动幼儿学习的积极性。（三）教育过程是否能为幼儿提供有益的学习经验，并符合其发展需要。（四）教育内容、要求能否兼顾群体需要和个体差异，使每个幼儿都能得到发展，都有成功感。（五）教师的指导是否有利于幼儿主动、有效地学习”。

第八条明确幼儿园发展评价的原则，应注意：“（一）明确评价的目的是了解幼儿的发展需要，以便提供更加适宜的帮助和指导。（二）全面了解幼儿的发展状况，防止片面性，尤其要避免只重知识和技能，忽略情感、社会性和实际能力的倾向。（三）在日常活动与教育教学过程中采用自然的方法进行。平时观察所获的具有典型意义的幼儿行为表现和所积累的各种作品等，是评价的重要依据。（四）承认和关注幼儿的个体差异，避免用划一的标准评价不同的幼儿，在幼儿面前慎用横向的比较。（五）以发展的眼光看待幼儿，既要了解现有水平，更要关注其发展的速度、特点和倾向等。”

【历年真题】

【12.9】教育过程中，教师评价幼儿适宜做法是（　　）。

A. 用统一的标准评价幼儿

B. 根据一次测评结果评价幼儿

C. 用标准化工具测评评价幼儿

D. 根据日常观察所获信息评价幼儿

【解析】本题答案D。《纲要》指出，在日常活动和教育教学过程中采用自然的方法进行评价，是评价的重要依据。故选D。

【考点拓展】

【12.9】评估幼儿发展的最佳方式（　　）。

A. 平时观察　　B. 期末检测　　C. 问卷调查　　D. 家长访谈

【解析】本题答案A。《纲要》指出：“平时观察所获的具有典型意义的幼儿行为表现和所积累的各种作品等，是评价的重要依据。”故选A。

【12.10】幼儿园教育工作评价应当（　　）。

A. 以行政人员评价为主，专家等参与评价为辅

B. 以园长自评为主，教师等参与评价为辅

C. 以教师自评为主，园长等参与评价为辅

D. 以家长评价为主，幼儿等参与评价为辅

【解析】本题答案 C。《纲要》指出，幼儿园教育工作评价实行以教师自评为主，园长以及有关管理人员、其他教师和家长等参与评价的制度。故选 C。

《纲要》在教育评价中提出了评价的发展性、合作性、标准性和多元性以及多角度、多主体、多方法、重视过程、重视差异、重视质性研究等原则。明确了评价的目的是了解教育的适宜性、有效性，调整和改进工作，为了幼儿的发展、教师的反思性成长和提高教育质量。幼儿园教育评价并不是用于筛选、排队，更不是用于给幼儿贴标签，在评价时应避免用划一的标准评价不同的幼儿，在幼儿面前慎用横向比较，多用纵向比较，以维护幼儿的自尊和自信。

第三节 《托儿所幼儿园卫生保健工作规范》

为贯彻落实《托儿所幼儿园卫生保健管理办法》，加强托儿所、幼儿园卫生保健工作，切实提高托幼机构卫生保健工作质量，卫生部组织专家对 1985 年印发的《托儿所、幼儿园卫生保健制度》进行了修订，2012 年 5 月 9 日，卫生部以卫妇社发〔2012〕35 号印发《托儿所幼儿园卫生保健工作规范》（简称《规范》）。

一、修订背景

托儿所、幼儿园（简称托幼机构）卫生保健工作是公共卫生的一个领域，是我国儿童保健服务的一个重要方面。1985 年 12 月卫生部颁发的《托儿所、幼儿园卫生保健制度》（简称《制度》），及时规范了各地托幼机构卫生保健工作，为保障儿童的健康发挥了积极的作用。

随着社会的进步，托幼机构卫生保健工作也有了新的理念和发展。在此期间我国相继出台了《中华人民共和国母婴保健法》及其实施办法、《中华人民共和国食品安全法》及其实施条例、《中华人民共和国传染病防治法》及其实施办法等法规，卫生部、教育部及相关部门颁布了《学校食堂与学生集体用餐卫生管理规定》《餐饮业和集体用餐配送单位卫生规范》《托儿所、幼儿园建筑设计规范》《幼儿园管理条例》《幼儿园工作规程》《关于幼儿教育改革与发展的指导意见》等一系列规范和规章制度。托幼机构的卫生保健工作应严格执行上述法律法规，但实际上《制度》中的某些条款已不适应新形势的发展，影响了托幼机构卫生保健工作的进一步开展。因此，在对《托儿所幼儿园卫生保健管理办法》（简称《管理办法》）修订的基础上，为更好地落实《管理办法》，规范托幼机构卫生保健服务工作，卫生部组织专家修订 1985 年的《制度》为《托儿所幼儿园卫生保健工作规范》（简称《规范》）。

《规范》的修订以《管理办法》为指导思想，以《制度》的基本内容为依据。目的是能更好地适应现阶段托幼机构卫生保健工作的发展，规范全国托幼机构卫生保健技术服务和管理工作，指明今后托幼机构卫生保健工作发展的趋势和方向，使托幼机构卫生保健工作常规化、制度化，提高各级妇幼保健机构对托幼机构卫生保健工作的指导水平，保障儿童的身心健康，促进儿童全面发展。

《规范》分卫生保健工作职责、卫生保健工作内容与要求、新设立托幼机构招生前卫生评价和附件四个部分，强调托幼机构卫生保健工作的主要任务是贯彻预防为主、保教结合的工作方针，为集体儿童创造良好的生活环境，预防控制传染病，降低常见病的发病率，培养健康的生活习惯，保障儿童的身心健康。

二、内容与要求

（一）卫生保健工作职责

本部分明确了托幼机构、妇幼保健机构以及相关职能部门的工作职责。对妇幼保健机构在托幼机构卫生保健工作管理上的职责明确细化，方便各级妇幼保健机构和托幼机构在实际工作中进行操作。对托幼机构在卫生保健工作中的职责细化，有利于规范各级各类托幼机构卫生保健工作实施开展，更好地促进群体儿童卫生保健工作的开展。

1. 托幼机构

托幼机构的工作职责有十项，包含保健室或卫生室的设立、新设立的托幼机构的设计和建设、卫生保健工作制度和年度工作计划、工作人员和儿童入园（所）健康检查制度、传染病预防控制工作、伤害预防控制工作、一日生活制度和体格锻炼计划、食品安全工作、卫生保健人员的业务培训与指导、卫生保健工作的数据统计及上报等。

（1）保健室或卫生室的设立。

按照《管理办法》要求，设立保健室或卫生室，其设置应当符合本《规范》保健室设置基本要求：卫生室需有医疗机构执业许可证；保健室面积不少于12平方米，设有儿童观察床、桌椅、药品柜、资料柜、流动水或代用流动水等设施；保健室应配备儿童杠杆式体重秤、身高计（供2岁以上儿童使用）、量床（供2岁及以下儿童使用）、国际标准视力表或标准对数视力表灯箱、体围测量软尺等设备，以及消毒压舌板、体温计、手电筒等晨检用品；保健室应配备消毒剂、紫外线消毒灯或其他空气消毒装置。根据接收儿童数量配备符合相关资质的卫生保健人员。其配备要求：托幼机构的法定代表人或者负责人是本机构卫生保健工作的第一责任人；根据预招收儿童的数量配备符合国家规定的卫生保健人员，按照收托150名儿童至少设1名专职卫生保健人员的比例配备卫生保健人员，收托150名以下儿童的可配备兼职卫生保健人员。卫生保健人员上岗前应接受当地妇幼保健机构组织的卫生保健专业知识培训并考核合格。

（2）新设立的托幼机构招生前应取得卫生评价报告。

《规范》规定："新设立的托幼机构，应当按照本《规范》卫生评价的要求进行设计和建设，招生前应当取得县级以上卫生行政部门指定的医疗卫生机构出具的符合本《规范》的卫生评价报告。"

（3）制订卫生保健工作制度和年度工作计划。

《规范》规定："制订适合本园（所）的卫生保健工作制度和年度工作计划，定期检查各项卫生保健制度的落实情况。"

（4）做好并执行定期健康检查制度。

《规范》规定："严格执行工作人员和儿童入园（所）及定期健康检查制度。坚持晨午检及全日健康观察工作，卫生保健人员应当深入各班巡视。做好儿童转园（所）健康管理工作。定期开展儿童生长发育监测和五官保健，将儿童体检结果及时反馈给家长。"

（5）加强传染病预防控制工作。

《规范》规定："加强园（所）的传染病预防控制工作。做好入园（所）儿童预防接种证的查验，配合有关部门按时完成各项预防接种工作。建立儿童传染病预防控制制度，做好晨午检，儿童缺勤要追查，因病缺勤要登记。明确传染病疫情报告人，发现传染病病人或疑似传染病人要早报告、早治疗，相关班级要重点消毒管理。做好园（所）内环境卫生、各项日常卫生和消毒工作。"

（6）加强伤害预防控制工作。

《规范》规定："加强园（所）的伤害预防控制工作，建立因伤害缺勤登记报告制度，及时发现安全隐患，做好园（所）内伤害干预和评估工作。"

（7）一日生活制度和体格锻炼计划。

《规范》要求："根据各年龄段儿童的生理、心理特点，在卫生保健人员参与下制订合理的一日生活制度和体格锻炼计划，开展适合儿童年龄特点的保育工作和体格锻炼。"

（8）做好食品安全工作。

《规范》要求："严格执行食品安全工作要求，配备食堂从业、管理人员和食品安全监管人员，制订各岗位工作职责，上岗前应当参加食品安全法律法规和儿童营养等专业知识培训。做好儿童的膳食管理工作，为儿童提供符合营养要求的平衡膳食。"

（9）卫生保健人员的业务培训与指导。

《规范》指出："卫生保健人员应当按时参加妇幼保健机构召开的工作例会，并接受相关业务培训与指导；定期对托幼机构内工作人员进行卫生保健知识的培训；积极开展传染病、常见病防治的健康教育，负责消毒隔离工作的检查指导，做好疾病的预防与管理。"

（10）卫生保健工作的数据统计及上报。

《规范》指出："根据工作要求，完成各项卫生保健工作记录的填写，做好各种统计分析，并将数据按要求及时上报辖区内妇幼保健机构。”

2. 妇幼保健机构

妇幼保健机构的工作职责有八项，具体如下：

（1）配合卫生行政部门，制订辖区内托幼机构卫生保健工作规划、年度计划并组织实施，制订辖区内托幼机构卫生保健工作评估实施细则，建立完善的质量控制体系和评估制度。

（2）依据《管理办法》，由卫生行政部门指定的妇幼保健机构对新设立的托幼机构进行招生前的卫生评价工作，并出具卫生评价报告。

（3）受卫生行政部门委托，妇幼保健机构对取得办园（所）资格的托幼机构每 3 年进行 1 次卫生保健工作综合评估，并将结果上报卫生行政部门。

（4）地市级以上妇幼保健机构负责对当地托幼机构卫生保健人员进行岗前培训及考核，合格者颁发培训合格证。县级以上妇幼保健机构每年至少组织 1 次相关知识的业务培训或现场观摩活动。

（5）妇幼保健机构定期对辖区内的托幼机构卫生保健工作进行业务指导。内容包括一日生活安排、儿童膳食、体格锻炼、健康检查、卫生消毒、疾病预防、伤害预防、心理行为保健、健康教育、卫生保健资料管理等工作。

（6）协助辖区内食品药品监督管理、卫生监督和疾病预防控制等部门，开展食品安全、传染病预防与控制宣传教育等工作。

（7）对辖区内承担托幼机构儿童和工作人员健康检查服务的医疗卫生机构进行相关专业技术的指导和培训。

（8）负责定期组织召开辖区内托幼机构卫生保健工作例会，交流经验、学习卫生保健知识和技能。收集信息，掌握辖区内托幼机构卫生保健情况，为卫生行政部门决策提供相关依据。

3. 相关机构

主要对疾病预防控制机构、卫生监督执法机构、食品药品监督管理机构、乡镇卫生院、村卫生室和社区卫生服务中心（站）等机构的工作职责做出了规定。

（二）卫生保健工作内容与要求

本部分包含十方面内容：一日生活安排、儿童膳食、体格锻炼、健康检查、卫生与消毒、传染病预防与控制、常见病预防与管理、伤害预防、健康教育和信息收集。

1. 一日生活安排

将原《制度》的“生活制度”修订为现《规范》的第二部分“一日生活安排”。该部分包括五方面内容，更清晰明了、详细、条理地说明了合理的生活制度是保障儿童身心健康的重要因素，对儿童进餐和午睡等主要生活环节明确时间要求，可操作性更强。具体如下：

（1）托幼机构应当根据各年龄段儿童的生理、心理特点，结合本地区的季节变化和本托幼机构的实际情况，制订合理的生活制度。

（2）合理安排儿童作息时间和睡眠、进餐、大小便、活动、游戏等各个生活环节的时间、顺序和次数，注意动静结合、集体活动与自由活动结合、室内活动与室外活动结合，不同形式的活动交替进行。

（3）保证儿童每日充足的户外活动时间。全日制儿童每日不少于 2 小时，寄宿制儿童不少于 3 小时，寒冷、炎热季节可酌情调整。

（4）根据儿童年龄特点和托幼机构服务形式合理安排每日进餐和睡眠时间。制订餐、点数，儿童正餐间隔时间 3.5～4 小时，进餐时间 20～30 分钟/餐，餐后安静活动或散步时间 10～15 分钟。3～6 岁儿童午睡时间根据季节以 2～2.5 小时/日为宜，3 岁以下儿童日间睡眠时间可适当延长。

（5）严格执行一日生活制度，卫生保健人员应当每日巡视，观察班级执行情况，发现问题及时予以纠正，以保证儿童在托幼机构内生活的规律性和稳定性。

2. 儿童膳食

将原《制度》中的“婴幼儿的饮食”修订为现《规范》的第二部分“儿童膳食”。修订后的部分包括两个内容——膳食管理和膳食营养，更加全面地涵盖儿童膳食的基本内容。

（1）膳食管理。

1）依据现有食品卫生法律法规新修订后要求，重点提出对食堂的管理要求，并给出具体可行的依据，强调建立健全了食堂的规章制度。《规范》规定：托幼机构食堂应当按照《食品安全法》、《食品安全法实施条例》以及《餐饮服务许可管理办法》、《餐饮服务食品安全监督管理办法》、《学校食堂与学生集体用餐卫生管理规定》等有关法律法规的要求，取得餐饮服务许可证，建立健全各项食品安全管理制度。

2）《规范》规定：“托幼机构应当为儿童提供符合国家《生活饮用水卫生标准》的生活饮用水。保证儿童按需饮水。每日上、下午各 1～2 次集中饮水，1～3 岁儿童饮水量 50～100 毫升/次，3～6 岁儿童饮水量 100～150 毫升/次，并根据季节变化酌情调整饮水量。”

3）要求儿童膳食费专款专用，账目每月公布，每学期收支盈亏不超过 2%。

4）要求儿童食品应当在具有食品生产许可证或食品流通许可证的单位采购。食品进货前必须采购查验及索票索证，托幼机构应建立食品采购和验收记录。

5）增加托幼机构食品采购要求和库存食品要求，明确食品加工用具的消毒要求。严禁托幼机构加工变质、有毒、不洁、超过保质期的食物，不得制作和提供冷荤凉菜。对饮用水、留样食品也提出明确要求。规定："儿童食堂应当每日清扫、消毒，保持内外环境整洁。食品加工用具必须生熟标识明确、分开使用、定位存放。餐饮具、熟食盛器应在食堂或清洗消毒间集中清洗消毒，消毒后保洁存放。库存食品应当分类、注有标识、注明保质日期、定位储藏。""禁止加工变质、有毒、不洁、超过保质期的食物，不得制作和提供冷荤凉菜。留样食品应当按品种分别盛放于清洗消毒后的密闭专用容器内，在冷藏条件下存放 48 小时以上；每样品种不少于 100 克以满足检验需要，并做好记录。""进餐环境应当卫生、整洁、舒适。餐前做好充分准备，按时进餐，保证儿童情绪愉快，培养儿童良好的饮食行为和卫生习惯。"

（2）膳食营养。

1）明确儿童膳食以《中国居民膳食指南》为指导，参考中国居民"膳食营养素参考摄入量（DRIs）"和各类食物每日参考摄入量制订儿童膳食计划，定期制订更换带量食谱。提供了平衡膳食的标准，包括三大营养素热量占总热量的百分比、全日热量分配等。《规范》指出，"根据膳食计划制订带量食谱，1～2 周更换 1 次。食物品种要多样化且合理搭配。""托幼机构至少每季度进行 1 次膳食调查和营养评估。儿童热量和蛋白质平均摄入量全日制托幼机构应当达到'DRIs'的 80%以上，寄宿制托幼机构应当达到'DRIs'的 90%以上。维生素 A、B1、B2、C 及矿物质钙、铁、锌等应当达到'DRIs'的 80%以上。三大营养素热量占总热量的百分比是蛋白质 12～15%，脂肪 30～35%，碳水化合物 50～60%。每日早餐、午餐、晚餐热量分配比例为 30%、40%和 30%。优质蛋白质占蛋白质总量的 50%以上"。

2）提出在条件许可情况下，对特殊儿童，如贫血、营养不良、食物过敏等儿童提供特殊膳食。不提供正餐的托幼机构，每日至少提供 1 次点心。

3. 体格锻炼

修订后的第三部分"体格锻炼"包括四条内容。

（1）明确体格锻炼要根据儿童的年龄和生理特点开展，并掌握运动强度和运动量。

（2）强调体格锻炼过程中要保证场地安全、做好安全准备，保证儿童运动安全，要求运动器械清洁、卫生。

（3）明确保教人员要做好运动前、运动过程中和运动后的监测和效果评估。要求"利用日光、空气、水和器械，有计划地进行儿童体格锻炼。做好运动前的准备工作。运动中注意观察儿童面色、精神状态、呼吸、出汗量和儿童对锻炼的反应，若有不良反应要及时采取措施或停止锻炼；加强运动中的保护，避免运动伤害。运动后注意观察儿童的精神、食欲、睡眠等状况"。

（4）对患病儿童体格锻炼进行调整，并做好观察护理。要求"全面了解儿童健康状况，患病儿童停止锻炼；病愈恢复期的儿童运动量要根据身体状况予以调整；体弱儿童的体格锻炼进程应当较健康儿童缓慢，时间缩短，并要对儿童运动反应进行仔细的观察”。

4．健康检查

修订后的《规范》细化了健康检查的内容，分两部分阐述。第一部分是儿童健康检查，包括入园（所）健康检查、定期健康检查、晨午检及全日健康观察。第二部分是工作人员健康检查，包括上岗前健康检查、定期健康检查、健康合格证的发放。对儿童入园（所）、在园，工作人员准入、在岗等环节做了具体要求，主要增加或强调了以下内容。

（1）强调儿童入园（所）前应经医疗卫生机构进行健康检查。入园（所）检查合格后方可入园（所）。承担儿童入园（所）体检的医疗卫生机构及人员应当取得相应的资格，并接受相关专业技术培训。体检单位要按照《管理办法》规定的体检项目进行检查，不得擅自更改。

（2）明确儿童入园托幼机构应当查验“儿童入园（所）健康检查表”“0～6岁儿童保健手册”“预防接种证”。同时，指出“发现没有预防接种证或未依照国家免疫规划受种的儿童，应当在30日内向托幼机构所在地的接种单位或县级疾病预防控制机构报告，督促监护人带儿童到当地规定的接种单位补证或补种。托幼机构应当在儿童补证或补种后复验预防接种证”。

（3）强调儿童入园（所）体检中发现疑似传染病者应当“暂缓入园”，及时确诊治疗。

（4）明确了儿童定期健康检查的内容，具体规定了“1～3岁儿童每年健康检查2次，每次间隔6个月；3岁以上儿童每年健康检查1次。所有儿童每年进行1次血红蛋白或血常规检测。1～3岁儿童每年进行1次听力筛查；4岁以上儿童每年检查1次视力。体检后应当及时向家长反馈健康检查结果”。

（5）明确了儿童离开园（所）3个月以上需重新按照入园（所）检查项目进行健康检查。

（6）增加了转园儿童要求，即应持原园提供的“儿童转园（所）健康证明”“0～6岁儿童保健手册”可直接转园。“儿童转园（所）健康证明”有效期3个月。

（7）强调进行晨午检及全日健康观察，并明确检查内容。明确保教人员和卫生保健人员的工作职责。要求：“检查内容包括询问儿童在家有无异常情况，观察精神状况、有无发热和皮肤异常，检查有无携带不安全物品等，发现问题及时处理。”“应当对儿童进行全日健康观察，内容包括饮食、睡眠、大小便、精神状况、情绪、行为等，并作好观察及处理记录。”“应当对儿童进行全日健康观察，内容包括饮食、睡眠、大小便、精神状况、情绪、行为等，并作好观察及处理记录。”

（8）对患病儿童及儿童带药问题进行明确要求。“患病儿童应当离园（所）休息治疗。如果接受家长委托喂药时，应当做好药品交接和登记，并请家长签字确认。”

（9）按照《管理办法》，要求工作人员上岗前的健康检查必须经县级以上人民政府卫生行政部门指定的医疗卫生机构进行健康检查，取得托幼机构工作人员健康合格证后方可上岗。

【历年真题】

【12.10】《托儿所幼儿园卫生保健工作规范》规定托幼园所工作人员接受健康检查的频率是（　　）。

A. 每月一次　　B. 半年一次　　C. 每年一次　　D. 三年一次

【解析】本题答案C。《规范》指出，托幼机构在岗工作人员必须按照《管理办法》规定的项目每年进行1次健康检查。故选C。

（10）对工作人员健康要求做了更加具体的规定。精神病患者或者有精神病史者不得在托幼机构工作。凡患有发热、腹泻等症状，流感、活动性肺结核等呼吸道传染性疾病，痢疾、伤寒、甲型病毒性肝炎、戊型病毒性肝炎等消化道传染性疾病，淋病、梅毒、滴虫性阴道炎、化脓性或者渗出性皮肤病等疾病的工作人员须离岗，治愈后须持县级以上人民政府卫生行政部门指定的医疗卫生机构出具的诊断证明，并取得托幼机构工作人员健康合格证后，方可回园（所）工作。

5. 卫生与消毒

将原《制度》的"卫生消毒与隔离制度"修订为现《规范》的第五部分"卫生与消毒"。修订后的《规范》中卫生与消毒包括环境卫生、个人卫生、预防性消毒三方面内容，删除原《制度》中的消毒隔离制度，增加预防性消毒，并附表"环境和物品的预防性消毒方法"。详细规定了托幼机构中应该清洁和消毒的物品种类、消毒频次、消毒方法等。

（1）进一步细化了托幼机构各类物品的消毒要求和方法。《规范》要求："保持室内空气清新、阳光充足。采取湿式清扫方式清洁地面。厕所做到清洁通风、无异味，每日定时打扫，保持地面干燥。便器每次用后及时清洗干净。""卫生洁具各班专用专放并有标记。抹布用后及时清洗干净，晾晒、干燥后存放；拖布清洗后应当晾晒或控干后存放。""枕席、凉席每日用温水擦拭，被褥每月曝晒1～2次，床上用品每月清洗1～2次。""保持玩具、图书表面的清洁卫生，每周至少进行1次玩具清洗，每2周图书翻晒1次。"

（2）增加的预防性消毒对儿童餐饮具、毛巾以及儿童易触摸的物体表面提出明确要求："儿童活动室、卧室应当经常开窗通风，保持室内空气清新。每日至少开窗通风2次，每次至少10～15分钟。在不适宜开窗通风时，每日应当采取其他方法对室内空气消毒2次。""餐桌每餐使用前消毒。水杯每日清洗消毒，用水杯喝豆浆、牛奶等易附着于杯壁的饮品后，应当及时清洗消毒。反复使用的餐巾每次使用后消毒。擦手毛巾每日消毒1次。""门把手、水龙头、床围栏等儿童易触摸的物体表面每日消毒1次。坐便器每次使用后及时冲洗，接触皮肤部位及时消毒。"

（3）明确了消毒器械和消毒剂要符合国家标准或规定。

6. 传染病预防与控制

将原《制度》中的“预防疾病制度”修订为现《规范》的第六部分“传染病预防与控制”和第七部分“常见病预防与管理”两部分内容。

（1）明确了托幼机构要督促家长按免疫程序和要求完成儿童预防接种。同时配合疾病预防控制机构做好托幼机构儿童常规接种、群体性接种或应急接种工作。删除了在托幼机构内做预防接种工作的内容，突出了通过查验来督促家长配合疾病预防控制机构按免疫程序和要求，完成免疫接种工作。

（2）重点是建立传染病管理制度，发现传染病疫情或疑似病例后，应当立即向属地疾病预防控制机构（农村乡镇卫生院防保组）报告。

（3）明确了对因病缺勤儿童的管理，以做到对传染病人的早发现。规定在发现可疑病例时，及时进行隔离控制措施，并对可能被污染的环境和物品实施随时性消毒与终末消毒。强调“班级老师每日登记本班儿童的出勤情况。对因病缺勤的儿童，应当了解儿童的患病情况和可能的原因，对疑似患传染病的，要及时报告给园（所）疫情报告人。园（所）疫情报告人接到报告后应当及时追查儿童的患病情况和可能的病因，以做到对传染病人的早发现”。“托幼机构内发现疑似传染病例时，应当及时设立临时隔离室，对患儿采取有效的隔离控制措施。临时隔离室内环境、物品应当便于实施随时性消毒与终末消毒，控制传染病在园（所）内暴发和续发”。

（4）明确了发生传染病期间，托幼机构应当加强晨午检和全日健康观察，并采取必要的预防措施，保护易感儿童。对发生传染病的班级按要求进行医学观察，医学观察期间该班与其他班相对隔离，不办理入托和转园（所）手续。

（5）明确卫生保健人员应当定期对儿童及其家长开展预防接种和传染病防治知识的健康教育，提高其防护能力和意识。

（6）强调患传染病的儿童隔离期满后，凭医疗卫生机构出具的痊愈证明方可返回园（所）。来自疫区或有传染病接触史的儿童，检疫期过后方可入园（所）。

7. 常见病预防与管理

（1）加强日常健康观察和保育护理工作，强调通过健康教育提高儿童健康，减少常见病发生。

（2）强调对儿童常见病进行登记和专案管理，做好五官保健的登记和管理，并督促家长进行治疗和复诊。《规范》要求，“定期开展儿童眼、耳、口腔保健，发现视力低常、听力异常、龋齿等问题进行登记管理，督促家长及时带患病儿童到医疗卫生机构进行诊断及矫治”。“对贫血、营养不良、肥胖等营养性疾病儿童进行登记管理，对中重度贫血和营养不良儿童进行专案管理，督促家长及时带患病儿童进行治疗和复诊。”“对先心病、哮喘、癫痫等疾病儿童，及对有药物过敏史或食物过敏史的儿童进行登记，加强日常健康观察和保育护理工作”。

（3）开展儿童心理卫生知识的宣传教育。指出“重视儿童心理行为保健，开展儿童心理卫生知识的宣传教育，发现心理行为问题的儿童及时告知家长到医疗保健机构进行诊疗”。

8. 伤害预防

安全管理是托幼机构卫生保健工作的基础。修订后《规范》的第七部分将原《制度》的“安全制度”改为现第八部分“伤害预防”，强调托幼机构卫生保健工作中安全管理的目的是预防和控制儿童伤害事故的发生。主要包含以下内容：

（1）要求托幼机构的各项活动应以儿童安全为前提，建立定期全园（所）安全排查制度，落实预防儿童伤害的各项措施。

（2）强调托幼机构的房屋、场地、家具、玩教具、生活设施等应符合国家相关安全标准和规定。

（3）重点说明托幼机构应建立重大自然灾害、食物中毒、火灾、暴力等突发事件的应急预案，发生重大伤害时应当立即采取有效措施，并及时向上级有关部门报告。

（4）增加托幼机构应加强对工作人员、儿童及监护人的安全教育和突发事件应急处理能力的培训，普及安全知识。

（5）特别指出保教人员应当定期接受预防儿童伤害相关知识和急救技能的培训，做好儿童安全工作，消除安全隐患，预防软组织损伤、骨折、烧（烫）伤、中毒等伤害的发生。

9. 健康教育

此部分内容为新加内容。随着社会的进步和发展，健康教育越来越受到人们的重视，尤其是对学龄前儿童进行健康教育，将为儿童一生的健康和生活奠定良好的基础。

（1）强调了卫生保健人员应当根据不同季节、疾病流行等情况制订全年健康教育工作计划，并组织实施。

（2）规定了托幼机构卫生保健工作中健康教育的内容和形式。健康教育的内容主要包括“膳食营养、心理卫生、疾病预防、儿童安全以及良好行为习惯的培养等”。健康教育的形式包括“举办健康教育课堂、发放健康教育资料、宣传专栏、咨询指导、家长开放日等”。

（3）强调采取多种途径开展健康教育宣传。每季度对保教人员开展1次健康讲座，每学期至少举办1次家长讲座。每班有健康教育图书，并组织儿童开展健康教育活动。

（4）要求做好健康教育记录，定期评估健康教育效果，不断调整健康教育的方式和内容是健康教育工作的重要环节。

10. 信息收集

根据现阶段托幼机构卫生保健工作要求，修改后《规范》的第十部分细化了原《制度》第八部分“卫生保健登记、统计制度”，根据现在托幼机构发展趋势和儿童保健工作规范要求增加了健康档案的内容，并修改部分记录、统计分析表。修改后的《规范》包括四个健康档案、九个卫生保健记录（登记）表和四个统计分析表，删除了一些过时的记录表、簿，规范了进行统计分析的指标内容，更加便于卫生保健人员工作时使用。

（1）要求托幼机构应当建立健康档案，包括托幼机构工作人员健康合格证、儿童入园（所）健康检查表、儿童健康检查表或手册、儿童转园（所）健康证明。

（2）强调托幼机构应当对卫生保健工作进行记录，内容包括出勤、晨午检及全日健康观察、膳食管理、卫生消毒、营养性疾病、常见病、传染病、伤害和健康教育等记录。

（3）规定工作记录和健康档案应当真实、完整、字迹清晰。工作记录应当及时归档，至少保存3年。

（4）要求定期对儿童出勤、健康检查、膳食营养、常见病和传染病等进行统计分析，掌握儿童健康及营养状况。

（5）强调有条件的托幼机构可应用计算机软件对儿童体格发育评价、膳食营养评估等卫生保健工作进行管理。

（三）新设立托幼机构招生前卫生评价

《管理办法》第八条要求“新设立的托幼机构，招生前应当取得县级以上地方人民政府卫生行政部门指定的医疗卫生机构出具的符合《托儿所幼儿园卫生保健工作规范》的卫生评价报告”，特增加本部分内容，涵盖新设立园所卫生评价流程和卫生评价基本要求。

1. 卫生评价流程

第一步：明确要求新设立的托幼机构，应当按照本《规范》卫生评价的要求进行设计和建设，招生前须向县级以上地方人民政府卫生行政部门指定的医疗卫生机构提交“托幼机构卫生评价申请书”。

第二步：由县级以上地方人民政府卫生行政部门指定的医疗卫生机构负责组织专业人员，根据《规范》中“新设立托幼机构招生前卫生评价表”的要求，在20个工作日内对提交申请的托幼机构进行卫生评价。根据检查结果出具“托幼机构卫生评价报告”。

第三步：凡取得卫生评价为“合格”的托幼机构，即可向教育部门申请注册；凡取得卫生评价报告为“不合格”的托幼机构，整改后可重新申请评价。

2. 卫生评价标准

根据招生前托幼机构卫生保健工作的重点，从环境卫生、个人卫生、食堂卫生、保健室或卫生室设置、卫生保健人员配备、工作人员健康检查及卫生保健制度共7个方面分别提出具体要求，并总结为“新设立托幼机构招生前卫生评价表”以方便各级托幼机构及专业人员在工作中应用及评价。卫生评价表总分100分，明确要求申请园（所）总分达到80分以上，并且“必达项目”全部通过，才可评价为“合格”。

本章小结

《指南》从健康、语言、社会、科学、艺术等五个领域对3～4岁、4～5岁、5～6岁三个年龄段末期幼儿应该知道什么、能做什么、大致可以达到什么发展水平提出了合理期望。同时，为广大家长和幼儿园教师提供了具体、可操作的指导、建议。

《纲要》是指导幼儿园实施素质教育的纲领性文件，体现了终身教育、以人为本、面向世界的科学的幼儿教育的教育理念，分为总则、教育内容与要求、组织与实施、教育评价四部分。

《规范》强调托幼机构卫生保健工作的主要任务是贯彻预防为主、保教结合的工作方针，为集体儿童创造良好的生活环境，预防控制传染病，降低常见病的发病率，培养健康的生活习惯，保障儿童的身心健康。

学习资源

1. 李季湄，冯晓霞.《3～6岁儿童学习与发展指南》解读［M］. 北京：人民教育出版社，2013.

2. 李季湄.《3～6岁儿童学习与发展指南》实施问答［M］. 北京：北京师范大学出版社，2014.

3. 赵建新.《3～6岁儿童学习与发展指南》家长导读36讲［M］. 北京：北京师范大学出版社，2017.

4. 教育部基础教育司.《幼儿园教育指导纲要（试行）》解读［M］. 南京：江苏教育出版社，2017.

第十三章

幼儿园安全工作

知识结构图

- 《中小学幼儿园安全管理办法》
  - 总则
  - 安全管理职责
    - 教育行政部门
    - 公安机关
    - 卫生部门
    - 建设部门
    - 学校举办者
    - 其他行政部门
  - 校内安全管理制度
    - 校长负责制
    - 门卫制度
    - 校内安全定期检查和危房报告制度
    - 消防安全制度
    - 食堂卫生制度
    - 卫生保健制度
    - 学生安全信息通报制度
    - 校车管理制度
  - 日常安全管理
    - 日常教育教学活动
    - 集体劳动、教学实习或社会实践活动
    - 教职工
  - 安全教育
    - 将安全教育纳入教学内容
    - 保障安全教育时间
    - 安全教育的内容与形式
    - 安全教育师资
  - 校园周边安全管理
    - 建设工程
    - 治安
    - 交通
    - 网吧
    - 出版物
    - 饮食与卫生

- 幼儿园安全工作
  - ……
    - 安全事故处理
      - 学校
      - 教育等部门
    - 奖励与责任
      - 奖励
      - 责任
  - 《学生伤害事故处理办法》
    - 总则
    - 事故责任认定
    - 事故处理
      - 事故处理程序
      - 事故处理方式
      - 事故处理结束
    - 事故损害赔偿
      - 赔偿责任主体的认定
      - 赔偿范围和标准
      - 伤残鉴定
      - 学校赔偿原则
      - 教师过错赔偿
      - 学生过错赔偿
      - 赔偿金
    - 事故责任者的处理
      - 学校事故责任人的处理
      - 事故责任学校的处理
      - 教育部门责任人的处理
      - 事故责任学生的处理
      - 对扰乱正常事故处理行为人的制裁
    - 附则

学习目标

- 准确识记与理解学生伤害事故的含义。
- 识记与理解学校责任事故、学生或监护人责任事故、第三方责任事故、学校意外伤害事故、其他伤害事故的责任认定条件，并能结合案例进行解释和运用。
- 了解学生伤害事故处理程序和赔偿方式，知道事故责任者处理方式。

学习重点

理解学校责任事故、学生或监护人责任事故、第三方责任事故、学校意外伤害事故、其他伤害事故的责任认定条件，并能结合案例进行解释和运用。

学习建议

本章学习内容包括《中小学幼儿园安全管理办法》和《学生伤害事故处理办法》两个部分，其中《学生伤害事故处理办法》详细规定了学生伤害事故与责任认定、事故处理程序、事故损害的赔偿、事故责任人的处理等一系列学生伤害事故的有关问题。学习时，可以根据什么是学生伤害事故—学生伤害事故的类型及其责任认定—学生伤害事故的处理程序—事故损害的赔偿—事故责任人的处理这个思路来梳理本章知识点。

问题情境

小朋友受伤，由谁来负责？①

某幼儿园中班小朋友正在操场上开展户外体育活动，鑫鑫小朋友趁老师不在意，溜到活动场地旁边的滑梯玩，不慎从未固定好的滑梯上摔下，并被倾倒的滑梯压住，身体受伤。该滑梯是幼儿园本学期新购的设施，上周发现滑道和滑梯平台间出现断裂，园方已在滑梯周围围上栏杆，并在旁边和滑梯出口出示“禁止攀爬”的警示牌，通知各班教师不能让幼儿玩滑梯。同时幼儿园已与玩具厂商取得联系，要求维修或更换，厂商已经答应一周内上门维修。但不幸的是悲剧在此期间发生了。事后鑫鑫的家长向幼儿园索赔。但幼儿园认为，滑梯的购置不到半年就出现问题，尚在保修期内，园方报修后，厂家也没有上门维修，生产商和销售商提供不合格的产品和不及时不到位的服务是造成这起事故的主要原因，家长应向生产商和销售商索赔，至于园方，发现滑梯有问题后已经采取了防范措施，不应当承担相应的责任。

幼儿园必须把保护幼儿生命和安全放在工作的首位，幼儿园一旦出现了伤害事故，责任如何认定？如何处理？如何赔偿？带着这些问题，我们走入本章的学习。

第一节 《中小学幼儿园安全管理办法》

《中小学幼儿园安全管理办法》（以下简称《办法》）于2006年6月30日发布，自2006年9月1日起实行。

《办法》分为九章共六十六条。九章即总则、安全管理职责、校内安全管理制度、日常安全管理、安全教育、校园周边安全管理、安全事故处理、奖励与责任、附则。

一、总则

“总则”部分共五条，分别就《办法》的制定目的、适用对象、管理方针、学校安全管理的主要内容、对相关主体的要求进行了说明。

第一条明确了制定该《办法》的目的：“为加强中小学、幼儿园安全管理，保障学校及其学生和教职工的人身、财产安全，维护中小学、幼儿园正常的教育教学秩序，根据

① https://wenku.baidu.com/view/b94209f6f71fb7360b4c2e3f.

《中华人民共和国教育法》等法律法规，制定本办法。”

第二条说明了《办法》的适用对象：“普通中小学、中等职业学校、幼儿园（班）、特殊教育学校、工读学校（以下统称学校）的安全管理适用本办法。”

第三条说明学校安全管理应该遵循的方针是：积极预防、依法管理、社会参与、各负其责。

第四条规定学校安全管理工作的主要内容，包括

“（一）构建学校安全工作保障体系，全面落实安全工作责任制和事故责任追究制，保障学校安全工作规范、有序进行；

（二）健全学校安全预警机制，制定突发事件应急预案，完善事故预防措施，及时排除安全隐患，不断提高学校安全工作管理水平；

（三）建立校园周边整治协调工作机制，维护校园及周边环境安全；

（四）加强安全宣传教育培训，提高师生安全意识和防护能力；

（五）事故发生后启动应急预案、对伤亡人员实施救治和责任追究等。”

第五条明确了对相关主体的要求。“各级教育、公安、司法行政、建设、交通、文化、卫生、工商、质检、新闻出版等部门在本级人民政府的领导下，依法履行学校周边治理和学校安全的监督与管理职责。学校应当按照本办法履行安全管理和安全教育职责。”

社会团体、企业事业单位、其他社会组织和个人应当积极参与和支持学校安全工作，依法维护学校安全。

二、安全管理职责

第二部分“安全管理职责”共九条，分别对教育及其他部门的安全管理职责进行了界定，明确要求“地方各级人民政府及其教育、公安、司法行政、建设、交通、文化、卫生、工商、质检、新闻出版等部门应当按照职责分工，依法负责学校安全工作，履行学校安全管理职责”。

（一）教育行政部门

《办法》第七条规定教育行政部门对学校安全工作履行下列职责：

（1）全面掌握学校安全工作状况，制定学校安全工作考核目标，加强对学校安全工作的检查指导，督促学校建立健全并落实安全管理制度；

（2）建立安全工作责任制和事故责任追究制，及时消除安全隐患，指导学校妥善处理学生伤害事故；

（3）及时了解学校安全教育情况，组织学校有针对性地开展学生安全教育，不断提高教育实效；

（4）制定校园安全的应急预案，指导监督下级教育行政部门和学校开展安全工作；

（5）协调政府其他相关职能部门共同做好学校安全管理工作，协助当地人民政府组织对学校安全事故的救援和调查处理。

其中特别强调“教育督导机构应当组织学校安全工作的专项督导”。

（二）公安机关

《办法》第八条规定公安机关对学校安全工作履行下列职责：

（1）了解掌握学校及周边治安状况，指导学校做好校园保卫工作，及时依法查处扰乱校园秩序、侵害师生人身、财产安全的案件；

（2）指导和监督学校做好消防安全工作；

（3）协助学校处理校园突发事件。

（三）卫生部门

《办法》第九条要求卫生部门对学校安全工作履行下列职责：

（1）检查、指导学校卫生防疫和卫生保健工作，落实疾病预防控制措施；

（2）监督、检查学校食堂、学校饮用水和游泳池的卫生状况。

（四）建设部门

《办法》第十条要求建设部门对学校安全工作履行下列职责：

（1）加强对学校建筑、燃气设施设备安全状况的监管，发现安全事故隐患的，应当依法责令立即排除；

（2）指导校舍安全检查鉴定工作；

（3）加强对学校工程建设各环节的监督管理，发现校舍、楼梯护栏及其他教学、生活设施违反工程建设强制性标准的，应责令纠正；

（4）依法督促学校定期检验、维修和更新学校相关设施设备。

（五）学校举办者

《办法》第十四条规定举办学校的地方人民政府、企业事业组织、社会团体和公民个人，应当对学校安全工作履行下列职责：

（1）保证学校符合基本办学标准，保证学校围墙、校舍、场地、教学设施、教学用具、生活设施和饮用水源等办学条件符合国家安全质量标准；

（2）配置紧急照明装置和消防设施与器材，保证学校教学楼、图书馆、实验室、师生宿舍等场所的照明、消防条件符合国家安全规定；

（3）定期对校舍安全进行检查，对需要维修的，及时予以维修；对确认的危房，及时予以改造。

特别指出：“举办学校的地方人民政府应当依法维护学校周边秩序，保障师生和学校的合法权益，为学校提供安全保障。有条件的，学校举办者应当为学校购买责任保险。”

（六）其他行政部门

《办法》第十一条、十二条、十三条说明了质量技术监督、交通、文化、新闻出版、工商等部门的相关职责。其中，质量技术监督部门应当定期检查学校特种设备及相关设施的安全状况。公安、卫生、交通、建设等部门应当定期向教育行政部门和学校通报与学校安全管理相关的社会治安、疾病防治、交通等情况，提出具体预防要求。文化、新闻出版、工商等部门应当对校园周边的有关经营服务场所加强管理和监督，依法查处违法经营者，维护有利于青少年成长的良好环境。

三、校内安全管理制度

第三部分“校内安全管理制度”共十八条，对校内安全制度建设提出了总的要求，要求“学校应当遵守有关安全工作的法律、法规和规章，建立健全校内各项安全管理制度和安全应急机制，及时消除隐患，预防发生事故”。同时对学校应当建立的各项具体安全管理制度都做了明确规定。

（一）校长负责制

《办法》第十六条规定：“学校应当建立校内安全工作领导机构，实行校长负责制；应当设立保卫机构，配备专职或者兼职安全保卫人员，明确其安全保卫职责。”

（二）门卫制度

《办法》第十七条规定：“学校应当健全门卫制度，建立校外人员入校的登记或者验证制度，禁止无关人员和校外机动车入内，禁止将非教学用易燃易爆物品、有毒物品、动物和管制器具等危险物品带入校园。”并特别对门卫的专业性提出了要求，要求“学校门卫应当由专职保安或者其他能够切实履行职责的人员担任”。

（三）校内安全定期检查和危房报告制度

《办法》第十八条规定：“学校应当建立校内安全定期检查制度和危房报告制度，按照国家有关规定安排对学校建筑物、构筑物、设备、设施进行安全检查、检验；发现存在安全隐患的，应当停止使用，及时维修或者更换；维修、更换前应当采取必要的防护措施或者设置警示标志。学校无力解决或者无法排除的重大安全隐患，应当及时书面报告主管部门和其他相关部门。”并特别强调“学校应当在校内高地、水池、楼梯等易发生危险的地方设置警示标志或者采取防护设施”。

（四）消防安全制度

《办法》第十九条对学校消防安全制度和工作责任制、消防设备的维护、消防通道的畅通进行了规定，要求“学校应当落实消防安全制度和消防工作责任制，对于政府保障配备的消防设施和器材加强日常维护，保证其能够有效使用，并设置消防安全标志，保证疏散通道、安全出口和消防车通道畅通”。

（五）食堂卫生制度

《办法》第二十一条规定：“学校应当严格执行《学校食堂与学生集体用餐卫生管理规

定》《餐饮业和学生集体用餐配送单位卫生规范》，严格遵守卫生操作规范。建立食堂物资定点采购和索证、登记制度与饭菜留验和记录制度，检查饮用水的卫生安全状况，保障师生饮食卫生安全。”

（六）卫生保健制度

《办法》第二十三条规定：“学校应当按照国家有关规定配备具有从业资格的专职医务（保健）人员或者兼职卫生保健教师，购置必需的急救器材和药品，保障对学生常见病的治疗，并负责学校传染病疫情及其他突发公共卫生事件的报告。有条件的学校，应当设立卫生（保健）室。”并特别强调“新生入学应当提交体检证明。托幼机构与小学在入托、入学时应当查验预防接种证。学校应当建立学生健康档案，组织学生定期体检”。

（七）学生安全信息通报制度

《办法》第二十四条规定：“学校应当建立学生安全信息通报制度，将学校规定的学生到校和放学时间、学生非正常缺席或者擅自离校情况、以及学生身体和心理的异常状况等关系学生安全的信息，及时告知其监护人。对有特异体质、特定疾病或者其他生理、心理状况异常以及有吸毒行为的学生，学校应当做好安全信息记录，妥善保管学生的健康与安全信息资料，依法保护学生的个人隐私。”

（八）校车管理制度

《办法》第二十六条从校车和校车驾驶员两个方面对校车安全进行了规范：“学校购买或者租用机动车专门用于接送学生的，应当建立车辆管理制度，并及时到公安机关交通管理部门备案。接送学生的车辆必须检验合格，并定期维护和检测。接送学生专用校车应当粘贴统一标识。标识样式由省级公安机关交通管理部门和教育行政部门制定。学校不得租用拼装车、报废车和个人机动车接送学生。”对校车驾驶员要求“接送学生的机动车驾驶员应当身体健康，具备相应准驾车型 3 年以上安全驾驶经历，最近 3 年内任一记分周期没有记满 12 分记录，无致人伤亡的交通责任事故。”

四、日常安全管理

第四部分“日常安全管理”共十条，分别对学校的日常教育教学活动、大型集体活动、体育活动、上下学与家长交接、楼道上下秩序与晚自习等日常管理中容易发生安全事故的环节的安全管理进行了规范，同时对学校的教职工、学生和监护人提出了要求。

（一）日常教育教学活动

《办法》第二十八条规定：“学校在日常的教育教学活动中应当遵循教学规范，落实安全管理要求，合理预见、积极防范可能发生的风险。”

《办法》第二十九条规定：学校组织学生参加大型集体活动，应当采取下列安全措施：

（1）成立临时的安全管理组织机构；

（2）有针对性地对学生进行安全教育；

（3）安排必要的管理人员，明确所负担的安全职责；

（4）制定安全应急预案，配备相应设施。

《办法》第三十条规定："学校应当按照《学校体育工作条例》和教学计划组织体育教学和体育活动，并根据教学要求采取必要的保护和帮助措施。学校组织学生开展体育活动，应当避开主要街道和交通要道；开展大型体育活动以及其他大型学生活动，必须经过主要街道和交通要道的，应当事先与公安机关交通管理部门共同研究并落实安全措施。"

《办法》第三十一条规定："小学、幼儿园应当建立低年级学生、幼儿上下学时接送的交接制度，不得将晚离学校的低年级学生、幼儿交与无关人员。"

《办法》第三十二条规定："学生在教学楼进行教学活动和晚自习时，学校应当合理安排学生疏散时间和楼道上下顺序，同时安排人员巡查，防止发生拥挤踩踏伤害事故。"

（二）集体劳动、教学实习或社会实践活动

《办法》第二十八条规定："学校组织学生参加的集体劳动、教学实习或者社会实践活动，应当符合学生的心理、生理特点和身体健康状况。学校以及接受学生参加教育教学活动的单位必须采取有效措施，为学生活动提供安全保障。"

《办法》第三十三条规定："学校不得组织学生参加抢险等应当由专业人员或者成人从事的活动，不得组织学生参与制作烟花爆竹、有毒化学品等具有危险性的活动，不得组织学生参加商业性活动。"

（三）教职工

《办法》第三十五条规定："学校教职工应当符合相应任职资格和条件要求。学校不得聘用因故意犯罪而受到刑事处罚的人，或者有精神病史的人担任教职工。学校教师应当遵守职业道德规范和工作纪律，不得侮辱、殴打、体罚或者变相体罚学生；发现学生行为具有危险性的，应当及时告诫、制止，并与学生监护人沟通。"

【历年真题】

【13.1】 幼儿教师李某猥亵儿童被判处有期徒刑一年，缓刑一年。李某（　　）。

A. 将终身不能从事教师职业

B. 五年内不能从事教师职业

C. 缓刑期内可继续从事教师职业

D. 可在私立幼儿园从事教师职业

【解析】 本题答案 A。《办法》第三十五条规定："学校不得聘用因故意犯罪而受到刑事处罚的人，或者有精神病史的人担任教职工。"因此，答案 A 正确。

【考点拓展】

【13.1】某幼儿在手工活动中吵闹不休，班主任一怒之下用胶带粘住该幼儿的嘴巴，该班主任的做法（　　）。

A. 正确，班主任有维护班级秩序的职责

B. 正确，班主任有批评教育幼儿的权利

C. 不正确，违反了不得体罚幼儿的规定

D. 不正确，侵犯了幼儿言论自由权利

【解析】本题答案C。《办法》第三十五条规定："学校教师应当遵守职业道德规范和工作纪律，不得侮辱、殴打、体罚或者变相体罚学生。"因此，C为正确答案。

《办法》第三十六条规定："学生在校学习和生活期间，应当遵守学校纪律和规章制度，服从学校的安全教育和管理，不得从事危及自身或者他人安全的活动。"

《办法》第三十七条规定："监护人发现被监护人有特异体质、特定疾病或者异常心理状况的，应当及时告知学校。学校对已知的有特异体质、特定疾病或者异常心理状况的学生，应当给予适当关注和照顾。生理、心理状况异常不宜在校学习的学生，应当休学，由监护人安排治疗、休养。"

五、安全教育

第五部分"安全教育"共九条，分别从将安全教育纳入教学内容、保证安全教育的时间、丰富安全教育的内容与形式、充实安全教育师资队伍等方面做了规定。

（一）将安全教育纳入教学内容

《办法》第三十八条规定："学校应当按照国家课程标准和地方课程设置要求，将安全教育纳入教学内容，对学生开展安全教育，培养学生的安全意识，提高学生的自我防护能力。"

（二）保障安全教育时间

《办法》第三十九条规定："学校应当在开学初、放假前，有针对性地对学生集中开展安全教育。新生入校后，学校应当帮助学生及时了解相关的学校安全制度和安全规定。"

（三）安全教育的内容与形式

《办法》第四十条、四十一条和四十二条对学校安全教育的内容与形式做了规定。要求"学校应当针对不同课程实验课的特点与要求，对学生进行实验用品的防毒、防爆、防辐射、防污染等的安全防护教育。学校应当对学生进行用水、用电的安全教育，对寄宿学生进行防火、防盗和人身防护等方面的安全教育"。"学校应当对学生开展安全防范教育，使学生掌握基本的自我保护技能，应对不法侵害。学校应当对学生开展交通安全教育，使学生掌握基本的交通规则和行为规范。学校应当对学生开展消防安全教育，有条件的可以组织学生到当地消防站参观和体验，使学生掌握基本的消防安全知识，提高防火意识和逃生自救的能力。学校应当根据当地实际情况，有针对性地对学生开展到江河湖海、水库等地方戏水、游泳的安全卫生教育”。“学校可根据当地实际情况，组织师生开展多种形式的事故预防演练。学校应当每学期至少开展一次针对洪水、地震、火灾等灾害事故的紧急疏散演练，使师生掌握避险、逃生、自救的方法”。

（四）安全教育师资

《办法》第四十三条至四十五条对教育行政部门和学校关于安全教育师资培训做出规定。第四十三条指出：“教育行政部门按照有关规定，与人民法院、人民检察院和公安、司法行政等部门以及高等学校协商，选聘优秀的法律工作者担任学校的兼职法制副校长或者法制辅导员。兼职法制副校长或者法制辅导员应当协助学校检查落实安全制度和安全事故处理、定期对师生进行法制教育等，其工作成果纳入派出单位的工作考核内容。”第四十四条规定：“教育行政部门应当组织负责安全管理的主管人员、学校校长、幼儿园园长和学校负责安全保卫工作的人员，定期接受有关安全管理培训。”第四十五条规定：“学校应当制定教职工安全教育培训计划，通过多种途径和方法，使教职工熟悉安全规章制度、掌握安全救护常识，学会指导学生预防事故、自救、逃生、紧急避险的方法和手段。”

六、校园周边安全管理

《办法》第六部分共八条，对政府有关部门应当履行的校园周边安全管理职责做出了明确的规定，要求各有关部门建立联席会议制度，从建设工程、治安、交通、网吧、出版物、饮食卫生六个校园周边管理难点出发，切实保证校园周边安全。

（一）建设工程

《办法》第四十八条规定：“建设、公安等部门应当加强对学校周边建设工程的执法检查，禁止任何单位或者个人违反有关法律、法规、规章、标准，在学校围墙或者建筑物边建设工程，在校园周边设立易燃易爆、剧毒、放射性、腐蚀性等危险物品的生产、经营、储存、使用场所或者设施以及其他可能影响学校安全的场所或者设施。”

（二）治安

《办法》第四十九条规定：“公安机关应当把学校周边地区作为重点治安巡逻区域，在治安情况复杂的学校周边地区增设治安岗亭和报警点，及时发现和消除各类安全隐患，处置扰乱学校秩序和侵害学生人身、财产安全的违法犯罪行为。”

（三）交通

《办法》第五十条规定："公安、建设和交通部门应当依法在学校门前道路设置规范的交通警示标志，施划人行横线，根据需要设置交通信号灯、减速带、过街天桥等设施。在地处交通复杂路段的学校上下学时间，公安机关应当根据需要部署警力或者交通协管人员维护道路交通秩序。"

（四）网吧

《办法》第五十二条规定："文化部门依法禁止在中学、小学校园周围 200 米范围内设立互联网上网服务营业场所，并依法查处接纳未成年人进入的互联网上网服务营业场所。工商行政管理部门依法查处取缔擅自设立的互联网上网服务营业场所。"

（五）出版物

《办法》第五十三条规定："新闻出版、公安、工商行政管理等部门应当依法取缔学校周边兜售非法出版物的游商和无证照摊点，查处学校周边制售含有淫秽色情、凶杀暴力等内容的出版物的单位和个人。"

（六）饮食卫生

《办法》第五十四条规定："卫生、工商行政管理部门应当对校园周边饮食单位的卫生状况进行监督，取缔非法经营的小卖部、饮食摊点。"

七、安全事故处理

《办法》第七个部分"安全事故处理"共五条，规定了学校和教育行政部门处理安全事故的职责，具体包括发生自然灾害、重大治安、公共卫生突发事件时教育部门的职责，校园内突发安全事故时学校的处置要求、实行安全事故报告制度等。

（一）学校

第五十六条、五十七条和五十八条对校园内突发安全事故时学校的处置要求做了规定。第五十六条规定："校园内发生火灾、食物中毒、重大治安等突发安全事故以及自然灾害时，学校应当启动应急预案，及时组织教职工参与抢险、救助和防护，保障学生身体健康和人身、财产安全。"

第五十七条规定："发生学生伤亡事故时，学校应当按照《学生伤害事故处理办法》规定的原则和程序等，及时实施救助，并进行妥善处理。"

第五十八条规定："发生教职工和学生伤亡等安全事故的，学校应当及时报告主管教育行政部门和政府有关部门；属于重大事故的，教育行政部门应当按照有关规定及时逐级上报。"

（二）教育等部门

第五十五条要求教育等部门"在发生地震、洪水、泥石流、台风等自然灾害和重大治安、公共卫生突发事件时，教育等部门应当立即启动应急预案，及时转移、疏散学生，或者采取其他必要防护措施，保障学校安全和师生人身财产安全”。第五十九条要求“省级教育行政部门应当在每年 1 月 31 日前向国务院教育行政部门书面报告上一年度学校安全工作和学生伤亡事故情况”。

八、奖励与责任

第八部分“奖励与责任”共五条，分别对教育等各部门在中小学幼儿园安全管理中的奖励与责任进行了规定。

（一）奖励

《办法》第六十条规定：“教育、公安、司法行政、建设、交通、文化、卫生、工商、质检、新闻出版等部门，对在学校安全工作中成绩显著或者做出突出贡献的单位和个人，应当视情况联合或者分别给予表彰、奖励。”

（二）责任

《办法》第六一十条到六十四条规定了教育等各部门不履行学校安全管理责任的处罚。处罚方式包括批评教育、赔偿、行政处分、追究刑事责任。

其中第六十一条规定：“教育、公安、司法行政、建设、交通、文化、卫生、工商、质检、新闻出版等部门，不依法履行学校安全监督与管理职责的，由上级部门给予批评；对直接责任人员由上级部门和所在单位视情节轻重，给予批评教育或者行政处分；构成犯罪的，依法追究刑事责任。”

第六十二条规定：“学校不履行安全管理和安全教育职责，对重大安全隐患未及时采取措施的，有关主管部门应当责令其限期改正；拒不改正或者有下列情形之一的，教育行政部门应当对学校负责人和其他直接责任人员给予行政处分；构成犯罪的，依法追究刑事责任：

（一）发生重大安全事故、造成学生和教职工伤亡的；

（二）发生事故后未及时采取适当措施、造成严重后果的；

（三）瞒报、谎报或者缓报重大事故的；

（四）妨碍事故调查或者提供虚假情况的；

（五）拒绝或者不配合有关部门依法实施安全监督管理职责的。”

第六十三条规定：“校外单位或者人员违反治安管理规定、引发学校安全事故的，或者在学校安全事故处理过程中，扰乱学校正常教育教学秩序、违反治安管理规定的，由公安机关依法处理；构成犯罪的，依法追究其刑事责任；造成学校财产损失的，依法承担赔偿责任。”

第二节 《学生伤害事故处理办法》

《学生伤害事故处理办法》(简称《办法》)于2002年6月25日由教育部令第12号发布，并于2002年9月1日起实施。2010年12月13日，《教育部关于修改和废止部分规章的决定》将原来第八条的内容——“学生伤害事故的责任，应当根据相关当事人的行为与损害后果之间的因果关系依法确定。因学校、学生或者其他相关当事人的过错造成的学生伤害事故，相关当事人应当根据其行为过错程度的比例及其与损害后果之间的因果关系承担相应的责任。当事人的行为是损害后果发生的主要原因，应当承担主要责任；当事人的行为是损害后果发生的非主要原因，承担相应的责任”，修改为“发生学生伤害事故，造成学生人身损害的，学校应当按照《中华人民共和国侵权责任法》及相关法律、法规的规定，承担相应的事故责任”①。《办法》分六章共四十条。

一、总则

“总则”共分为七条，分别对《办法》的立法宗旨、适用范围、基本原则、学校举办者与教育行政部门的安全管理责任、学校职责、学生自我保护义务和监护人责任进行了说明。

第一条明确了制定《办法》的立法宗旨。立法宗旨是“为积极预防、妥善处理在校学生伤害事故，保护学生、学校的合法权益”。这说明《办法》的制定不仅保护学生的合法权益，也保护学校的合法权益，学生和学校的合法权益都要兼顾。

第二条说明了《办法》的适用范围。第二条规定“在学校实施的教育教学活动或者学校组织的校外活动中，以及在学校负有管理责任的校舍、场地、其他教育教学设施、生活设施内发生的，造成在校学生人身损害后果的事故的处理，适用本办法”。

第二条包含两个方面的内容。一是明确了什么是“学生伤害事故”。根据第二条的规定，“学生伤害事故”应满足三个要件：第一，必须是在学校负有教育管理职责的时间空间范围内发生的伤害事故。上下学路上、节假日期间等都不在此列。第二，必须是在校学生发生的伤害事故，已经从该校毕业的学生不属于此列。第三，必须是人身损害事故，单纯的精神伤害不属于此类。

二是通过“学生伤害事故”的概念界定明确了《办法》的适用范围。以下三种情况下造成的在校学生人身伤害事故，其处理适用本《办法》：第一，在学校实施的教育教学

① 《中华人民共和国侵权责任法》第三十二条、第三十八条、第四十条有相关规定。

活动中发生的人身伤害事故。第二，在学校组织的校外活动中发生的人身伤害事故。第三，在学校负有管理责任的场所和设施中发生的人身伤害事故。

【历年真题】

【13.2】某幼儿园正在开展游戏活动，教师王某活动前反复提醒小朋友注意安全，活动中也一直在旁边组织、观察、保护，但是意外还是发生，小明在跳跃时摔伤手臂，王某马上将小明送到医院检查，经医生诊断，小明右手骨折。应对小明所受伤害承担责任的主体是（　　）。

A. 幼儿园　　　　B. 教师王某

C. 小明的监护人　　　　D. 幼儿园和小明的监护人

【解析】本题答案A。《中华人民共和国侵权责任法》第三十八条规定："无民事行为能力人在幼儿园、学校或者其他教育机构学习、生活期间受到人身损害的，幼儿园、学校或者其他教育机构应当承担责任，但能够证明尽到教育、管理职责的，不承担责任。"此案例中幼儿园如果能自己举证尽到了教育管理职责，那么可以不承担责任，但幼儿园如果不能举证，那么必须承担责任。

第三条说明了学生伤害事故处理的基本原则，即客观公正、合理适当、及时妥善、依法处理。

第四条明确了学校举办者与教育行政部门的安全管理责任。学校的举办者应当提供符合安全标准的校舍、场地、其他教育教学设施和生活设施；教育行政部门应当加强学校安全工作，指导学校落实预防学生伤害事故的措施，指导、协助学校妥善处理学生伤害事故，维护学校正常的教育教学秩序。

第五条明确了学校的职责。学校对学生负有进行安全教育、管理和保护的责任。

第五条规定："学校应当对在校学生进行必要的安全教育和自护自救教育；应当按照规定，建立健全安全制度，采取相应的管理措施，预防和消除教育教学环境中存在的安全隐患；当发生伤害事故时，应当及时采取措施救助受伤害学生。"这说明学校对在校学生有安全教育和自护自救教育的责任；有按照规定建立健全安全制度，采取相应管理措施，预防和消除教育教学环境中存在的安全隐患的责任；有当发生伤害事故时，及时采取措施救助受害学生的责任。学校如果在以上几个方面失责，则必须承担相应的法律责任。否则，即使是发生在校园内的伤害事件，学校也不必承担无过错责任。

第五条还规定，学校"应当针对学生年龄、认知能力和法律行为能力的不同，采用相应的内容和预防措施"。这说明学校对学生进行教育和保护时采取的措施应该适合学生年龄特征，在内容、形式上应该是学生能够理解和接受的。

第六条明确了学生自我保护的义务。一是学生应当遵守学校的规章制度和纪律；二是在不同的受教育阶段，应当根据自身的年龄、认知能力和法律行为能力，避免和消除相应的危险。

第七条指明了监护人的责任："未成年学生的父母或者其他监护人（以下称为监护人）应当依法履行监护职责，配合学校对学生进行安全教育、管理和保护工作。"

特别是第七条还规定："学校对未成年学生不承担监护职责，但法律有规定的或者学校依法接受委托承担相应监护职责的情形除外。"它意味着即使是在校期间，家长依然要为自己未成年孩子的行为承担相应的法律责任，过去家长把孩子"交给学校"的想法和相应的做法都必须做出改变。例如在学校确无过错的情况下，学生行为不当而对自己造成伤害，其责任要由家长来负；如果其他孩子的不当行为给自己的孩子造成伤害，那么"肇事"孩子的家长也是诉讼的对象。

【历年真题】

【13.3】在幼儿园开展的户外活动中，小明和小刚一起玩滑梯，玩的过程中，小明推了小刚一下，小刚摔倒在地上，老师马上从教室跑出来扶起了小刚。对小刚受伤应当承担赔偿责任的是（　　）。

A. 幼儿园　　　　B. 小明监护人

C. 小刚监护人　　D. 小明监护人和幼儿园

【解析】本题答案D。《办法》第七条第2款规定："学校对未成年学生不承担监护职责，但法律有规定的或者学校依法接受委托承担相应监护职责的情形除外。"它意味着即使是在校期间，家长依然要为自己未成年孩子的行为承担相应的法律责任；如果其他孩子的不当行为给自己的孩子造成伤害，那么"肇事"孩子的家长也是诉讼的对象。因此，本题答案应为D。

二、事故责任认定

《办法》第二章共十四条，主要对学生伤害事故的类型及其责任认定进行了说明。

第八条规定："发生学生伤害事故，造成学生人身损害的，学校应当按照《中华人民共和国侵权责任法》及相关法律、法规的规定，承担相应的事故责任。"

第九条明确了学校责任事故，规定："因下列情形之一造成的学生伤害事故，学校应当依法承担相应的责任：

（一）学校的校舍、场地、其他公共设施，以及学校提供给学生使用的学具、教育教学和生活设施、设备不符合国家规定的标准，或者有明显不安全因素的；

（二）学校的安全保卫、消防、设施设备管理等安全管理制度有明显疏漏，或者管理混乱，存在重大安全隐患，而未及时采取措施的；

（三）学校向学生提供的药品、食品、饮用水等不符合国家或者行业的有关标准、要求的；

（四）学校组织学生参加教育教学活动或者校外活动，未对学生进行相应的安全教育，并未在可预见的范围内采取必要的安全措施的；

（五）学校知道教师或者其他工作人员患有不适宜担任教育教学工作的疾病，但未采取必要措施的；

（六）学校违反有关规定，组织或者安排未成年学生从事不宜未成年人参加的劳动、体育运动或者其他活动的；

（七）学生有特异体质或者特定疾病，不宜参加某种教育教学活动，学校知道或者应当知道，但未予以必要的注意的；

（八）学生在校期间突发疾病或者受到伤害，学校发现，但未根据实际情况及时采取相应措施，导致不良后果加重的；

（九）学校教师或者其他工作人员体罚或者变相体罚学生，或者在履行职责过程中违反工作要求、操作规程、职业道德或者其他有关规定的；

（十）学校教师或者其他工作人员在负有组织、管理未成年学生的职责期间，发现学生行为具有危险性，但未进行必要的管理、告诫或者制止的；

（十一）对未成年学生擅自离校等与学生人身安全直接相关的信息，学校发现或者知道，但未及时告知未成年学生的监护人，导致未成年学生因脱离监护人的保护而发生伤害的；

（十二）学校有未依法履行职责的其他情形的。”

第十条明确了学生或监护人责任事故，规定：“学生或者未成年学生监护人由于过错，有下列情形之一，造成学生伤害事故，应当依法承担相应的责任：

（一）学生违反法律法规的规定，违反社会公共行为准则、学校的规章制度或者纪律，实施按其年龄和认知能力应当知道具有危险或者可能危及他人的行为的；

（二）学生行为具有危险性，学校、教师已经告诫、纠正，但学生不听劝阻、拒不改正的；

（三）学生或者其监护人知道学生有特异体质，或者患有特定疾病，但未告知学校的；

（四）未成年学生的身体状况、行为、情绪等有异常情况，监护人知道或者已被学校告知，但未履行相应监护职责的；

（五）学生或者未成年学生监护人有其他过错的。”

第十一条明确了第三方责任事故，规定：“学校安排学生参加活动，因提供场地、设备、交通工具、食品及其他消费与服务的经营者，或者学校以外的活动组织者的过错造成的学生伤害事故，有过错的当事人应当依法承担相应的责任。”

第十二条明确了学校意外伤害事故，规定："因下列情形之一造成的学生伤害事故，学校已履行了相应职责，行为并无不当的，无法律责任：

（一）地震、雷击、台风、洪水等不可抗的自然因素造成的；

（二）来自学校外部的突发性、偶发性侵害造成的；

（三）学生有特异体质、特定疾病或者异常心理状态，学校不知道或者难于知道的；

（四）学生自杀、自伤的；

（五）在对抗性或者具有风险性的体育竞赛活动中发生意外伤害的；

（六）其他意外因素造成的。"

第十三条明确了其他事故，规定："下列情形下发生的造成学生人身损害后果的事故，学校行为并无不当的，不承担事故责任；事故责任应当按有关法律法规或者其他有关规定认定：

（一）在学生自行上学、放学、返校、离校途中发生的；

（二）在学生自行外出或者擅自离校期间发生的；

（三）在放学后、节假日或者假期等学校工作时间以外，学生自行滞留学校或者自行到校发生的；

（四）其他在学校管理职责范围外发生的。"

【历年真题】

【13.4】某小朋友在暑假期间擅自钻幼儿园的铁门，导致右腿划伤。对于该小朋友所受伤害，下列选项中正确的是（　　）。

A. 幼儿园存在过错，应当承担赔偿责任

B. 幼儿园没有过错，但要承担赔偿责任

C. 幼儿园没有过错，无须承担赔偿责任

D. 幼儿园存在过错，不可免除赔偿责任

【解析】本题答案选C。《办法》第十三条规定："在放学后、节假日或者假期等学校工作时间以外，学生自行滞留学校或者自行到校发生的"，"造成学生人身损害后果的事故，学校行为并无不当的，不承担事故责任；事故责任应当按有关法律法规或者其他有关规定认定。"因此C为正确答案。

第十四条对学校工作人员个人伤害行为责任事故进行了界定："因学校教师或者其他工作人员与其职务无关的个人行为，或者因学生、教师及其他个人故意实施的违法犯罪行为，造成学生人身损害的，由致害人依法承担相应的责任。"

三、事故处理

《办法》第三章共八条，主要对事故处理程序、处理方式等做了相关规定。

（一）事故处理程序

第十五条规定："发生学生伤害事故，学校应当及时救助受伤害学生，并应当及时告知未成年学生的监护人；有条件的，应当采取紧急救援等方式救助。"这说明只要发现学生受到伤害，无论是谁的责任，学校都有义务第一时间对受伤害学生实施救助，同时学校有义务及时告知未成年学生的监护人。

第十六条规定："发生学生伤害事故，情形严重的，学校应当及时向主管教育行政部门及有关部门报告；属于重大伤亡事故的，教育行政部门应当按照有关规定及时向同级人民政府和上一级教育行政部门报告。"一般来说，发生情形严重的学生伤害事故，学校需要在事故发生后二十四小时内口头报告，并在七个工作日内提供有关事故的书面报告。

第十七条规定："学校的主管教育行政部门应学校要求或者认为必要，可以指导、协助学校进行事故的处理工作，尽快恢复学校正常的教育教学秩序。"

（二）事故处理方式

《办法》第十八条规定，发生学生伤害事故，可采取以下三种方式处理：第一，学校与受伤害学生或者学生家长可以通过协商方式解决。第二，双方自愿，可以书面请求主管教育行政部门进行调解。第三，成年学生或者未成年学生的监护人也可以依法直接提起诉讼。

其中关于调解和诉讼，《办法》根据各种情形又做了详细的规定。

如第十九条规定："教育行政部门收到调解申请，认为必要的，可以指定专门人员进行调解，并应当在受理申请之日起60日内完成调解。"

第二十条针对调解过程中出现的不同情况，对调解程序进行了详细规定："经教育行政部门调解，双方就事故处理达成一致意见的，应当在调解人员的见证下签订调解协议，结束调解；在调解期限内，双方不能达成一致意见，或者调解过程中一方提起诉讼，人民法院已经受理的，应当终止调解。对经调解达成的协议，一方当事人不履行或者反悔的，双方可以依法提起诉讼。"

（三）事故处理结束

第二十二条规定："事故处理结束，学校应当将事故处理结果书面报告主管的教育行政部门；重大伤亡事故的处理结果，学校主管的教育行政部门应当向同级人民政府和上一级教育行政部门报告。"

四、事故损害赔偿

《办法》第四章共九条，对学生伤害事故的损害赔偿进行了一系列规定，具体包括：赔偿责任主体的认定、赔偿范围和标准、伤残鉴定、学校赔偿原则、教师过错赔偿、学生过错赔偿、赔偿金等。

（一）赔偿责任主体的认定

第二十三条规定：“对发生学生伤害事故负有责任的组织或者个人，应当按照法律法规的有关规定，承担相应的损害赔偿责任。”

（二）赔偿范围和标准

第二十四条规定：“学生伤害事故赔偿的范围与标准，按照有关行政法规、地方性法规或者最高人民法院司法解释中的有关规定确定。教育行政部门进行调解时，认为学校有责任的，可以依照有关法律法规及国家有关规定，提出相应的调解方案。”

根据现行法律法规和最高人民法院的司法解释的规定，根据损害情况，学生人身损害的赔偿范围一般可分为以下几个方面：常规赔偿，包括医疗费、营养费、误工补助、护理费、交通费等；残疾赔偿，包括残疾用具费、残疾生活补助费等；死亡赔偿，包括丧葬费、死亡补助等；精神损害抚慰金，是指用金钱补偿因受伤或死亡而给受伤学生或学生父母造成的精神痛苦的抚慰费用；其他合理费用。

（三）伤残鉴定

第二十五条规定：“对受伤害学生的伤残程度存在争议的，可以委托当地具有相应鉴定资格的医院或者有关机构，依据国家规定的人体伤残标准进行鉴定。”

（四）学校赔偿原则

第二十六条规定：“学校对学生伤害事故负有责任的，根据责任大小，适当予以经济赔偿，但不承担解决户口、住房、就业等与救助受伤害学生、赔偿相应经济损失无直接关系的其他事项。学校无责任的，如果有条件，可以根据实际情况，本着自愿和可能的原则，对受伤害学生给予适当的帮助。”

根据自 2004 年 5 月 1 日起施行的《最高人民法院关于审理人身损害赔偿案件适用法律若干问题的解释》第七条规定：“对未成年人依法负有教育、管理、保护义务的学校、幼儿园或者其他教育机构，未尽职责范围内的相关义务致使未成年人遭受人身损害，或者未成年人致他人人身损害的，应当承担与其过错相应的赔偿责任。第三人侵权致未成年人遭受人身损害的，应当承担赔偿责任。学校、幼儿园等教育机构有过错的，应当承担相应的补充赔偿责任。”

（五）教师过错赔偿

第二十七条规定：“因学校教师或者其他工作人员在履行职务中的故意或者重大过失造成的学生伤害事故，学校予以赔偿后，可以向有关责任人员追偿。”但是在教师或其他工作人员与职务无关的个人行为责任事故中，应当由当事人承担全部赔偿责任。

（六）学生过错赔偿

第二十八条规定："未成年学生对学生伤害事故负有责任的，由其监护人依法承担相应的赔偿责任。学生的行为侵害学校教师及其他工作人员以及其他组织、个人的合法权益，造成损失的，成年学生或者未成年学生的监护人应当依法予以赔偿。"

（七）赔偿金

《办法》第二十九条、三十条、三十一条分别对学校赔偿金筹措责任、伤害赔偿准备金和保险机制进行了规定。

第二十九条规定："根据双方达成的协议、经调解形成的协议或者人民法院的生效判决，应当由学校负担的赔偿金，学校应当负责筹措；学校无力完全筹措的，由学校的主管部门或者举办者协助筹措。"

第三十条规定："县级以上人民政府教育行政部门或者学校举办者有条件的，可以通过设立学生伤害赔偿准备金等多种形式，依法筹措伤害赔偿金。"

第三十一条规定："学校有条件的，应当依据保险法的有关规定，参加学校责任保险。教育行政部门可以根据实际情况，鼓励中小学参加学校责任保险。提倡学生自愿参加意外伤害保险。在尊重学生意愿的前提下，学校可以为学生参加意外伤害保险创造便利条件，但不得从中收取任何费用。"

五、事故责任者的处理

《办法》第五章共五条，规定了对学生安全事故责任者的处理办法，具体包括学校责任事故责任人的处理、事故责任学校的处理、教育部门责任人的处理、事故责任学生的处理和对扰乱正常事故处理行为人的制裁等。

（一）学校事故责任人的处理

对学校事故责任人的处理分为行政处分和追究刑事责任两种。《办法》第三十二条规定："发生学生伤害事故，学校负有责任且情节严重的，教育行政部门应当根据有关规定，对学校的直接负责的主管人员和其他直接责任人员，分别给予相应的行政处分；有关责任人的行为触犯刑律的，应当移送司法机关依法追究刑事责任。"

（二）事故责任学校的处理

对事故责任学校的处理分为限期整顿和行政处罚。《办法》第三十三条规定："学校管理混乱，存在重大安全隐患的，主管的教育行政部门或者其他有关部门应当责令其限期整顿；对情节严重或者拒不改正的，应当依据法律法规的有关规定，给予相应的行政处罚。"

（三）教育部门责任人的处理

对教育部门责任人的处理分为行政处分和追究刑事责任。《办法》第三十四条规定：

“教育行政部门未履行相应职责，对学生伤害事故的发生负有责任的，由有关部门对直接负责的主管人员和其他直接责任人员分别给予相应的行政处分；有关责任人的行为触犯刑律的，应当移送司法机关依法追究刑事责任。”

（四）事故责任学生的处理

《办法》第三十五条规定：“违反学校纪律，对造成学生伤害事故负有责任的学生，学校可以给予相应的处分；触犯刑律的，由司法机关依法追究刑事责任。”

（五）对扰乱正常事故处理行为人的制裁

受伤害学生的监护人、亲属或者其他有关人员，在事故处理过程中无理取闹，扰乱学校正常教育教学秩序，或者侵犯学校、学校教师或者其他工作人员的合法权益的，依据《办法》第三十六条，“学校应当报告公安机关依法处理；造成损失的，可以依法要求赔偿”。

六、附则

《办法》附则共四条，对适用对象和实施日期等做了相关规定。

第三十七条至三十九条，对《办法》的适用对象做了解释：“本办法所称学校，是指国家或者社会力量举办的全日制的中小学（含特殊教育学校）、各类中等职业学校、高等学校。本办法所称学生是指在上述学校中全日制就读的受教育者。”“其他教育机构发生的学生伤害事故，参照本办法处理。在学校注册的其他受教育者在学校管理范围内发生的伤害事故，参照本办法处理。”

第三十八条特别指出：“幼儿园发生的幼儿伤害事故，应当根据幼儿为完全无行为能力人的特点，参照本办法处理。”参照我国《民法通则》规定，不满十周岁的儿童为无行为能力人。

2010年12月13日颁布的《教育部关于修改和废止部分规章的决定》将原来第八条——“学生伤害事故的责任，应当根据相关当事人的行为与损害后果之间的因果关系依法确定。因学校、学生或者其他相关当事人的过错造成的学生伤害事故，相关当事人应当根据其行为过错程度的比例及其与损害后果之间的因果关系承担相应的责任。当事人的行为是损害后果发生的主要原因，应当承担主要责任；当事人的行为是损害后果发生的非主要原因，承担相应的责任”，修改为“发生学生伤害事故，造成学生人身损害的，学校应当按照《中华人民共和国侵权责任法》及相关法律、法规的规定，承担相应的事故责任”。

而《中华人民共和国侵权责任法》第三十二条规定：“无民事行为能力人、限制民事行为能力人造成他人损害的，由监护人承担侵权责任。监护人尽到监护责任的，可以减轻其侵权责任。有财产的无民事行为能力人、限制民事行为能力人造成他人损害的，从本人财产中支付赔偿费用。不足部分，由监护人赔偿。”

第三十八条规定："无民事行为能力人在幼儿园、学校或者其他教育机构学习、生活期间受到人身损害的，幼儿园、学校或者其他教育机构应当承担责任，但能够证明尽到教育、管理职责的，不承担责任。"

第四十条规定："无民事行为能力人或者限制民事行为能力人在幼儿园、学校或者其他教育机构学习、生活期间，受到幼儿园、学校或者其他教育机构以外的人员人身损害的，由侵权人承担侵权责任；幼儿园、学校或者其他教育机构未尽到管理职责的，承担相应的补充责任。"

【历年真题】

【13.5】洋洋在自由活动时自行从幼儿园走出，在人行道上被一电动车刮伤，对洋洋的伤害有赔偿责任的是（　　）。

A. 幼儿园　　B. 车主　　C. 父母　　D. 幼儿园和车主

【解析】本题答案D。《中华人民共和国侵权责任法》第四十条规定："无民事行为能力人或者限制民事行为能力人在幼儿园、学校或者其他教育机构学习、生活期间，受到幼儿园、学校或者其他教育机构以外的人员人身损害的，由侵权人承担侵权责任；幼儿园、学校或者其他教育机构未尽到管理职责的，承担相应的补充责任。"因此答案D正确。

【考点拓展】

【13.2】校外人员孔某趁幼儿园门卫疏忽之际，骑摩托车闯入幼儿园，将幼儿刘某撞伤，对刘某所受伤害，应当承担主要费用的是（　　）。

A. 孔某　　B. 门卫　　C. 幼儿园　　D. 刘某的监护人

【解析】本题答案A。《中华人民共和国侵权责任法》第四十条规定："无民事行为能力人或者限制民事行为能力人在幼儿园、学校或者其他教育机构学习、生活期间，受到幼儿园、学校或者其他教育机构以外的人员人身损害的，由侵权人承担侵权责任；幼儿园、学校或者其他教育机构未尽到管理职责的，承担相应的补充责任。"本题中应当承担主要费用的是孔某，幼儿园也要承担责任。因此答案A正确。

《办法》第四十条对实施日期进行了说明："本办法自2002年9月1日起实施，原国家教委、教育部颁布的与学生人身安全事故处理有关的规定，与本办法不符的，以本办法为准。在本办法实施之前已处理完毕的学生伤害事故不再重新处理。"

本章小结

《中小学幼儿园安全管理办法》分为九章，即总则、安全管理职责、校内安全管理制度、日常安全管理、安全教育、校园周边安全管理、安全事故处理、奖励与责任、附则。《学生伤害事故处理办法》详细规定了学生伤害事故与责任认定、事故处理程序、事故损害的赔偿、事故责任人的处理等一系列学生伤害事故的有关问题。

学习资源

1. 苏晖. 幼儿园安全管理实用手册［M］. 北京：中国农业出版社，2016.

2. 雷思明. 幼儿园安全策略 50 条［M］. 上海：华东师范大学出版社，2013.

3. 天跃图书工作室. 幼儿园的 50 个安全管理问题［M］. 北京：科学出版社，2015.

4. 谢爱华. 幼儿园突发安全事故应急处理［M］. 天津：天津教育出版社，2019.

5. 洪秀敏. 幼儿园教师必知的 60 条教育政策与法规［M］. 北京：中国轻工业出版社，2014.

第十四章

儿童权利与保护

知识结构图

- 儿童权利与保护
  - 《儿童权利公约》
    - 《公约》中的儿童与儿童权利
      - 儿童的定义
      - 儿童的基本权利
    - 《公约》的基本原则
      - 无歧视原则
      - 儿童的最大利益原则
      - 尊重儿童意见的原则
      - 尊重儿童的尊严与权利原则
  - 《中华人民共和国未成年人保护法》
    - 总则
    - 家庭保护
    - 学校保护
    - 社会保护
    - 司法保护
    - 法律责任

学习目标

- 熟记联合国《儿童权利公约》《中华人民共和国未成年人保护法》中关于儿童和未成年人的定义以及儿童的基本权利，并能结合案例进行解释和运用。
- 了解《儿童权利公约》的基本原则。

学习重点

理解《儿童权利公约》《中华人民共和国未成年人保护法》中有关儿童权利的基本规定以及对儿童的保护措施，并能结合案例进行解释和运用。

学习建议

保护儿童权利、促进儿童发展是世界各国政府和人民的共同责任与义务。保护儿童的权利核心是保护儿童的哪些权利、采用何种措施保护儿童的权利。《儿童权利公约》和《中华人民共和国未成年人保护法》回答了这些问题。学习时，可以根据儿童的定义—儿童的基本权利—保护儿童权利的措施来梳理本章的思路。

问题情境

携程亲子园虐童行为遭曝光①

2017 年 11 月 8 日上午，有网友在微博上连续发布多段视频，直指上海携程亲子中心的幼儿遭到虐待。视频显示，亲子中心工作人员向多名幼童做出推搡、灌喂芥末等行为。“携程亲子园幼儿遭虐待”事件随即在网上掀起轩然大波。

2017 年 11 月 8 日，携程发布声明称，涉事亲子园为携程委托《现代家庭》杂志社下属“为了孩子学苑”管理，目前已与涉事人员解除合同，并做报警处理。11 月 16 日晚，携程 CEO 孙洁做最终通报，两个人力资源副总裁被免职，并承诺全部退、赔员工支付的入托费。

11 月 15 日，上海市妇儿工委发布相关调查结果，称其为“严重伤害儿童的恶劣事件”，决定撤销纪大庆《现代家庭》杂志社党支部书记、社长、总编辑职务，市妇联向受害儿童、家长和社会诚挚道歉。同日，长宁警方发布通报称，警方于 11 月 9 日对携程亲子园的三名工作人员依法予以刑事拘留后，经过进一步调查取证，于 11 月 13 日以涉嫌虐待被监护、被看护人罪，对携程亲子园实际负责人郑某依法予以刑事拘留。

儿童期是人生发展的关键期，保护儿童的权利、促进儿童的发展是国际社会和我国共同的责任和义务。国际社会和我国保护儿童的哪些权利？采取了何种措施来保护儿童的权

① 携程亲子园虐童行为遭曝光［J］. 课堂内外创新作文（高中版），2018（1）.

利？带着这样的疑问，我们进入本章内容的学习。

第一节　《儿童权利公约》

1989 年 11 月 20 日，第 44 届联合国大会以 25 号决议通过了《儿童权利公约》（Convention on the Rights of the Child，简称《公约》，CRC）。《公约》是第一部有关保障儿童权利且具有法律约束力的国际性约定。1990 年 1 月 26 日，《公约》向所有国家开放供签署，当天就有 61 个国家签署。1990 年 9 月 2 日，《公约》在获得 20 个国家批准加入之后正式生效。

1990 年 8 月 29 日，中国常驻联合国大使代表中国政府签署了《公约》，中国成为第 105 个签约国。1991 年 12 月 29 日，第七届全国人民代表大会常务委员会第二十三次会议决定批准中国加入《公约》，同时声明：中华人民共和国将在符合其宪法第二十五条关于计划生育的规定的前提下，并根据《中华人民共和国未成年人保护法》第二条的规定，履行《儿童权利公约》第六条所规定的义务。1992 年 3 月 2 日，中国常驻联合国大使向联合国递交了中国的批准书，从而使中国成为该公约的第 110 个批准国。该公约于 1992 年 4 月 2 日在中国生效。

《公约》由序言和 54 项条款组成。序言部分回顾了《联合国宪章》的原则，以及宣言和公约中有关人权的条款。54 项条款由三部分组成，第一～四十一条为第一部分，是实质性条款，规定了儿童的定义、儿童的权利、《公约》的基本原则。第四十二～四十五条为第二部分，是程序性条款，规定了缔约国的义务、联合国儿童权利委员会的职责以及儿童权利委员会的组成和任期。第四十六～五十四条为第三部分，是缔约性条款，主要涉及公约的签署、批准、加入、生效、修改、保留、退出等事项。

一、《公约》中的儿童与儿童权利

（一）儿童的定义

《公约》第一条规定：“儿童系指 18 岁以下的任何人，除非对其适用之法律规定成年年龄低于 18 岁。”在我国相当于“未成年人”的概念。

【历年真题】

【14.1】 联合国《儿童权利公约》所指的“儿童”是指（　　）。

A. 18 岁以下的任何人　　B. 16 岁以下的任何人

C. 10 岁以下的任何人　　D. 6 岁以下的任何人

【解析】本题答案A。《公约》第一条规定："儿童系指18岁以下的任何人，除非对其适用之法律规定成年年龄低于18岁。"故选A。

（二）儿童的基本权利

《公约》条款中所涉及的各项儿童权利分为四大类，即生存权、发展权、受保护权和参与权。

1. 生存权

生存权即公民享有维持其生存所必需的健康和生活保障的权利。具体包括：

（1）生命权。指儿童的存活与发展。《公约》第六条规定："1）缔约国确认每个儿童均有固有的生命权。2）缔约国应最大限度地确保儿童的存活与发展。"同时，《公约》第十八条规定："缔约国应尽其最大努力，确保父母双方对儿童的养育和发展负有共同责任的原则得到确认。父母、或视具体情况而定的法定监护人对儿童的养育和发展负有首要责任。儿童的最大利益将是他们主要关心的事。"

（2）姓名与国籍权。指儿童出生后应立即登记，并有自出生起获得姓名的权利，有获得国籍的权利，以及尽可能知道谁是父母并受其父母照料的权利。《公约》第七条规定："1）儿童出生后应立即登记，并有自出生起获得姓名的权利，有获得国籍的权利，以及尽可能知道谁是其父母并受其父母照料的权利。2）缔约国应确保这些权利按照本国法律及其根据有关国际文书在这一领域承担的义务予以实施，尤应注意不如此儿童即无国籍之情形。"

（3）健康权。指儿童享有可达到的最高标准的健康的权利。《公约》第二十四条规定："1）缔约国确认儿童有权享有可达到的最高标准的健康，并享有医疗和康复设施；缔约国应努力确保没有任何儿童被剥夺获得这种保健服务的权利。2）缔约国应致力充分实现这一权利，特别是应采取适当措施，以降低婴幼儿死亡率；确保向所有儿童提供必要的医疗援助和保健，侧重发展初级保健；消除疾病和营养不良现象，包括在初级保健范围内利用现有可得的技术和提供充足的营养食品和清洁饮水，要考虑到环境污染的危险和风险；确保母亲得到适当的产前和产后保健；确保向社会各阶层、特别是向父母和儿童介绍有关儿童保健和营养、母乳育婴优点、个人卫生和环境卫生及防止意外事故的基本知识，使他们得到这方面的教育并帮助他们应用这种基本知识；开展预防保健、对父母的指导以及计划生育教育和服务。3）缔约国应致力采取一切有效和适当的措施，以期废除对儿童健康有害的传统习俗。"

【历年真题】

【14.2】依据联合国《儿童权利公约》，对儿童的养育和发展负有首要责任的是（　　）。

A. 国家　　B. 父母　　C. 学校　　D. 社会

【解析】 本题答案B。《公约》第十八条规定："缔约国应尽其最大努力，确保父母双方对儿童的养育和发展负有共同责任的原则得到确认。父母或视具体情况而定的法定监护人对儿童的养育和发展负有首要责任。"故选B。

2. 发展权

发展权指儿童拥有充分发展其全部体能和智能的权利、保障其健康成长的各种权利。主要包括信息权、受教育权、娱乐权、思想和宗教自由权、个性发展权等。

《公约》第十七条规定："缔约国确认大众传播媒介的重要作用，并应确保儿童能够从多种的国家和国际来源获得信息和资料，尤其是旨在促进其社会、精神和道德福祉和身心健康的信息和资料。为此目的，缔约国应：鼓励大众传播媒介本着第二十九条约精神散播在社会和文化方面有益于儿童的信息和资料；鼓励在编制、交流和散播来自不同文化、国家和国际来源的这类信息和资料方面进行国际合作；鼓励儿童读物的著作和普及；鼓励大众传播媒介特别注意属于少数群体或土著居民的儿童在语言方面的需要；鼓励根据第十三条和第十八条的规定制定适当的准则，保护儿童不受可能损害其福祉的信息和资料之害。"

《公约》第二十八条第一款规定："缔约国确认儿童有受教育的权利，为在机会均等的基础上逐步实现此项权利，缔约国尤应：实现全面的免费义务小学教育；鼓励发展不同形式的中学教育、包括普通和职业教育，使所有儿童均能享有和接受这种教育，并采取适当措施，诸如实行免费教育和对有需要的人提供津贴；以一切适当方式使所有人均有受高等教育的机会；使所有儿童均能得到教育和职业方面的资料和指导；采取措施鼓励学生按时出勤和降低辍学率。"

第二款规定："缔约国应采取一切适当措施，确保学校执行纪律的方式符合儿童的人格尊严及本公约的规定。"

《公约》第二十九条规定："缔约国一致认为教育儿童的目的应是：最充分地发展儿童的个性、才智和身心能力；培养对人权和基本自由以及《联合国宪章》所载各项原则的尊重；培养对儿童的父母、儿童自身的文化认同、语言和价值观、儿童所居住国家的民族价值观、其原籍国以及不同于其本国的文明的尊重；培养儿童本着各国人民、族裔、民族和宗教群体以及原为土著居民的人之间谅解、和平、宽容、男女平等和友好的精神，在自由社会里过有责任感的生活；培养对自然环境的尊重。"

《公约》第三十一条规定："缔约国确认儿童有权享有休息和闲暇，从事与儿童年龄相宜的游戏和娱乐活动，以及自由参加文化生活和艺术活动。缔约国应尊重并促进儿童充分参加文化和艺术生活的权利，并应鼓励提供从事文化、艺术、娱乐和休闲活动的适当和均等的机会。”

第十三、十四、十五条规定：儿童享有自由发表言论的权利，思想、信仰和宗教自由的权利，结社自由及和平集会自由的权利。

第二十四、二十七、二十八、二十九条规定：每个儿童均有权享有足以促进其生理、心理、精神、道德和社会发展的生活水平，儿童有受教育的权利，学校执行纪律的方式应符合儿童的人格尊严，教育应本着谅解、和平和宽容的精神培育儿童。

【历年真题】

【14.3】为确保儿童享有接受教育的权利，联合国《儿童权利公约》规定各缔约国应当（　　）。

A. 实现全面的免费义务小学教育　　B. 采取有效措施降低辍学率

C. 使得所有人接受高等教育　　D. 发展不同形式的学前教育

【解析】本题答案A。《公约》第二十八条第一款规定，缔约国确认儿童有受教育的权利，为在机会均等的基础上逐步实现此项权利，缔约国尤应实现全面的免费义务小学教育。故选A。

【考点拓展】

【14.1】联合国《儿童权利公约》确保儿童从多种的国家和国际来源获得信息资料，要求缔约国采取措施不包括（　　）。

A. 鼓励儿童读物的著作和普及

B. 保护儿童免受不良信息影响

C. 散播有利于儿童发展的信息资料

D. 鼓励开发有益于儿童的玩具和游戏

【解析】本题答案D。《公约》第十七条规定：“缔约国确认大众传播媒介的重要作用，并应确保儿童能够从多种的国家和国际来源获得信息和资料，尤其是旨在促进其社会、精神和道德福祉和身心健康的信息和资料。”（1）鼓励大众传播媒介本着第二十九条约精神散播在社会和文化方面有益于儿童的信息和资料；（2）鼓励在编制、交流和散播来自不同文化、国家和国际来源的这类信息和资料方面进行国际合作；（3）鼓励儿童读物的著作和普及；（4）鼓励大众传播媒介特别注意属于少数群体或土著居民的儿童在语言方面的需要；（5）鼓励根据第十三条和第十八条的规定制定适当的准则，保护儿童不受可能损害其福祉的信息和资料之害。故选D。

3. 受保护权

受保护权指反对一切形式的歧视，使每个儿童都能得到平等的对待。《公约》规定保护儿童一切人身权利，不因儿童的种族、肤色、性别、语言、宗教、政治或其他见解、民族、族裔、社会出身、财产、伤残、出生或其他身份而有任何差别。受保护权主要包括家庭团聚权、隐私权、免受虐待和任何形式的身心摧残、照料以及免受剥削的权利、收养保护权等。

《公约》第九条规定："缔约国应确保不违背儿童父母的意愿使儿童和父母分离，除非主管当局按照适用的法律和程序，经法院的审查，判定这样的分离符合儿童的最大利益而确有必要。在诸如由于父母的虐待或忽视、或父母分居而必须确定儿童居住地点的特殊情况下，这种裁决可能有必要。"

第十六条规定："儿童的隐私、家庭、住宅或通信不受任意或非法干涉，其荣誉和名誉不受非法攻击。儿童有权享受法律保护，以免受这类干涉或攻击。"

第十九条规定："缔约国应采取一切适当的立法、行政、社会和教育措施，保护儿童在受父母、法定监护人或其他任何负责照管儿童的人的照料时，不致受到任何形式的身心摧残、伤害或凌辱，忽视或照料不周，虐待或剥削，包括性侵犯。"

第二十一条规定："凡承认和（或）许可收养制度的国家应确保以儿童的最大利益为首要考虑。"

第三十二条规定："缔约国确认儿童有权受到保护，以免受经济剥削和从事任何可能妨碍或影响儿童教育或有害儿童健康或身体、心理、精神、道德或社会发展的工作。"

此外，《公约》还对处于特殊状态下的儿童保护进行了详细的规定，比如难民状态的儿童、残疾和战争状态下的儿童、处于刑事司法过程的儿童的保护等。

4. 参与权

参与权是指儿童参与家庭、文化和社会生活的权利，儿童有权对影响他们的一切事项发表自己的意见。

《公约》第十二条规定："缔约国应确保有主见能力的儿童有权对影响到其本人的一切事项自由发表自己的意见，对儿童的意见应按照其年龄和成熟程度给以适当的看待。为此目的，儿童特别应有机会在影响到儿童的任何司法和行政诉讼中，以符合国家法律的诉讼规则的方式，直接或通过代表或适当机构陈述意见。"

《公约》第十五条规定："缔约国确认儿童享有结社自由及和平集会自由的权利。"

【历年真题】

【14.4】下列选项中，不属于联合国《儿童权利公约》中确认和保护的儿童权利的是（　　）。

A. 信仰和宗教自由的权利　　　B. 益于社会保障的权利
C. 自由发表言论的权利　　　D. 选举和被选举的权利
【解析】本题答案D。《公约》没有规定儿童有选举和被选举的权利，故选D。

二、《公约》的基本原则

（一）无歧视原则

《公约》坚持无歧视原则，要求每一个儿童都平等地享有公约所规定的全部权利，儿童不应因其本人及其父母的种族、肤色、性别、语言、宗教、政治观点、民族、财产状况和身体状况等受到任何歧视。

（二）儿童的最大利益原则

《公约》坚持儿童的最大利益原则，要求涉及儿童的一切行为，不论是否由公私社会福利机构、法院、行政当局或立法机构执行，必须首先考虑儿童的最大利益。

（三）尊重儿童意见的原则

《公约》坚持任何事情涉及儿童，均应听取儿童的意见的原则。要求所有儿童，无论他们出生在哪里，属于哪个种族或民族，无论是男孩还是女孩、富有还是贫穷，都必须得到充分的机会，成为社会有用的成员，并且必须享有发言权，他们的声音也必须获得倾听。

（四）尊重儿童的尊严与权利原则

《公约》坚持所有儿童都享有生存和发展的权利（两者完整兼具），应最大限度地尊重儿童的尊严，确保儿童的生存和发展。

《公约》是国际上解决儿童问题上的一个重要里程碑，作为一个主要的国际性约定，该公约确立了世界范围内涉及儿童四个方面的权利，即生存、发展、保护和参与权利的准则，试图努力确保所有儿童获得他们应该享受的关怀和保护，并明确表明了国际社会儿童工作的目标与努力方向。该《公约》通过以来，有力地推动了世界各国保护儿童身心健康发展的各项工作。

第二节 《中华人民共和国未成年人保护法》

1991年9月4日，第七届全国人民代表大会常务委员会第二十一次会议通过了《中华人民共和国未成年人保护法》（简称《未成年人保护法》）。这是我国第一部有关保护青少年身心健康、保障青少年合法权益的专门法律。2006年12月29日，第十届全国人民代表大会常务委员会第二十五次会议通过修订，并于2007年6月1日起实施。根据2012年10月26日第十一届全国人民代表大会常务委员会第二十九次会议有关决定进行修正，自2013年1月1日起施行。《未成年人保护法》共七章，分别是总则、家庭保护、学校保护、社会保护、司法保护、法律责任、附则。

一、总则

“总则”共九条，分别对立法宗旨和依据、未成年人的概念、未成年人享有的权利、未成年人保护的原则、未成年人保护的责任主体等做了规定。

第一，“总则”对立法宗旨进行了阐述：“为了保护未成年人的身心健康，保障未成年人的合法权益，促进未成年人在品德、智力、体质等方面全面发展，培养有理想、有道德、有文化、有纪律的社会主义建设者和接班人，根据宪法，制定本法。”

第二，“总则”对未成年人的概念做了界定，明确规定“本法所称未成年人是指未满十八周岁的公民”。

第三，“总则”明确了未成年人应该享有的权利：未成年人享有生存权、发展权、受保护权、参与权等权利；未成年人享有受教育权；未成年人不分性别、民族、种族、家庭财产状况、宗教信仰等，依法平等地享有权利。

第四，“总则”强调了未成年人保护应该遵循的原则：尊重未成年人的人格尊严，适应未成年人身心发展的规律和特点，教育与保护相结合。

第五，“总则”明确了未成年人保护的责任主体。保护未成年人是一项社会性很强的系统工程，涉及社会的方方面面。“保护未成年人，是国家机关、武装力量、政党、社会团体、企业事业组织、城乡基层群众性自治组织、未成年人的监护人和其他成年公民的共同责任。对侵犯未成年人合法权益的行为，任何组织和个人都有权予以劝阻、制止或者向有关部门提出检举或者控告。国家、社会、学校和家庭应当教育和帮助未成年人维护自己的合法权益，增强自我保护的意识和能力，增强社会责任感。”

二、家庭保护

“家庭保护”共七条，规定了父母或者其他监护人在培养和教育未成年人方面的责任。

第一，“父母或者其他监护人应当创造良好、和睦的家庭环境，依法履行对未成年人的监护职责和抚养义务。禁止对未成年人实施家庭暴力，禁止虐待、遗弃未成年人，禁止溺婴和其他残害婴儿的行为，不得歧视女性未成年人或者有残疾的未成年人”。

第二，“父母或者其他监护人应当关注未成年人的生理、心理状况和行为习惯，以健康的思想、良好的品行和适当的方法教育和影响未成年人，引导未成年人进行有益身心健康的活动，预防和制止未成年人吸烟、酗酒、流浪、沉迷网络以及赌博、吸毒、卖淫等行为”。

第三，“父母或者其他监护人应当学习家庭教育知识，正确履行监护职责，抚养教育未成年人。有关国家机关和社会组织应当为未成年人的父母或者其他监护人提供家庭教育指导”。

第四，“父母或者其他监护人应当尊重未成年人受教育的权利，必须使适龄未成年人依法入学接受并完成义务教育，不得使接受义务教育的未成年人辍学”。

第五，“父母或者其他监护人应当根据未成年人的年龄和智力发展状况，在作出与未成年人权益有关的决定时告知其本人，并听取他们的意见”。

第六，“父母或者其他监护人不得允许或者迫使未成年人结婚，不得为未成年人订立婚约”。

第七，“父母因外出务工或者其他原因不能履行对未成年人监护职责的，应当委托有监护能力的其他成年人代为监护”。

三、学校保护

“学校保护”共十条，规定了学校、教师及其他工作人员对于培养和教育未成年人的责任，要求尊重学生的人格，不得歧视学习有困难的学生。其中第十八条规定：“学校应当尊重未成年学生受教育的权利，关心、爱护学生，对品行有缺点、学习有困难的学生，应当耐心教育、帮助，不得歧视，不得违反法律和国家规定开除未成年学生。”

第十九条规定：“学校应当根据未成年学生身心发展的特点，对他们进行社会生活指导、心理健康辅导和青春期教育。”

第二十条规定：“学校应当与未成年学生的父母或者其他监护人互相配合，保证未成年学生的睡眠、娱乐和体育锻炼时间，不得加重其学习负担。”

第二十一条规定：“学校、幼儿园、托儿所的教职员工应当尊重未成年人的人格尊严，不得对未成年人实施体罚、变相体罚或者其他侮辱人格尊严的行为。”

第二十四条规定：“学校对未成年学生在校内或者本校组织的校外活动中发生人身伤害事故的，应当及时救护，妥善处理，并及时向有关主管部门报告。”

第二十五条规定：“对于在学校接受教育的有严重不良行为的未成年学生，学校和父母或者其他监护人应当互相配合加以管教；无力管教或者管教无效的，可以按照有关规定将其送专门学校继续接受教育。依法设置专门学校的地方人民政府应当保障专门学校的办学条件，教育行政部门应当加强对专门学校的管理和指导，有关部门应当给予协助和配合。专门学校应当对在校就读的未成年学生进行思想教育、文化教育、纪律和法制教育、劳动技术教育和职业教育。专门学校的教职员工应当关心、爱护、尊重学生，不得歧视、厌弃。”

四、社会保护

“社会保护”共二十三条，规定了各级人民政府以及社会各职能部门为未成年人健康成长创造良好的社会环境的责任。

第二十八条规定：“各级人民政府应当保障未成年人受教育的权利，并采取措施保障家庭经济困难的、残疾的和流动人口中的未成年人等接受义务教育。”

第二十九条规定：“各级人民政府应当建立和改善适合未成年人文化生活需要的活动场所和设施，鼓励社会力量兴办适合未成年人的活动场所，并加强管理。”

第三十条规定：“爱国主义教育基地、图书馆、青少年宫、儿童活动中心应当对未成年人免费开放；博物馆、纪念馆、科技馆、展览馆、美术馆、文化馆以及影剧院、体育场馆、动物园、公园等场所，应当按照有关规定对未成年人免费或者优惠开放。”

第三十一条规定：“县级以上人民政府及其教育行政部门应当采取措施，鼓励和支持中小学校在节假日期间将文化体育设施对未成年人免费或者优惠开放。社区中的公益性互联网上网服务设施，应当对未成年人免费或者优惠开放，为未成年人提供安全、健康的上网服务。”

第三十五条规定：“生产、销售用于未成年人的食品、药品、玩具、用具和游乐设施等，应当符合国家标准或者行业标准，不得有害于未成年人的安全和健康；需要标明注意事项的，应当在显著位置标明。”

第三十七条规定：“禁止向未成年人出售烟酒，经营者应当在显著位置设置不向未成年人出售烟酒的标志；对难以判明是否已成年的，应当要求其出示身份证件。任何人不得在中小学校、幼儿园、托儿所的教室、寝室、活动室和其他未成年人集中活动的场所吸烟、饮酒。”

第三十八条规定：“任何组织或者个人不得招用未满十六周岁的未成年人，国家另有规定的除外。任何组织或者个人按照国家有关规定招用已满十六周岁未满十八周岁的未成年人的，应当执行国家在工种、劳动时间、劳动强度和保护措施等方面的规定，不得安排其从事过重、有毒、有害等危害未成年人身心健康的劳动或者危险作业。”

第三十九条规定：“任何组织或者个人不得披露未成年人的个人隐私。对未成年人的信件、日记、电子邮件，任何组织或者个人不得隐匿、毁弃；除因追查犯罪的需要，由公安机关或者人民检察院依法进行检查，或者对无行为能力的未成年人的信件、日记、电子邮件由其父母或者其他监护人代为开拆、查阅外，任何组织或者个人不得开拆、查阅。”

第四十条规定：“学校、幼儿园、托儿所和公共场所发生突发事件时，应当优先救护未成年人。”

第四十一条规定："禁止拐卖、绑架、虐待未成年人，禁止对未成年人实施性侵害。禁止胁迫、诱骗、利用未成年人乞讨或者组织未成年人进行有害其身心健康的表演等活动。"

第四十二条规定："公安机关应当采取有力措施，依法维护校园周边的治安和交通秩序，预防和制止侵害未成年人合法权益的违法犯罪行为。任何组织或者个人不得扰乱教学秩序，不得侵占、破坏学校、幼儿园、托儿所的场地、房屋和设施。"

第四十三条规定："县级以上人民政府及其民政部门应当根据需要设立救助场所，对流浪乞讨等生活无着未成年人实施救助，承担临时监护责任；公安部门或者其他有关部门应当护送流浪乞讨或者离家出走的未成年人到救助场所，由救助场所予以救助和妥善照顾，并及时通知其父母或者其他监护人领回。对孤儿、无法查明其父母或者其他监护人的以及其他生活无着的未成年人，由民政部门设立的儿童福利机构收留抚养。未成年人救助机构、儿童福利机构及其工作人员应当依法履行职责，不得虐待、歧视未成年人；不得在办理收留抚养工作中牟取利益。"

第四十六条规定："国家依法保护未成年人的智力成果和荣誉权不受侵犯。"

【历年真题】

【14.5】我国不少地方已形成为校车提供最高路权、路人自觉礼让校车的良好风尚。这对未成年人的保护是（　　）。

A. 家庭保护　　B. 社会保护　　C. 学校保护　　D. 司法保护

【解析】本题答案B。《未成年人保护法》第四章"社会保护"第二十七条规定："全社会应当树立尊重、保护、教育未成年人的良好风尚，关心、爱护未成年人。国家鼓励社会团体、企业事业组织以及其他组织和个人，开展多种形式的有利于未成年人健康成长的社会活动。"因此，B为正确答案。

【考点拓展】

【14.2】15岁的小江辍学到王某所办的电子厂打工，王某的行为（　　）。

A. 合法，王某有自主招工的权利　　B. 合法，王某有管理工人的权利

C. 不合法，工厂不得招用童工　　D. 不合法，征得家长同意可招用

【解析】本题答案C。《未成年人保护法》第三十八条规定："任何组织或者个人不得招用未满十六周岁的未成年人，国家另有规定的除外。"因此，C为正确答案。

【14.3】幼儿园小朋友洋洋的画被幼儿园推荐发表，所得稿酬应归于（　　）。

A. 幼儿园　　B. 洋洋本人　　C. 洋洋的父母　　D. 洋洋的老师

【解析】本题答案B。《未成年人保护法》第四十六条规定："国家依法保护未成年人的智力成果和荣誉权不受侵犯。"因此B为正确答案。

【14.4】根据《未成年人保护法》的规定，县级以上人民政府及其民政部门应当根据需要设立救助场所，对流浪乞讨等生活无着落的未成年人实施救助，承担（　　）。

A. 临时监护责任　　B. 委托监护责任

C. 教育管理责任　　D. 收留抚养责任

【解析】本题答案A。《未成年人保护法》第四十三条规定："县级以上人民政府及其民政部门应当根据需要设立救助场所，对流浪乞讨等生活无着未成年人实施救助，承担临时监护责任。"故选A。

五、司法保护

"司法保护"共十条，要求公安机关、人民检察院、人民法院以及司法行政部门应当依法履行职责，在司法活动中保护未成年人的合法权益；对违法犯罪的未成年人，实行教育、感化、挽救的方针，坚持教育为主、惩罚为辅的原则。

第五十一条规定："未成年人的合法权益受到侵害，依法向人民法院提起诉讼的，人民法院应当依法及时审理，并适应未成年人生理、心理特点和健康成长的需要，保障未成年人的合法权益。在司法活动中对需要法律援助或者司法救助的未成年人，法律援助机构或者人民法院应当给予帮助，依法为其提供法律援助或者司法救助。"

第五十二条规定："人民法院审理继承案件，应当依法保护未成年人的继承权和受遗赠权。人民法院审理离婚案件，涉及未成年子女抚养问题的，应当听取有表达意愿能力的未成年子女的意见，根据保障子女权益的原则和双方具体情况依法处理。"

第五十三条规定："父母或者其他监护人不履行监护职责或者侵害被监护的未成年人的合法权益，经教育不改的，人民法院可以根据有关人员或者有关单位的申请，撤销其监护人的资格，依法另行指定监护人。被撤销监护资格的父母应当依法继续负担抚养费用。"

第五十四条规定："对违法犯罪的未成年人，实行教育、感化、挽救的方针，坚持教育为主、惩罚为辅的原则。对违法犯罪的未成年人，应当依法从轻、减轻或者免除处罚。"

第五十五条规定："公安机关、人民检察院、人民法院办理未成年人犯罪案件和涉及未成年人权益保护案件，应当照顾未成年人身心发展特点，尊重他们的人格尊严，保障他们的合法权益，并根据需要设立专门机构或者指定专人办理。"

第五十六条规定：“讯问、审判未成年犯罪嫌疑人、被告人，询问未成年证人、被害人，应当依照刑事诉讼法的规定通知其法定代理人或者其他人员到场。公安机关、人民检察院、人民法院办理未成年人遭受性侵害的刑事案件，应当保护被害人的名誉。”

第五十七条规定：“对羁押、服刑的未成年人，应当与成年人分别关押。羁押、服刑的未成年人没有完成义务教育的，应当对其进行义务教育。解除羁押、服刑期满的未成年人的复学、升学、就业不受歧视。”

第五十八条规定：“对未成年人犯罪案件，新闻报道、影视节目、公开出版物、网络等不得披露该未成年人的姓名、住所、照片、图像以及可能推断出该未成年人的资料。”

六、法律责任

“法律责任”部分共十二条，规定了对于任何侵害未成年人合法权益的行为，应当依法追究相应的民事责任、行政责任，构成犯罪的，从重追究刑事责任。

第六十一条规定：“国家机关及其工作人员不依法履行保护未成年人合法权益的责任，或者侵害未成年人合法权益，或者对提出申诉、控告、检举的人进行打击报复的，由其所在单位或者上级机关责令改正，对直接负责的主管人员和其他直接责任人员依法给予行政处分。”

第六十二条规定：“父母或者其他监护人不依法履行监护职责，或者侵害未成年人合法权益的，由其所在单位或者居民委员会、村民委员会予以劝诫、制止；构成违反治安管理行为的，由公安机关依法给予行政处罚。”

【历年真题】

【14.6】国有企业员工李某经常在家酗酒后打骂孩子，对于李某的行为，下列表述中正确的是（　　）。

A. 可由李某所在单位给予劝诫　　B. 可由李某所在单位给予处分

C. 可由当地人民政府给予行政处罚　　D. 可由当地人民政府进行政调解

【解析】本题答案A。《未成年人保护法》第六十二条规定：“父母或者其他监护人不依法履行监护职责，或者侵害未成年人合法权益的，由其所在单位或者居民委员会、村民委员会予以劝诫、制止。”

【考点拓展】

【14.5】根据《中华人民共和国未成年人保护法》的规定，对违法犯罪的未成年人坚持（　　）的原则。

A. 教育为主、惩罚为辅　　B. 惩罚为主、教育为辅

C. 教育与惩罚并重　　　　　　　　D. 开除学籍

【解析】本题答案A。《未成年人保护法》第五十四条规定："对违法犯罪的未成年人，实行教育、感化、挽救的方针，坚持教育为主、惩罚为辅的原则。对违法犯罪的未成年人，应当依法从轻、减轻或者免除处罚。"故选A。

第六十三条规定："学校、幼儿园、托儿所侵害未成年人合法权益的，由教育行政部门或者其他有关部门责令改正；情节严重的，对直接负责的主管人员和其他直接责任人员依法给予处分。学校、幼儿园、托儿所教职员工对未成年人实施体罚、变相体罚或者其他侮辱人格行为的，由其所在单位或者上级机关责令改正；情节严重的，依法给予处分。"

第六十四条规定："制作或者向未成年人出售、出租或者以其他方式传播淫秽、暴力、凶杀、恐怖、赌博等图书、报刊、音像制品、电子出版物以及网络信息等的，由主管部门责令改正，依法给予行政处罚。"

第六十五条规定："生产、销售用于未成年人的食品、药品、玩具、用具和游乐设施不符合国家标准或者行业标准，或者没有在显著位置标明注意事项的，由主管部门责令改正，依法给予行政处罚。"

第六十六条规定："在中小学校园周边设置营业性歌舞娱乐场所、互联网上网服务营业场所等不适宜未成年人活动的场所的，由主管部门予以关闭，依法给予行政处罚。营业性歌舞娱乐场所、互联网上网服务营业场所等不适宜未成年人活动的场所允许未成年人进入，或者没有在显著位置设置未成年人禁入标志的，由主管部门责令改正，依法给予行政处罚。"

第六十七条规定："向未成年人出售烟酒，或者没有在显著位置设置不向未成年人出售烟酒标志的，由主管部门责令改正，依法给予行政处罚。"

第六十八条规定："非法招用未满十六周岁的未成年人，或者招用已满十六周岁的未成年人从事过重、有毒、有害等危害未成年人身心健康的劳动或者危险作业的，由劳动保障部门责令改正，处以罚款；情节严重的，由工商行政管理部门吊销营业执照。"

第六十九条规定："侵犯未成年人隐私，构成违反治安管理行为的，由公安机关依法给予行政处罚。"

第七十条规定："未成年人救助机构、儿童福利机构及其工作人员不依法履行对未成年人的救助保护职责，或者虐待、歧视未成年人，或者在办理收留抚养工作中牟取利益的，由主管部门责令改正，依法给予行政处分。"

第七十一条规定："胁迫、诱骗、利用未成年人乞讨或者组织未成年人进行有害其身心健康的表演等活动的，由公安机关依法给予行政处罚。"

本章小结

《公约》规定了儿童的定义，儿童的基本权利即生存权、发展权、受保护权、参与权；《公约》的基本原则是无歧视原则、儿童的最大利益原则、尊重儿童意见的原则、尊重儿童的尊严与权利原则。《未成年人保护法》共七章，分别是总则、家庭保护、学校保护、社会保护、司法保护、法律责任、附则。

学习资源

1. 北京师范大学社会发展与公共政策学院家庭与儿童研究中心. 儿童保护制度建设研究［M］. 北京：社会科学文献出版社，2017.

2. 杨敏. 儿童保护：美国经验及其启示［M］. 南京：江苏人民出版社，2016.

3. 库玛. 美国儿童自我保护技能训练［M］. 北京：北京科学技术出版社，2018.

图书在版编目（CIP）数据

幼儿教师道德与教育法规/杜德栎，于珍，张富洪主编. --北京：中国人民大学出版社，2020.10
21世纪学前教师教育系列教材
ISBN 978-7-300-28500-9

Ⅰ.①幼… Ⅱ.①杜…②于…③张… Ⅲ.①幼教人员-师德-幼儿师范学校-教材②教育法-中国-幼儿师范学校-教材 Ⅳ.①G615②D922.164

中国版本图书馆CIP数据核字（2020）第165709号

21世纪学前教师教育系列教材
幼儿教师道德与教育法规
杜德栎　于珍　张富洪　主编
Youer Jiaoshi Daode yu Jiaoyu Fagui

出版发行　中国人民大学出版社
社　　址　北京中关村大街31号　　　邮政编码　100080
电　　话　010－62511242（总编室）　　010－62511770（质管部）
　　　　　010－82501766（邮购部）　　010－62514148（门市部）
　　　　　010－62515173（发行公司）　　010－62515275（盗版举报）
网　　址　http://www.crup.com.cn
经　　销　新华书店
印　　刷　北京市鑫霸印务有限公司
开　　本　787 mm×1092 mm　1/16　　　版　　次　2020年10月第1版
印　　张　21.5　　　　　　　　　　　印　　次　2025年6月第7次印刷
字　　数　427 000　　　　　　　　　　定　　价　54.00元

教学支持说明

（教学课件）

中国人民大学出版社教育学科秉承“出教材学术精品，育人文社科英才”的出版宗旨，多年来，出版了大批高质量的教育学、小学教育、学前教育专业教材和学术著作。

我们为本教材制作了相应的 PPT 教学课件，任何一位采用本书作为授课教材的教师均可免费获得该课件。为了确保该课件仅为授课教师获得，烦请您填写如下材料，并将相关信息通过 E-mail 发送给我们，我们将在收到相关信息后通过 E-mail 给您发送该课件。欢迎您加入我们的 QQ 群（教育新视野交流群，群号为 159813080），或登录我社官方网站（www.crup.com.cn），注册并认证成为教师会员，以获得更好的服务。

我们的联系方式：

地址：（100872）北京市中关村大街甲 59 号文化大厦 1202 室
中国人民大学出版社

电话：（010）82502724　62514775（传真）

E-mail：ggglcbfs@vip.163.com

QQ 群：159813080

兹证明____________大学/学院____________院/系____________专业____________学年第____________学期开设的____________课程，采用中国人民大学出版社出版的________________________（书名、作者）作为本课程教材。授课教师为____________，授课班级共________个、学生________人。授课教师需要与本书配套的教学课件。

联 系 人：________________________

通信地址：________________________

邮　　编：________________________

电　　话：________________________

E-mail：________________________

系/院主任：____________（签字）

（系/院办公室章）

________年______月______日